Arbeitsberichte 10

Gerhard Leopold

Die ottonischen Kirchen St. Servatii, St. Wiperti und St. Marien in Quedlinburg

Zusammenfassende Darstellung der archäologischen und

baugeschichtlichen Forschungen von 1936 bis 2001

Landesamt für Denkmalpflege und Archäologie Sachsen-Anhalt
LANDESMUSEUM FÜR VORGESCHICHTE

**Veröffentlichung des Landesamtes für
Denkmalpflege und Archäologie Sachsen-Anhalt**

Richard-Wagner-Straße 9, 06114 Halle (Saale)
Poststelle@lda.mk.sachsen-anhalt.de
www.lda-lsa.de

Herausgeberin Landeskonservatorin Dr. Ulrike Wendland
Redaktion Hanno Niemeyer, Reinhard Schmitt, Uwe Steinecke
Bildbearbeitung Bettina Weber
Design Marion Burbulla, Berlin
Titelbild Quedlinburg, St. Wiperti, Krypta von Westen (Foto: Klaus G. Beyer)
Frontispiz Quedlinburg, St. Servatii von Südosten (Foto: Klaus G. Beyer)
Satz Uwe Steinecke
Druck Salzland Druck Staßfurt
Vetrieb Michael Imhof Verlag, Petersberg

ISBN 978-3-86568-235-2

© by Landesamt für Denkmalpflege und Archäologie Sachsen-Anhalt
– Landesmuseum für Vorgeschichte Halle (Saale), 2010

Das Werk einschließlich aller seiner Teile ist urheberrechtlich geschützt.
Jede Verwertung außerhalb der engen Grenzen des Urheberrechtsgesetzes ist
ohne Zustimmung des Landesamtes für Denkmalpflege und Archäologie
unzulässig. Dies gilt insbesondere für die Vervielfältigungen, Übersetzungen,
Mikroverfilmungen sowie die Einspeicherung und Verarbeitung in elektronischen Systemen.

6	Einführung *Reinhard Schmitt*	78	Stiftskirche der Kanoniker (Bau II)
9	Zu Topographie und Geschichte des Ortes	83	Einbau der Krypta (Bau IIa)
		88	Das rechteckige Sanktuarium (Bau IIb)
13	St. Servatii auf dem Berg		
14	Bisherige Forschungen	91	Kirche der Prämonstratenser (Bau III)
15	Burgkirche König Heinrichs I. (Bau Ia)	99	Spätere Veränderungen der Kirche
22	Erweiterung der Burgkirche (Bau Ib)		
		109	St. Marien auf dem Münzenberg
25	Stiftskirche der Königin Mathilde (Bau II)	110	Zur Geschichte
		110	Ostteile
55	Stiftskirche der Äbtissinnen Mathilde und Adelheid I. (Bau III)	112	Westbau
		114	Schiff
66	Stiftskirche der Äbtissinnen Adelheid II. und Agnes I. (Bau IV)	116	Spätromanische Veränderungen
		118	Anmerkungen
70	Exkurs I	148	Literatur
72	Exkurs II	163	Figuren
75	St. Wiperti im Tal	225	Abbildungen
76	Kapelle des königlichen Hofes (Bau I)	336	Abbildungsnachweis

EINFÜHRUNG

Reinhard Schmitt

Nach dem Burgenforscher Hermann Wäscher war Gerhard Leopold der zweite »amtliche« Bauforscher in Sachsen-Anhalt. Am 20. Dezember 1919 geboren, arbeitete er (nach Architekturstudium und Weltkrieg) seit 1949 in Anstellung beim damaligen Landeskonservator von Sachsen-Anhalt (später Institut für Denkmalpflege, Arbeitsstelle Halle). Von 1952 bis 1954 führte er gemeinsam mit Fritz Bellmann bauarchäologische Forschungen im kriegszerstörten Halberstädter Dom durch. Diese machten ihn in der Mittelalterforschung schnell bekannt. Es folgten Untersuchungen in bau- und kunstgeschichtlich so bedeutsamen Denkmalen wie dem Magdeburger Dom (1959/65), dem Naumburger Dom (1961/67), den Klosterkirchen in Memleben (1959/66, später Betreuung von Arbeiten Dritter) und in Schulpforte (1964/66), der Liebfrauenkirche in Halberstadt (1953/55, 1986), der Stiftskirche in Gernrode (seit 1965), den drei hochmittelalterlichen Kloster- bzw. Stiftskirchen in Quedlinburg (St. Servatii, St. Marien, St. Wiperti seit 1955), in der Pfalz Tilleda (1960/63), an der Dorfkirche Rohr in Thüringen (1961/85), in der Klausur des Zeitzer Domes (1963/69), den Salzwedeler Kirchen St. Marien (1956/57), St. Lorenz (1964) und St. Katharinen (1959/63) sowie Schloss Neuenburg bei Freyburg/Unstrut (1971/77). Mehrere Arbeiten führte er gemeinsam mit Ernst Schubert, einige mit Pia Roland durch.

Im Jahre 1986 schied Gerhard Leopold aus dem aktiven Dienst aus. Bemerkenswerterweise war er nie als Bauforscher angestellt, sondern versah seinen Dienst (nach heutiger Bezeichnung) als Gebietsreferent. Sein spezielles Interessengebiet war indes stets die Bauforschung an früh- und hochmittelalterlichen Sakralbauten. In dem 1983 erschienenen Band »Denkmale in Sachsen-Anhalt« legte Leopold einen Bericht über »Archäologische Forschungen an mittelalterlichen Bauten« vor, in dem er einleitend erläuterte, wie er seine Forschungen verstanden wissen wollte: Im Rahmen denkmalpflegerischer Maßnahmen erfolgen zumeist Eingriffe in die Bausubstanz, die »die beste und meist einzige Gelegenheit für Bauuntersuchungen bieten«. Dadurch werden »Bauforschungen zwangsläufig zu einer wichtigen Aufgabe der Denkmalpflege«. Ziel der Forschungen ist es, »die Geschichte des Baudenkmals, seine ursprüngliche Gestalt und seine späteren Veränderungen aufzuklären« und mit diesem Wissen dem denkmalpflegerischen Alltag zu dienen.

Der umfassende Bericht über die Ausgrabungen im Halberstädter Dom erschien 1986 (gemeinsam mit Ernst Schubert). Hatte er zuvor bereits mehrfach über seine Ausgrabungen und Bauuntersuchungen publiziert, so nutzte er die »dienstfreien« Jahre des so genannten Ruhestandes zu umfangreichen Auswertungen zum Teil lange zurückliegender Forschungen. Noch bis etwa 2003 war er aktiv mit einigen seiner »alten Lieben« befasst: der Stiftskirche in Gernrode und den Quedlinburger Kirchen. Seine Forschungen zum Heiligen Grab in Gernrode flossen in die große Publikation ein, die im Jahre 2007 erschienen ist.

Die intensive Beschäftigung mit der Wipertikirche in Quedlinburg (1955/56) führte Gerhard Leopold alsbald in die eng verzahnte Geschichte des Wipertiklosters im Tal mit der Stiftskirche auf dem Schlossberg. Es folgte eine zeitaufreibende, sorgfältige Recherche aller erreichbaren schriftlichen und zeichnerischen Quellen zu den Ausgrabungen und Bauuntersuchungen von 1938/39. Daraus schlussfolgerte Leopold für sich die Notwendigkeit, einzelne Fragestellungen durch gezielte und begrenzte Freilegungen im Mauerwerk und im Boden erneut zu verfolgen.

Zu allen seinen Forschungen an Quedlinburgs ottonischen Kirchen lag schließlich seit 2002 ein umfangreiches Manuskript für den Druck bereit – die Fassung, die er selbst als die letzte ansah. Zum Druck gebracht werden konnte dieses aber noch nicht. Zunächst wartete Leopold auf einen ebenfalls für die Veröffentlichung vorgesehenen Beitrag zu den Quellen von Ernst Schubert. Leider wurde dieser nicht mehr zu Lebzeiten Leopolds zur Verfügung gestellt; er starb am 20. Mai 2006. Der Beitrag ist 2007 erschienen (Schubert, Ernst: Die Kirchen St. Wiperti und St. Servatii in Quedlinburg. Eine Interpretation der literarischen Quellen zur Baugeschichte, in: Sachsen und Anhalt 25, 2007, S. 31–80). Darin bedauert der Autor, dass Leopolds Grabungsbericht noch nicht erschienen sei. Er habe seinen aus dem Jahre 1999 stammenden Text 2004/05 nochmals überarbeitet. Leopold selbst hat gegenüber dem Verfasser immer wieder betont, dass einige Interpretationsprobleme zwischen ihm und Schubert noch geklärt werden müssten. Dazu ist es aber offensichtlich nicht gekommen. Der interessierte Leser wird sich nunmehr anhand beider Veröffentlichungen ein eigenes Bild von der geschichtlichen und der baugeschichtlichen Entwicklung der drei Quedlinburger Kirchen machen können.

Es ist dem Verfasser ein großes Bedürfnis, das Manuskript zu den Quedlinburger ottonischen Kirchen auch vier Jahre nach dem Tod des Bearbeiters zu veröffentlichen – die »Summe« eines jahrzehntelangen Forschens. Keiner war und ist bisher so tief in die äußerst schwierige Baugeschichte sowie auch Forschungslage um diese frühen Kirchen eingedrungen.

ERLÄUTERUNGEN ZUM BUCH

Der Text wurde dem Landesamt für Denkmalpflege von Gerhard Leopold am 12. August 2002 übergeben. Redaktionell wurden keine Korrekturen vorgenommen, nur stillschweigend Fehler behoben, Verweise angepasst.

Die umfänglichsten redaktionellen Arbeiten bestanden in der Zusammenstellung der gewünschten Abbildungsvorlagen. Zahlreiche Fotos wurden zwischen 2002 und 2006 von Gunar Preuß neu hergestellt.

Da Leopold bei der Nummerierung der Zeichnungen (»Figuren«) viele Lücken belassen hatte, die vielleicht noch einmal gefüllt werden sollten, wurde die Zählung – wie auch bei den Abbildungen – vereinheitlicht.

Die Größe der Zeichnungen wurde für den Druck zumeist auf den Maßstab 1:500 verkleinert. Es mussten aber auch die Maßstäbe 1:20, 1:50, 1:200 und 1:250 gewählt werden, da die Abmessungen der Publikation feststanden und Klapptafeln nicht möglich waren.

Alle Unterlagen wurden im Auftrag des Landesamts von Hanno Niemeyer, Dessau, in den Jahren 2005 und 2006 überarbeitet, vereinheitlicht, Fehlendes ergänzt, auch in einigen Zeichnungen Nachträge vorgenommen, die zuvor sämtlich von Ingrid Kube, Sangerhausen, angefertigt worden waren.

ZU TOPOGRAPHIE UND GESCHICHTE DES ORTES

Zunächst wird die Baugeschichte der ehemaligen Damenstiftskirche St. Servatii behandelt, von ihren Anfängen als Burgkirche König Heinrichs I. bis zu der 1129 geweihten hochromanischen Kirche, die nach der verheerenden Brandkatastrophe von 1070 errichtet wurde und dem Schlossberg (Abb. 1–8) noch heute das Gepräge gibt.

Die Berichte der älteren und jüngeren Bearbeiter,[1] besonders aber die teils gedruckt,[2] teils nur handschriftlich vorliegenden Dokumentationsunterlagen der grundlegenden Untersuchungen von 1938 bis 1942 wurden neu ausgewertet und durch eigene Beobachtungen ergänzt.[3] Die gewonnene Vorstellung von der Abfolge der nachweisbaren Bauperioden und von der Gestalt der erschlossenen Bauten ist in vieler Hinsicht noch hypothetisch und ergänzungsbedürftig.[4] Sie kommt aber wohl dem tatsächlichen Ablauf der Baugeschichte ein ganzes Stück näher als die bisher vertretenen, vielfach widersprüchlichen Ansichten dazu.[5]

Von Süden (Abb. 2), vom Harz her, sieht man schon lange vor dem Anblick des Ortes selbst den Quedlinburger Schlossberg mit den beiden Türmen seiner Kirche über dem Land aufragen. Auch in der Stadt (Abb. 7) ist der Berg mit den Gebäuden des ehemaligen Stiftsschlosses und der Stiftskirche nicht zu übersehen, ein eindrucksvolles Denkmal aus der großen Zeit des Ortes, als im 10. Jahrhundert von hier aus das Reich und später das Territorium des Damenstifts regiert wurden. Doch die Geschichte des Ortes begann nicht auf dem Schlossberg, sondern etwa 500 m südwestlich von diesem, im Bereich der heutigen Wipertikirche (Abb. 4), die Jahrzehnte vor den ersten Bauten auf dem Berg gegründet wurde. Auf den folgenden Seiten soll das Schicksal dieser ältesten Kirche Quedlinburgs und das der Stiftskirche auf dem Berg sowie, soweit möglich, auch das der ehemaligen Marienkirche auf dem Münzenberg (Abb. 263, 264) vorgestellt werden.

Zum anderen behandelt der Bericht die Geschichte der seit dem frühen 9. Jahrhundert mit dem liudolfingischen Königshaus verbundenen St.-Wiperti-Kirche (Abb. 3, 94–98) auf dem Gelände des ehemaligen Königshofs im Tal,[6] die nach jahrzehntelanger Profanierung seit 1957 wieder als katholische Pfarrkirche dient. Ausgewertet wurden die Ergebnisse der Untersuchung dieses Bauwerks während dessen grundlegender Instandsetzung in den Jahren 1955–57. Damals konnte eine Reihe von Suchgräben angelegt und ausgewertet werden, und es wurde außerdem die Gelegenheit benutzt, vorübergehend vom Putz befreite Mauerteile zu analysieren. Es stellte sich heraus, dass die Wipertikirche im Laufe der Jahrhunderte mehrfach verändert oder erneuert wurde, und es ergaben sich Anhaltspunkte für ihre Gestalt nach den jeweiligen baulichen Eingriffen.[7] Erwartungsgemäß blieben aber auch hier viele Einzelfragen offen.

Eine Gründung des ottonischen Königshauses ist auch die Kirche des ehemaligen Benediktinerinnen-Klosters St. Marien auf dem Münzenberg (Abb. 263, 264), deren seit Jahrhunderten von einer Häusergruppe überbaute Reste in den Jahren 1912–14 von Adolf Zeller in einem Grundriss, in Längs- und Querschnitten und in Detailaufmassen erfasst wurden.[8] Die Baugeschichte dieses Gotteshauses soll, soweit das heute möglich ist, ebenfalls behandelt werden. Die bisher erzielten Ergebnisse zu der Geschichte dieser drei ottonischen Kirchen[9] (Fig. 1) sollten vor allem dazu anregen, ihre Erforschung weiter voranzutreiben.

Die Anfänge des Ortes Quedlinburg sind umstritten. In der älteren Ortsliteratur wurde vielfach die Meinung vertreten, dass das Kloster Hersfeld hier auf Veranlassung des Bischofs Haimo von Halberstadt (840–853) zu Ehren des hl. Wigbert, des Patrons von Hersfeld, eine Pfarrkirche gründete und dass dieses erste Gotteshaus schon im Bereich der heutigen Wipertikirche gelegen hat.[10] Seit der ersten Hälfte des 19. Jahrhunderts sah man vor allem in der ungewöhnlichen Gestalt der Krypta der Wipertikirche, die »sehr wahrscheinlich ... Ueberrest aus der frühesten Zeit christlicher Kunstübung in sächsischen Landen« sei, eine Bestätigung für deren frühe Entstehungszeit.[11] In den 1940er Jahren befasste sich Carl Erdmann ausführlich mit der frühen Geschichte Quedlinburgs und warf dabei die Frage auf, wo man die Anfänge des Ortes vermuten kann.[12] Seine Ansicht, dass die Hersfelder Kirche und damit der Titel »St. Jacobi et Wigberti« zunächst auf dem Burgberg gelegen hat und erst 936 ins Tal verlegt wurde,[13] entsprach der von den Ausgräbern von 1938/42 vertretenen Meinung, dass die ältesten auf dem Berg nachgewiesenen Bauten aus dem 9. Jahrhundert stammen.[14] Inzwischen wurden an der von Erdmann vertretenen Auslegung der überlieferten Nachrichten erhebliche Zweifel laut.[15] Abgesehen davon, dass der erste gesicherte Kirchenbau auf dem Berg nach dem dort geborgenen Fundmaterial mit großer Wahrscheinlichkeit erst zur Zeit Heinrichs I. errichtet wurde,[16] auch die überlieferten Schriftzeugnisse können keinerlei Anhaltspunkte für eine frühere Bebauung des Schlossberges liefern. Aus ihnen geht vielmehr annähernd deutlich hervor, dass der Wigbert-Titel von vornherein im Tal gelegen hat. Hier hatte das Kloster Hersfeld wohl schon im 9. Jahrhundert eine den Hl. Jakob und Wigbert geweihte Pfarrkirche gegründet und in dieser Wigbert-Reliquien deponiert.[17] An dieser Kirche werden mindestens ein Plebanus, wahrscheinlich aber sogar mehrere Geistliche als Seelsorger der Bevölkerung des Ortes tätig gewesen sein. 922 wird die neben dem Gotteshaus bestehende Ansiedlung erstmals als »villa, quae dicitur Quitilingaburg« erwähnt.[18] Sie gehörte damals allerdings nicht mehr dem Kloster Hersfeld, sondern befand sich im Besitz König Heinrichs I., dessen Vater, der Sachsenherzog Otto der Erlauchte, von 901 bis 912 dem Kloster Hersfeld als Laienabt vorstand und den Ort wohl in dieser Zeit in seinen Besitz brachte. Die Bezeichnung »-burg« von 922 lässt vermuten, dass hier inzwischen ein befestigter Königshof entstanden war. Die Jakob-und-Wigbert-Kirche diente nunmehr nicht nur als Pfarrkirche, sondern auch als Kirche jenes Hofes, und zu ihr wird eine Gruppe von Klerikern gehört haben, deren Aufgabe es war, hier Tag für Tag den Gottesdienst zu zelebrieren. In der Folge wurde der Königshof dann, wie noch erläutert werden soll, zu einer königlichen Pfalz ausgebaut, zu der auch ein Pfalzstift mit einem Konvent von Geistlichen gehörte.

Den heutigen Schlossberg hatte König Heinrich I. befestigen lassen und die in dieser neuen Burg errichtete Kirche zu seiner letzten Ruhestätte bestimmt. Dementsprechend wurde sein Leichnam 936 auch vor deren Petrusaltar beigesetzt. Zu diesem Gotteshaus gehörte zweifellos von vornherein eine Gruppe von Klerikern, die vor allem täglich für das Seelenheil des Königs und seiner Familie zu beten hatten. Nachweisbar sind diese Geistlichen allerdings erst 936 nach dem Tode des Königs. In der Bestätigungsurkunde Ottos des Großen für das von der Königinwitwe Mathilde gegründete Damenstift entzog ihnen der neue König nämlich alle vorher verliehenen Rechte und übertrug diese dem Damenstift.[19] Diskutiert wurde in den vergangenen Jahrzehnten von Seiten der Geschichtswissenschaft die Frage, ob die Kleriker nach dem Tode des Königs auf den Königshof im Tal umziehen mussten oder ob sie auf dem Berg blieben und ihren Dienst nunmehr an der Damenstiftskirche versahen, für deren Gottesdienste ein Konvent von Geistlichen ja unbedingt notwendig war.[20] Im zweiten Fall müsste das auf dem Hof im Tal nachweisbare Kanonikerstift, das 961 erstmals in einer Urkunde genannt wird, schon zu Zeiten König Heinrichs vorhanden gewesen oder danach – 936 oder erst 961? – neu gegründet worden sein. Bei diesen Überlegungen waren und sind die Ergebnisse der archäologischen Untersuchungen zu berücksichtigen, die zunächst für die Servatii-Kirche auf dem Burgberg und dann für die Wipertikirche im Einzelnen dargestellt und erläutert werden sollen, bevor auf die 986 von der Äbtissin Mathilde gegründete Marienkirche auf dem Münzenberg eingegangen wird.

ST. SERVATII AUF DEM BERG

BISHERIGE FORSCHUNGEN (FIG. 2, 3)

Aus Anlass der 1000. Wiederkehr des Todesjahres König Heinrichs I. hatten Archäologen der faschistischen SS 1936 im Ostabschnitt der Krypta und im nördlich angrenzenden Freigelände »Ausgrabungen« begonnen, die das in seiner Lage bisher unbekannte Grab des Königs aufdecken sollten.[21] Im Jahre darauf glaubte man diese Aufgabe erfüllt zu haben. Ein offizieller Abschlussbericht wurde verfasst,[22] und in der Presse berichtete man schon von einem vollen Erfolg des Unternehmens.[23] In dieser Zeit hatte die Kirchengemeinde ihr Gotteshaus durch Übergriffe der SS kaum mehr benutzen können und wurde 1938 schließlich ganz aus der Kirche hinausgedrängt,[24] als man sich anschickte, die Kirche zu einer »Weihestätte« auszubauen.

Damals betraute der zuständige Provinzialkonservator in Halle, Hermann Giesau, den Architekten Hermann Wäscher mit der Aufgabe, die bei den Bauarbeiten zutage tretenden Befunde in Zeichnung, Foto und Beschreibung zu erfassen und, wo notwendig und möglich, durch eigene Grabungen und Sondierungen am Mauerwerk zu ergänzen (Fig. 2, 3). Die Leitung und die kunsthistorische Betreuung dieser Untersuchungen, an denen sich auch der Quedlinburger Museumsdirektor und Prähistoriker Karl Schirwitz beteiligte, behielt sich Giesau selbst vor. Schon die ersten Grabungsergebnisse am Ostende des Mittelschiffs ließen bei der SS an ihrer Behauptung, das Grab des Königs gefunden zu haben, erhebliche Zweifel aufkommen. Darauf wurde deren bereits gedruckte Abschlusspublikation zurückgezogen, und sie wurde auch später nie ausgeliefert.[25] Über die Ergebnisse der Arbeitsgruppe Giesau/Wäscher/Schirwitz erschien 1940 ein erster Vorbericht.[26] 1942 schloss Wäscher seine Arbeiten am Ort ab. Die von ihm und Giesau geplante gemeinsame Publikation über die Ergebnisse der Ausgrabungen wurde wohl durch die Zeitereignisse verhindert. Nachdem Giesau 1949 gestorben war, bemühte sich Wäscher dankenswerterweise allein um ihre Fertigstellung und konnte sie 1959 herausbringen.[27]

Dieser Bericht Wäschers (Fig. 4, 5) war für die Forschung nunmehr einziger Ausgangspunkt für weitere Überlegungen und Untersuchungen zur Baugeschichte. Er brachte zwar die während der Grabung am Ort gemachten Beobachtungen und die Vorstellungen der Ausgräber über ihre Deutung ausführlicher als in dem Vorbericht. Es waren aber manche Widersprüche zu erkennen. Auch liefert der Bericht meist nur summarische, selten detaillierte Befundbeschreibungen. Zudem passen die Versuche Wäschers, die Gestalt der einzelnen, aufeinander folgenden Bauten und ihrer Umgebung zeichnerisch zu rekonstruieren, vielfach wenig zu dem heutigen, inzwischen erheblich erweiterten Wissen um die frühmittelalterliche Baukunst. So war es keine Überraschung, wenn schon bald nach dem Erscheinen des Wäscherschen Berichts andere Interpretationen der Befunde vorgeschlagen wurden.[28] Ihren Verfassern gelang es jedoch nicht, die von Wäscher und Giesau mitgeteilten Beobachtungen mit der historischen Überlieferung so weit zur Deckung zu bringen, dass sich für das 10. und 11. Jahrhundert ein einigermaßen gesicherter Bauablauf ergab. Wollte man mehr erreichen, schien nur ein gründliches Durchforsten aller erreichbaren Unterlagen, sowohl der gedruckten als auch der handschriftlichen, besseren Erfolg zu versprechen, vor allem wenn an einigen entscheidenden Stellen eine Nachprüfung der Befunde am Ort möglich wurde. Diese Arbeit konnte inzwischen durchgeführt und abgeschlossen werden, und über die Ergebnisse wird hier berichtet.

BURGKIRCHE KÖNIG HEINRICHS I. (BAU IA)

Nach den im Bereich des Quedlinburger Schlossbergs geborgenen Funden, unter denen bisher keine vor dem 10. Jahrhundert gefertigte mittelalterliche Ware entdeckt werden konnte,[29] war dieser zwischen der römischen Kaiserzeit und dem 10. Jahrhundert offenbar nicht besiedelt. Die erste nachweisbare Anlage auf dem Berg wird also kaum vor dem 10. Jahrhundert entstanden sein. Sie war aber 922 sehr wahrscheinlich schon vorhanden, als der Ort »Quedlinburg« zum ersten Mal in den überlieferten Schriftquellen genannt wird.[30] Die Befestigung des Berges war auf Anordnung König Heinrichs I. zweifellos schon früher begonnen worden, und dieser hatte damit, wie Thietmar in seiner Chronik bemerkt, die Quedlinburg »selbst von Grund auf geschaffen«[31]. Zu der Anlage gehörte auch eine Kirche. Bei den Untersuchungen der Jahre 1938–42 konnte nachgewiesen werden, dass sie sich am südlichen Steilhang des Bergplateaus erhoben hat. Ergraben wurden damals die Fundamente einer kleinen dreischiffigen Anlage von etwa 12 m Breite und 15 m Länge, deren Nord- und Südwand wahrscheinlich die Stelle der Umfassungsmauern des heutigen Ostabschnitts der Krypta einnahmen. An der Westseite schloss offenbar ein wohl gleich breiter, 27,5 m langer Rechteckraum an, der gegenüber dem dreischiffigen Bau, dem Verlauf des südlichen Steilhangs entsprechend, leicht abgewinkelt war. Teile seiner Süd- und seiner Westwand konnten nämlich im Boden nachgewiesen werden. Die bisherige Forschung vermutete – vielleicht mit Recht – in dem östlichen, dreischiffigen Bau die Kirche und in dem westlichen Saal das Palatium der ersten Burg. Der Altar der Burgkirche hatte offenbar schon sehr früh neben dem hl. Petrus auch den hl. Servatius zum Patron. Nach Reuling verfügte die Kirche auf dem Berg »spätestens seit 937 ... über Reliquien des hl. Servatius«, und nach Claude könnten diese sogar schon im Zusammenhang mit der 920 getroffenen Übereinkunft Heinrichs I. mit Herzog Giselbert von Lothringen nach Quedlinburg transferiert worden sein.[32]

Bei dem östlich des heutigen Querhauses nachgewiesenen, dreischiffigen Gebäude (Fig. 6), dessen Reste Wäscher bei seinen Grabungen nachweisen konnte, waren nach seinem Bericht »die Grundmauergräben ... sämtlich in den Fels eingetieft und mit Steinen in Erdbettung ausgezwickt. Die Steine sind etwas bearbeitet. Es ist durch den in manche Fugen hineingelaufenen Mörtel ersichtlich, dass das aufgehende Mauerwerk unter Verwendung von Mörtel aufgeführt war.«[33] Von dem von Nord nach Süd durchlaufenden Fundament der Westwand gehen nach Osten zwei, etwa 4,40 m voneinander entfernte Fundamente ab, die nach etwa 1,40 m Länge rechtwinklig zur Gebäudeachse hin umschwenken. Wäscher lässt sie in seiner Rekonstruktion in zwei 94 cm langen, gegeneinander gerichteten Vorlagen enden.[34] Nach den handschriftlichen Unterlagen und den Fotos wurde deren gerader Abschluss jedoch weder im Norden noch im Süden nachgewiesen, da heute die – vielleicht schon um 1000 eingebrachten – Stützenfundamente der hochromanischen Krypta ihren Platz einnehmen.[35] Sehr wahrscheinlich waren die »Vorlagen« (Fig. 7) Reste eines verbindenden Querfundaments, vorausgesetzt allerdings, dass die zwischen ihnen »in der Westostachse verlaufende Vertiefung von etwa 15 cm« von rechteckigem Grundriss erst aus einer späteren Zeit stammt.[36] In der Petruskirche ist für diese eine sinnvolle Funktion ohnehin kaum denkbar. Etwa 1,50 m östlich des ursprünglich doch wohl durchlaufenden Querfundaments wurden zwei quadratische Stützenfundamente (Abb. 57–59) von 97 cm Seitenlänge ergraben, das südliche in voller Ausdehnung, das nördliche, wohl einst gleich große, nur zum Teil.³⁷ Von zwei weiteren Stützenfundamenten, in etwa gleichem Abstand zu den vorigen, waren ebenfalls Reste erhalten, aus denen hervorgeht, dass sie zwar auch quadratisch waren, jedoch eine Seitenlänge von 1,20 m aufwiesen.³⁸ Wieder etwa 1,50 m weiter östlich traf Wäscher auf die Westfluchten zweier Fundamente, die er wohl zutreffend als Ansatz einer Ostapsis als Abschluss des Mittelschiffs interpretierte.³⁹ Wenige Zentimeter weiter östlich setzte beiderseits der Apsis wahrscheinlich die Ostwand des Raums an. Die Seitenwände des dreischiffigen Baus sind nach Wäscher in östlicher Verlängerung der seitlichen Fundamente der späteren Vierung zu vermuten, so dass sich ein Raum von etwa 10 m lichter Weite und 9,5 m Länge mit einem 4,5 m breiten Mittelschiff und zwei 1,70 m breiten Seitenschiffen ergibt.⁴⁰ Diese Raumproportionen lassen eine basilikale Ausbildung mit erhöhtem Mittelschiff erwarten.

Über dem westlichen Fundament-Rechteck gab es möglicherweise eine besondere, wenn auch sehr kleine Empore. Einen Fußboden des Raums hat Wäscher offenbar nicht nachweisen können. Vielleicht hat er einst in gleicher Höhe gelegen wie der ursprüngliche Boden der hochromanischen Krypta, den Wäscher in einem Rest erfasste,⁴¹ oder sogar noch höher. Für die täglichen liturgischen Feiern am Altar und später am Königsgrab stand den zu dieser ersten Burgkirche gehörigen Kanonikern im Mittelschiff zwischen der westlichen Empore und dem Petrusaltar nur ein etwa 7 m langer und 4,5 m breiter Raum zur Verfügung, den die vor dem Altar vorgesehene Grabstelle des Königs noch weiter eingeengt hätte. Mit ihm hätten sich bei ihren Besuchen der Burg auch der König und seine Begleitung begnügen müssen. Dieser Zustand wird wahrscheinlich sehr bald eine Erweiterung des Raums notwendig ge-

macht haben, zumal wenn man ihn mit der wohl nicht viel älteren, jedoch etwa 11,5 m breiten Kapelle des Königshofes im Tal vergleicht, auf die unten noch näher einzugehen ist.⁴² Sie bot erheblich mehr Platz als das Mittelschiff der dreischiffigen Burgkirche, obwohl diese als vorgesehene Grablege des Königs kaum einen geringeren Rang einnahm als jene.

Als Alternative schlug Fritz Bellmann deshalb 1960 und erneut 1967 vor (Fig. 6), dass der westliche Saal als Burgkapelle und der östliche, dem hl. Petrus geweihte Raum als Privatkapelle der königlichen Familie und letzte Ruhestätte des Königs gedient haben könnte.⁴³ Den Altar dieser Burgkirche vermutete er in einer flachen, rechteckigen Nische an der Ostseite des Saals, deren Wände dann auf dem nördlichen, östlichen und südlichen Zug des erwähnten Fundamentrechtecks und deren Altar auf dessen westlichem Zug gestanden hätten. Doch diese Annahme von ihm wird ebenso wenig zutreffen wie meine frühere Vermutung, dass der Altar der Burgkirche über der Petruskapelle in einem vom Saal über Treppen zugänglichen Sanktuarium gestanden und das westliche Fundamentrechteck die Wände einer kleinen Reliquienkammer getragen habe.⁴⁴

An der Nordseite der Kapelle glaubte Wäscher auf die Spuren eines Seitenraums gestoßen zu sein. Er berichtet: »Es ist noch ein eigenartiger Anbau an der Nordseite des ersten Kirchenbaues zu erwähnen, dessen Westseite auf der damals bereits ein Stück abgebrochenen ältesten östlichen Trennmauer des Innenhofes sitzt. Der Anbau misst nur 2,4 m (Breite) bei einer Mauerstärke von 1,2 m. Die Mauer biegt rechtwinklig parallel zur Nordwand des ersten Kirchenbaues ab. Das auffälligste ist der auf der West- und der Nordseite erhaltene Außenputz ... Der östliche Abschluss des Baues konnte nicht festgestellt werden«.⁴⁵ Tatsächlich nachgewiesen hat er von dem »Anbau«

St. Servatii, Kirchenschiff nach Osten

nach seinen handschriftlichen Aufzeichnungen nur innerhalb der nördlichen Nebenapsis Nord- und Westflucht eines Fundamentrestes, der von ihm als »unterste Mauer mit Außenputz, große gelbe Quader, in Fels gesetzt!«[46] beschrieben wurde und an den von Norden her das – demnach jüngere – Fundament der Ostwand des nördlichen Querarms anstößt. Die in den Plänen eingetragene Mauerdicke von 1,20 m für den weiteren Verlauf des Fundamentrestes nahm er wohl analog zu den benachbarten Fundamenten an. Da auch von dem von ihm östlich des Querhaus-Nordarms eingezeichneten Ostwestzug und seinem nach Süden abgewinkelten Ostende offenbar keine Spuren nachgewiesen wurden,[47] bleiben als sichere Feststellung allein die Nord- und die Westflucht einer »geputzten« – richtiger wohl: mit Mörtel überzogenen –, in ihrer Funktion unbekannten Fundamentecke, die älter ist als das Ostwandfundament des Nordarms des Nachfolgebaus, der ersten Damenstiftskirche (Bau II). Sollte Wäschers Annahme, dass das Fundament ehemals nach Osten und Süden weiterlief, doch zutreffen, spräche dessen geringer Abstand zur Nordwand des dreischiffigen Raums allerdings für eine an diesen angelehnte Treppe. Unhaltbar ist jedoch der Schluss Wäschers: »Da die Ostwand des nördlichen Querschiffflügels des dritten Kirchenbaues ... an diese Mauer anstößt, ... wird dieser Anbau zum zweiten Kirchenbau gehört haben«.[48] Eine Außentreppe wäre höchstens als Zugang zu einer Empore oder einem Obergeschoss der Petruskirche denkbar, für das es jedoch keinerlei konkrete Hinweise gibt.

Vergleichbare Bauten

Die Ausgräber von 1938/42 und die späteren Bearbeiter hielten die kleine dreischiffige Petruskirche für die Kirche der von ihnen auf dem Berg vermuteten Pfalz. In den Burgen und Pfalzen des 10. Jahrhunderts wurden als Kirchenbauten jedoch vorwiegend einschiffige Anlagen nachgewiesen. Von den wenigen dreischiffigen Anlagen sind die monumentalen Kirchen der Königspfalzen in Magdeburg und Memleben[49] wegen ihrer andersartigen Funktion zum Vergleich mit Quedlinburg kaum geeignet. Dreischiffig waren allerdings auch die um 900 vielleicht als Pfalzkirche entstandene Ägidienkirche I in Wiedenbrück (Fig. 11), die um 1000 errichtete Kirche St. Adalbert bei der Pfalz Aachen und die – in ihrer Datierung unsichere – Liebfrauenkirche in Bruchsal.[50] Unter den einschiffigen Sälen sind die Kirche der um 900 angelegten Pfalz Grone bei Göttingen mit einer lichten Weite von etwa 9 m und die wohl aus der zweiten Hälfte des 10. Jahrhunderts stammende, im Lichten 10,5 m breite Kirche der Pfalz Tilleda sowie die kreuzförmige, 997 erstmals erwähnte, im Lichten fast 11 m breite, kreuzförmige Saalkirche in Ingelheim wenigstens in der absoluten Größe vergleichbar, während zum Beispiel die Saalkirche der Pfalz Duisburg im Lichten nur 4,65 m, die der Grafenburg Elten nur 5,0 m, die kreuzförmige Saalkirche der Pfalz Werla nur 5,80 m breit waren.[51]

Aus der ersten Hälfte des 11. Jahrhunderts lässt sich dagegen eine ganze Reihe von dreischiffigen, zudem oft doppelgeschossigen Pfalzkirchen nachweisen. Die weitgehend erhaltene, im Lichten 8,5 m breite, dreischiffige Bartholomäuskapelle der ottonischen Königspfalz in Paderborn (Fig. 13) – wie in Quedlinburg mit einem breiteren Mittelschiff –, die Bischof Meinwerk (1009–1036) »per operarios graecos«, von byzantinischen Bauleuten, errichten ließ, kann als Abkömmling einer fremden Kultur wohl nur bedingt zum Vergleich herangezogen werden. Jedoch ließ Erzbischof Heribert (999–1012) um 1000 südlich neben dem Kölner Dom seine Johannes dem Täufer geweihte Hauskapelle erbauen (Fig. 14). Arnold Wolff re-

konstruierte sie nach den erhaltenen und ergrabenen Resten als einen dreischiffigen, zweigeschossigen Vierstützenbau. Die vermutlich bald nach 1028 entstandene bischöfliche Eigenkapelle St. Nikolai neben dem Naumburger Dom (Fig. 10) besaß im Untergeschoss ein breiteres Mittelschiff und zwei schmale Seitenschiffe, die im Osten auf einen Querraum mit östlicher Apsidiole und zentralem (Stifter-?) Grab mündeten. Darüber erhob sich ein vermutlich ebenfalls sakrales, vielleicht als Saal ausgebildetes Obergeschoss, von dem die Nordwestecke noch etwa 10 m hoch über dem Fußboden des Untergeschosses erhalten ist. Vor 1038 wurde in Goslar neben dem Palas der Königspfalz die dreischiffige, doppelgeschossige Liebfrauenkapelle errichtet (Fig. 15), auch hier mit breiterem Mittelschiff.[52]

Alle diese Sakralbauten in königlichen oder bischöflichen Pfalzen und in Burgen des 10. oder der ersten Hälfte des 11. Jahrhunderts sind, wenn man von der Naumburger Bischofskapelle einmal absieht, schon nach ihrer Grundrissausbildung mit der Quedlinburger Petruskapelle kaum zu vergleichen und können für deren ehemalige Gestalt wenig Anhaltspunkte liefern. Auf den verschieden dicken Fundamenten der Petruskapelle muss man wohl auch unterschiedlich geformte Stützen vermuten, auf dem westlichen Fundamentpaar Säulen oder dünnere Pfeiler und auf dem östlichen dickere Pfeiler. Ähnlich unterschiedliche Pfeilerpaare weist die etwa ab 960 erbaute Ostkrypta der ehemaligen Damenstiftskirche in Gernrode (Fig. 8) auf. Die unfertig gebliebene Westkrypta der vielleicht schon nach 942, spätestens aber 979 begonnenen Marienkirche in Memleben (Fig. 9) sollte solch unterschiedliche Pfeilerpaare erhalten.[53] In Gernrode könnte die dickere Ausbildung des westlichen Pfeilerpaares durch die mangelnde Erfahrung des hier tätigen Bautrupps verursacht worden sein, die

besonders in der Ostkrypta deutlich wird.[54] Möglich erscheint aber auch, dass man hier, so gut es ging, ein heute nicht mehr greifbares Vorbild nachzuahmen suchte.[55] Und in Memleben, wo die Westkrypta offenbar den unterschiedlichen Wandvorlagen ihrer Südwand entsprechend ein dünneres Stützenpaar im Westen und ein dickeres im Osten erhalten sollte,[56] war zwischen den östlichen Vorlagen wahrscheinlich, wie bei der Krypta der benachbarten Kirche des 13. Jahrhunderts, der Einbau einer Dreierarkade vorgesehen, unter der sich die Krypta gegen ihren über seitliche Treppen zugänglichen Vorraum öffnen sollte. Beide Krypten waren wohl mehr oder weniger durch örtliche Gegebenheiten bedingt und sind deshalb als »Parallelbeispiele« zu Quedlinburg kaum geeignet.

Für den oberen Abschluss der Quedlinburger Petruskirche bietet der archäologische Befund keinerlei Anhaltspunkte. Giesau ließ offen, ob der dreischiffige Bau eine Halle oder eine Basilika war. An seinem Westende vermutete er allerdings eine eingezogene Vorhalle und über dieser einen Turmaufbau. Den Ostschluss stellte er sich analog zur Krypta der Wipertikirche mit Umgang um einen Apsidenschluss des Mittelschiffs vor.[57] Wäscher sprach von »einer kleinen dreischiffigen Basilika«, hielt aber offenbar »über den schmalen Seitenschiffen und der Vorhalle Emporen« für möglich.[58] Eine zweigeschossige Ausbildung ist bei bedeutenderen Pfalz- und Burgkirchen schon in der Karolingerzeit nachweisbar und wird nach der Jahrtausendwende beinahe zur Regel.[59] Für die Quedlinburger Burgkirche ist sie jedoch wenig wahrscheinlich. Denn in den zahlreichen, allerdings nur aus den Schriftquellen bekannten Pfalzkapellen des 10. Jahrhunderts[60] ist ein Obergeschoss, soweit ich sehe, nirgends nachgewiesen. Jedoch könnte es damals schon zweigeschossige Bauten gegeben haben, zumal da solche bereits aus dem 9. Jahrhundert bekannt sind. So besaß der um 800 errichtete nördliche Annexbau der Pfalzkapelle Karls des Großen in Aachen (Fig. 12) über seinem dreischiffigen Untergeschoss offenbar ein zweites Geschoss.[61]

Westlicher Saal (Fig. 6)

Westlich der dreischiffigen Petruskapelle wurden neben den Fundamenten der heutigen Kirche ältere Fundamentreste sowie eine Anzahl in den Felsen eingetiefter, ziemlich unregelmäßig verteilter Pfostenlöcher nachgewiesen. Wäscher und Schirwitz schlossen aus diesem Befund auf einen ehemals hier errichteten »großen Langbau« und einen ihm folgenden »Holzhallenbau«. Den »großen Langbau«, von dem Fundamentreste seiner Süd- und seiner Westwand ergraben wurden, von den Ausgräbern als »Stein-Erdmauer« bezeichnet,[62] setzten sie in die Völkerwanderungszeit, und von dem »Holzhallenbau« meinten sie, er stamme aus dem 9. Jahrhundert oder sei noch älter.[63] Der »Holzhallenbau« wird aus den erwähnten Pfostenlöchern erschlossen, die über das heutige Langhaus, teilweise auch über die Vierung und das Sanktuarium verstreut nachgewiesen wurden. Der Argumentation Wäschers kann man jedoch schwerlich folgen. Wenn hier ein Holzpfostenbau gestanden hätte, müssten sich von dessen Nord- und Südwand, möglicherweise auch von Zwischenstützen, parallel laufende Reihen von Pfostenlöchern abzeichnen, die man in dem von Wäscher veröffentlichten Grundriss jedoch vermisst.[64] Möglicherweise stammen manche der nachgewiesenen Löcher von in den Boden eingegrabenen Pfosten, wie sie im Mittelalter für die Baurüstung benötigt wurden.[65] Zudem berichtet Wäscher nirgends von dem Nachweis einer Datierung der Pfostenlöcher, etwa dass sie älter, gleichzeitig oder jünger sind als einzelne Füllschichten, Fußböden oder Mauerzüge oder dass sich ihre Entstehungszeit durch Funde bestimmen ließ. Vom Nachweis eines »Holzhallenbaues« kann also nicht die Rede sein.

Nicht zu bezweifeln ist dagegen die Deutung der ergrabenen Fundamentteile des »Stein-Erdbaues« als Reste der Süd- und der Westwand eines ehemaligen rechteckigen Gebäudes. Besonders zu beachten ist dabei ein Fund Wäschers, »der auf eine größere Strecke entlang der Stein-Erdmauer im Langschiff der Stiftskirche auf der Innenseite gemacht werden konnte, nämlich größere Mengen eines gekalkten Lehmbewurfes, auf dessen Innenseite sich Binsengeflecht abgedrückt hat«.[66] Dieser Bewurf, den die Ausgräber ohne Begründung zu dem von ihnen angenommenen »Holzhallenbau« rechneten, stammt zweifellos von einem Bauwerk, und zwar entweder von dem Verputz seiner Fachwerkwand[67] oder – und das liegt näher – von einer geputzten Decke.[68] Denn die »Stein-Erdmauer«, die an der Westseite 1,30 m und an der Südseite sogar 1,60 m dick war,[69] hat schwerlich Fachwerkwände getragen, sondern war sehr wahrscheinlich für gemauerte Wände von gleicher oder nur wenig geringerer Dicke bestimmt.[70] Die von Wäscher erwähnten Putzreste dürften also von der verputzten und getünchten Flachdecke eines von massiven Wänden umschlossenen Raums herrühren. Dessen Südwand, die sich auf dem südlichen Zug der »Stein-Erdmauer« erhoben hat, stieß an ihrem Ostende offenbar auf die Südwestecke des erwähnten dreischiffigen Raums, und ihre Südflucht war mit dem erwähnten Fundamentrest fast bis zu jener nachweisbar.[71] Die zugehörige Nordwand des Raums hat wahrscheinlich an dessen Nordwestecke angeschlossen. Denn man kann wohl davon ausgehen, dass dessen Mittelachse, abgesehen von einem durch den Verlauf des Steilhangs bedingten leichten Knick, etwa der

der dreischiffigen ersten Burgkirche entsprach.

Im Inneren des Saals fällt in dem Wäscherschen Grabungsgrundriss[72] des Baus I etwa 10 m östlich der Westwand eine von Norden nach Süden durchlaufende Gruppe von sechs größeren Pfostenlöchern auf, von denen drei ihrer Lage nach zusammengehören könnten (Fig. 6, 7). Denn das mittlere liegt ziemlich genau auf der erschlossenen Mittelachse des Saals und die seitlichen etwa je 3 m nördlich und südlich daneben.[73] Diese zum Raum passende, symmetrische Anordnung lässt vermuten, dass die einst hier stehenden Holzstützen einen in den Saal eingebauten Bauteil getragen haben. Der Fußboden des Raums, von dem Wäscher offenbar keine Reste nachweisen konnte, müsste oberhalb des Felsens, also etwa bei -0,45 m gelegen haben, rund 35 cm oder zwei Stufen höher als der Fußboden in der Petruskirche.[74] Der rechteckige Raum besaß keine eigene Ostwand. Er ist also entweder an die Burgkirche nachträglich angefügt worden oder zusammen mit dieser entstanden.

ERWEITERUNG DER BURGKIRCHE (BAU IB)

Die kurze, dreischiffige Petruskirche erwies sich offenbar schon bald nach ihrer Errichtung als zu klein. Eine Vergrößerung wurde notwendig. An ihrer Westseite baute man einen gleich breiten, quadratischen Raum an, der den Bereich der heutigen Vierung einnahm und in dessen Mitte ein großes, aus Stuck hergestelltes Taufbecken (Abb. 72) in den Boden eingetieft war. Es kann kaum ein Zweifel daran bestehen, dass das Becken als Taufe diente oder dienen sollte und dass der Raum, in dem es sich befand, das den Laien vorbehaltene Schiff war. Zugleich mit seinem Anbau verlor die alte Burgkirche vermutlich ihre innere Unterteilung und wurde unter Erhöhung ihrer Außenmauern räumlich mit dem Neubau verbunden. Es entstand ein von seiner Westwand bis zum Ansatz der Ostapsis etwa 20 m langer Saal, dessen Osthälfte wohl dem Chordienst der Kanoniker vorbehalten war, während in der westlichen Hälfte das Volk Zutritt hatte. Von der Westhälfte dieser Kirche sind auf der Nord-, der West- und der Südseite der heutigen Vierung Teile ihrer Fundamentzüge erhalten. Zwar erwähnt Wäscher das Fundament an der Nordseite in seinem Bericht nicht. Da es jedoch mit Nord- und Südflucht in seinen Grundrissen eingetragen ist,[75] wird er es mindestens oberflächlich angeschnitten haben. Auf ihm und auf den Fundamenten an der West- und der Südseite dürften sich einst die Umfassungswände des Erweiterungsbaus der Burgkirche erhoben haben. Der alte westliche Saal wurde durch die Verlängerung der Burgkirche auf etwa 16,5 m Länge verkürzt.

Stuckbecken (Fig. 29)

Über die von ihm ergrabenen Reste des Stuckbeckens schreibt Wäscher in seinem Bericht: »Der Boden des 2 m großen Vierpaßbeckens, dessen Form im Grundriss leicht zu ergänzen ist, zeigt die Ansätze der aufgehenden Wände. Der Boden liegt unmittelbar auf dem gewachsenen Felsen, die aufgehenden Wände sind 8 cm stark. Große Bruchstücke von diesen sind … gefunden worden. Das ganze Becken war in einem Guß aus dem schon mehrfach erwähnten silbergrauen Estrichgipsstuck hergestellt.«[76] Nach einer Aufmaßskizze Wäschers, in der die Beckenwände übrigens 11 cm dick eingetragen sind, lag die Oberkante des Beckenbodens etwa bei -1,10 m, 12 cm tiefer als der heutige Boden in der Vierung.[77]

Eine stratigrafische Zuordnung des Beckens war Wäscher offenbar nicht möglich.[78] Giesau und Wäscher waren der Ansicht, dass es in der vertieften »Vierung« der zweiten Stiftskirche (Bau III) östlich des dreischiffigen Langhauses gestanden hat, bevor hier als Erweiterung der bereits vorhandenen Osthälfte die Westhälfte einer Krypta eingebaut wurde.[79] Möglicherweise dachten sie dabei an das Beispiel Speyer, wo ein Becken von Vierpassform ungewöhnlicherweise nicht im Schiff, sondern in der Krypta steht.[80] Doch der von ihnen für diesen Bereich angenommene Bauablauf ist zu korrigieren[81]: Eine derartige »Vierung« hat es nicht gegeben. Auch in den Westjochen der Krypta von Bau III kann das Becken nicht gestanden haben. Denn dort wäre es von den beiden Pfeilern der östlichen Dreierarkade nur jeweils 20 cm entfernt gewesen, so dass eine Benutzung kaum möglich war. Problematisch ist auch die Annahme, dass das Becken in dem zwischen den Querarmen zu erschließenden Chor der ersten Damenstiftskirche (Bau II) gestanden hat. Ein solcher Standort wäre nur denkbar, wenn dieser Bereich bis zur Fertigstellung des neuen Langhauses provisorisch als Laienraum gedient hätte.[82]

Demgegenüber nimmt das Becken im Westabschnitt der Petruskirche (Bau Ib) den »normalen« Standort der mittelalterlichen Taufe in der Mitte des Schiffs ein.[83] Es hat also nach dem erweiternden Umbau der Burgkirche wohl zu deren Ausstattung gehört. In dem Saal wird die Oberkante des Fußbodens, wie schon erwähnt, etwa bei -0,45 m oder wenig höher gelegen haben. Da Wäscher den Boden des Beckens etwa bei -1,10 m feststellte, war das Becken ursprünglich um mindestens 60 cm eingetieft, also 35 cm tiefer als in Palenberg und 20 cm tiefer als in Stedten. Wofür das Becken diente oder dienen sollte, darüber haben sich weder Giesau, der es allgemein als »Brunnen« bezeichnete,[84] noch Wäscher konkreter geäußert. Binding vertrat die Ansicht, dass das Becken die Funktion einer »piscina sacra« erfüllt haben könnte.[85] Doch dagegen spricht m. E. schon seine aufwendige Gestalt. Das Becken war auch kein Brunnen mit »lebendigem« Wasser, wie er vielfach in mittelalterlichen Kirchen nachgewiesen werden kann.[86] Zu erwägen wäre, ob es als Reliquiendepot gedient haben könnte; eine in seiner Gestalt vergleichbare Anlage mit dieser Bestimmung ist jedoch bisher, soweit ich sehe, nicht bekannt geworden. Man kann also ziemlich sicher davon ausgehen, dass es als Taufbecken benutzt wurde oder benutzt werden sollte.

Aus dem frühen Mittelalter konnten nördlich der Alpen bisher nur wenige Taufanlagen nachgewiesen werden. Wenn man von den frühchristlichen Becken in den ehemals römischen Gebieten absieht, wie sie zum Beispiel in Boppard und neben dem Kölner Dom[87] ergraben wurden, ist eine der ältesten erschlossenen Anlagen die Taufe in Palenberg im Rheinland.[88] Hier wurden die Reste einer wohl gegen Ende des 8. Jahrhunderts erbauten Holzkirche ergraben, in der etwa in der Mitte des Schiffs ein oktogonales Becken eingebaut war. Von ihm konnten Teile seines Estrichbodens und der unter diesem befindlichen Ablaufkammer für das gebrauchte Taufwasser sowie Standspuren seiner hölzernen Wandung nachgewiesen werden. Das Becken hatte nach der Rekonstruktion von Leo Schaefer einen Durchmesser von 1,70 m und war gegenüber dem Fußboden des Raums um mindestens 25 cm eingetieft.[89] Im karolingischen Hildesheimer Dom hatte Joseph Bohland eine dort entdeckte rechteckige Eintiefung am Westende des nördlichen Seitenschiffs als Taufbecken angesprochen. Doch wurde diese Anlage inzwischen überzeugend als nördlicher Zugang zur Westkrypta des 10. Jahrhunderts interpretiert.[90] Über dem Fußboden erhob sich das Becken in dem ältesten Vorgängerbau des Halberstädter Doms, einer bald nach 802 errichteten kurzen Basilika mit dreiteiligem Chor und abschließendem rechteckigem Altarraum.[91] Dort kamen in der Mitte des Schiffs die Reste eines gemauerten Behälters zutage, der die Gestalt eines kreisrunden, sozusagen auf den Kopf gestellten Trichters hatte und in den anstehenden Boden eingetieft war. Sehr wahrscheinlich waren wir hier auf den Unterbau eines ehemals darüber aufgestellten Taufbeckens gestoßen, in den das gebrauchte Wasser nach dem Taufritus ablaufen konnte. Von dem Becken selbst ist kein Rest erhalten, und es ist weder bekannt, welche Gestalt es besaß, noch aus welchem Material es hergestellt war. Doch dürfte es, dem unteren Teil der Ablaufkammer entsprechend, mindestens eine Weite von 1,40 m gehabt haben. Sein Boden lag vermutlich in der Höhe des angrenzenden Schiffsfußbodens oder nur wenig höher. In der Stiftskirche St. Martin in Zyfflich konnte im Boden und am aufgehenden Mauerwerk so viel von dem Gründungsbau aus dem Anfang des 11. Jahrhunderts nachgewiesen werden, dass dieser als dreischiffige Basilika mit Rechtecksanktuarium und östlichen Seitenräumen rekonstruiert werden kann. Im Westteil des Mittelschiffs stand eine Taufe, deren kreisrunder Unterbau von 3,0 m Durchmesser bei der Grabung zutage trat.[92] Auf seinem Rand waren oben Spuren der Wandung des Beckens erkennbar, das danach einst einen Innenraum von 2,24 m Durchmesser umschlossen hat. Da der Unterbau in der Mitte eine Öffnung zum Ablauf des Taufwassers aufwies, oben aber ein geglätteter, wasserdichter Boden fehlte, vermutete Leo Schaefer, dass sich in dem Becken einst ein fassartiger hölzerner Einsatz befunden hat. Der Boden des Beckens lag übrigens etwa 30 cm höher als der Fußboden des Schiffs. Im 13. Jahrhundert erhielt die Stadtkirche St. Dionysius in Esslingen in der Achse des Schiffs ein kreisrundes »spätromanisches Stufenpostament« von etwa 2,50 m Durchmesser.[93] Fehring schrieb zwar dazu: »Unsere ältere Deutung der Anlage als Taufsteinpostament bedarf der Korrektur«. Anschließend brachte er aber Argumente, die wieder eher für als gegen eine solche Nutzung sprechen, so dass die Deutung der Anlage unklar bleibt. Im Anfang des 13. Jahrhunderts erhielt die Stiftskirche in Cappel in der Mitte des Schiffs eine Taufanlage, von der der kreisrunde, zweistufige Unterbau von 2,20 m Durchmesser ergraben wurde.[94] Viel bescheidener war eine Anlage, die in der Wüstung Stedten bei Tilleda am Kyffhäuser nachgewiesen werden konnte. Dort trafen die Ausgräber in der Mitte des Schiffs auf die Reste einer annähernd kreisrunden Taufe von etwa 70–80 cm Innendurchmesser, deren Boden gegenüber dem Fußboden des Raums um 40 cm eingetieft war.[95]

Wenn für die Vierpassform des Quedlinburger Beckens nördlich der Alpen bisher auch, soweit ich sehe, aus der Zeit vom 8. bis 10. Jahrhundert keine Parallele nachgewiesen werden kann, für ihre Anwendung sprechen zeitgenössische Darstellungen, zum Beispiel die Wiedergabe eines solchen Beckens über einem Unterbau von zwei Stufen auf einem Elfenbein des 9. Jahrhunderts, dem in Paris aufbewahrten Drago-Sacramentar.[96] Zahlreiche Vierpassbecken des 4.–7. Jahrhunderts sind dagegen im Mittelmeerraum aus Palästina, Tunesien und Spanien bekannt.[97] Sie scheinen durchweg als Taufen benutzt worden zu sein, waren stets in den Boden eingetieft und oft mit Stufen zum Hinabsteigen versehen. Jünger ist das monolithe Vierpassbecken im Ostarm der Domkrypta von Speyer (Fig. 30), das dem ehemaligen Quedlinburger Becken in seiner Gestalt auffälligerweise weitgehend entspricht und mit seiner lichten Weite von 1,70 m nur wenig kleiner ist als dieses. Es erhebt sich heute in seiner vollen Höhe von rund 85 cm frei über dem Fußboden. Der Beckenboden, der 52 cm unterhalb des Randes der Umfassungswand ansetzt, hat ein leichtes Gefälle zu der in der Mitte des Beckens ausgesparten Abflussöffnung. Darunter befinden sich im Boden ein Hohlraum und als dessen unterer Abschluss eine etwa 25 cm dicke Schicht von Geröll, Kleinschlag und Schutt zum Versickern des Taufwassers. »Über den ursprünglichen Zweck und Standort ist nichts bekannt. Wahrscheinlich handelt es sich um ein Taufbecken für älteren Taufritus. Der Annahme, es sei gleichzeitig mit dem Dombau entstanden, steht nichts im Wege, doch kann weder frühere noch spätere Entstehung ausgeschlossen werden.«[98] Der für das Mittelalter recht ungewöhnliche Standort eines Taufbeckens in der Krypta führt zu der – bisher nicht zu beantwortenden – Frage, ob das Becken tatsächlich von vornherein am heutigen Platz gestanden hat, ob es nicht ursprünglich vielmehr im Langhaus des frühromanischen Doms aufgestellt war, der um 1030 begonnen und 1061 geweiht wurde.[99]

Bei den Fünten des hohen Mittelalters, die nunmehr allerdings durchweg auf dem Fußboden, vielfach auch auf eigenen Füßen standen und in der Regel um einige Stufen erhöht waren, ist der Vierpassgrundriss eine weit verbreitete Form.[100] Dass das Quedlinburger Vierpassbecken eine Taufe war, kann demnach kaum bezweifelt werden. Seine relativ aufwendige Ausbildung scheint dafür zu sprechen, dass es sogar für eine besondere Taufhandlung hergestellt und für diese auch benutzt wurde. Gerd Althoff machte darauf aufmerksam, dass die Geburt oder die Taufe von Heinrichs I. drittem Sohn Heinrich, der ihm als erster nach der Königserhebung geboren wurde, während des 922 in Quedlinburg gefeierten Osterfestes erfolgt sein könnte.[101] Die Annahme liegt nahe, dass der kleine Heinrich seine Taufe damals in der Kirche auf dem Berg empfangen hat. Für diese feierliche Handlung könnte die Fünte von Kleeblattform hergestellt und dann auch benutzt worden sein, deren Reste Wäscher in der Mitte des damaligen Schiffs, der heutigen Vierung, freigelegt hat. Dass an der Ostseite damals noch die kleine dreischiffige Kirche aufrecht stand, deren Reste er im Boden nachweisen konnte, ist wenig wahrscheinlich. Sie ist vermutlich älter und könnte schon 919 bei dem Regierungsantritt Heinrichs I. oder sogar noch früher fertig gewesen sein. Spätestens um 922 dürfte sie ihre beiden Arkadenreihen verloren haben und mit dem westlichen Schiff zu einem durchgehenden Saal vereinigt worden sein.

STIFTSKIRCHE DER KÖNIGIN MATHILDE (BAU II) (FIG. 18, 42, 43)

König Heinrich I. starb am 2. Juli 936 in Memleben. Sein Leichnam wurde nach Quedlinburg überführt und dort vor dem Altar des hl. Petrus beigesetzt. Strittig ist, wann der Hohlraum unter dem ehemaligen Standort seines Sarges in den Felsen eingetieft wurde und welche Funktion er erfüllte.[102] Möglicherweise deponierte man in dem Hohlraum vor der Beisetzung des Königs kostbare Reliquien zugunsten seines Seelenheils. Der etwa quadratische, 1,80 m breite und von der Sarg-Ebene aus etwa 4 m tief in den Felsen vorgetriebene Schacht bietet genügend Platz für mehrere übereinander angeordnete Reliquiare.

Nach der Beisetzung des Königs auf dem Quedlinburger Burgberg gründete seine Witwe, Königin Mathilde, hier das wohl schon vorher von beiden geplante Damenstift.[103] Die Bestätigung dieser Stiftung durch den neuen König, ihren Sohn Otto I., erfolgte am 13. September desselben Jahres.[104] Bald darauf begann wohl über dem Grab König Heinrichs der Bau der ersten Stiftskirche, die die Burgkirche ersetzen sollte.[105]

Wäscher meinte (Fig. 18), dass von dieser Kirche die Fundamente an der Nord-, West- und Südseite der Vierung stammen sowie in den beiden Querarmen die Ostwandfundamente, im südlichen das in der Raummitte nachgewiesene Nordsüdfundament und das Südwandfundament mit seinen Verlängerungen nach Osten und Westen, außerdem im Langhaus die im Westen an die Vierung anschließenden Reste des so genannten »Stufenraums«[106]. Er beschreibt die Zusammensetzung dieser von ihm aufgedeckten Teile in seinem gedruckten Bericht: »Die Mauern dieses Baues und auch deren Fundamente sind mit zähflüssigem Mörtel aufgeführt, die Mauerstärke beträgt 1,17 m.«[107] Danach glich der verwendete Mörtel offenbar ganz dem »frühesten Mörtel«, den Wäscher bei Bau I festgestellt hatte,[108] unterschied sich jedoch deutlich von dem der späteren Bauperioden. In die Bauzeit der ersten Stiftskirche setzt Wäscher auch den so genannten »Längstonnenbau« südlich des Querhauses und seine östliche Verlängerung.[109] Zur Gestalt der neuen Stiftskirche schreibt er: »Die älteste Kirche ... wurde um 10,6 m verlängert... Man kann vermuten, dass die Pfeilerreihe des alten Baues nach Westen weitergeführt wurde... Über den Aufbau des zweiten Kirchenbaues kann nichts gesagt werden.«[110] Danach wäre die erste Stiftskirche also eine Basilika von 12 m Gesamtbreite und 25 m Länge gewesen. Demgegenüber hatte Giesau vermutet, dass sie als Saal ausgebildet war.[111] Es ist erstaunlich, dass den beiden Ausgräbern nicht schon damals aufgefallen ist, wie wenig die lang gestreckte, enge Basilika Wäschers, aber auch noch der Saal Giesaus in ihrer bescheidenen Größe und wenig differenzierten Ausbildung zu der Bestimmung als Kirche eines Damenstifts passen, das die Königinwitwe selbst, sicher mit nachdrücklicher Unterstützung ihres Sohnes, des späteren Kaisers Ottos des Großen,[112] gegründet hatte und dem sie dann 30 Jahre lang vorstehen sollte. Es war zu erwarten, dass sich bei der neuen Untersuchung ein wesentlich anderes Bild von der Gestalt der ersten Stiftskirche ergeben würde.

Die erste Krypta, die so genannte »Confessio« (Fig. 49)

Am Ostende der heutigen Krypta sind die Reste einer Anlage erhalten, die seit der Aufdeckung ihrer Reste als »Confessio« (Abb. 50–53) bezeichnet wird, ursprünglich aber sehr wahrscheinlich selbst eine Krypta war. Der Aufdeckungsbefund von 1868 ließ erkennen, dass man sie nachträglich verändert hat, konnte aber keine Auskunft darüber geben, wann sie in den Felsboden des Schlossbergs eingetieft wurde. Zu der Stuckzier ihrer Umfassungswände und der Reste ihres ehemaligen Gewölbes ist bisher keine Parallele bekannt geworden, so dass auch keine gesicherte Datierung möglich war. Die Anlage könnte schon zu der erweiterten Burgkirche Heinrichs I. (Bau Ib) gehört haben, ist möglicherweise aber auch jünger. Voigtländer zitiert einen Bericht über die Aufdeckung ihrer Reste: »In der Krypta ... [deckte man] bei der Aufnahme des alten Fußbodens am 5. September 1868 die Säulenstellung der westlichen Wand der kleinen Unterkirche (Reliquiarium) auf, und nach Wegräumung des großen gemauerten Altars in der Apsis die vollständig mit Schutt angefüllte Unterkirche.«[113] Die damals östlich des Sarges der Königin Mathilde gefundene Anlage wird in den Schriftquellen nirgends erwähnt. Nach dem Aufdeckungsbefund könnte ihren Einbau ebenso der König wie auch die Königin oder ihre Enkelin, Äbtissin Mathilde, veranlasst haben.[114] Nach dem Tode der Äbtissin, in der Zeit zwischen 999 und 1021, wurde sie wieder eingeebnet. Ihre 1868 entdeckten Reste ergänzte man 1878/79 zu dem heutigen Bild.[115]

Der Besucher der Stiftskirche stößt heute am Ostende der Krypta hinter den Königsgräbern auf einen von der hochromanischen Apsis umschlossenen, um etwa 1,50 m in den Felsen eingetieften und nach oben offenen Raum in Form eines gestelzten, nach Westen gerade geschlossenen Halbkreises. Sein etwa 3,0 m langer und 3,80 m breiter Innenraum wird ringsum, allerdings mit Ausnahme des ehemaligen Zugangs am Nordende der Westwand, von einem profilierten Stucksockel und über diesem von einer Folge stuckverzierter Rundbogennischen eingefasst.[116] Vor den Wandpfeilern zwischen den Nischen stehen jeweils auf einer gemeinsamen, unterschiedlich dekorierten Basis in der Mitte ein größeres Säulchen mit glattem Schaft, dessen Kapitell das rings umlaufende, profilierte Abschlussgesims der Anlage trägt, und beiderseits daneben je ein kleineres Säulchen mit gedrehtem Schaft. Auf den Kapitellen der letzteren setzen ornamentierte Segmentbögen aus Stuck an, die den rundbogigen Abschluss der dahinter eingetieften Nischen oben begleiten. Der Wandpfeiler im Scheitel des Halbkreises ist etwas breiter, und ihm fehlt das mittlere Säulchen. Dass der 3,70 m breite Innenraum der »Confessio« mit einem Gewölbe überdeckt war, ist nicht zu bezweifeln.

Die 1877 von Annecke beschriebene und zeichnerisch erfasste Westwand der »Confessio« war bei der Aufdeckung so gestört, dass es kaum möglich ist, sie mit einiger Sicherheit einer ursprünglichen Anlage oder einer späteren Veränderung zuzuordnen. Ihr Einbau könnte schon erfolgt sein, bevor ihre in Resten erhaltene Westwand (Abb. 51) und hinter ihr 936 das Grab des Königs und 968 das der Königin angelegt wurden. Wichtige Informationen zu der ehemaligen Gestalt der Wand und zu ihren späteren Veränderungen liefern die von Voigtländer zusammengetragenen Beschreibungen und Abbildungen aus der Zeit vor der Stuckergänzung.[117] In einer Zeitungsnotiz von 1869, dem Jahr nach der Aufdeckung der »Confessio«, wird unter anderem auch die Westwand beschrieben: »Die Rückwand der südlichen dieser Nischen ... ist glatt geschlossen, die nächstfolgende mittlere ... dagegen durch rohes Mauerwerk fast ausgefüllt.«[118] Acht Jahre später, am 21. Oktober 1877, erfasste Annecke die Westwand in einem maßgerechten Aufriss (Fig. 59), mit einer anscheinend aus Quadern bestehenden Rückwand der mittleren Nische. Zwölf Tage später, am 1. November 1877, fand westlich der »Confessio« im Bereich der Königsgräber eine Suchgrabung statt, wobei man auch die Rückwand der mittleren Nische öffnete und bald darauf durch Wiedereinsetzen der »Platten« wieder verschloss. Am 7./8. März 1878 wurde westlich der »Confessio« erneut gegraben und die Rückwand der mittleren Nische wieder entfernt.[119] Das danach verfasste Gutachten vom 30. April 1878 enthält unter anderem die Forderungen, die mittlere Nische der südlichen Nische, die die Stirnwand des Sarges der Königin umschloss, durch Einsetzen von zwei entsprechenden Platten anzugleichen sowie das geborstene Kapitell der »anderen auf der Westwand der Reliquienkrypta stehenden Säule« – gemeint ist offenbar die nordöstliche Säule der Krypta – gegen eine Kopie auszuwechseln.[120] Das heute hier eingebaute Kapitell wurde demnach im Jahre 1878 angefertigt. Zu prüfen wäre nach der Art seiner Ausführung, ob nicht auch das der südöstlichen Säule aus dieser Zeit stammt. Da diese Arbeiten vor dem Beginn der Stuckarbeiten an der Westwand beendet sein mussten, wurden sie sehr wahrscheinlich bald nach dem Gutachten auch ausgeführt. Die Ergänzung des Stucks der »Confessio« begann dann wohl im Sommer 1878, zog sich über den Herbst dieses Jahres sowie nach der notwendigen Winterpause auch über das späte Frühjahr 1879 hin und konnte im Mai 1879 abgeschlossen werden.[121]

Das einzige erhaltene Foto (Abb. 56) der damaligen Baustelle wird nach dem Abschluss der zweiten Grabung und vor dem Beginn der Stuckarbeiten, also wohl im Frühjahr 1878 hergestellt worden sein.[122] Wahrscheinlich sollte es den Zustand der Westwand vor der – statisch nicht ungefährlichen – Auswechslung des Säulenkapitells festhalten. Denn hier ist über der Westwand der »Confessio« deutlich eine Konstruktion aus Kanthölzern zum Abfangen der Gewölbelast über der südöstlichen Kryptasäule zu erkennen.[123] Wahrscheinlich hat man diese Gelegenheit auch dazu benutzt, den Sarg der Königin ein Stück nach Westen zu rücken, um ihn von der Belastung durch die Säule zu befreien, und an der Stelle seines Fußendes auch die beiden Quader in die Nische eingesetzt, die heute deren Rückwand bilden.[124] Das Foto – ebenso wie auch die Zeichnung von Annecke – zeigt den Sarg in seiner ursprünglichen Lage in der linken Nische. Die rechte Nische ist noch von dem Bauschutt gefüllt, der bei der zweiten Grabung im März 1878 angefallen war.[125] Im Norden schloss die Westwand nach der Zeichnung von Annecke mit dem Fundament unter der Nordostsäule der Krypta ab, an dessen Stelle sich früher der Zugang zur »Confessio« mit einer von Westen herabführenden Treppe befunden hatte.[126] Bald darauf wurde auch über der nördlichen Säule das Gewölbe abgefangen, das Kapitell gegen eine Kopie ausgewechselt sowie darunter anstelle des Fundaments der heutige Granitwerkstein eingebaut und so der ehemalige Zugang zur »Confessio« erkennbar gemacht.

Der Zustand der mittleren Nische der Westwand vor der Stuckergänzung, den die beiden Abbildungen verdeutlichen, geht auch aus der Beschreibung von 1867 hervor: »Dass eine zweite tumba vorhanden gewesen ist, dürfte daraus zu schließen sein, dass der Bogen der zweiten oder Mittelnische ... später vergrößert und abweichend von seiner ursprünglichen Form wiederhergestellt ist, worauf der verschobene Schlußstein ... hindeutet. Eine spätere Entfernung dieser zweiten tumba war nicht wohl anders als wie durch Erweiterung der Nische zu ermöglichen.«[127] Der Befund ließ sich also nur so deuten, dass die rechte Hälfte der Nische bei der Herausnahme des Sarges König Heinrichs I. eingefallen war und danach, etwas breiter, wieder ergänzt wurde. Dem entspricht die Beobachtung von Annecke, nach der nur die linke Hälfte der gemauerten Leibung, unten mit einem Rest der Stuckzier, originaler Bestand war. Anstelle der rechten Hälfte erfasste er eine jüngere, offenbar ziemlich rohe Ergänzung, durch die die Nische breiter geworden war. Dementsprechend lag der – wohl originale – Schlussstein der Wölbung, von Annecke ausdrücklich mit »x« bezeichnet, etwas südlich der Nischenmitte. Eine Stuckdekoration besaß diese Ergänzung ebenso wenig wie das rechts anschließende rohe Mauerwerk.[128] Von besonderem Interesse ist, dass Annecke auf der Rückwand der rechten Nische vermerkte: »Die Stuckarbeit ist hier von andrer Hand als im Bogen vorher.« Das bezieht sich zweifellos auf den Stuckrest vor der linken Leibung der rechten Nische im Verhältnis zu dem Stuck der linken Nische[129] und scheint dafür zu sprechen, dass die Stuckierung der beiden Nischen zu unterschiedlichen Zeiten erfolgte. Ergänzt man nach dem Aufriss von Annecke die rechte Nische auf ihrer rechten Seite symmetrisch zu der erhaltenen linken Hälfte, ergibt sich, dass die Nische ursprünglich offenbar die gleiche Größe und Gestalt hatte wie ihre linke Nachbarin. Hinter ihr befand sich einst, wie man den Befund schon 1867 interpretierte, wohl ebenfalls ein Grab, nämlich das

König Heinrichs I.[130] Dieser war demnach nicht auf der Kirchenachse beigesetzt worden, wie man bisher annahm,[131] sondern unmittelbar südlich von ihr. Rechts von dieser Nische bleibt bis zu der Zugangsöffnung gerade noch Platz für eine dritte Nische gleicher Größe, von der selbst allerdings jede Spur fehlt.

Bei einer 1878 vorgenommenen »Localrecherche« an der »tumba« (= Sarg) der Königin und der »Reliquienkrypta« (= »Confessio«) stellte sich heraus, dass erstere »bereits vor Ausführung der Reliquienkrypta an der Stelle gestanden hat, wo selbst sie heute noch steht, es muß nämlich die Nische, in welcher die Oststirnseite der tumba vermauert ist, später ausgeführt sein, da es unmöglich gewesen wäre, dieselbe nach Ausführung der Nische an ihre Stelle zu bringen«. Der Bericht spricht ferner von der »sehr viel besser wie die Weststirnseite bearbeiteten Oststirnseite«.[132] Man schloss aus dem Befund – wohl mit Recht –, dass der Sarg der Königin erst nachträglich, sozusagen in einem zweiten Arbeitsgang, an seinem Fußende mit der Nische umkleidet wurde, nach der sorgfältigeren Bearbeitung seiner östlichen Stirnwand aber andererseits von vornherein für seinen Einbau in einer Nische der »Confessio« vorgesehen war.

Diese Feststellungen konnten bei einer neuen Untersuchung der Westwand noch ergänzt werden.[133] Während sonst ringsum vor den Wandpfeilern die durchweg in ihrer originalen Substanz erhaltenen Basen der je drei Stucksäulchen in einem Stück hergestellt wurden, scheint man beiderseits der linken Nische der Westwand die Basen der einzelnen Säulchen jeweils für sich gearbeitet zu haben. Jedenfalls ist auf der rechten Seite der Nische der Basisabschnitt unter dem linken kleinen Säulchen von dem benachbarten Abschnitt unter dem mittleren und dem rechten Säulchen durch eine lotrecht durchlaufende Fuge getrennt, und auf der linken Seite – in der Südwestecke der »Confessio« – scheidet eine besonders breite Fuge die Basis unter dem kleinen und dem großen Säulchen der Westwand von der benachbarten Basis unter dem großen und dem kleinen Säulchen am Beginn der Südwand. Dieser Befund scheint dafür zu sprechen, dass die Stuckierung der südlichen Nische der Westwand später erfolgte als die der übrigen »Confessio«, dass also Mauerwerk und Stuck der linken Nische erst 968 nach der Beisetzung des Sarges der Königin der Dekoration der übrigen »Confessio« entsprechend ergänzt wurden.[134] Die Anlage selbst müsste demnach älter sein. Edgar Lehmann vermutete schon, dass sie wahrscheinlich auf Anordnung der Königin eingebaut wurde. Er gab nämlich zu bedenken, ob die »Confessio« nicht doch schon vor 968 entstanden sein könne, »weil es näher liegt, sich die Königin Mathilde, diese offenbar ungewöhnliche Frau, als Veranlasserin dieses eigenartigen Raumes vorzustellen als ihre gleichnamige Enkelin.«[135] Wahrscheinlich ließ die Königin den Sarg des Königs 936 an der erschlossenen Stelle unmittelbar südlich der Bauachse beisetzen und östlich von ihm – bald danach? – die als »Confessio« bekannte Krypta einbauen in der Erwartung, dass sie selbst später unmittelbar nördlich neben ihrem Gemahl ihr Grab erhalten würde.

Die von diesem Raum erhaltenen Spolien (Abb. 54, 55) sprechen dafür, dass ihn oben ein Gewölbe überdeckte. Da jedoch über dessen Ausbildung weder von dem Aufdeckungsbefund noch von den erhaltenen Spolien konkretere Angaben zu gewinnen sind, kann man nur versuchen, den ursprünglichen Abschluss des Raums durch Vergleich mit ähnlichen Anlagen zu ermitteln.

Aus dem frühen Mittelalter ist eine ganze Reihe von eingetieften Räumen etwa gleicher Größe, vor allem von Krypten, bekannt geworden, deren Umfassungswände im Grundriss wie bei der »Confessio« die Gestalt eines mehr oder weniger gestelzten Halbkreises mit geradem Westabschluss aufwiesen oder noch aufweisen. Unter ihnen gibt es, soweit ich sehe, keine Anlage, die ohne Zwischenstützen mit einer entsprechend gestelzten Kalotte oder einem Klostergewölbe überdeckt war. Auch für eine Überwölbung mit einer umlaufenden Tonne über einer mittleren Stütze ist mir kein Beispiel bekannt.[136] Das Gewölbe der Räume ruhte durchweg, je nach ihrer Länge, auf einem, zwei oder mehr Stützenpaaren. Als Beispiele von Anlagen mit einem Stützenpaar seien die Krypten des Münsters zu Hameln, der Stiftskirchen in Meschede und Vilich erwähnt.[137] Zu den Krypten mit zwei Stützenpaaren gehören die von S. Secondo in Asti, der Stiftskirche in Amsoldingen, von S. Salvatore in Brescia, S. Vincenzo in Galliano, St. Andreas in Neuenberg bei Fulda, der Kathedrale von Ventimiglia,[138] vielleicht auch die der Abteikirche von Essen-Werden in ihrer ursprünglichen Gestalt, falls die Rekonstruktion von Leo Schaefer zutrifft.[139]

Analog wird man auch bei der »Confessio« damit rechnen müssen, dass ihr Gewölbe weder den Raum frei überspannte noch auf einer Mittelstütze ruhte, sondern von einem mittleren Stützenpaar getragen wurde. Über die Art des Gewölbes ist keine sichere Aussage möglich. Zu vermuten ist jedoch, dass es als umlaufendes Tonnengewölbe mit eingreifender mittlerer Längstonne ausgebildet war, die an der Ost- und vielleicht auch an der Westseite unmittelbar an der Umfassungswand endete und im Osten – unter einer Fensteröffnung? – eine niedrige, von zwei Säulchen und einem Stuckbogen eingefasste flache Nische mit Kreuzdarstellung umschloss. In dieser Krypta waren wahrscheinlich die kostbarsten Reliquien deponiert – vielleicht in den Nischen des Umgangs, vielleicht aber auch in dem Raum zwischen den beiden Stützen –, und ihre Westwand sollte offenbar die Särge des Königspaares an ihren Fußenden umschließen. Der ehemalige Fußboden der »Confessio« wird an den umlaufenden Sockel der Umfassungswand angeschlossen,[140] seine Oberkante also etwa bei -2,10 m gelegen haben. Die Kämpferhöhe des ehemaligen Gewölbes, also die Oberkante der Kapitelle der größeren Säulchen, ist aus den Befundzeichnungen von 1869 und 1877 zu erschließen und lag danach etwa bei -0,90 m. Die Stützen der »Confessio« müssten demnach ziemlich genau 1,20 m hoch gewesen sein. Auffälligerweise entspricht diesem Maß fast auf den Zentimeter das 1,17 m hohe Mittelpfeilerchen (Abb. 134) im Apsisumgang der Krypta der Wipertikirche, das dort, wie die Art seiner Einfügung zeigt, offenbar als eine Art von Reliquie im liturgischen Zentrum des Raums eingebaut wurde, und zwar, wie es die eigens für die Krypta hergestellten Pilzkapitelle nahe legen, etwa um 1000.[141]

Die originale Stuckzier des 10. Jahrhunderts ist in der »Confessio« so gut wie vollständig heute nur noch bei der südlichen Nische (Abb. 56) der Westwand erhalten. Es ist die einzige mit einem halbrunden Stuckbogen, der zudem etwas tiefer sitzt als die anderen Bögen und sich zum Scheitel hin leicht verbreitert.[142] Der Befund beiderseits neben ihr spricht dafür, dass die Westwand später offenbar mehrfach Veränderungen erfuhr, über die unten noch zu berichten ist. Bevor man 1878 daran ging, die aufgedeckten Stuckreste zu ergänzen, waren außer der südlichen Nische der Westwand nur noch der rings umlaufende Sockel, die Basen der Säulchenbündel vor den Wandpfeilern, unterschiedlich hohe Teile der Säulchenschäfte sowie über diesen einige Kapitelle erhalten. Das geht aus den damals angefertigten Zeichnungen von Kilburger, Pelizäus, Hase und Annecke hervor (Fig. 55–60).[143] Auffälligerweise saßen danach die Kapitelle der größeren Säulchen im Durchschnitt etwa um Kapitellhöhe tiefer als heute, und auch die der kleineren waren weiter unten angebracht.[144] Darüber hinaus fand man 1868 von der ehemaligen Stuckdekoration des Raums eine Reihe von Spolien (Abb. 54, 55) im Füllschutt, sowohl im Hohlraum der »Confessio« selbst als auch in dem tiefen Schacht unmittelbar westlich von ihr.[145] Einige dieser Fundstücke (Fig. 50–54) lassen deutlich erkennen, dass auf den Kapitellen der größeren Säulchen einst nach rechts und links ein oberes Stuckbogenpaar ansetzte, das sich mit dem über ihm beginnenden Gewölbe zum Innenraum hin neigte und gleichzeitig annähernd lotrechte Wandabschnitte über den unteren Stuckbögen oben abschloss.[146] Wie das Gewölbe über den beiden östlichen Wandnischen ausgebildet war, zwischen denen der erwähnte breitere Wandpfeiler zwar seitliche Säulchen, aber kein Mittelsäulchen als Gewölbeträger aufweist, ist eine offene Frage. Möglicherweise spannte sich ein weiterer und höher hinauf reichender Stuckbogen von dem Kapitell des links benachbarten Mittelsäulchens bis zu dem des rechts benachbarten. Die beiden kleinen Säulchen vor dem mittleren Wandpfeiler waren übrigens auf der Zeichnung von 1869 ebenfalls durch einen Bogen – wohl auch mit Stuckzier – verbunden, den Quast in seinem Bericht ausdrücklich erwähnt.[147]

Den Boden des Raums bildet heute die ziemlich unebene Felsoberkante. Einst dürfte sie einen Estrich getragen haben. Reste von diesem lassen sich aber ebenso wenig nachweisen wie Spuren von ehemaligen Zwischenstützen.[148]

1967 berichtete Fritz Bellmann von einem von ihm veranlassten Eingriff in den Sockel unter der nördlichen Nischenreihe und hielt als Ergebnis fest, dass die »Confessio« zunächst nach einem anderen Plan begonnen worden sei, bevor man die Anlage mit ihrer in Resten erhaltenen Dekoration vollendete: »Als ein kleiner Teil des Sockels am ersten Pfeilerchen nördlich des Apsisscheitels gelöst wurde, zeigte es sich, dass da in dem hohen Sockel Basen anderer Säulchen stecken, die zu einer älteren Planung gehören müssen. Diese ersten Basen haben einen kugeligen Fuß von straffem Umriß (h und br. 18 cm), oben mit einem kleinen Halsring (h 2,5 cm) abgeschlossen, auf dem ein Wandsäulchen aufsteht, das weit stärker ist als das jüngere an derselben Stelle. Allerdings blieb nur der Anfang des Schaftes erhalten, und es sieht so aus, als ob die Arbeit nicht viel über den Anfang hinausgekommen ist.«[149] Eine neue Untersuchung der »Confessio« durch Roland Möller schien die Feststellungen von Fritz Bellmann zu bestätigen.[150] Wenn die Anlage aber tatsächlich nach einem anderen Plan begonnen wurde, mit Nischen, die direkt über dem Fußboden des Raums ansetzen sollten, dann wurde dieser offenbar bald wieder aufgegeben. Die auffällig grobe Ausführung der aufgedeckten »Basen anderer Säulchen ... einer älteren Planung« scheint jedenfalls mehr dafür zu sprechen, dass diese als ein erster Arbeitsabschnitt bei der Stuckierung des Innenraums, als Unterbau der späteren Säulchenbündel zu deuten sind. In welcher Gestalt man die »Confessio« dann fertig stellte, lässt sich nach den aufgefundenen Resten annähernd rekonstruieren.

Chor mit seitlichen Emporen

Von den Wänden, die den westlichen Abschnitt der erweiterten Burgkirche (Bau Ib) auf der Nord-, West- und Südseite eingefasst hatten, blieben nur Teile ihrer Fundamente erhalten. Auf ihnen errichtete man nunmehr den Mittelabschnitt der neuen Stiftskirche, an den sich im Norden und Süden längsrechteckige

Seitenräume und im Westen das als Saal ausgebildete Langhaus anschlossen. In den beiden Seitenarmen läuft das Fundament der Ostwand nach dem Grabungsbefund von 1938/39 auch innerhalb der heutigen Apsiden gerade durch, und Wäscher konnte nachweisen, dass es zum größten Teil lange vor dem Bau der heutigen, hochromanischen Kirche eingebracht wurde. Innerhalb der nördlichen Apsis erwies sich als ältester Fundamentabschnitt die bereits erwähnte, auf der Nord- und Westseite mit einem Mörtelüberzug versehene Fundamentecke (Fig. 7), auf der, wie man damals meinte, die Nordwestecke eines Treppenanbaus gestanden hat.[151] An sie wurde die nördliche Fortsetzung des Ostwandfundaments nachträglich angebaut.[152] Über beiden Fundamentabschnitten konnte Wäscher nach einer handschriftlichen Notiz »durchgehend gelbe Mauer mit gelbem Mörtel«, also Mauerwerk aus der Zeit um 1000[153] feststellen, das wiederum von solchem der hochromanischen Kirche überlagert wird. Dass die beiden unteren Fundamentteile auf den Resten einer »Trennmauer zwischen dem mittleren und östlichen Innenhof« der Burg stehen, wie Wäscher berichtete,[154] dürfte eine freie Annahme von ihm sein.[155]

Das Fundament an der Nordgrenze der Vierung erwähnt Wäscher in seinem Bericht nicht. Da es jedoch mit Nord- und Südflucht in seinen Grundrissen eingetragen ist,[156] dürfte er es mindestens oberflächlich angeschnitten haben. Das gegenüber liegende Fundament an der Südseite der Vierung sowie das mittlere und das östliche Nordsüdfundament des südlichen Querarms sind in dem einzigen Detailgrundriss seines Berichts erfasst (Fig. 19–21).[157] Das erstere wird auch in Querschnittskizzen durch den Untergrund des südlichen Querarms angeschnitten, die sowohl von Wäscher als auch von Schirwitz erhalten sind.[158] Aus ihnen geht unter anderem hervor, dass man den Südarm über dem südlichen Steilhang errichtet hat – was hier später immer wieder zu statischen Problemen führte. In dem Fundament unter der Südwand des Querhauses[159] vermutete Wäscher die ehemalige »innere Ringmauer« der Burg (Fig. 18), die sich über das Querhaus hinaus nach Osten und Westen fortgesetzt habe.[160] Gegen diese Behauptung sprechen handschriftliche sowie gedruckte Aufzeichnungen von ihm.[161] Nach diesen (Fig. 4) beginnt östlich des Querhauses, gegenüber dessen Südwand etwas nach Norden versetzt, ein 91 cm dickes, nach Osten gerichtetes Fundament[162], an dem 5,60 m weiter östlich ein Querfundament gleicher Dicke nach Süden ansetzt. Spuren einer »inneren Ringmauer« hat er offenbar weder hier noch westlich des Querhauses nachgewiesen.[163] Das Fundament unter der Südwand des Querhauses wird also wohl ebenfalls von dem Südarm der ersten Stiftskirche stammen. An der Westgrenze der Vierung ist in den Grundrissen (Fig. 18) ein Nordsüd-Fundament in voller Länge durchlaufend eingetragen.[164] Tatsächlich wurden von ihm aber nur geringe Reste angeschnitten, von dem mittleren Drittel (Fig. 5, 42) nur der Nordteil[165] und von dem nördlichen Drittel nur der nördliche Ansatz[166], während das südliche Drittel gar nicht freigelegt wurde.[167]

Der Fundamentgrundriss der ersten Stiftskirche lässt sich aber noch ergänzen. Die Westwand des Querhaus-Südarms steht ebenfalls auf einem für Bau II eingebrachten Fundament, das Wäscher offenbar nicht angeschnitten hat.[168] Der an den Vierungsbereich im Süden angrenzende Raum erstreckte sich also nicht nur über die Osthälfte des südlichen Querhausarms, wie es Giesau und Wäscher annahmen,[169] sondern über dessen gesamte Fläche. Zu erwarten war danach – und konnte bei der Untersuchung des Mittelpfeilers an der Nordgrenze der Vierung auch bestätigt werden –, dass dem südlichen Annexraum ein gleicher im Norden entsprochen hat und dort die Nord- und die Westwand des Querhauses ebenfalls auf Fundamenten der ersten Stiftskirche standen oder noch stehen.[170]

Aufgehende Mauern der ersten Stiftskirche

Von der Stiftskirche der Königin sind in der Krypta außer den beschriebenen Fundamenten auch Reste ihres aufgehenden Mauerwerks erhalten. Brinkmann hatte 1922 schon davon berichtet, dass im Bereich der Vierung Mauerreste aufrecht stehen, die älter sind als deren beide westliche Joche. Er entdeckte sie an der Westseite in den beiden Ecken und beiderseits des mittleren Kryptazugangs sowie an der Nord- und der Südseite in den beiden Mittelpfeilern (Fig. 24, 25) und vermutete in ihnen sowie in den Fundamenten unter den beiden Ansätzen der heutigen Ostapsis Teile einer »Urkirche«.[171] Wenn sein Versuch, diesen Bau zeichnerisch zu rekonstruieren, auch überholt ist, die von ihm bezeichneten Baureste sind – außer denen am Apsisansatz – tatsächlich die ältesten noch aufrecht stehenden Mauerteile in der Stiftskirche. Sie stammen allerdings nicht von einer »Urkirche«, bei der er wohl an die Burgkirche Heinrichs I. dachte, sondern sind, wie die genauere Untersuchung ergab, Reste der ersten, 936 auf Weisung der Königin Mathilde begonnenen Stiftskirche.

Die heutige Krypta (Abb. 43, Fig. 2) besteht aus einem dreischiffigen Hauptraum von acht Jochen Länge unter dem Sanktuarium und der Vierung sowie zwei zweijochigen Seitenräumen (Abb. 44) unter den Querhausarmen. Ihre Umfassungsmauern, ihre Stützen sowie vielleicht auch ihre Gewölbe wurden teils schon vor der Weihe von 1021, teils aber in der Bauzeit der hochromanischen Stiftskirche, also nach dem Brand von 1070 und vor 1129 errichtet. Der älteste Abschnitt der Krypta sind die beiden westlichen Joche (Abb. 45) ihres Hauptraums. Sie wurden offenbar zwischen den seitlichen Querhausemporen eingebaut, als hinter ihnen geraume Zeit vor der Weihe von 997 anstelle des einschiffigen die Errichtung eines dreischiffigen Langhauses begann. Die Joche schließen im Osten mit einer quer durch den Raum geführten Dreierarkade auf Pfeilern ab, und dahinter wird ihr aus Längstonnen mit einbindenden Quertonnen bestehendes Gewölbe von Pfeilern, rechteckigen Wandvorlagen und Säulen mit Pilzkapitellen getragen. Hinter den Wandvorlagen dieser Westjoche befinden sich wiederum noch ältere Mauerteile, eben jene von Brinkmann beschriebenen ältesten Reste. Um hier die Zusammenhänge zwischen den offenbar aus verschiedenen Zeiten stammenden Abschnitten zu klären, wurde über die zwischen ihnen vermuteten Fugen hinweg in mehreren schmalen, waagerechten Streifen die dicke moderne Putzhaut abgenommen. Die darunter am Mauerwerk sichtbar gewordenen Befunde konnten, wie erwartet, entscheidende Hinweise zur frühen Geschichte der Stiftskirche liefern.

Die beiden im Kern 1,22 m langen und einst mindestens 95 cm dicken Mittelpfeiler an der südlichen und an der nördlichen Grenze der Vierung (Abb. 60–62, 64–67, Fig. 21–28) werden, wie schon Brinkmann erkannte, fast ringsum von späteren Anbauten verdeckt und lassen zwischen diesen an ihren zur Raummitte gerichteten Kanten lotrecht durchlaufende Ausklinkungen erkennen, oder – anders ausgedrückt – sie besitzen auf der West-, der Ost- und der dem Mittelraum zugewandten Seite 10 cm tiefe Vorlagen. Von dem südlichen Mittelpfeiler sind die Nordost- (Abb. 60) und die Nordwestecke und von dem nördlichen die Südostecke (Abb. 66) erhalten und zugänglich, während dessen Südwestecke (Abb. 67–69) zu unbekannter Zeit abgearbeitet wurde. Jede Pfeilerecke steht auf einem einfachen Rechtecksockel, der um etwa 8 cm vor den Schaft tritt, bei dem südlichen Pfeiler jeweils mit einer dem Schaft entsprechenden Ausklinkung, bei dem nördlichen ohne diese.[172] Ob die Pfeiler an ihrer Außenseite ebenfalls Vorlagen aufgewiesen haben oder mit einer ebenen Fläche endeten, könnte man nur durch partielle Abnahme der dortigen, aus dem 12. Jahrhundert stammenden Umhüllung zu klären versuchen, was natürlich nicht in Frage kommen kann.

Bei dem südlichen Mittelpfeiler[173] bricht das originale Mauerwerk der nördlichen und der östlichen Vorlage oben bei +0,80 m ab, während sich seine westliche Vorlage von dieser Höhe ab zu einem weiten Bogen[174] rundet, der über eine unter ihm später eingefügte Doppelarkade (Abb. 63) hinweg zu dem Pfeiler in der Südwestecke (Abb. 79) der Krypta führt und in dessen hochromanischem Mauerwerk verschwindet.[175] Bei dem nördlichen Mittelpfeiler[176] ist die östliche Vorlage etwa 60 cm höher erhalten als die Nord- und die Ostvorlage des Südpfeilers, und ihre oberen, zunehmend schräg gestellten Steine lassen trotz ihrer lotrecht abgearbeiteten Ostflucht erkennen, dass hier einst ein nach Osten gerichteter Bogen ansetzte.[177] Die südliche Vorlage (Abb. 68) läuft dagegen einschließlich ihrer originalen Putzreste noch heute lotrecht empor und verschwindet oben im hochromanischen Gewölbe.[178] Dem von dem südlichen Pfeiler nach Westen abgehenden Bogen hat zweifellos ein gleicher auf der Nordseite entsprochen, und der dort ehemals nach Osten gerichtete Bogen hatte sein Pendant auf der Südseite. Der heutige Vierungsbereich wurde einst also beiderseits von je einer Doppelarkade begleitet. Der Einbau der beiden westlichen Joche der heutigen Krypta zwischen ihnen erfolgte erst später. Das erweisen die erwähnte, zwischen den beiden Pfeilern eingebaute Dreierarkade sowie die nach dem verwendeten Material mit ihr zusammen westlich des südlichen Pfeilers eingefügte Doppelarkade mit mittlerer Pilzkapitellsäule. Diese lehnen sich gegen den originalen Putz der beiden Mittelpfeiler und des südlichen Bogens, von dem sich die zwei westlichen Kryptajoche auch durch den bei ihnen durchweg verwendeten, auffällig gelben Kalkmörtel unterscheiden lassen. Dieser kann, wie noch genauer zu erläutern bleibt, nur in der Bauzeit der nach dem Tode der Königin Mathilde begonnenen zweiten Stiftskirche (Bau III) nachgewiesen werden. Die beiden seitlichen Mittelpfeiler und die von ihnen ausgehenden Bögen dürften demnach, ebenso wie der oben beschriebene Fundamentrest, von dem Vorgängerbau, der durch Königin Mathilde veranlassten ersten Damenstiftskirche, stammen.[179] Die Höhenlage des Fußbodens zwischen der nördlichen und der südlichen Doppelarkade lässt sich durch die zum Teil erhaltenen Sockel der beiden Mittelpfeiler bestimmen: seine Oberkante lag etwa bei -0,80 m.

Die ehemaligen Doppelarkaden an der Nord- und der Südgrenze der Vierung stützten sich im Osten und Westen, wie gesagt, auf Pfeiler, die die Stelle der heutigen Vierungspfeiler einnahmen. Dass unter diesen noch Reste der alten Pfeiler (Fig. 31) erhalten sind, konnte Wäscher an einer Stelle nachweisen: Als 1938 die beiden aus dem 19. Jahrhundert stammenden Treppen zum hohen Chor abgeräumt waren, wurde unter dem nordwestlichen Pfeiler (Abb. 76–78) der Stumpf eines älteren Pfeilers sichtbar.[180] Der noch 61 cm hohe, aus zwei Schichten mächtiger Quader bestehende Schaft der Südvorlage dieses Pfeilers weist, analog zu den beiden Mittelpfeilern beiderseits der Vierung, an seiner Südwest- und wohl auch an seiner Südostecke[181] Ausklinkungen auf und steht wie jene auf einem einfachen, gegenüber dem

Schaft vortretenden, rohen Rechtecksockel von 25 cm Höhe. Dieser ruht wiederum auf einem nach Süden ansetzenden Fundament, das heute nach wenigen Zentimetern abbricht, einst aber offenbar als Spannfundament weiterlief und ursprünglich sehr wahrscheinlich die Westwand des Saals der Periode Ia getragen hat. Die Westflucht der Pfeilervorlage läuft gerade nach Norden, bis 64 cm nördlich ihrer Südflucht die östliche Vorlage der Nordarkaden des heutigen, hochromanischen Langhauses gegen den alten Pfeiler stößt.[182] Von dessen Ostvorlage, auf der ehemals der vom nördlichen Mittelpfeiler der Vierung ausgehende Bogen mündete, dürfte das Mauerwerk mit geputzter Südflucht stammen, das in dem schmalen Schlitz zwischen dem nordwestlichen Wandpfeiler der Krypta (Bau III) und dem nördlich benachbarten hochromanischen Wandpfeiler (Bau IV) in der Tiefe sichtbar ist. Der Kryptenpfeiler wurde beim Einbau der Westjoche in den Winkel zwischen der Süd- und der Ostvorlage des nordwestlichen Vierungspfeilers eingefügt.

Analog ist auch unter dem südwestlichen Vierungspfeiler (Abb. 70, 71), dessen Unterbau 1938 bei dem Einbau der neuen Chortreppe offenbar nicht freigelegt wurde, der Stumpf eines älteren Pfeilers zu vermuten.[183] Die nordöstliche Kante seiner Nordvorlage (Fig. 26, 27) dürfte sich dort befunden haben, wo heute neben dem südwestlichen Wandpfeiler der Krypta eine schmale, in der Substanz allerdings jüngere Eckvorlage auf einem Rechtecksockel zu erkennen ist.[184] Die beiderseitigen weiten Doppelarkaden der Vierung, die sich auf den seitlichen Fundamenten des Baus Ib erhoben, könnten sich an der Ostseite, an der Stelle der heutigen östlichen Vierungspfeiler, auf ähnliche Pfeiler gestützt haben wie an der Westseite. Möglicherweise besaßen sie sogar wie dort zur Mittelachse gerichtete Vorlagen und waren miteinander durch einen Querbogen verbunden. Zwischen den beiden alten Eckpfeilern an der Westgrenze der Vierung lief das erwähnte, nur noch teilweise erhaltene Fundament der ehemaligen Westwand des Baus Ib durch. An seiner Westseite wurde nach dem Abbruch des Stufenraums an dessen Stelle der Kreuzaltar errichtet. Auf dem alten Westwandfundament steht heute die Westwand der Krypta mit ihren beiden mittleren Wandpfeilern und ihrem seit dem 17. Jahrhundert nachweisbaren Mittelzugang.[185]

Emporen-Annexe

Die Doppelarkaden vor den beiden Querarmen haben bei 3,60 m lichter Weite eine lichte Höhe von nur 3,30 m, weisen also ein Verhältnis von 1 : 0,92 auf. Das spricht entschieden dafür, dass die hinter ihnen liegenden Räume in erster Linie als Substruktion der darüber befindlichen Hauptgeschosse dienten, in denen sich gegen den Mittelraum geöffnete Emporen befanden.[186] Über diesen erhob sich als drittes Geschoss (Fig. 43) wahrscheinlich noch ein Obergaden mit Fenstern, die dem Raum Licht spendeten.

Einen ähnlichen dreigeschossigen Wandaufbau weist das allerdings ein halbes Jahrhundert jüngere, dreischiffig basilikal ausgebildete Langhaus der bereits erwähnten Damenstiftskirche in Gernrode auf.[187] Seine Emporengeschosse wurden vielleicht sogar von denen der ersten Stiftskirche in Quedlinburg angeregt, nunmehr allerdings nicht in Querarme, sondern über den Seitenschiffen eingebaut.[188]

Seitliche Emporen in querschiffartigen Annexen des Hauptschiffs ähnlich Quedlinburg besaß nach den Untersuchungen von Hilde Claussen und Uwe Lobbedey die Damenstiftskirche in Meschede, die allerdings als dreischiffige Basilika ausgebildet war und etwa drei Jahrzehnte vor der Quedlinburger Stiftskirche, nämlich »in den Jahren zwischen 897 und 913 errichtet worden sein muß«[189].

In ihrer Gesamtkonzeption lassen sich mit dem Quedlinburger Gründungsbau eher die von etwas niedrigeren Querflügeln begleiteten frühen Saalkirchen vergleichen. Aus ottonischer Zeit sind hier vor allem die monumentalen Anlagen von St. Pantaleon in Köln[190], St. Patrokli in Soest[191] und der Propsteikirche in Werl[192] zu nennen.[193] Diesem Bautyp entspricht aber auch die als Ruine erhaltene, vermutlich um 1000 errichtete St.-Cyriakus-Kirche bei Camburg, ein Saal mit leicht eingezogenem, rechteckigem Sanktuarium, dessen Schiff sich in seinem Ostteil beiderseits unter je vier niedrigen Rundbogenarkaden gegen längsrechteckige Nebenräume öffnete.[194] Dicht über den – nur auf der Südseite erhaltenen – Arkaden sind außen Balkenlöcher erkennbar, in die die Balken eines hier ansetzenden Daches oder solche von der Geschossdecke einer gegen das Schiff geöffneten Empore eingegriffen haben könnten. Ein dem Camburger Bau im Grundriss und in der Größe verwandter, wohl etwa in dem gleichen Zeitraum entstandener Sakralbau scheint die Johanneskirche in Brendlorenzen gewesen zu sein, deren Seitenräume sich unten sogar wie in Quedlinburg in je einer Doppelarkade gegen das Schiff öffneten.[195] Auch hier könnten die Seitenräume Emporen getragen haben. In der um 950 errichteten Burgkirche in Libitz (Libice), einem Saal, der beiderseits von quadratischen, vielleicht doppelgeschossigen Anräumen begleitet wurde, waren deren Untergeschosse wie in Quedlinburg durch je eine Doppelarkade mit dem Schiff verbunden.[196] Den Raum zwischen den Querflügeln begrenzten hier allerdings Transversalbögen, im Westen gegen das Schiff und im Osten gegen das querrechteckige Sanktuarium.

In der ersten Quedlinburger Damenstiftskirche sind in der Mitte zwischen den beiden Querarmen die Sitze der zum Stift gehörenden Kanoniker zu vermuten, und auf der südlichen Empore befand sich, wie schon erwähnt, der Chor der Damen, wo diese auf ihren Sitzen an den täglichen Gottesdiensten teilnahmen. Eine derartige Anordnung des Damenchors war im frühen Mittelalter offenbar weit verbreitet[197] und kann auch bei vielen Stiftskirchen des hohen Mittelalters nachgewiesen werden.[198] So saßen die Damen in der spätkarolingischen St.-Walburga-Kirche in Meschede nicht auf der zum Gründungsbau gehörenden Westempore, sondern auf der Empore im Südquerarm. Auch in den Stiftskirchen von Gandersheim, Herford, Freckenhorst, Neuenheerse, Vreden, Borghorst und Schildesche dürften die Sitze der Stiftsdamen auf Querhausemporen gestanden haben.[199] In der Stiftskirche Gernrode lässt sich nachweisen, dass von den im 12. Jahrhundert eingebauten Querhausemporen die südliche als Chor der Stiftsdamen diente.[200] Vermutlich befanden sich die Sitze der Damen aber auch schon vorher im Südarm des Querhauses, allerdings zu ebener Erde: Toelpe/Ulrich erfassten nämlich 1858/59 in der Südwand oberhalb der Südempore eine leicht eingetiefte, heute nicht mehr sichtbare Halbkreisnische, wahrscheinlich das Tympanon einer gegenüber dem heutigen Fußboden etwas erhöhten Tür, durch die die Damen von ihrem ebenerdigen Chor zum Dormitorium im Obergeschoss des Klausur-Ostflügels emporsteigen konnten.[201]

Auch in Quedlinburg wird der Weg der Damen vom Dormitorium zu ihrem im Querhaus gelegenen Chor wohl nicht sehr weit gewesen sein. Leider ist über den Standort des Dormitoriums keine Nachricht überliefert. Jedoch war der Nordflügel des Stiftsschlosses seit der Gründung des Damenstifts der Königin und später der Äbtissin vorbehalten. Zu ihm gehörten an der Ostseite, seit dem hohen Mittelalter nachweisbar, eine Privatkapelle und weiter westlich wohl die notwendigen Wohn- und Repräsentationsräume. Die Klausur der Damen kann also nur westlich oder östlich der Stiftskirche und ihr Chor eher im Süd- als im Nordflügel des Querhauses gelegen haben. Von einer westlich der Kirche gelegenen Klausur hätte der Weg der Damen zu ihrem Chor durch das seit 997 dreischiffige, den Laien vorbehaltene Langhaus führen müssen, was man wohl ausschließen kann. Ihre Klausur wird also wohl südöstlich der Stiftskirche gelegen haben, dort, wo sich bis zu ihrem um die Mitte des 19. Jahrhunderts erfolgten Abbruch die Residenz der Pröpstin befand. In diesem Bereich kamen 1965/68 Mauerzüge eines mittelalterlichen Vorgängers der Propstei und zwischen ihnen der Brennraum einer Heizung zum Vorschein.[202] Das so bezeugte, heizbare Gebäude, das sich bisher allerdings weder genauer umreißen noch sicher datieren lässt, gehörte wahrscheinlich zu der Klausur der Damen, die von hier aus durch einen gedeckten Gang zu ihrem Chor gelangten. Von diesem Gang wird kaum das Längsfundament stammen, auf das Wäscher 2,50 m südlich der Südwand des Sanktuariums traf.[203] Dagegen könnte zu ihm ein am Querhaus ansetzender, 90 cm dicker Fundamentzug gehören, dessen Südflucht er in seinen handschriftlichen Aufzeichnungen und noch in Abb. 253 seines gedruckten Berichts etwa 75 cm nördlich der Südflucht des Querhauses, in den anderen von ihm veröffentlichten Plänen aber als östliche Fortsetzung von dessen Südflucht eintrug.[204] An das Fundament des Querhauses und das im Osten ansetzende Fundament wurden später tonnengewölbte Substruktionen angebaut, die die Gebäude wahrscheinlich vor allem gegen den Steilhang abstützen sollten, zugleich aber wohl auch den Gang trugen, durch den die Damen von ihrer Klausur zu ihrem Chor gelangten. Er war der Vorgänger des vermutlich viel breiteren Korridors, den die Pröpstin im 18. Jahrhundert benutzte, um von ihrer Residenz zu ihrer Loge am Ostende des südlichen Seitenschiffs zu gelangen.[205]

Offen ist bisher in den meisten Damenstiftskirchen, wo die Äbtissin ihren Sitz hatte. In Gernrode geht aus dem erwähnten, allerdings viel später verfassten Text der Osterliturgie mit einiger Wahrscheinlichkeit hervor, dass sie dabei einen besonderen, doch nicht genauer bestimmbaren Platz einnahm, der sich aber wohl nicht auf der Damenempore befand. Auch in den anderen mittelalterlichen Damenstiftskirchen lässt sich, soweit sie bisher untersucht wurden, nur ganz selten ein spezieller Sitz der Äbtissin nachweisen. Von der Stiftskirche in Borghorst ist allerdings bekannt, dass sich der »abgesonderte Kirchensitz« der Äbtissin bis zum Abbruch der Stiftskirche auf der »abteilichen Bühn hinten in der Kirche«, also wohl auf der Westempore, befand, durch eine Tür von der benachbarten »Abtei« aus zugänglich, während die Stiftsdamen offenbar im südlichen Querarm saßen. Die Äbtissin hatte aber einen weiteren Sitz auch im östlichen Bereich der Kirche.[206] Auch in Gernrode konnte die Äbtissin vielleicht schon im Westchor, zweifellos aber später auf der Westempore über einen Sitz verfügen und im Ostteil der Stiftskirche über einen zweiten, den sie nur zu besonderen Feiern, etwa bei der Osterliturgie, einnahm. Analog darf man auch in der Stiftskirche der Königin Mathilde in Quedlinburg am Westende des Schiffs eine Empore für ihren Thron und später für den Sitz der Äbtissin vermuten.

Erwähnt sei hier ein – angeblicher? – Befund nördlich des Sanktuariums: In einem Abstand von etwa 4,70 m von dessen Nordwand ist in dem einzigen mir zugänglichen Grabungsgrundriss der SS[207] der Rest eines 90 cm dicken Fundaments (Fig. 22) eingetragen, das an seinem Ostende rechtwinklig nach Süden weiterläuft, um unmittelbar daneben mit dem Ansatz einer kleinen Apsidiole abzubrechen. Der dargestellte Befund schien zunächst für einen ehemaligen nördlichen Nebenraum des Sanktuariums zu sprechen.[208] Stutzig machte dann jedoch, dass er in seiner Lage und Gestalt fast genau der Nordostecke der von Brinkmann rekonstruierten »Urkirche« entsprach.[209] Da es bei der SS-Grabung, die offenbar nur darauf aus war, das Grab des Königs zu finden, wohl kaum eine objektive Auswertung von aufgedeckten Befunden gegeben hat, muss man damit rechnen, dass hier ein unsicherer, nicht näher dokumentierter Fund der Rekonstruktion von Brinkmann entsprechend ausgedeutet wurde. Ob das Sanktuarium tatsächlich im Norden von einem Nebenraum begleitet wurde, bleibt demnach offen, und für einen südlichen Nebenraum gibt es keine sicheren Argumente.

Wandgliederung (Fig. 42, 43)

Die in der Krypta erkennbare Ausbildung der Pfeiler und Arkaden der ersten Stiftskirche erlaubt Schlüsse auf deren ehemalige Gestalt. Vor dem nördlichen Mittelpfeiler läuft eine zur Raummitte gerichtete flache Lisene, wie schon erwähnt, an dem Ansatz des ehemals nach Osten abgehenden Arkadenbogens vorbei lotrecht nach oben. Auch bei dem südlichen Mittelpfeiler wird seine nördliche Vorlage einst als Lisene mindestens bis zu dem – verschwundenen – ersten Obergeschoss emporgeführt haben. Diese mittleren und die ehemaligen seitlichen Lisenen der Wände fassten wohl nicht nur die unteren Arkaden, sondern darüber auch die Emporenöffnungen ein und waren über diesen wahrscheinlich miteinander durch Blendbögen verbunden, wie sie auch von anderen frühmittelalterlichen Bauten bekannt sind. Bei den beiden Mittelpfeilern endeten die von ihren seitlichen Vorlagen ausgehenden weiten Bögen im Osten und Westen auf Pfeilern, die die Stelle der heutigen Vierungspfeiler einnahmen. Von ihnen konnte Wäscher unter dem Nordwest-Vierungspfeiler den oben beschriebenen Pfeilerstumpf freilegen, der ebenso wie sein unter dem südwestlichen Vierungspfeiler zu vermutendes Pendant zweifellos zu der ersten Stiftskirche gehörte. Die zur Raummitte gerichteten Vorlagen dieser Pfeiler waren miteinander sehr wahrscheinlich durch einen weit gespannten, beiderseits abgetreppten Transversalbogen verbunden, unter dem sich der Vierungsbereich gegen einen westlich anschließenden Raum öffnete. Möglicherweise besaßen auch die östlichen Abschlusspfeiler der seitlichen Doppelarkaden zur Mitte gerichtete, miteinander durch einen Transversalbogen verbundene Vorlagen.

Schon im römischen Weltreich war die Gewohnheit weit verbreitet, Wände durch aneinander gereihte Rundbogennischen zu gliedern. So weist die um 305 errichtete »Basilika« in Trier[210], ehemals Aula regia des kaiserlichen Palastes, außen eine monumentale Gliederung der Wand durch aneinander gereihte große Rundbogennischen auf. Ähnlich dekorierte römische Bauten lassen sich vielfach nachweisen.[211] Auch aus dem frühen Mittelalter sind Bauten bekannt, deren Außenwände – wohl nach römischem Vorbild – in regelmäßigen Abständen vorspringende, oben durch Rundbögen verbundene Lisenen aufwiesen. So waren beispielsweise die Kirche St. Apollinare in Classe bei Ravenna, eine 532/536–549 erbaute dreischiffige Basilika, ebenso wie die Kathedrale von Parenzo, eine Basilika aus der Zeit um 550, mit aneinander gereihten Rundbogennischen dekoriert. Auch die St.-Martins-Kirche in Cazis/Graubünden, ein rechteckiger Saal aus dem 7./8. Jahrhundert, und die St.-Martins-Kirche in Chur, ein Dreiapsidensaal wohl aus der 2. Hälfte des 8. Jahrhunderts, besaßen außen eine Gliederung von rundbogigen Blendarkaden. Eine ähnliche Dekoration der Außenwände weist auch die gegen Ende des 8. Jahrhunderts errichtete Klosterkirche St. Johann in Müstair/Münster in Graubünden auf.[212] In Deutschland ist vor allem der Palastbau Karls des Großen in Aachen aus der Zeit um 800 zu nennen, den außen große Rundbogennischen gliederten.[213] Er war vielleicht das Vorbild für die Lisenengliederung des etwa eineinhalb Jahrhunderte jüngeren Palastes Kaiser Ottos des Großen in Magdeburg.[214] Nur wenig später entstand der 964 begonnene und bis 980 fertig gestellte Gründungsbau der Pantaleonskirche in Köln (Bau I), ein monumentaler Saal mit niedrigeren seitlichen Annexen.[215] Seine Wände wiesen innen und außen eine dichte Folge von relativ schmalen Rundbogennischen auf, die außen die hoch liegenden Fenster einschlossen, so dass sich ihr Scheitel etwas unterhalb des Dachansatzes befand, innen jedoch unter den Fenstern ihren Abschluss fanden. In der Stiftskirche der Königin Mathilde in Quedlinburg waren die Wände sehr wahrscheinlich mindestens im Vierungsbereich, vielleicht aber auch im Sanktuarium und im Schiff, mit – gegenüber Köln allerdings etwas breiteren – Rundbogennischen dekoriert, die vielleicht wie auf der Innenseite von St. Pantaleon unter den Fenstern endeten. Möglicherweise gab es in Quedlinburg auch eine äußere Nischengliederung (Fig. 42, 43, 47), die unter anderem an der Nordwestecke des Langhauses auf den dort nachgewiesenen Fundamentvorlagen angesetzt haben könnte.

Sanktuarium

Die Seitenwände des Sanktuariums dürften sich etwa dort erhoben haben, wo heute die des Ostabschnitts der hochromanischen Krypta stehen. Vielleicht wurden dafür sogar Wände des Vorgängerbaus, der Burgkirche Heinrichs I., übernommen.[216] Der Ostschluss der ersten Stiftskirche ist etwa an der Stelle der heutigen, hochromanischen Apsis zu vermuten. Falls er, wie es eigentlich zu erwarten ist, die Gestalt einer eingezogenen Apsis aufwies, könnte deren Umfassungswand wohl kaum parallel zu der Wand der »Confessio« verlaufen sein, sondern dürfte diese wie bei dem stehenden Bau nur im Scheitel berührt haben.[217]

Zum Jahre 936 heißt es, dass das Grab König Heinrichs I. in der Burgkirche (Bau Ia) vor dem Petersaltar (Fig. 42, 43) angelegt wurde. Dieser wird auch in den Urkunden von 956 und 967 sowie letztmalig 999 als Altar der Damenstiftskirche genannt, als die Äbtissin Adelheid »vor dem Petrus- und Stephanus-Altar« eingesegnet wurde.[218] Als Patrone dieses Hauptaltars werden 937 und 954 aber auch Maria und Servatius sowie 961, 974, 992, 994, 995 und 972/82 – in der älteren Mathildenvita – Servatius allein aufgeführt. Erst 997 und 999 treten Petrus und Servatius gemeinsam als Patrone auf. Trotzdem kann es auf die Frage, ob es in der Burgkirche und später in der Damenstiftskirche außer dem Petersaltar noch einen zweiten, dem Servatius gewidmeten Hochaltar gegeben hat nur eine Antwort geben: Die Stiftskirche wird kaum zwei Altäre ersten Ranges besessen haben. Obwohl unterschiedliche Patrone genannt werden, war wohl immer der Hochaltar östlich des Königsgrabes gemeint. Wozu die im Westteil des Sanktuariums von Wäscher festgestellte rechteckige Vertiefung im Felsen gedient haben könnte,[219] ist nicht bekannt (Fig. 4–6). Sollte hier etwa ein in den Berichten nicht genannter Nebenaltar gestanden haben? Die Anordnung eines zweiten Altars vor oder hinter dem Hochaltar ist im frühen Mittelalter relativ selten nachzuweisen.

Auf dem so genannten St. Galler Idealplan ist östlich des Hauptaltars, der der hl. Maria und dem hl. Gallus geweiht war, ein dem hl. Paulus geweihter Altar eingezeichnet.[220]

In der karolingischen Stiftskirche in Meschede befand sich hinter dem Hochaltar ein um etwa 1,5 m erhöhter, von einer weiten Apsis umschlossener Bereich, über dessen Bestimmung nichts bekannt ist. Sollte sich hier hinter dem der hl. Walburga geweihten Hauptaltar tatsächlich ein leerer Raum angeschlossen haben, oder hat hier doch ein nicht näher bezeichneter weiterer Altar gestanden?[221]

In der Ludgeruskirche in Werden befindet sich an der Westseite der im 2. Viertel des 9. Jahrhunderts errichteten Krypta eine kleine Kammer, der »locus arboris«. Dazu bemerkt Hilde Claussen: »Wenn der ›locus arboris‹ ... beim Bau der Krypta mit dem untersten Gewölbe ausgestattet wurde, [von dem die Ansätze erhalten sind,] ... so müßte wohl [dem höheren Gewölbe der Krypta entsprechend] in Werden wie in Meschede der östliche Teil des Chores etwa anderthalb Meter über dem westlichen gelegen haben .... Auch in Werden wäre dann der Altar, der mit Sicherheit dem Ludgerusgrab zugeordnet war, westlich des unterirdischen Grabes [des locus arboris] zu suchen.«[222] War hier der höher gelegene Ostabschnitt nur ein leerer Raum oder hatte er eine liturgische Bestimmung, etwa als Standort eines weiteren Altars? Im Gegensatz zu den angeführten Beispielen hätte es sich bei der Stiftskirche der Königin Mathilde nicht um einen vor oder hinter dem Hochaltar stehenden zweiten Altar gehandelt, sondern um zwei hintereinander aufgereihte Hochaltäre. Für eine solche Anordnung dürfte es kaum eine Parallele geben. Der Schluss ist also wohl zwingend, dass sowohl der hl. Petrus als auch der hl. Servatius Patrone des einen Hochaltars waren, der sich östlich des Grabes König Heinrichs I. erhob.

An das erwähnte, südlich des Sanktuariums nachgewiesene Fundament (c in Fig. 23) wurde außen nachträglich die Nordwand eines tonnengewölbten Annexes angebaut,[223] eine Maßnahme, die, wie bei den anderen tonnengewölbten Stützbauten (Fig. 41, 42) südlich des Querhauses und des Mittelschiffs, wohl durch akute statische Probleme am Steilhang veranlasst wurde. Wahrscheinlich befand sich darüber zugleich auch die Nordwand des Verbindungsgangs von der Klausur zum Chor der Damen.

Schon hier sei erwähnt, dass Wäscher nach seinem Bericht unter dem Zwischenbau der Westtürme und westlich von ihm auf ein mächtiges Ostwestfundament gestoßen war sowie südlich des südlichen Seitenschiffs (Fig. 4, 5, 18) auf ein noch gewaltigeres Nordsüdfundament, an das östlich ein »riesiger Fundamentblock aus in Lehm gebetteten sorgfältig behauenen Steinblöcken« anschloss. Alle drei Fundamente müssen, wie er schrieb, »ihrer Lage nach ebenfalls in dieser Zeit entstanden sein«, also aus der Bauzeit der ersten Damenstiftskirche (Bau II) stammen.[224]

Schiff (Fig. 42, 43)

Der Mittelabschnitt der ersten Stiftskirche öffnete sich an der Westseite unter dem schon erwähnten weiten Transversalbogen gegen einen angrenzenden weiteren Raumabschnitt, das den Laien vorbehaltene Schiff. Von seinem ehemaligen Fußboden – zu vermuten ist, wie üblich, ein Estrich – konnte kein Rest nachgewiesen werden. Er muss jedoch oberhalb der Felsoberkante gelegen haben, die offenbar im Nordteil des Mittelschiffs besonders hoch lag.[225] Die Oberkante des darüber ausgebreiteten Fußbodens ist demnach bei etwa -0,45 m zu vermuten und wird in dieser Höhe auch an den Sockel des alten Nordwest-Pfeilers angeschlossen haben. Neben diesem dürften danach zwei

Stufen zu dem rund 35 cm tieferen Fußboden im Vierungsbereich hinabgeführt haben.[226]

Um über die ehemalige Gestalt des Schiffes Auskunft zu bekommen, wurden 1986 im Langhaus zwei Gräben (Abb. 80, 81, Fig. 5, 32) angelegt und zugleich die Räume unter dem Südseitenschiff genauer untersucht. Die Ergebnisse konnten zusammen mit den verfügbaren gedruckten und handschriftlichen Dokumentations-Unterlagen Wäschers ausgewertet werden und führten zu einer erheblich veränderten Vorstellung von der Baugeschichte in diesem Bereich.

Die bedeutenderen Damenstiftskirchen des 10./11. Jahrhunderts schlossen an der Westseite in der Regel mit einem Westwerk ab, einem turmartigen Bauwerk, etwa von der Breite des Hauptschiffs, mit einer Empore im Obergeschoss und seitlichen Treppentürmen.[227] Ein solcher Westbau schien auch als Abschluss der kurzen ersten Quedlinburger Stiftskirche möglich zu sein. Denn der Standort des vierpassförmigen Taufbeckens in der Mitte der Vierung ließ zunächst vermuten, dass dieser Bereich das für die Laien bestimmte Schiff war und der westliche Abschlussbau demnach am Ostende des heutigen Langhauses zu erwarten war. Wenn sich dabei auch für die Stiftskirche eine ungewöhnlich kurze Länge abzeichnete, schien zu dieser Lage des Westbaus auch eine in dem Grabungsgrundriss Wäschers erfasste, in seinem Bericht nicht erwähnte Fundamentvorlage neben dem östlichen Südarkadenpfeiler gut zu passen (Fig. 4).[228] Zu prüfen war, ob sie von der Westwand des vermuteten Westbaus stammen könnte oder nach dem Ausbruch von deren Fundament notwendig wurde. Der 1986 an dieser Stelle angesetzte erste Suchgraben erwies bald, dass die Vorlage nicht von einem älteren Bau übrig blieb, sondern zu der oberen, hochromanischen Schicht des Arkadenfundaments gehörte. Der Anlass für diese Fundamentverbreiterung wurde erst bei der Auswertung des zweiten Suchgrabens auf der Südseite des Pfeilers erkennbar, wo zudem weitere wichtige Informationen über die Vorgängerbauten des heutigen Langhauses gewonnen wurden.

Wäscher hatte berichtet, dass nur die oberste Schicht des unter den Südarkaden durchlaufenden Fundaments zum hochromanischen Bau gehört und das Mauerwerk darunter bis zur Fundamentsohle hinab, vor allem durch den verwendeten gelben Kalkmörtel, gut von der oberen Schicht zu unterscheiden ist (Fig. 33–35).[229] Demgegenüber war in den beiden Gräben von 1986 bald zu erkennen, dass unter der oberen, hochromanischen Schicht des Fundaments der Südarkaden[230] nur die zweite Schicht mit dem auffallend gelben Mörtel, der gesamte Unterteil des Fundaments dagegen mit einem viel festeren und dunkleren Kalkmörtel hergestellt worden war. Das Fundament besteht also nicht aus zwei, sondern aus drei übereinander liegenden Abschnitten unterschiedlicher Struktur und demnach wohl auch unterschiedlichen Alters.[231] In dem südlichen Graben wurden zudem im untersten Abschnitt die Ansätze zweier mächtiger, miteinander verbundener Tonnengewölbe aus Bruchstein sichtbar, eins in Längs- und eins in Querrichtung. Beide brechen wenige Zentimeter südlich des Arkadenfundaments unregelmäßig ab. Jedoch ist so viel von ihnen erhalten, dass sich ihre ehemalige Gestalt leicht rekonstruieren lässt: Ein zu den Arkaden parallel laufendes Gewölbe von etwa 2,80 m lichter Spannweite[232] stützte sich im Norden auf das Arkadenfundament und im Süden, etwas südlich der Mittelachse des Seitenschiffs, wohl auf eine parallel laufende zweite Wand, die sich einst offenbar über der Nordwand des Tonnengangs im Untergeschoss erhob. Mit dieser Längstonne war eine kurze Quertonne von etwa 3 m Spannweite und 40 cm tiefer liegendem Scheitel verbunden, die im Norden noch heute 58 cm tief, das heißt etwa bis zur Mittelachse der Südarkaden, in deren Fundament eingreift. Dadurch weist das Arkadenfundament in seiner Südhälfte einen rundbogig abgeschlossenen, 3 m breiten Hohlraum auf, über dessen Scheitel heute der östliche Pfeiler der Südarkaden steht. Bei dessen Errichtung war dieser statische Mangel des Fundaments offenbar bekannt, und man bemühte sich, ihn durch die erwähnte, nach Norden vortretende Verbreiterung auszugleichen. Von den beiden Tonnengewölben[233] fehlt heute ihr südlicher Abschnitt. Er wurde vermutlich erst 1708 abgebrochen, als die Südwand des Seitenschiffs neu aufgeführt werden musste. Im Erdprofil an der Ostseite des Grabens waren Teile der alten Längstonne fast bis zum Scheitel erhalten,[234] und darüber fand sich der Rest eines Gipsestrichs, der nach seiner Höhenlage und nach seiner stratigrafischen Einordnung zu dem mit dem gelben Kalkmörtel errichteten und 997 geweihten Langhaus (Bau III) gehörte.[235] Von dem nach Wäscher etwa 12 cm höher gelegenen Estrich des hochromanischen Baus[236] fand sich hier keine Spur. Im 18. Jahrhundert wurde unter dem Südseitenschiff zugleich mit der Neuaufführung der Südwand des Langhauses ein lang gestreckter, von einer mächtigen Backsteintonne überwölbter Raum eingebaut, der heute durch Zwischenwände unterteilt ist und Särge von Stiftsdamen birgt.[237] Das Tonnengewölbe dieses Raums, das etwa 1 m östlich des östlichen Pfeilers der Südarkaden endet, konnte im Graben von oben und von Osten her angeschnitten werden.

Untersuchung Untergeschoss (Fig. 36–38)

Unter dem Ostende des südlichen Seitenschiffs befindet sich die Kapelle St. Nicolai in vinculis (Abb. 82, 83), zugänglich über eine vom Südarm der Krypta aus hinabführende, mit einem Tonnengewölbe überdeckte Treppe (Abb. 84, 85). Die Kapelle, eine insgesamt 4,85 m lange und 1,95 m breite, ebenfalls tonnengewölbte Kammer, endet im Osten mit einer eingezogenen Apsis, im Westen mit einer eingezogenen Rechtecknische. Ihre Südwand öffnet sich unter einer Dreierarkade gegen die Treppe. Wände, Gewölbe und die Arkaden ihrer Südwand sowie Gewölbe und Südwand des Treppenraums wurden, wie die Untersuchung ergab, unter Verwendung des schon beschriebenen gelben Mörtels in ein und derselben Bauzeit errichtet. Baureste oder Spuren einer älteren, frei stehenden Kapelle ohne Wölbung, wie sie Wäscher beschrieben hat,[238] konnten trotz intensiver Nachforschung nicht festgestellt werden. Im Osten wurde die Kapelle, wie schon erwähnt, nachträglich an das ältere Fundament unter der Westwand des südlichen Querarms angebaut (Fig. 35, 39).[239] Älter als die Kapelle und der Treppenraum ist jedoch der schon erwähnte kurze tonnengewölbte Gang (Fig. 35, 39), der im Westen an die Treppe anschließt. Seine Wände sind mit einem festen, dunkelgrauen Kalkmörtel und sein Gewölbe mit einem sehr festen blaugrauen Gipsmörtel hergestellt. In den Fugen zwischen dem Mauerwerk dieses Tonnengangs sowie dem der Kapelle und des Treppenraums fand sich durchweg der gelbe Mörtel der Kapellen-Bauzeit. Kapelle und Treppenraum wurden also zweifellos nachträglich zwischen dem südlichen Querarm und dem Tonnengang eingefügt.

Heute führt der Tonnengang zu dem bereits erwähnten, im Westen angrenzenden großen Tonnenraum von 1708. Eine Tür in der Südwand des Tonnengangs[240] ist der einzige Zugang zu dem im Süden an das Querhaus anschließenden, hochromanischen »Quertonnenbau« (Fig. 40, 41), und ursprünglich gelangte man durch diese Tür in dessen Vorgänger, den frühromanischen »Längstonnenbau«. Gegenüber, in der Nordwand des Tonnengangs, zeichnet sich eine zweite, heute zugemauerte Tür ab. Ein 1986 neben deren westlicher Leibung in der Vermauerung hergestellter Suchschlitz stieß an seinem Ende auf die an ihrem gelben Mörtel erkennbare Südwand der Nicolai-Kapelle, was wiederum deren nachträglichen Einbau erweist. Vorher muss die Tür in einen angrenzenden Raum geführt haben, in dem vielleicht sogar eine ältere Treppe nach oben führte. Der Tonnengang lief vor der Einfügung des großen barocken Tonnenraums von 1708 zweifellos nach Westen weiter. Wie und wo er einst im Osten und im Westen endete, lässt sich nicht mehr feststellen.

Durch die südliche Tür des Tonnengangs gelangt man in den schon erwähnten hochromanischen »Quertonnenbau«. Über seinen Vorgänger, den »Längstonnenbau« heißt es bei Wäscher[241]: »Von diesem Bau ist die Nordwand vollständig erhalten, und das Fundament der Südwand völlig freigelegt worden. Die Nordwand ist arkadenartig vor die älteste Ringmauer gesetzt. Diese Arkaden sind bei der Errichtung des an gleicher Stelle stehenden späteren Quertonnenbaues ausgemauert worden; die Ausmauerung zeigt die Art des Mauerwerkes dieses späteren Baues. Der Längstonnenbau ist 14,2 m lang und 5,5 m breit. Das Mauerwerk besteht aus Sandsteinbruchstücken vom Felsen des Schlossberges und ist rund 1,3 m, die Arkadenwand 90 cm stark. Über den Arkaden ist der Ansatz der Längstonne erhalten; diese Tonne war mit kleinen Bruchstücken unter Verwendung der härteren eisenhaltigen Schichten des Burgfelsens mit zähflüssigem Mörtel eingewölbt. Dieses Steinmaterial ist ... bei allen Einwölbungen, die im 10. Jahrhundert entstanden sind, verwendet worden ...«[242] Nach den Grundrissen Wäschers schloss an den »Längstonnenbau« im Osten ein weiterer, etwa 11 m langer, heute nicht zugänglicher Bau gleicher Breite an, durch eine mittlere Trennwand in zwei Kammern eingeteilt und ebenfalls mit Längstonnen überwölbt.[243] Er wird im Bericht nur erwähnt, und aus diesem geht nicht hervor, was tatsächlich gefunden wurde und in welche Zeit ihn Wäscher datierte. Beide Längstonnenbauten sind offenbar dem Fundament unter der Querhaus-Südwand und dem östlich anschließenden Fundament nachträglich vorgesetzt worden.

Vermutlich wurde der Längstonnenbau vor der Südwand des Querarms, die sich schätzungsweise etwa 12 m hoch über dem Gelände erhob, als Sicherung gegen den Steilhang errichtet – eine statisch allerdings fragwürdige Maßnahme. Auf der nach den Maßunterlagen Wäschers 2,80 m dicken östlichen Verlängerung seiner Nordwand und auf der nicht mehr erhaltenen Südwand haben sich wahrscheinlich die Wände eines älteren Ganges erhoben, der die Klausur der Damen mit ihrem im südlichen Querarm befindlichen Chor verbunden hat. Zugleich dienten die Wände wohl zur konstruktiven Sicherung des Berges. Vielleicht trugen sie aber auch schon damals, wie später der Quertonnenbau[244], ein Obergeschoss, das den Damen ihren Weg von ihrem Chor zu dem zu vermutenden Vorgängerbau der Propstei ermöglichte.[245]

Es ist ein glücklicher Zufall, dass sich das mit dem gelben Kalkmörtel hergestellte Mauerwerk aus der Zeit um 1000 so eindeutig von dem jüngeren hochromanischen Mauerwerk und dem älteren aus der ersten Hälfte des 10. Jahrhunderts unterscheidet. Dadurch konnte zweifelsfrei nachgewiesen werden, dass sich anstelle der mit dem gelben Mörtel aufgeführten Nicolaikapelle und des zu ihr gehörenden Treppenraums vorher ein Baugefüge erhoben hat, von dem der Tonnengang und die Reste der oberen Tonnen erhalten blieben. Zu ihm gehörte offenbar ab dritter Fundamentschicht von oben auch der gesamte Unterteil des Arkadenfundaments, in den die beiden großen Tonnengewölbe einbinden. Der südlich des Querhauses nachweisbare »Längstonnenbau« wird nicht viel später entstanden sein. Denn wie bei dem Tonnengang wurde für seine Wände durchweg ein gegenüber dem gelben viel dunklerer und festerer Kalkmörtel und für seine Gewölbe ein fester blaugrauer Gipsmörtel verwendet.

Stufenraum (Fig. 48)

Am 14. Oktober 1938 entdeckte Wäscher am Ostende des Mittelschiffs die Reste des Stufenraums (Abb. 89–91). Seine Tagebuchnotiz darüber hat er im Bericht von 1959 wörtlich zitiert: »Heute wurde das früheste Fundament der Westmauer der Krypta freigelegt. Dieses ist in den gewachsenen Fels eingebettet. An diese Mauer stößt westlich ein Fundament eines um drei Stufen vertieften Raumes. Westmauer und Stufenraum sind aus gleichen Baustoffen und gleichzeitig errichtet. Die Tür in der Westmauer des Stufenraumes scheint sofort wieder vermauert worden zu sein, denn der Gipsestrich der Schwelle ist unversehrt, ohne die geringste Abnutzung erhalten, und die Vermauerung besteht aus gleichen Baustoffen wie der Anbau selbst. Dieser stand angelehnt an den Westgiebel der zweiten Kirche frei im Burghof. Auffällig sind die starken aufgehenden Mauern, die 1,8 m breit sind (zu 1,17 m Fundamentbreite der Westwand). Alle aufgehenden Mauerreste tragen einen glasdünnen aber auch glasharten Verputz. Die Bruchsteine aus grünlichem Sandstein sind von außerordentlicher Härte, durch die Bearbeitung sind muschelartige Abspaltungen entstanden. Der Mörtel ist grob mit Kieselsteinen vermischt und sehr zähflüssig aufgetragen. Die Eintiefungen in den Fels sind mit dem daneben anstehenden schwarzen Mutterboden ausgefüllt, ein Beweis, dass es sich um eine erste Bebauung handelt. Der Stufenraum ist 2,78 m breit und 6,18 m lang. Die stufenartigen Vertiefungen verengen den Raum auf 1,87 m Breite und 3,6 m Länge. Der gewachsene eingetiefte Fels des Fußbodens, die zwei Abstufungen und der untere Teil des aufgehenden Mauerwerks sind mit einem Gipsstuck geglättet bzw. überzogen. Der Fußboden liegt in gleicher Höhe mit der Krypta.«[246] Über den damals aufgedeckten Befund informieren auch mehrere während der Untersuchung angefertigte Fotos (Abb. 89–91) und Detailskizzen.[247]

An das schon erwähnte, wohl noch von der Burgkirche (Bau Ib) stammende Fundament an der Westgrenze der Vierung hatte man eine kleine Kammer angebaut, deren Grundriss sich trotz umfangreicher späterer Störungen[248] sicher rekonstruieren lässt. Drei Wände, im Norden und Süden etwa 98 cm, im Westen 1,15 m dick,[249] sowie eine vierte über dem Fundament an der Westgrenze der Vierung umschlossen einen rechteckigen Raum von 4,70 m Länge und 2,78 m Breite.[250] Den Wänden waren auf der Innenseite ringsum zwei etwa 25 cm breite und 16 cm hohe, abwärts führende Stufen vorgelegt.[251] Am Nordende der Westwand entdeckte Wäscher eine über der untersten Stufe ansetzende Eingangsöffnung von 1,10 m Weite, von der allerdings nur der innere Ansatz ihrer Leibungen etwa 55 cm tief nachzuweisen war.[252] Der Aufdeckungsbefund sprach dafür, dass die Öffnung kurze Zeit nach Fertigstellung der Anlage zugemauert worden ist. Der von den Stufen eingerahmte Fußboden des Innenraums lag etwa 60 cm tiefer (-1,06 m) als der westlich anschließende Boden (Fig. 42, 43). Wie der Stufenraum oben ausgebildet war, dazu gibt es keine sicheren Anhaltspunkte. Die verhältnismäßig dicken Umfassungswände sind kaum mit einem nach oben offenen Raum vereinbar, wie ihn Uwe Lobbedey für möglich gehalten hat,²⁵³ auch wenn man annimmt, dass sie außen eine tiefe Nischengliederung aufwiesen. Die Dicke der Wand spricht vielmehr für eine Überwölbung, vermutlich mit einer Tonne. Auffällig und nicht recht erklärlich ist dabei allerdings die besonders dicke Westwand.

Aus dem Befund geht eindeutig hervor, dass man den Stufenraum ohne eigenes Ostwandfundament nachträglich an das Fundament an der Westgrenze der Vierung angebaut hat. Wäschers Beobachtung, dass bei diesem und dem Stufenraum dasselbe Material verwendet wurde, schien dafür zu sprechen, dass die Kirche selbst und der Stufenraum aus derselben Bauzeit stammen. Von weiter westlich nachweisbaren Resten der ersten Stiftskirche war damals noch nichts bekannt. Deshalb meinten Giesau und Wäscher, der Stufenraum sei ein äußerer Annex der ersten Stiftskirche, die nach ihrer Ansicht, wie oben angedeutet, die Fläche der heutigen Krypta ohne deren Querarme bedeckt habe.²⁵⁴ Zu dieser exponierten Lage der kleinen Kammer, zu der keine Parallele bekannt ist, hat sich erstmals Uwe Lobbedey zu Wort gemeldet und Zweifel an der Wäscherschen Auslegung der Befunde geäußert.

Der Estrichüberzug des Bodens und der Stufen sowie die nachträgliche Zusetzung des Zugangs zeigen, dass der Stufenraum fertig gestellt war. Die offene Frage ist bis heute, wozu er diente oder dienen sollte. Giesau hielt das kleine Bauwerk für »einen Gruft- und Grabbau«²⁵⁵, und Wäscher meinte, »dass der Stufenraum zur Aufnahme und zur Aufstellung eines Sarkophages gedient hat«.²⁵⁶ Nach seinen Ausmaßen könnte der Stufenraum oben eine Bühne von 6,60 m Länge und 4,80 m Breite getragen haben, die genügend Platz und Bewegungsraum geboten hätte für die Aufstellung eines Altars – in Frage käme hier der Kreuzaltar – und für den diesen bedienenden Geistlichen. Sie hätte sich allerdings mehr als 1,50 m über den Fußboden des im Westen angrenzenden Schiffs erhoben und auf der Westseite eine Treppe von wenigstens 8 Stufen erfordert, wobei der Raum selbst die Reliquien des Altars geborgen haben könnte. Zwar hat der Kreuzaltar nach dem Abbruch des Stufenraums nachweislich das ganze Mittelalter hindurch genau dessen Stelle eingenommen. Doch für eine so extreme Überhöhung des Kreuzaltars über einer monumentalen Kammer für seine Reliquien findet sich kaum eine Parallele. In der Regel ist dieser Altar gegenüber dem Schiff nur um wenige Stufen erhöht. Er dürfte demnach zunächst westlich vor dem Stufenraum gestanden haben.

Kann eine solche, zwischen Chor und Laienraum aufragende Kammer dazu gedient haben, kostbare Reliquien würdig und zugleich sicher aufzubewahren? Für das frühe Mittelalter kann vielfach nachgewiesen werden, dass man das Reliquiengrab im Kirchenraum gerne durch seine Gestaltung und Dekoration besonders hervorhob. So waren nach der Überlieferung das Emmeramsgrab in St. Emmeram in Regensburg sowie das Gallusgrab in St. Gallen durch über ihnen errichtete Prunktumben ausgezeichnet.²⁵⁷ Eine solche vermutet Hilde Claussen auch in der wohl 838 geweihten Kirche auf dem Petersberg bei Fulda über dem kürzlich in der Westwand der Krypta entdeckten Reliquiengrab.²⁵⁸ In dem 859 geweihten karolingischen Dom von Halberstadt führte ein langer Stollen vom Scheitel der Ringkrypta unter dem Hauptaltar hindurch nach Westen bis zu einer kleinen Kammer zwischen den beiden Läufen der Chortreppe.²⁵⁹ Sie barg zweifellos die bedeutendsten Reliquien des Doms und war oben vermutlich prächtig dekoriert, so dass der locus sanctorum zum beherrschenden Blickpunkt wurde. Einen ähnlichen Aufbau trug oben wahrscheinlich auch die kleine Kammer, deren Reste vor einigen Jahren unmittelbar westlich der Krypta der Stiftskirche Gernrode entdeckt wurden.²⁶⁰

Bei zwei westfälischen Kirchen waren am Westende des Chors möglicherweise kostbare Behälter mit Reliquien sichtbar aufgestellt. In der in ihren ältesten Teilen wohl noch aus dem 11. Jahrhundert stammenden Stiftskirche in Neuenheerse konnte vor der Westwand der Krypta ein schmaler Quergang und westlich von diesem, zwischen zwei nach Westen empor führenden Treppenläufen, ein 2,10 m breiter und 2,80 m langes Podest nachgewiesen werden, der sich 20 cm über den Fußboden des Schiffs erhob. Hilde Claussen und Uwe Lobbedey vermuten, dass hier, an der Westgrenze des Chors, der Reliquienschrein der Stiftspatronin, der hl. Saturnina, sichtbar aufgestellt war.²⁶¹ Unmittelbar westlich davor müsste dann der Kreuzaltar gestanden haben.

Eine entsprechende Stellung am Westende des Chors könnte eine um 1100 hergestellte Anlage gehabt haben, die Uwe Lobbedey in Corvey in der Mitte des Langhauses der karolingischen Abteikirche freilegen konnte.²⁶² Es handelt sich um einen dort nachträglich eingefügten, von einer Bruchsteinmauer eingefassten Raum von 2,30 m Breite und 3,50 m Länge. »Auf dem Boden lag eine dünne Steinplatte von 2,75 m Länge und 1,16 m Breite, seitlich davon Mörtelestrich auf Bruchsteinstickung und westlich davon, um eine Stufe abgesenkt, wiederum Mörtelestrich auf Stickung. Die Steinplatte lag etwa 0,50 m unter dem zugehörigen Langhaus-Niveau, der westliche Teil noch 10–15 cm tiefer. Auf beiden Seiten, und zwar in der östlichen Hälfte, fanden sich Spuren von schmalen Mauerklötzen«, jeweils am Ost- und am Westende. An der Nordseite lässt sich unmittelbar neben dem westlichen Mauerklotz in einem Mauerrest »eine nachträglich eingefügte Treppe« nachweisen, durch die man »die Anlage begehbar« gemacht hatte.²⁶³

Westlich der Treppe enden die beiden Seitenwände der Anlage mit geradem Abschluss vor den Ausbruchgruben von Mauerpfeilern, die zwar die gleiche Außenflucht aufweisen wie die Seitenwände, deren Innenflucht jedoch etwas nach innen versetzt war. Sie standen einst offenbar mit der erhaltenen Westwand der Anlage im Verband und umschlossen zusammen mit ihr einen etwa 2,10 m breiten und 70 cm langen, besonderen Raum. Lobbedey vermutet, dass auf den Mauerklötzen die steinernen Sarkophage der beiden heiligen Äbte Liudolf (965–983) und Druthmar (1015–1046) gestanden haben, die man im Jahre 1100 aus ihren Gräbern erhoben hatte und deren Sarkophage im Oktober 1662 von hier in das Westwerk verlegt wurden.²⁶⁴

Ein 1663 vor dem Abbruch des mittelalterlichen Langhauses aufgenommener Grundriss erfasste in dessen Mitte auch den Kreuzaltar mit der hinter ihm quer durch den Raum geführten westlichen Chorschranke.²⁶⁵ Trägt man den Altar nach diesem, freilich wohl nicht sehr genauen Grundriss in den Grabungsplan ein, gerät er ziemlich genau an die Stelle der Treppe in der Westhälfte der Anlage, über der er natürlich nicht gestanden haben kann. Ist er in dem Grundriss zu weit östlich oder zu weit westlich eingetragen? Lobbedey vertritt die Meinung, dass er sich etwa an »der Ostkante der Eintiefung« befunden hat,²⁶⁶ zumal das auch der Beschreibung der Anlage durch Overham 1681 und Strunck 1715 zu entsprechen scheint, die ihre Lage als »ante altare s. crucis« bezeichnen.²⁶⁷ In diesem Fall wären Altar und Chorschranke in dem Grundriss von 1663 etwa 3 m zu weit östlich eingetragen, da vor dem Altar ja eine mindestens 1 m tiefe Standfläche zu seiner Bedienung zu berücksichtigen ist.

Nach älteren Berichten könnte sich die Anlage jedoch auch östlich des Kreuzaltars oder unterhalb von diesem befunden haben. So erwähnt Krüger, dass das Inventarverzeichnis der Klosterkirche vom 19. Oktober 1662 einen Nachtrag aufweist: »Danach sind am 16. November 1662 zwei steinerne tumbae mit ›verschiedenen‹ Gebeinen und craneis, die man sub altari in der alten Kirche gefunden hatte, ad cryptam transferiert worden.«[268] Er bringt diese Notiz mit den Nachrichten über die Wiederauffindung der heiligen Äbte Druthmar und Liudolf in Verbindung. Außerdem ist in einer Corveyer Bauakte, die als Abschrift vom 12. März 1665 erhalten ist, von »6 ehernen Pilarn« die Rede, die »von unsern ... Vorfahrn zu Ehrn der ... Abte Druthmari et Ludolphi, welche darzwischen, unter den vor den gewesenen Chor gestandenen Creutzaltar in excisis lapideis sarcophagis gelegen, sein gegossen worden ...«[269] Diese Beschreibungen des Altarstandortes lassen vermuten, dass die westliche Chorschranke zusammen mit dem im Westen angebauten Kreuzaltar über den schmalen Westabschnitt der Anlage, für den ohnehin eine andere Funktion schwer denkbar ist, hinweglief[270] und demnach in dem alten Grundriss etwa 1 m zu weit östlich eingetragen ist. Wenn diese Vermutung zutrifft, hätten die Sarkophage der beiden heiligen Äbte tatsächlich gewissermaßen »unter dem Kreuzaltar« gestanden. Diese Corveyer Anlage, die allerdings anderthalb Jahrhunderte später entstand und deren hier vorgeschlagene Rekonstruktion in Verbindung mit dem Kreuzaltar freilich hypothetisch bleibt, ließe sich in ihrer Lage im Kirchenraum noch am ehesten mit dem Quedlinburger Stufenraum vergleichen, falls dieser zur Bewahrung von Reliquien diente.

Es bleibt noch zu erwägen, ob der Stufenraum nicht, wie es Giesau und Wäscher vorschlugen, ein Grabraum gewesen sein könnte. Gestalt und Größe seines zwischen den umlaufenden Stufen 3,60 m langen und 1,87 m breiten Innenraums scheinen tatsächlich noch am besten geeignet zu sein, ein oder zwei Särge bedeutender Personen aufzunehmen, wobei neben diesen und vor allem auf den Stufen genügend Platz für die Aufstellung von Reliquiaren bliebe. Stiftergräber im Bereich des Chors sind im 10. Jahrhundert und auch später vielfach nachweisbar. So wurde Bischof Bernhard von Halberstadt, der Initiator des 992 fertig gestellten ottonischen Doms, 968 unmittelbar östlich der westlichen Chorschranke in der Mitte des Chors der Domherren in dem noch heute erhaltenen monumentalen Steinsarg beigesetzt.[271] Der ursprüngliche Standort des Sarges konnte 1952 ziemlich sicher nachgewiesen werden.[272] Markgraf Gero, der Stifter des Damenstifts Gernrode, erhielt sein Grab wahrscheinlich etwa an der Stelle, wo heute seine spätgotische Tumba steht, nämlich mitten im Chor zwischen der westlichen Chorschranke und der bereits erwähnten kleinen Kammer an der Westseite der Krypta.[273] Falls auch der Stufenraum zur Aufnahme eines Grabes dienen sollte, wäre hier nur das König Heinrichs I. denkbar. Jedoch ist es höchst unwahrscheinlich und lässt sich aus keiner der überlieferten Schriftquellen auch nur andeutungsweise entnehmen, dass die Königin jemals daran gedacht hat, das Grab ihres Gemahls hierher zu verlegen. So bleibt die einst vorgesehene Funktion der Anlage nach wie vor unbekannt. Fest steht allerdings, dass sie im Zusammenhang mit der Errichtung des Langhauses der ersten Stiftskirche (Bau II) hergestellt und spätestens bei der des neuen dreischiffigen Langhauses der Äbtissin Mathilde (Bau III) wieder abgebrochen wurde.

Weitere Befunde im Langhaus

Wäscher ging in seinem Bericht davon aus, dass die durchlaufenden Fundamentzüge unter den Arkaden und den Außenwänden des Langhauses mit Ausnahme ihres obersten Abschnitts den gelben Mörtel aufweisen und dementsprechend von dem 997 geweihten dreischiffigen Langhaus der Äbtissin Mathilde stammen.²⁷⁴ Dem widersprechen jedoch nicht nur die Ergebnisse der Untersuchungen von 1986, sondern auch Wäschers eigene, handschriftlich aufgezeichnete und nur teilweise publizierte Beobachtungen. Seine Querschnittskizzen (Fig. 44, 45) durch die Fundamente der 5. und 6. Südarkadenstütze, einer Säule und eines Pfeilers, die »vervollständigt« auch in seinem Bericht abgebildet sind,²⁷⁵ geben die drei übereinander liegenden Abschnitte deutlich wieder, die sich durch Mörtel, verschiedene Dicke und abweichende Fluchten voneinander unterscheiden. Die Bemerkungen in seinen Skizzen zeigen darüber hinaus, dass das Fundament unter den Nordarkaden offenbar ähnlich zusammengesetzt ist wie das der Südarkaden, wenn es wegen des hier höher anstehenden Felsens auch nicht so tief hinabreicht. Besonders aufschlussreich ist die Skizze (Fig. 46, 47), in der Wäscher den Fundamentbefund unter der 8. Stütze der Nordarkaden (Abb. 86), einer Säule, festgehalten hat.²⁷⁶ Danach wurde bei dem von Osten ankommenden Fundament unter der oberen, hochromanischen Schicht die zweite Schicht mit einem gelben und die untere dritte mit einem grauen Mörtel hergestellt.²⁷⁷ Bemerkungen Wäschers in anderen Maßskizzen bezeugen, dass das Fundament der Nordarkaden auch weiter östlich die gleichen drei unterschiedlichen Schichten aufweist.²⁷⁸ Dieser dreischichtige Aufbau endet jedoch im Westen unmittelbar vor der 8. Nordarkadenstütze, wie die erwähnte Aufmassskizze von ihrem Fundament zeigt. Unmittelbar unter der Stütze gehört es in der gesamten Höhe zu dem ältesten Abschnitt mit dem »grauen Mörtel«, ist besonders sorgfältig als Quadermauerwerk ausgebildet und läuft nicht nach Westen, sondern nach Süden weiter, bis es nach 85 cm vor der nachmittelalterlichen Backsteingruft 41 abbricht. An dem Knickpunkt ist an der West- und der Nordseite je eine etwa 25 cm tiefe Quadervorlage zu erkennen, gleich breit wie das gegenüber im Osten und Süden abgehende Fundament. An die westliche Vorlage schließt dann ohne Verband jüngeres Mauerwerk an.²⁷⁹ Südlich der erwähnten Backsteingruft 41 sind in den Fotos Wäschers Reste eines nach Süden abgehenden Mauerwerks zu erkennen,²⁸⁰ das nach Unterbrechungen unter der 8. Südarkadenstütze (Abb. 87) sein Ende findet, von deren Fundament es leider keine Beschreibung Wäschers gibt.²⁸¹

Die Ausbildung des Fundaments unter der 8. Nordarkadenstütze (Fig. 42, 43) spricht dafür, dass sich darüber einst die Nordwestecke eines rechteckigen Baukörpers von der Breite des heutigen Mittelschiffs erhoben hat. Das Eckfundament gehörte offenbar zum untersten Fundamentabschnitt und damit zu dem Schiff der ersten Stiftskirche, dessen Seitenwände sich einst auf dem untersten Abschnitt der Arkadenfundamente erhoben haben. Seitenschiffe sind danach wohl auszuschließen – wenn auch von den Fundamenten der Nord- und der Südwand des heutigen Langhauses keine Beschreibungen Wäschers bekannt sind. Die Fundamentvorlagen an der Ecke könnten Lisenen einer Wandgliederung getragen haben.²⁸²

Zur Gestalt der Kirche (Fig. 42, 43)

Die Damenstiftskirche der Königin Mathilde war also sehr wahrscheinlich ein etwa 50 m langer und knapp 10 m breiter Saal, den an der Stelle der heutigen Querhausarme niedrigere Emporenannexe begleiteten. In dem an das Sanktuarium anschließenden Mittelabschnitt zwischen den Querarmen darf man den Chor vermuten, in dem das Gestühl der zum Stift gehörenden Kanoniker seinen Platz hatte, während der lange westliche Abschnitt als Schiff dem Laienvolk vorbehalten war. Zu vermuten ist, dass an seinem Westende eine – allerdings bisher nicht nachweisbare – Empore eingebaut war, auf der sich der Thron der Königin und später der Sitz der Äbtissin befand. Jedenfalls ist es kaum vorstellbar, dass der Thron der Königin inmitten der Damen im Querhaus gestanden hat.[283] In Kauf genommen hat man wohl, dass der Fußboden im Schiff ungewöhnlicherweise etwa zwei Stufen höher lag als im Chor, um für diesen nicht den Boden auffüllen und im Schiff nicht den Felsen abtragen zu müssen.

Wann die erste Stiftskirche fertig gestellt war und in allen ihren Teilen benutzt werden konnte, darüber ist kein Bericht überliefert. Doch hatte die Königin zweifellos größtes Interesse an der Vollendung ihrer Kirche und konnte über genügend Mittel für deren Bau verfügen. Man kann also erwarten, dass die Arbeiten zügig voranschritten und die abschließende Weihe spätestens um die Mitte des 10. Jahrhunderts erfolgte. Aus den Grabungsberichten geht nicht hervor, mit welchem Abschnitt der Bau dieses langen Saales mit doppelgeschossigen seitlichen Querarmen begann. Zu vermuten ist jedoch, dass zunächst, wie üblich, die außerhalb des Vorgängers liegenden Teile in Angriff genommen wurden, also die beiden seitlichen Annexe und das im Westen anschließende Schiff, dessen Ausrichtung man nunmehr der Burgkirche anpasste.[284] Während man diese ersten Teile der neuen Stiftskirche herstellte, wurde der tägliche Gottesdienst der Damen zweifellos noch in der alten Burgkirche durchgeführt. Zuletzt hat diese abschnittsweise den neuen Ostteilen der Stiftskirche Platz machen müssen. An der Stelle des ehemaligen Schiffs erhob sich bald die Mitte des Querbaus, und zuletzt errichtete man vor jenem das Sanktuarium der Stiftskirche. Es lässt sich nicht mehr feststellen, wie weit dabei etwa die Umfassungswände der Burgkirche in den Neubau übernommen wurden, da sich hier heute die Fundamente und Wände der hochromanischen Krypta befinden. Zweifellos war aber dieser Abschnitt des neuen Gotteshauses, wo sich der den Heiligen Petrus und Servatius geweihte Hochaltar erhob und wo vor ihm die sterblichen Reste des Königs ruhten, das Zentrum der Stiftskirche, das für die Königin eine ganz besondere Bedeutung hatte.

»Confessio« und Königsgräber

Die Königin ließ ihren Gemahl nicht auf der Bauachse, sondern unmittelbar südlich von dieser beisetzen, so dass für ihr eigenes Grab der Platz links neben dem König frei blieb. Diese Anordnung der Gräber des Königspaares beiderseits der Mittelachse der Stiftskirche lässt erwarten, dass die östlich davor unter dem Petersaltar eingebaute »Confessio« (Fig. 42, 49) ursprünglich die Gestalt einer »normalen«, wenn auch relativ kleinen Krypta hatte, jeweils mit einem Treppenzugang auf der Nord- und der Südseite (Fig. 52). Den Umbau der Anlage zu der heute erkennbaren, asymmetrischen Gestalt (Fig. 53) hätte dann die Enkelin des Königspaares, die 966 eingeführte erste Äbtissin Mathilde, spätestens 968 anlässlich der Beisetzung der Königin vornehmen lassen, weil sie nach ihrem Tode ebenfalls an der Seite des Königs ihre letzte Ruhe finden wollte. Dadurch bekam der Sarg der Königin nicht den sehr wahrscheinlich ursprünglich vorgesehenen »normalen« Platz unmittelbar links neben dem König, sondern wurde mit etwas Abstand rechts neben diesem an der Stelle des bisherigen südlichen Zugangs der Krypta beigesetzt. Für ihr eigenes Grab bestimmte die Äbtissin demnach den Platz an seiner linken Seite. Durch diese Disposition der Gräber hatte der nördliche Zugang nunmehr seine auffällig schmale Gestalt von 70 cm Weite erhalten, die wohl nur ausreichte, um Reliquien unten im Raum zu deponieren oder um solche für Prozessionen und für Feiern an den Gräbern vorübergehend herauszunehmen. Die radikale Änderung von Gestalt und Funktion der einst von der Königin konzipierten Krypta ist vielleicht bezeichnend für die unbeirrte Selbstsicherheit und Tatkraft der Äbtissin, die als Tochter Kaiser Ottos des Großen und Enkelin des Königspaares hohes Ansehen genoss und von ihrem Neffen, Kaiser Otto III., 997 vor seinem zweiten Italienfeldzug sogar für die Zeit seiner Abwesenheit als »matricia«, als seine Vertreterin für den deutschen Reichsteil, eingesetzt wurde.[285]

Als die Äbtissin zwei Jahre später starb, hat sie den Platz, den sie für ihr Grab vorgesehen hatte, dann doch nicht erhalten, sondern wurde »in der Kirche zu Häupten König Heinrichs, ihres Großvaters« beigesetzt.[286] Diese erneute Änderung in der Anordnung der Gräber war wohl notwendig, weil der von der Äbtissin begonnene, repräsentative Neubau der Stiftskirche (Bau III) damals schon weit vorangeschritten war und die Beseitigung der »Confessio« sowie die Verlegung des Königssargs im Jahre 999 unmittelbar bevorstand. Neben dem König hätte ihr Grab nur noch kurze Zeit bleiben können und erhielt deshalb wohl den Platz westlich von ihm.

Sowohl in dem »Katarakt«, dem tiefen Schacht (Fig. 4, 5) westlich der »Confessio«, der wohl schon vor der Beisetzung König Heinrichs I. unter seinem Sarkophag eingetieft worden war, als auch im Innenraum der »Confessio« selbst fanden sich 1868 bei der Aufdeckung dieses Bereichs Spolien (Abb. 59, 60) von deren ehemaligem Gewölbe,[287] die offenbar bei der Einebnung der Anlage angefallen waren. Ursprünglich könnte der »Katarakt« unter dem Grabe König Heinrichs in kostbaren Behältnissen Reliquien umschlossen haben. Vielleicht sollte der zweite »Katarakt«, den Wäscher am Ostende der Vierung aufdeckte, eine ähnliche Aufgabe erfüllen.[288]

Nach dem Tode der Äbtissin Mathilde wird der Petersaltar zum letzten Mal genannt, als die neue Äbtissin Adelheid feierlich zu ihrem Amt eingesegnet wurde. Unmittelbar danach hat man ihn wohl zusammen mit der »Confessio« abgebrochen, um die Vollendung der neuen Krypta und des Sanktuariums über ihr zu ermöglichen. Auffälligerweise fügte man in die Wipertikirche etwa zur gleichen Zeit die erhaltene Krypta (Abb. 126–128) ein mit dem auf einem groben Unterbau stehenden Pfeilerchen (Abb. 134) in der Mitte der Umgangsstützen. Seine Höhe stimmt ziemlich genau mit der erschlossenen Höhe der ehemaligen Stützen der »Confessio« überein und lässt kaum einen Zweifel daran, dass das Pfeilerchen vor seinem Einbau am heutigen Standort eine der beiden Gewölbestützen der »Confessio« war. Seine zierliche Gestalt und sein schlichtes, jedoch sorgfältig geformtes, ionisierendes Kapitell (Abb. 135) zeigen materialbedingt zwar eine andere Formensprache als die Stuckzier der »Confessio«, sprechen jedoch nicht gegen eine Herstellung für diese. Das Pfeilerchen könnte also mit der »Confessio« selbst schon vor 936, dem Todesjahr König Heinrichs, entstanden sein, und wäre damit wesentlich älter als die beiden Säulchen in der Kapelle St. Nicolai in vinculis (Abb. 82) der Stiftskirche, die zwar auch ionisierende Kapitelle, jedoch von deutlich anderer Ausbildung aufweisen.

Auf einen möglichen Anlass für die Umsetzung des Pfeilerchens von der »Confessio« auf dem Berg in die Krypta im Tal habe ich 1995 hingewiesen[289]: Das Pfeilerchen hatte in der »Confessio« in nächster Nähe der kostbarsten Reliquien des Damenstifts, nahe bei den hoch verehrten Gräbern des Königs und der Königin gestanden und war dadurch offenbar selbst zu einer Art Reliquie geworden. Möglicherweise wollte man mit seiner Umsetzung etwas von dem sakralen Charakter der »Confessio« in die Stiftskirche St. Jacobi et Wigberti im Tal übertragen. Diese Kirche diente wohl neben ihrer Funktion als Pfarrkirche auch als Kapelle der Pfalz im Tal, von der aus im Jahre 1000 Kaiser Otto III. eine Woche lang das Reich regierte und dabei zweifellos täglich die dortige Kirche besuchte. Vielleicht sind die Einfügung der Krypta und dort der Einbau des Pfeilerchens erste Maßnahmen, um die Kirche dieser besonderen Bedeutung entsprechend auszubauen und auszustatten. Der 1002, also wenig später, erfolgte Tod dieses Kaisers könnte die Vollendung einer begonnenen Stuckdekoration (Abb. 138) der Krypta, wie sie die Außenseite des südlichen Architravs zeigt, verhindert haben. Denn sein Nachfolger, Kaiser Heinrich II., wandte seine ganze Sorge bald vor allem der Ausstattung des von ihm neu gegründeten Bistums Bamberg zu.[290]

Wozu die »Confessio« gedient hat oder dienen sollte, ist bisher umstritten. Ursprünglich war sie wahrscheinlich eine »normale«, wenn auch kleine und niedrige Krypta[291] mit zwei seitlichen Zugängen. Edgar Lehmann hat darauf hingewiesen, dass die seit dem 19. Jahrhundert übliche Bezeichnung der Anlage als »Confessio« irreführend ist, und wollte sie »als eine Art Oratorium verstehen ... für bestimmte Formen des Totengedächtnisses ..., bei denen nur ganz wenige Menschen zugegen waren.«[292] Er ging allerdings noch davon aus, dass der Raum keine Stützen besaß, sondern im Ganzen von einem Gewölbe überdeckt war und nur einen Zugang besaß. Demgegenüber legen alle bisher bekannt gewordenen, in ihrer Ausbildung vergleichbaren Anlagen auch für Quedlinburg eine Einwölbung auf zwei Stützen nahe. Allerdings ist für den Raum nach dem Aufdeckungsbefund seiner Reste vom Fußboden bis zum Gewölbescheitel nur eine lichte

Höhe von etwa 1,90 m und zwischen den Stützen und der Wand eine Durchgangsbreite von 1,0 m bis 1,20 m zu erschließen, so dass er nur begrenzt nutzbar war. Seit der Beisetzung der Königin Mathilde und dem dabei erfolgten Umbau konnte man den Raum schließlich nur noch durch die 60 cm breite Öffnung am Nordende der Westwand über eine schmale und sicherlich steile Treppe betreten. In der fast ganz in den Boden eingetieften Anlage sind in den Rückwänden der rings um die Apsis durch Säulchenbündel abgeteilten Nischen keine Fensteröffnungen nachweisbar. Der etwas breitere, beiderseits von je einem einzelnen Säulchen eingefasste Wandabschnitt in der Mitte der Apsisrundung war nach 1869 aufgenommenen Befundzeichnungen von Kilburger (Fig. 55) und Pelizaeus (Fig. 56) oben ebenfalls rundbogig abgeschlossen und ließ in der Mitte eine – nur skizzierte? – Kreuzdarstellung erkennen. Möglicherweise waren die beiderseits dem Mittelfeld benachbarten Nischen etwa ebenso wie dieses selbst einst oben durch Blattfriese abgeschlossen. Über alle drei Felder scheint sich von dem linken zu dem rechten Säulchenbündel ein breiterer und wohl auch höherer Bogen erstreckt zu haben, über dem das mittlere Tonnengewölbe des Raums gegen die Wand stieß. Zu vermuten ist, dass darunter ein Fenster dem Raum Licht zuführte.[293]

Man muss wohl davon ausgehen, dass die »Confessio« mit ihrer reichen Stuckdekoration von vornherein in erster Linie als kostbares Behältnis für den Reliquienschatz unter dem Hauptaltar der Stiftskirche diente. Die Reliquien sollten möglichst nahe bei der Grablege des Königs und später auch bei der der Königin deponiert sein, damit diese im Jenseits umso gewisser an ihrer heilbringenden Wirkung teilnahmen. Seit der Beisetzung der Königin und dem wohl damals erfolgten Umbau der Anlage war der Zugang zu ihr über die enge

Treppe allerdings erschwert und wird wohl nur zum Deponieren von Reliquien oder zu deren vorübergehenden Entnahme, etwa zu Totenfeiern an wichtigen Gräbern oder zu Prozessionen, benutzt worden sein.

Vergleichbare Grabanlagen

Die Sorge um ein Grab ad sanctos, in der Nähe der heiligen Reliquien, und um die Gewährleistung einer regelmäßigen Fürbitte am Grab waren im frühen und hohen Mittelalter überaus wichtige Anliegen. Geistliche und weltliche Würdenträger stifteten dazu Altäre, Kirchen, Klöster oder sogar Bistümer und versahen sie mit entsprechendem Besitz. Da im 9. Jahrhundert eine Bestattung in der Kirche selbst nicht oder nur in wenigen Ausnahmefällen erlaubt war, fügte man vielfach außen an die Kirche, möglichst dicht bei den heiligen Gebeinen, besondere Grabräume an. Als Beispiele seien hier die Außenkrypten der Abteikirche in Essen-Werden, der Klosterkirchen in Lorsch, in Vreden und in Rohr sowie der wahrscheinlich vorgesehene Grabannex in Steinbach im Odenwald genannt.[294] Mit der Krypta in Rohr und in dieser Hinsicht vielleicht auch mit der Westkrypta des »Alten Domes« in Köln[295] hatte die »Confessio« sogar eine gewisse Verwandtschaft. Auch in jenen viel größeren Krypten war unter dem Hochaltar der Reliquienschatz deponiert. Allerdings wurde er in der Mitte des Raums von Schranken umschlossen und konnte über die beiden Zugangstreppen in Prozessionen umschritten werden. In der kleinen Quedlinburger Krypta bereitete ein Durchqueren von Prozessionen auch in ihrer vermutlichen ursprünglichen Ausbildung wegen ihrer Enge sicherlich Schwierigkeiten. Die Anlage wird wohl von vornherein, vor allem aber nach der Beseitigung ihres südlichen Zugangs, als Sepulcrum gedient haben, das viele kostbare Reliquien umschloss. Die Zeit, in der die Reliquien allmählich aus dem Bodengrab unter dem Altar oder von ihrem Platz in einer Krypta nach oben in oder auf die Altäre wanderten, von wo sie zu bestimmten Anlässen auch entnommen werden konnten, war damals allerdings nicht mehr fern.[296]

Eine ähnliche Funktion wie die Quedlinburger »Confessio« könnte eine Anlage erfüllt haben, die nachträglich in die frühmittelalterliche Damenstiftskirche St. Dionysius in Enger eingebaut wurde (Fig. 61). Über die Baugeschichte dieser Kirche berichtete Uwe Lobbedey.[297] Sie gilt nach der Tradition als Grabstätte des Sachsenherzogs Widukind, des legendären Anführers der Sachsen bei deren Widerstand gegen die kriegerische Eroberung ihres Landes durch Karl den Großen. An dieser Kirche gründete Königin Mathilde, die selbst eine Nachfahrin von Widukind war, ein Damenstift, das zum Jahre 947 erstmals erwähnt wird, als der Sohn von Mathilde, der spätere Kaiser Otto der Große, das Stift beschenkte. Bei einer Ausgrabung konnte der Grundriss eines Vorgängerbaus nachgewiesen werden, einer rechteckigen, nicht genauer datierbaren Saalkirche mit eingezogenem quadratischem Sanktuarium. Unter den in dieser Kirche angelegten Gräbern verdienen drei beigabenlose Bestattungen im Holzsarg besondere Aufmerksamkeit. Eine von ihnen liegt in der Mittelachse westlich des ehemaligen Hauptaltars und die beiden anderen nördlich und südlich daneben. Später, vermutlich nach der Gründung des Damenstifts, wurde die Kirche umgebaut und erweitert. Dabei fügte man in das Sanktuarium eine rechteckige, 3,4 m lange und 3,7 m breite Krypta ein mit vier quadratischen, 45 cm dicken Pfeilern mit anstuckiertem Sockelprofil. Zugänglich war dieser kleine Raum von Westen her durch einen 70 cm breiten und 3,70 m langen Stollen auf der Mittelachse.[298] In der Krypta blieb zwischen den Pfeilern und den Wänden nur ein

Abstand von 90 cm bis 1,0 m, im östlichen Joch, falls die Innenflucht der Wand mit der des Fundaments übereinstimmte, sogar nur 70 cm, wobei eine der Ostwand vorgelegte Bank den Raum offenbar noch weiter einengte. Die Pfeiler fassten das zwischen ihnen unversehrt gebliebene mittlere Grab beiderseits ein, während die beiden seitlichen Gräber von den Kryptenwänden überbaut wurden.[299] Zu den drei Gräbern heißt es in dem Grabungsbericht: Sie »enthalten nichts Spezifisches, was ihre gesicherte Identifizierung mit einer geschichtlichen Persönlichkeit erlaubt. Einzig ihre Lage vor und neben dem Altar charakterisiert die hier Beigesetzten als Stifterpersönlichkeiten von besonderem Rang. Das archäologische und das anthropologische Untersuchungsergebnis haben aber auch kein Argument zutage gefördert, das einer Identifizierung des der Lage nach vornehmsten Grabes 463 (in der Mitte) mit demjenigen Widukinds widerspricht.«[300]

Bei der Enge des Innenraums der Krypta ist es wenig wahrscheinlich, dass diese einen Altar besaß. Da sie auch nur einen Zugang hatte, konnte sie kaum die Funktionen einer Krypta erfüllen, so unterschiedlich diese auch gewesen sein mögen.[301] Vielmehr spricht ihre Gestalt dafür, dass Königin Mathilde sie vor allem zur Aufnahme kostbarer Reliquien über dem Grabe ihres hoch verehrten Vorfahren einbauen ließ, um ihm die Fürsprache der Heiligen zu sichern. Möglicherweise hatte die »Krypta« in Enger also sinngemäß eine ähnliche Funktion wie die »Confessio« neben dem Grab König Heinrichs I. in Quedlinburg.

Ein eingetiefter Raum mit nur einem Zugang ist auch die Krypta der Stiftskirche St. Georg in Reichenau-Oberzell (Fig. 62). Der Reichenauer Abt und Mainzer Erzbischof Hatto III. (888–913) hatte 896 in Rom für seine von ihm gestiftete Kirche einen bedeutenden Reliquienschatz erworben, zu dessen würdiger und sicherer Unterbringung deren Krypta dienen sollte. Strittig ist die Entstehungszeit von Kirche und Krypta.[302] Alfons Zettler äußerte nach seinen während der Restaurierung gemachten Beobachtungen und weitergehenden Überlegungen die Ansicht, dass die Kirche 896 schon weitgehend fertig gestellt war, als damals für die Reliquien nachträglich der Einbau der Krypta erfolgte.[303] Demgegenüber geht aus den jüngsten Feststellungen von Dörthe Jakobs und Helmut F. Reichwald, die während der Untersuchung, Sicherung und weiteren Freilegung der Malereien in der Krypta gemacht werden konnten, hervor, dass der Vierungsbereich der Kirche und die darunter liegende Krypta mit großer Wahrscheinlichkeit aus ein und derselben Bauzeit stammen, zu dem Bau der Kirche also von vornherein wohl auch die Krypta gehörte.[304]

Die Krypta von St. Georg ist eine quadratische Halle von 5,80 m Breite, deren aus sich kreuzenden Tonnen bestehendes Gewölbe auf vier Säulen ruht. In der Mitte der Westwand mündet – ähnlich wie in Enger – der einzige, hier 1,0 m breite Zugangsstollen. Er setzt im Westen in der Mitte eines Querstollens an, der wiederum vom Mittelschiff her über zwei kurze seitliche Längsstollen betreten werden kann. Eine in der Westwand des Querstollens angebrachte Fenestella – zwischen den beiden Läufen der Chortreppe – ermöglichte vom Schiff aus durch den Mittelstollen einen Einblick in die Krypta. In dieser waren zweifellos Reliquien deponiert, und zwar, wie Zettler meinte – und Jakobs/Reichwald stimmen ihm hierin zu –, »allem Anschein nach in einer kleinen Kammer unmittelbar über der Stollenmündung in der Westwand.«[305] Denkbar wäre m. E., dass in dem Kryptenraum selbst weitere kostbare Behälter mit Reliquien aufgestellt waren, die man dann durch die erwähnte Fenestella vom Schiff aus erblicken konnte.[306]

Mit der Gründung des St.-Georg-Stifts und dem Bau seiner Kirche sowie mit deren Ausstattung mit Reliquien bereitete Hatto offenbar seine Grablege vor, und die Geistlichen von St. Georg hatten die Aufgabe, regelmäßig für den Stifter ihrer Kirche zu beten.[307] Die Frage ergibt sich, an welcher Stelle Hatto seine letzte Ruhestätte vorgesehen hatte. Nahe liegt die Vermutung, dass sie in der Mittelachse der Kirche liegen sollte, vielleicht in der Krypta, wo im Zentrum bisher offenbar nicht gegraben wurde, oder aber über der Krypta vor dem Hauptaltar, jedenfalls wie in Quedlinburg und in Enger in nächster Nähe der heilbringenden Reliquien.

Offen bleibt, ob es in der Krypta ursprünglich einen Altar gegeben hat. Der heutige, zwischen den beiden östlichen Stützen stehende Altar wurde erst nachträglich eingefügt. Ob die Krypta schon von vornherein »mit einem Altar ausgestattet war, ist höchst zweifelhaft, der bestehende stammt jedenfalls aus viel späterer Zeit.«[308] Jedoch könnten die beiden, ungewöhnlicherweise symmetrisch auf dem Süd- und dem Nordende der Ostwand angebrachten Kreuzigungsdarstellungen für einst vor ihnen aufgestellte Altäre sprechen, von denen sich jedoch bisher keine Spur fand.[309] Sollte ursprünglich in der Krypta kein Altar gestanden haben? Im Umkreis des Bodensees sind aus dem frühen Mittelalter auch andere quadratische Krypten mit vier Stützen bekannt, wie zum Beispiel die Gallus- und die Otmar-Krypta in St. Gallen sowie die Münsterkrypta in Konstanz.[310] Sie unterscheiden sich jedoch von Oberzell dadurch, dass sie über zwei lange seitliche Zugangsstollen betreten werden konnten und möglicherweise auch mit Altären versehen waren.[311]

Zu fragen ist, ob es noch weitere Krypten gegeben hat, die ähnlich wie die Quedlinburger »Confessio« vorwiegend als Reliquiendepot dienten. Möglich erscheint eine solche Bestimmung für die Krypta der Pfarrkirche von Tarnaszentmária, etwa 18 km westlich von Erlau (Eger) in Nordostungarn. Dieser interessante kleine Bau erweckt von außen den Eindruck eines 6,5 m breiten und ursprünglich 8 m langen, im 19. Jahrhundert allerdings um etwa 4,5 m nach Westen verlängerten Saals mit eingezogener gestelzter Ostapsis. Innen schließt jedoch an das quadratische, einst nur 4,80 m lange Schiff im Osten ein über eine hohe Mitteltreppe betretbares Sanktuarium an, bestehend aus einem schmalen dreiteiligen Westabschnitt mit nach Norden und Süden gerichteten Apsidiolen und einer hufeisenförmigen östlichen Apsis, wobei vier Bögen auf vier Ecksäulen die Mitte des Westabschnitts einfassen. Unter dem Sanktuarium befindet sich eine Krypta von etwa 4,5 m Gesamtlänge und -breite, bestehend aus einem westlichen querrechteckigen, durch Längsgurte gedrittelten Abschnitt und einer östlichen Apsis. Der einzige schmale Zugang zur Krypta führt von der Südostecke des Schiffs über eine kleine Treppe in den Südteil des Querraums. Die Kapitelle der vier Säulen des über der Krypta liegenden Sanktuariums und die weiterer Säulen, die auf gemauerten Bänken innen vor der Nord- und der Südwand des Schiffs stehen, sind offenbar der Gruppe der Pilzkapitelle verwandt, wenn sie auch eine mehr differenzierte und dabei quadratische Grundform aufweisen. Danach könnte der ungewöhnliche Bau schon in der Zeit der ungarischen Landnahme, also um 1000 oder in der ersten Hälfte des 11. Jahrhunderts, entstanden sein.[312]

In der Größe und Gestalt mit Tarnaszentmária annähernd vergleichbar ist die Krypta der ehemaligen Chorherren-Stiftskirche in Spiez am Thuner See, ein niedriger kreuzgratgewölbter Raum von knapp 4 m Breite und Länge mit je einer leicht eingezogenen Apsis mit Kalotte im Osten und Westen.³¹³ Sie hat allerdings beiderseits schmale Zugänge, deren je drei Stufen so weit in den Raum vorspringen, dass zwischen ihnen nur noch ein Abstand von 3 m bleibt. Von einem ehemaligen Altar sind keine Spuren erkennbar. Die steinernen Wandbänke, die nur in der Westapsis und an der Südwand erhalten sind, werden kaum zum Sitzen, sondern wohl zum Deponieren von Reliquien gedient haben.³¹⁴

Zu erwägen ist, ob nicht auch die nachträglich in die Wipertikirche eingebaute Krypta ursprünglich vor allem als Reliquien-Depot gedient hat, zumal da der vorhandene Altar erst viel später eingebaut wurde.

Ähnliche eingetiefte Räume, die, wie die »Confessio« in Quedlinburg nach ihrem 968 erfolgten Umbau, nur eine Zugangsöffnung aufweisen oder deren Innenraum ähnlich beengt ist, können die »normalen« Funktionen einer Krypta kaum erfüllen. Dazu fehlen ihnen wichtige Merkmale wie etwa die Möglichkeit, an einem Altar die Messe zu lesen oder den Raum in Prozession zu durchschreiten. Eine dankenswerte Aufgabe der Forschung wäre es, zu prüfen, ob es noch weitere unter dem Hochaltar von Kirchen eingebaute »Krypten« mit ähnlichen beschränkten Funktionen gegeben hat.

STIFTSKIRCHE DER ÄBTISSINNEN MATHILDE UND ADELHEID I. (BAU III)

In der Regierungszeit der Äbtissin Mathilde (966–999) begann ein umfassender Neubau der Stiftskirche, der diese nicht nur erheblich vergrößerte, sondern ihr auch die Gestalt einer »normalen« kreuzförmigen Basilika mit ausgedehnter Krypta geben sollte. Die von der Königin Mathilde erbaute erste Kirche des Damenstifts genügte offenbar nicht mehr dessen gesteigerten liturgischen und repräsentativen Anforderungen. Von der neuen Kirche konnten bis zum Tode der Äbtissin Mathilde nur das dreischiffige Langhaus und Teile der Krypta fertig gestellt werden (Fig. 63, 64). Zu vermuten ist jedoch, dass die Äbtissin von vornherein einen vollständigen Neubau der Stiftskirche vorsah, der dann unter ihrer Nachfolgerin, der Äbtissin Adelheid I. (999–1043), im Jahre 1021 vollendet und geweiht werden konnte. Dass sich die von dieser Kirche erhaltenen Mauerteile von denen der Vorgängerbauten und der Nachfolger durch den damals benutzten auffallend gelben Mörtel gut unterscheiden lassen, ist für den Archäologen ein besonderer Glücksfall.

Die Quedlinburger Annalen berichten zum Jahre 997, dass die Errichtung der heiligen Hauptkirche auf dem Quedlinburger Burgberg auf Befehl der Kaisertochter, der Äbtissin Mathilde, mit allem Nachdruck vorangetrieben wurde. Das Bauwerk von weiterer und höherer Bauart, das sie wegen der Menge des herbeiströmenden Volks an die von den Großeltern errichtete Kirche anfügen ließ, konnte 997 geweiht werden.³¹⁵ Es ist zweifellos identisch mit dem erwähnten, archäologisch nachweisbaren Langhaus, das die Gestalt einer dreischiffigen Basilika hatte.

Von ihm berichtete Wäscher, dass sein »gesamtes Fundament unter dem der heutigen Kirche erhalten ist. Auf der Südseite konnte es gänzlich freigegraben werden.«³¹⁶ »Wie bei allen Bauten vom Ende des 10. Jahrhunderts sind auch die Fundamentmauern des Kirchenbaues aus Bruchstücken des mit eisenhaltigen Adern durchsetzten gelben Sandsteines und dem leuchtend gelben Mörtel… Das Material der Fundamente des Baues von 1129 hebt sich durch die verwendeten weißen Sandsteinblöcke mit weißem Mörtel … ganz deutlich ab… Die Fundamente des Quedlinburger dritten Kirchenbaues liegen … genau unter denen … der heutigen

Stiftskirche. Da sie nicht überall ... frei lagen, wurden sie ergraben; so zum Beispiel das Fundament der südlichen Außenwand, das nördlich von der heutigen Südwand gefunden wurde, oder bei der Nordwand, wo in jeder Arkadenachse ein Suchgraben eingetieft wurde.«[317] Leider gibt es von den Befunden dieser von ihm angelegten Gräben keinerlei schriftliche, zeichnerische oder wenigstens fotografische Belege, wenn man von den wenigen handschriftlichen Bemerkungen Wäschers in den während der Grabung verwendeten Plänen absieht. Aus diesen geht, wie oben bereits erwähnt, hervor, dass er bei dem Fundament der Nordarkaden zwischen der 7. und der 8. Stütze als zweite Schicht eine »gelbe Mauer« und unter der 2. Stütze die »zweite Schicht m. gelbem Mörtel« vorgefunden hat. Zwischen der 3. und 4. Stütze der Südarkaden hat er angemerkt: »altes Fundament mit gelbem Mörtel«. Über das Fundament der Nordwand heißt es gegenüber der 7. Nordarkadenstütze »gelbes Fundament«, während er das ergrabene Südwandfundament nur als »Altes Fundament des Seitenschiffs von 997« bezeichnete (Fig. 33–35). In den beiden Gräben von 1986 konnte nachgewiesen werden, dass die obere Schicht des Fundaments der Südarkaden hier von dem hochromanischen Bau stammt und nur die zweite Schicht aus Sandsteinquadern und gelbem Kalkmörtel, dem »leuchtend gelben Mörtel« Wäschers, besteht, darunter aber ein deutlich andersartiger grauer Kalkmörtel zur Verwendung kam.

Den Westbau beschreibt Wäscher als »rechteckige, in das Innere des Langhauses vorgezogene Empore mit darunter liegender Vorhalle, von dem Hauptschiff durch Arkaden getrennt, die Nebenräume in den Seitenschiffen ebenfalls durch Arkaden von diesen getrennt... Ihre Westwände bilden die runden Treppentürme«, und meint, dass der nördliche Turm »in seiner heute quadratischen Umhüllung noch drei Stockwerke hoch erhalten ist.«[318] Er hat hier das Bild eines »normalen« Westwerks gezeichnet, wie es von vielen Damenstiftskirchen des 10. und des 11. Jahrhunderts bekannt ist.[319] Den archäologischen Nachweis dazu bleibt er jedoch schuldig. Zwar scheint das zwischen dem – von Osten gerechnet – achten Stützenpaar des heutigen Langhauses ergrabene Querfundament seiner Lage nach gut zu der Ostwand dieses Westwerks zu passen. Jedoch stammt sein aus Quadermauerwerk bestehender nördlicher Ansatz (Fig. 47) nach den von Wäscher handschriftlich festgehaltenen Detailbeobachtungen zweifellos vom Vorgängerbau, dem Langhaus der ersten Stiftskirche.[320] Von dem nach den Fotos ebenfalls aus Quadermauerwerk bestehenden südlichen Ansatz und dem Bruchsteinmauerwerk dazwischen gibt es leider keine Beschreibung. Zum Bau III gehört wohl eindeutig das kurze Fundamentstück westlich der 8. Nordarkadenstütze, das an deren Fundament mit lotrechter Fuge anschließt und von Wäscher mit »gelber Mörtel« bezeichnet wurde. Das wieder mit lotrechter Fuge im Westen anschließende, viel breitere Fundament unter der westlichen Vorlage der hochromanischen Nordarkaden beschreibt Wäscher mit »Älteres Fundament, darauf Fundament von 1129«, ohne dass man erfährt, wie beide aussehen. Das Spannfundament unter der Ostwand des heutigen Turmzwischenbaus beiderseits des mittleren Emporenpfeilers (Fig. 4, 5) kennzeichnet Wäscher als »gelbes Fundament«, was weder zu dem Langhaus der ersten Stiftskirche (Bau II) noch zu dem hochromanischen Langhaus (Bau IV) zu passen scheint. Seiner Lage nach kann das Fundament aber auch schwerlich zu einem Westwerk des Baus III gehören, wie es sich Wäscher vorstellte.

Skepsis ist auch gegenüber der Behauptung Wäschers angebracht, dass der nördliche Rundturm des Baus III »in seiner heutigen quadratischen Umhüllung noch drei Stockwerke hoch erhalten ist«.[321] Für einen Überbleibsel dieses Rundturms hält er offenbar den in dem nördlichen Westturm der heutigen Stiftskirche in einem Rest erhaltenen, gemauerten runden Zylinder, der jedoch zweifellos als Hülle für die Treppenspindel von 1070/1129 eingebaut worden ist. Eine ähnliche Technik, bei der zunächst die quadratische Außenschale des Turms errichtet, in einem zweiten Bauvorgang in derselben Bauzeit der runde Zylinder der Treppenspindel eingefügt und zuletzt die Zwickel zwischen Außenwand und Treppenzylinder mit lockerem Material verfüllt wurden, ist von anderen romanischen Kirchtürmen in der Umgebung von Quedlinburg bekannt, so beispielsweise von der ehemaligen Damenstiftskirche in Frose und der ehemaligen Benediktinerinnen-Klosterkirche in Drübeck.[322] Die zur Verfügung stehenden Dokumentations-Unterlagen reichen also nicht aus, um zu beurteilen, ob der westliche Abschluss des Baus III tatsächlich so ausgesehen hat, wie ihn Giesau und Wäscher rekonstruierten. In der vorgeschlagenen Ausbildung fügt er sich jedoch gut in die Reihe der erhaltenen oder erschlossenen Westwerke der frühen Stiftskirchen ein.

Den Quedlinburger Annalen kann man entnehmen, dass das an die Stiftskirche der Königin Mathilde angefügte neue Bauwerk 997 fertig gestellt war und auf Anordnung der Äbtissin Mathilde geweiht wurde. Jedoch erwähnt der Annalist auffälligerweise keine damals konsekrierten Altäre. Fühlte die Äbtissin etwa ihren Tod nahen – sie starb bekanntlich zwei Jahre später – und wollte noch zu Lebzeiten in einem feierlichen Akt dokumentieren, welch bedeutender Abschnitt des Neubaus der Stiftskirche auf ihre Veranlassung errichtet worden war, obwohl seine Altäre noch gar nicht benutzt werden konnten? Oder war mindestens der Kreuzaltar – anstelle des Stufenraums oder westlich von diesem – schon vorher in Benutzung genommen worden? Eine konkrete Antwort auf diese Fragen ist bei dem derzeitigen Forschungsstand nicht möglich.

Unter dem neuen südlichen Seitenschiff blieben die tonnengewölbten Stützbauten des einschiffigen Langhauses der ersten Stiftskirche offenbar erhalten und wurden überbaut. Nur fügte man anstelle ihres östlichen Abschlusses damals die Kapelle St. Nicolai in vinculis (Abb. 82, 83) sowie die Treppe neben ihr ein (Fig. 36–38), die nun den Tonnengang (Abb. 84, 85) und durch ihn auch den Längstonnenbau südlich des Querarms mit dem Innenraum der Kirche verband. Die Kapelle ist ein kleiner, 1,95 m breiter und 4,85 m langer, tonnengewölbter Raum mit westlicher Rechtecknische und östlicher Apsis. Sie hat nie frei gestanden, sondern wurde nachträglich eingebaut zwischen dem Fundament unter der Westwand des südlichen Querarms im Osten, dem Südwandfundament des Langhauses der ersten Stiftskirche im Norden und dem – offenbar ursprünglichen – Ostabschluss der großen Längstonne im Westen. An der Südseite stehen auf einer niedrigen, in der Mitte für den Zugang unterbrochenen Brüstungsmauer die beiden Stützen der schon genannten Dreierarkade. Ihre beiden zierlichen Säulchen sind zusammen mit der attischen Basis und dem ionisierenden Blattkapitell jeweils aus einem Kalksteinblock gehauen. Jedes Säulchen steht auf einem ziemlich ungefügen, profilierten Sandsteinsockel und trägt einen nach Norden und Süden auskragenden Kalksteinkämpfer mit reichem Blattschmuck, auf dem wiederum die Arkaden ansetzen. In der Westwand der westlichen Nische ist ein unregelmäßiger, offensichtlich nachträglich erfolgter Ausbruch zu erkennen. Ursprünglich dürfte die Wand hier keine Öffnung gehabt haben.[323] Der Treppenraum auf der Südseite der Kapelle schließt oben mit einem waagerecht durchlaufenden Tonnengewölbe ab. Neben dem Zugang zur Kapelle unterbricht ein 80 cm tiefes Podest die Folge der – in ihrer heutigen Substanz allerdings modernen – Stufen, über die man unten in den angrenzenden Tonnengang gelangt, der zu den Sicherungsbauten des Schiffs der ersten Stiftskirche am Steilhang gehörte.

Bau der Ostteile (Fig. 65, 66)

Quast berichtete als erster, dass am Westende der Krypta noch Bauteile stehen, die älter sind als die hochromanische Kirche.[324] Später vermuteten Zeller und P. J. Meier, dass in den westlichen Jochen der Krypta die Westempore der »Heinrichkirche« erhalten sei,[325] die, wie sich Brinkmann ausdrückte, als »Nonnenempore« in die »Urkirche« eingebaut wurde.[326] Gegen diese Meinung nahmen Giesau und Wäscher Stellung.[327] Sie vertraten die Ansicht, dass man die Joche kurz vor 1021 mit dem zweiten Abschnitt der Krypta der zweiten Stiftskirche eingebaut hat. Dem von ihnen angenommenen Bauablauf im Bereich der heutigen Krypta, wonach von deren Vorgänger erst die Osthälfte und zuletzt die Westhälfte errichtet wurden, kann man jedoch, wie bereits erläutert, nicht zustimmen.

Westjoche der zweiten Krypta

Seit dem Beginn der Arbeiten am neuen Langhaus, also wohl etwa seit 970, waren die seitlichen Emporenannexe der ersten Stiftskirche in ihrer Westhälfte durch die beiden Westjoche der heutigen Krypta miteinander verbunden. Deren Gewölbe besteht aus drei parallelen Längstonnen, in die etwas niedrigere Quertonnen einschneiden, und findet außen in je einer doppelt so breiten Quertonne seinen Abschluss. Von diesen endet die südliche vor dem Arkadenbogen der ersten Stiftskirche, die nördliche aber vor der gegenüber liegenden, hochromanischen Doppelarkade. An der Westseite wird das Gewölbe von vier Wandvorlagen getragen, von denen sich die beiden äußeren an die Vorgänger der heutigen westlichen Vierungspfeiler lehnten, die beiden mittleren aber vor einer zwischen jenen eingebauten Wand stehen, die offenbar dazu errichtet wurde, die Baustelle des neuen Langhauses von den Ostteilen der Kirche zu scheiden. Das Gewölbe stützt sich in der Mitte auf zwei Säulen mit Pilzkapitellen und attischen Basen, von denen bei der südlichen die obere Hälfte des Kapitells und ihr Kämpfer, bei der nördlichen Kapitell und Kämpfer insgesamt im 19. Jahrhundert durch Kopien ersetzt wurden.[328] An der Ostseite endet das Gewölbe an einer zwischen den Arkadenpfeilern der ersten Stiftskirche quer in den Raum gestellten Dreierarkade, deren zwei quadratische Pfeiler und zwei seitliche Vorlagen miteinander durch breite Gurtbögen verbunden sind. Heute schließen im Osten die drei Schiffe der hochromanischen Krypta an. Die Pfeiler und Wandvorlagen der Westjoche stehen auf niedrigen Basen mit einem Profil aus Platte und Schräge, an die der zugehörige Fußboden wie heute etwa 24 cm tiefer als der der ersten Stiftskirche im Vierungsbereich angeschlossen haben dürfte. Wohl kurz vor dem Einbau der beiden Joche wurde in die westliche Südarkade des Baus II die erhaltene Doppelarkade (Abb. 63) mit mittlerer Pilzkapitellsäule eingefügt, deren seitliche Vorlagen gegen den Putz der alten Arkade gesetzt sind, während der südwestliche Wandpfeiler der Westjoche sich wiederum gegen den Putz der westlichen Vorlage der Doppelarkade lehnt. Diese Arkade und die westlichen Joche wurden nicht nur in der gleichen Bautechnik errichtet – Sandsteinmauerwerk mit gelbem Kalkmörtel und gelbem Kalkmörtelputz –, sondern die Kämpfer ihrer Pfeiler und Säulen weisen auch das gleiche Profil auf, eine Schräge mit zarter Profilierung aus zwei flachen Wülsten zwischen Plättchen unter der Deckplatte, und ihre Pilzkapitelle haben annähernd gleiche Form und Größe.[329] Übrigens ist die Säulenbasis der Doppelarkade merklich steiler als die der Westjoche; die ihr fehlende Fußplatte wurde vermutlich bei einer Anhebung des Fußbodens abgearbeitet.[330] Die Sockel der beiden Wandpfeiler der Doppelarkade sind Zutaten des 12. Jahrhunderts, die im 19. Jahrhundert wiederum weitgehend erneuert wurden. Eine ähnliche Doppelarkade war vielleicht auch unter dem von dem südlichen Mittelpfeiler ehemals nach Osten ausgehenden Bogen eingebaut. Ihre Mittelsäule könnte auf dem älteren Stützenfundament gestanden haben, das Wäscher unter der heutigen, hochromanischen Säule feststellen konnte.[331] Vermutlich sollten die beiden Doppelarkaden als zusätzliche statische Sicherung gegen den an dieser Stelle beginnenden südlichen Steilhang dienen. An der gegenüber liegenden Nordseite der Vierung hat es jedenfalls keinen solchen Einbau gegeben. Der Kämpfer des nordwestlichen Wandpfeilers der Westjoche greift nämlich im Gegensatz zu seinem südlichen Gegenüber auch außen herum und zeigt damit, dass hier kein Wandpfeiler einer eingebauten Doppelarkade angrenzte. Als Baumaterial wurde bei dem Mauerwerk der beiden westlichen Joche und dem der südlichen Doppelarkade durchweg relativ weicher Sandstein und gelber Kalkmörtel verwendet. Die gleiche Zusammensetzung weisen nach handschriftlicher Beschreibung Wäschers auch ein Teil des Fundaments innerhalb der nördlichen Nebenapsis sowie das im Süden an die »Confessio« angrenzende Fundament auf.

Die Ausbildung der beiden westlichen Joche erinnert auf den ersten Blick an Krypten-Vorräume mit seitlichen Zugängen, durch die man vom Querhaus aus in den im Osten anschließenden Hauptraum der Krypta gelangen konnte. Solche durch eine Dreierarkade abgetrennten Vorräume sind von vielen romanischen Krypten bekannt, so zum Beispiel von der Quedlinburger Wipertikirche,[332] von der hochromanischen Klosterkirche Unser Lieben Frauen in Magdeburg und von der spätromanischen Klosterkirche in Memleben.[333] Doch greifen bei ihnen die Chorbühne und die unter ihr befindliche Krypta nur um die Tiefe dieses einjochigen Vorraums in das Querhaus ein, so dass man allein durch diesen den Hauptraum betreten konnte. In der Quedlinburger Stiftskirche öffnen sich die Querhausarme jedoch nicht nur gegen die beiden westlichen, sondern auch gegen die beiden im Osten anschließenden Joche der Krypta. Die Westjoche waren also kein Vorraum der Krypta.

Besser erklärt sich die besondere Ausbildung der Westjoche von der Funktion der Emporen in den Damenstiftskirchen. In diesen scheinen die Sitze der Damen in der Regel auf seitlichen Emporen, bei kreuzförmigen Bauten in den Querhausarmen gestanden zu haben. Auf der Westempore ist nur der Sitz der Äbtissin zu vermuten. Sehr wahrscheinlich gab es auch in der Stiftskirche der Königin Mathilde (Bau I) eine – allerdings bisher nicht nachgewiesene – Westempore, zunächst für die Königin, später für die Äbtissin. Als Äbtissin Mathilde anstelle des einschiffigen den Bau eines dreischiffigen Langhauses beginnen ließ, wurde mit dem alten Schiff auch dessen Westempore abgebrochen, und die Äbtissin musste dafür Sorge tragen, dass während der mehrjährigen Bauzeit ein angemessener Platz für ihren Thron zur Verfügung stand. Als einfachste Lösung bot sich an, am Westende des von den Bauarbeiten noch nicht betroffenen Teils der Stiftskirche, vor der wahrscheinlich innerhalb des Transversalbogens vor dem Schiff errichteten Abschlusswand gegen die Baustelle, eine

– wohl als Provisorium gedachte – Westempore einzufügen. Die beiden Westjoche waren vermutlich deren Unterbau und wurden wohl gleich beim Baubeginn des neuen Langhauses eingefügt. Einer solchen Funktion entspricht die ungegliederte Dreierarkade als östlicher Abschluss, und vielleicht ist sogar die auffällig grobe Bearbeitung der Pilzkapitelle – jedenfalls gegenüber den Kapitellen in der Krypta der Wipertikirche – darauf zurückzuführen, dass dieser Einbau nur während der Bauzeit des neuen Langhauses stehen bleiben sollte. Als dieses 997 fertig geworden war, hätte man den Einbau eigentlich wieder beseitigen müssen.

Östliche Joche der zweiten Krypta

Kann der von Wäscher beschriebene Fundamentbefund oder der heutige Bestand der Krypta dafür Argumente liefern, dass es vor der bestehenden eine Vorgängerkrypta gegeben hat? Der im Jahre 1021 dem hl. Servatius geweihte Hochaltar kann kaum zu ebener Erde gestanden oder um ein paar Stufen erhöht gewesen sein. Bei einer solchen Konzeption hätten die erhaltenen westlichen Joche der Krypta den Chor und das Sanktuarium als massive Schranke von dem im Westen angrenzenden Schiff geschieden, wofür im 11. Jahrhundert keine Parallele bekannt ist. Vergleichbare Einbauten, die dann als Lettner dienten, lassen sich erst um die Wende des 12. Jahrhunderts nachweisen.[334] Unter dem Chor und dem Sanktuarium mit dem 1021 geweihten Hochaltar erstreckte sich also sehr wahrscheinlich von vornherein eine Krypta. Die Frage, ob es sich dabei um die bestehende Anlage oder um einen Vorgänger von ihr handelt, kann man nur durch eine Analyse des heutigen Bestands zu beantworten versuchen.

Wäscher war der Meinung, dass die an die westlichen Joche im dreischiffigen Mittelraum und in den Querhausarmen angrenzenden Stützen und Gewölbe nach der Brandkatastrophe von 1070 anstelle einer Vorgängerkrypta eingebaut wurden. Zudem berichtet er, er habe östlich der Vierung von einer solchen die Fundamente der Stützen »bei der Grabung sämtlich freigelegt«.[335] Das kann für das östliche Stützenpaar, das auf der Westwand der »Confessio« steht, kaum zutreffen. Denn unter der südlichen Säule befand sich ehemals das Fußende des Sarges der Königin Mathilde, bis man den Sarg 1878 ein Stück nach Westen rückte und so von der Last der Stütze befreite. Noch in demselben Jahr wurde wohl auch das Fundament unter der nördlichen Säule ausgebrochen, das den ehemaligen Zugang zur »Confessio« ausfüllte.[336] In beiden Fällen musste das Gewölbe über den Stützen abgefangen werden.

Nach den Grundrissen Wäschers[337] sollen die Stützen in der Osthälfte der Krypta auf relativ breiten, das Säulenpaar östlich der Westjoche jedoch auf schmaleren Fundamenten stehen. Demnach müssten die Fundamente des westlichen Stützenpaars zu einer anderen Zeit eingebracht worden sein als die der östlichen Paare.[338] Auf den im Ostabschnitt ergrabenen Fundamenten haben nach Wäscher ursprünglich Pfeiler gestanden. Bei dem Fundament einer Säule der südlichen Reihe sei »sogar eine Schicht des aufgehenden Mauerwerks mit allseitigem Stuckverputz« erhalten.[339] Der veröffentlichte Querschnitt[340] zeigt jedoch, dass die Unterbauten der heutigen Säulen insgesamt, einschließlich der »verputzten« Teile, unterhalb der unmittelbar daneben erfassten Felsoberkante liegen. Der »Verputz« ist also ein sauberer Verstrich der Außenfläche des jeweiligen Fundaments, wie er auch in anderen Bereichen der Stiftskirche festgestellt werden konnte. Auf diesen Fundamenten hätten sich also nach Wäscher die Stützen des Ostabschnitts der Krypta erhoben, der vor dem Westabschnitt entstanden sein soll, und zwar zusammen mit dem

Sanktuarium darüber, das nur über eine schmale Außentreppe vom nördlichen Querarm aus zugänglich gewesen sei. Das angeblich für diese Treppe hergestellte Fundament wurde jedoch noch zu Lebzeiten der Königin Mathilde von der Ostwand des nördlichen Querarms überbaut, kann also um 1000 keine Treppe mehr getragen haben. Ohnehin ist ein Sakralbau, bei dem Chor und Sanktuarium nur über eine schmale Außentreppe zu erreichen sind, nirgends sonst bekannt und für eine königliche Damenstiftskirche erst recht unglaubwürdig. Einen über eine seitliche Treppe zugänglichen Chor hat es also über dem Ostabschnitt der Krypta zweifellos nie gegeben.

Der an die westlichen Joche im Osten anschließende dreischiffige Hauptraum ist mit einem durchlaufenden Kreuzgratgewölbe überdeckt, das ohne Schildbögen direkt an die Wand anschließt. Es wird in der Mitte von zwei Reihen paarweise angeordneter, frei stehender Säulen und an den Wänden auf einer niedrigen, durchlaufenden Bank von Dreiviertelsäulen getragen, von denen einige der ersteren auch oktogonalen Querschnitt haben. Die Säulen stehen auf attisch profilierten Basen ohne Eckzier und haben unterschiedlich ausgebildete Kapitelle (Abb. 46–49). Unter diesen fällt die Gruppe der korinthisierenden Zungenblattkapitelle besonders auf. Mit ihnen sind die Säulen der Nordwand (B4–7)[341], der Apsis (C8, D8) und des vierten frei stehenden Säulenpaars (C6, D6) östlich der Westjoche bekrönt, wenn auch mit unterschiedlicher Detailausbildung: bei der südlichen Freistütze wurde das Kapitell nur in seiner groben Grundform ausgehauen, bei anderen ist diese weiter verfeinert, nur bei der westlichen Wandstütze der Nordwand bis zu den letzten Feinheiten seiner Voluten und seines Blattschmucks ausgearbeitet. Jedes dieser Kapitelle trägt einen flachen, leicht eingezogenen Rechteckblock und über diesem einen Kämpfer, der unter der Deckplatte entweder ein Profil von Plättchen, fallendem Karnies und dreifachem Plättchen aufweist oder – bei der westlichen Säule der Nordwand und bei der nördlichen Säule der Apsis – als gerahmte, mit Wellenbanddekor versehene Schräge ausgebildet ist. Diese in sich geschlossene Gruppe von 8 korinthisierenden Zungenblattkapitellen kann kaum zugleich mit den so unterschiedlich dekorierten Kapitellen der übrigen Säulen entstanden sein, sondern dürfte älter sein. Sehr wahrscheinlich wurde sie zusammen mit der nördlichen und der östlichen Umfassungswand der Krypta schon vor der Weihe von 1021 hergestellt und hat die Brandkatastrophe von 1070 unbeschadet überstanden.

Die nächsten Verwandten der Quedlinburger Zungenblattkapitelle befinden sich in der nur wenige Kilometer entfernten, ehemaligen Damenstiftskirche Gernrode, deren Bau Markgraf Gero gegen 960 beginnen ließ. Bei den Kapitellen der Langhausarkaden, bei dem Kapitell auf der Nordseite der ehemaligen Westempore sowie bei den unten arg verstümmelten Kapitellen, die heute in der Nordwand des Querhauses eingebaut sind, bemühte man sich offenbar, das Zungenblattkapitell nachzubilden. Zwei kleinere und nur in ihrer Grundform ausgearbeitete Säulen mit Zungenblattkapitellen stehen dort im Heiligen Grab, und zwar in der Südnische der Grabkammer. Diese – heute nur noch als Torso erhaltene – Nische gehörte einst zu der Südwand des im vierten Viertel des 10. Jahrhunderts errichteten Langhauses der Stiftskirche. Zwei weitere Zungenblattkapitelle sind außen an der Westwand der Grabkammer eingebaut, von denen wiederum eine offenbar von der ehemaligen Umrahmung der Südnische stammt, die andere sich aber bei genauerer Untersuchung als eine Nachbildung des 11. Jahrhunderts erweist.

Vielleicht war auch das Kapitell, das im Fundament einer Stütze des ottonischen Halberstädter Doms als Torso entdeckt und dann herausgenommen wurde, ein Zungenblattkapitell. Leider ist von ihm nur der Oberteil mit den Voluten und dem oberen Blattkranz erhalten.[342]

Wesentlich älter sind die vier Säulen im Erdgeschoss und weitere in der unteren Glockenstube des 873–885 errichteten Westwerks der ehemaligen Klosterkirche in Corvey.[343] Auch die im Chor der Kirche auf dem Petersberg bei Fulda freigelegten beiden Zungenblattkapitelle stammen vermutlich aus karolingischer Zeit. Fragmente von derartigen Kapitellen werden im Lapidarium von Lorsch und im Landschaftsmuseum Seligenstadt aufbewahrt, dort auch ein um 835 datiertes Säulchen.[344] Das dreischiffige Langhaus und das Querhaus der ehemaligen Nonnenklosterkirche in Drübeck stammen wahrscheinlich von dem »monasterium moderno tempore constructum«, das in einer 1004 ausgestellten Urkunde Kaiser Heinrichs II. genannt wird.[345] Beiderseits des Mittelschiffs befinden sich auf den Arkadensäulen originale Kapitelle, die sich als unterschiedlich gelungene Nachbildungen des Zungenblattkapitells erweisen. Das – von Westen gerechnet – zweite Kapitell der Südseite und das westliche Kapitell der Nordseite lassen unter angedeuteten zarten Voluten zwei untere, kaum gegeneinander abgesetzte Blattkränze und einen dritten oberen, kräftig ausladenden Kranz erkennen, jeweils mit angedeuteten Blattrippen. Demgegenüber zeigen das zweite und das dritte Kapitell der Nordseite eine grobplastische Ausbildung mit zwei Blattkränzen unter ihren flächigen Voluten. Unbeantwortet blieb bisher die Frage, ob die beiden Kapitellgruppen aus einer oder aus zwei verschiedenen Bauzeiten stammen.[346] Ein mit dem Zungenblattkapitell verwandtes Kapitell wurde in der zweiten Hälfte des 11. Jahrhunderts in die Krypta der ehemaligen Benediktinerinnen-Klosterkirche von Hadmersleben sekundär eingebaut und dabei stark beschnitten.[347] Nicht genauer zu datieren sind Reste von Zungenblattkapitellen, die im Nordseitenschiff des Paderborner Doms nachträglich zwischen Knospenkapitellen des 13. Jahrhunderts eingefügt wurden.[348] Spolien ähnlich geformter Kapitelle sind vom Dom zu Münster bekannt geworden.[349] Zungenblattkapitelle befinden sich auch in der Krypta der Kathedrale von Bayeux.[350] Anzumerken ist, dass es auch im späten 11. und im 12. Jahrhundert vereinzelt Nachbildungen von Zungenblattkapitellen gegeben hat, so etwa die relativ niedrigen Kapitelle im Langhaus der 1121 geweihten Benediktiner-Klosterkirche auf der Huysburg.[351]

Die Quedlinburger Säulen mit Zungenblattkapitellen und die mit ihnen im Verband stehenden Wände können, wie die Vergleichsbeispiele zeigen, also kaum erst nach dem Brand von 1070 errichtet worden sein, sondern gehörten sehr wahrscheinlich zu dem vor 1021 östlich der Westjoche eingebauten Vorgänger der heutigen Krypta. Die unterschiedliche Feinbearbeitung dieser Kapitelle ist allerdings schwer zu erklären. Wurde der mit ihnen beschäftigte Steinmetztrupp von einem zweiten, anders geschulten Trupp abgelöst, der dann die restlichen Stützen und Kapitelle der vor 1021 errichteten Krypta herstellte? Sind die übrigen mit Zungenblattkapitellen versehenen Stützen bei dem Brand von 1070 zugrunde gegangen? Eine schlüssige Antwort auf diese Fragen ist schwierig. Zweifellos wurde die Krypta schon vor der Weihe von 1021, bei der sie nicht mehr genannt wird, vollendet und benutzt. Für ihre damalige Fertigstellung sprechen vor allem die beiden westlichen Joche, die man sicher abgebrochen hätte, wenn östlich von ihnen keine Krypta entstehen sollte.

Wahrscheinlich ließ die hochbetagte Äbtissin Mathilde in dem Bewusstsein, dass sich ihr Leben seinem Ende zuneigte, spätestens nach der Langhausweihe von 997 alle Maßnahmen für die Vollendung der neuen Stiftskirche, also auch für die Errichtung ihrer Ostteile, treffen. Vielleicht wurde von den Werksteinen, die für die Umfassungswände und die Stützen der neuen Krypta notwendig waren, ein Teil sogar schon vor 997 von den Steinmetzen gearbeitet und neben der Kirche bereitgestellt. Östlich des Querhauses, im Ostabschnitt der heutigen Krypta, wird der Ostschluss der ersten Stiftskirche wohl im Wesentlichen bis 999 unversehrt geblieben sein. Vielleicht ließ die Äbtissin aber ein erstes Stützenpaar dort aufrichten, wo sie ihr Grab vorgesehen hatte, von den heutigen Freistützen das einzige Paar mit Zungenblattkapitellen. Weitere Stützen einzubauen war vorerst wohl nicht möglich. Östlich des Säulenpaars befand sich noch bis 999 die »Confessio« und über ihr der Petersaltar, vor dem damals Äbtissin Mathilde »zu Häupten ihres Großvaters« König Heinrich beigesetzt wurde. Der 1877 aufgenommene Befund der Westwand der »Confessio« durch Annecke (Fig. 59) lässt erkennen, dass man den Sarg des Königs, wohl wenig später, von seinem alten Platz neben der Königin herauslöste und das in der Westwand der »Confessio« entstandene Loch anschließend wieder, so gut es ging, verschloss. Möglicherweise war diese behelfsmäßige Reparatur der Westwand notwendig, um die letzte liturgische Feier am Petersaltar zu ermöglichen, bei der die neue Äbtissin Adelheid »coram altari sancti Petri« mit allem Gepränge in ihr Amt eingeführt wurde.[352] Danach ließ diese wohl den alten Petersaltar und die unter ihm befindliche »Confessio« beseitigen und anstelle der Außenwände des Sanktuariums der ersten Stiftskirche die Umfassungswände der Krypta sowie innerhalb von diesen deren restliche Stützen errichten. Die Funktion des Peters- und des Servatiusaltars wird ein an anderer Stelle eingerichteter Interimsaltar übernommen haben, der nunmehr erstmals die Hl. Petrus und Servatius gemeinsam zu Patronen hatte.[353] Die bisher in der »Confessio« geborgenen Reliquien des Petersaltars mussten bis zur Fertigstellung der neuen Krypta und der über ihr zu errichtenden Altäre der Oberkirche an einem anderen, sicheren Platz verwahrt werden. Neben der Südwand verband nunmehr ein neuer, breiterer Verbindungsgang[354] den im südlichen Querarm gelegenen Chor der Damen mit ihrer Klausur, die anstelle der späteren Propstei zu vermuten ist.

Königssarg und »Confessio«

Nach dem 1877 von Annecke festgestellten Befund wurde, als man den Sarg König Heinrichs I. von seinem alten Platz hinter der Westwand der »Confessio« entfernte, die Nische vor seinem Fußende offenbar so beschädigt, dass nur noch ihre südliche Hälfte aufrecht stand. Die Nordhälfte wurde danach, wie der Aufriss der Wand zeigt, so gut es ging, unter leichter Verbreiterung der Nische ohne Stuckzier wieder ergänzt. Diese grobe Reparatur der Westwand der »Confessio« macht deutlich, dass die Anlage selbst, die damals vielleicht auch noch Reliquien barg, und vor allem der Altar über ihr noch gebraucht wurden, vor allem wohl für die schon erwähnte feierliche Einsegnung der Äbtissin Adelheid zu ihrem neuen Amt. Der tiefe Schacht unmittelbar westlich der »Confessio«, in dem unter dem Königssarg vermutlich ebenfalls kostbare Reliquien deponiert waren, ist dann offenbar zugleich mit der »Confessio« selbst verfüllt worden. Denn Teile der Stuckzier der »Confessio« wurden sowohl in deren Innenraum als auch in dem Schacht gefunden. Übrigens war an der Ostgrenze der Vierung ein weiterer, ähnlicher Schacht in den Felsen eingetieft.

Ohne schlüssige Antwort blieb in der Forschung die Frage, wo der Sarg König Heinrichs geblieben sein könnte, nachdem man ihn, wie erwähnt, wahrscheinlich unmittelbar nach dem Tode der Äbtissin Mathilde von seinem ursprünglichen Platz neben dem Sarg der Königin entfernt hatte. Einen Vorschlag dazu stellte Edgar Lehmann zur Diskussion. Er hielt es für möglich, dass der Sarg in dem neuen, über dem Westabschnitt der Krypta entstandenen Chor der Stiftsherren einen würdigen neuen Standort erhalten hat.[355] An dieser Stelle, zwischen dem beiderseits aufgestellten Gestühl der zu dem Konvent gehörenden Geistlichen, hat man das Stiftergrab bekanntlich in vielen mittelalterlichen Stifts- und Klosterkirchen nachweisen können.[356] Der Königssarg wird hier, mitten im Chor, wo regelmäßig die für das Stift verpflichtenden Gedächtnisfeiern an seinem Grabe abgehalten wurden, wahrscheinlich bis zur Reformation des Damenstifts im 16. Jahrhundert gestanden haben. Ein sicherer Nachweis über diesen Standort des Sarges sowie über den Anlass und den Zeitpunkt seiner Verlegung oder Beseitigung konnte bisher allerdings nicht geführt werden. Möglicherweise wollte man in den Unruhen der Reformationszeit von seiner liturgischen Bedeutung nichts mehr wissen und hat ihn deshalb damals beseitigt. Im weiteren 16. und im 17. Jahrhundert erfreute sich das Königsgrab, das man jedoch an der Stelle des Sarges der Königin Mathilde vermutete,[357] dann wieder einer hohen Wertschätzung. Nach der Reformation des Damenstifts verehrten die nunmehr evangelisch gewordenen Damen den König und die Königin wohl gemeinsam an der alten Stätte der Königsgräber in der Krypta.[358]

Vollendung der Ostteile

Den Bau der Umfassungswände und der Stützen der neuen Krypta ließ die Äbtissin zweifellos zügig weiterführen und zuletzt mit der Einwölbung des Raums vollenden. Geraume Zeit vor 1021 dürfte die Krypta fertig geworden sein: ein hier errichteter Altar wird jedoch nicht genannt. Über ihr wuchsen danach die Umfassungswände des Sanktuariums empor. Die beiden Emporenannexe der ersten Stiftskirche scheinen ihre ursprüngliche Gestalt im Wesentlichen behalten zu haben, wurden jedoch als seitliche Arme des neuen Querhauses vermutlich etwas erhöht.[359] Dass sie nach wie vor zweigeschossig waren, erweisen nicht nur die zwischen ihnen gelegenen Westjoche des Mittelschiffs, sondern auch die von dem Unterbau der Seitenemporen erhaltenen beiden Mittelpfeiler und der von dem südlichen ausgehende Arkadenbogen.[360]

Über der Krypta entstanden das Sanktuarium und der Chor der neuen Stiftskirche. Der erwähnte, vermutlich älteste Abschnitt dieser hohen Bühne, ihr über den beiden westlichen Jochen der Krypta gelegener Teil, hatte die schon genannten seitlichen Emporen des Vorgängerbaus (Bau II) miteinander wie eine Brücke verbunden und war vielleicht schon vor dem Weiterbau der Krypta, also vor 999, nach Osten verbreitert worden. Um ihn liturgisch nutzen zu können, musste er mit dem Langhaus durch entsprechende Treppen verbunden werden. Wäscher berichtete, dass von diesen Reste ihrer Fundamente »auf den Mauern des abgebrochenen Stufenraumes« erhalten waren.[361] Spätestens bei der Anlage der beiden Chortreppenläufe ist also der Stufenraum beseitigt worden. Die Stufen dieser Treppen ruhten an ihren Enden auf je einer Seitenwand, von denen sich die äußere an das Fundament der Langhausarkaden lehnte, während sich die innere auf dem Stumpf der ehemaligen Seitenwand des Stufenraums erhob.[362] Unter beiden Treppen hatte man Kammern eingebaut, deren »Fußböden und Wände ... mit feinem

Stuck überzogen« waren.³⁶³ In den Grabungsfotos ist zu erkennen, dass der Fußboden in der nördlichen Kammer (Abb. 74, 75), ebenso wohl auch in der südlichen (Abb. 88), etwa eine Stufe höher lag als in der im Osten angrenzenden Krypta. Fraglich bleibt, ob die Kammern im Osten eine verschließbare Tür besaßen.³⁶⁴ Von ihren Zugängen ist die südliche Leibung der südlichen Kammer, möglicherweise auch ihre nördliche Leibung erhalten.³⁶⁵ Beide scheinen in genauer Verlängerung der ehemaligen Kammerwände zu liegen. Auch die nördliche Kammer wird sich wohl, abgesehen von einem möglichen Türanschlag, in voller Breite gegen die Krypta geöffnet haben.³⁶⁶

Zwischen den beiden Läufen der Chortreppe stand am Ostende des Mittelschiffs der Kreuzaltar. Wenn man 1938 auch keine Spur mehr von ihm nachweisen konnte, sein ehemaliger Standort im östlichen Bereich des abgebrochenen Stufenraums ist nicht zu bezweifeln. Denn vor ihm haben die drei unmittelbaren Nachfolgerinnen der Äbtissin Mathilde ihre letzte Ruhe gefunden, als erste 1043 die Äbtissin Adelheid I. Um die Särge dieser Äbtissinnen beisetzen zu können, musste der Unterbau der Westwand des ehemaligen Stufenraums teilweise ausgebrochen werden. Übrigens konnten von Wäscher östlich dieser drei Gräber zwei weitere, offenbar mittelalterliche Gräber, Grab 21 und 22, vor dem Kreuzaltar nachgewiesen werden. Daraus geht hervor, dass dieser selbst unmittelbar vor der Ostwand des Mittelschiffs gestanden hat. Seine Lage zwischen den beiden Chortreppen wird zudem 1388, 1405, 1458 und 1569 ausdrücklich bezeugt.³⁶⁷ Einen mittleren Zugang zur Krypta, wie er heute besteht, kann man also für das Mittelalter mit Sicherheit ausschließen. Die Krypta konnte nur von den Seitenschiffen her durch die beiden erhaltenen Türen (Abb. 31, 32) oder ihre Vorgänger betreten werden. Ein Mitteleingang gehörte aber schon zu der barocken Einrichtung (Abb. 20) der Stiftskirche, und vor ihm stand etwa an der Stelle des mittelalterlichen Kreuzaltars die Taufe.³⁶⁸

In dem Bericht über die 997 erfolgte Weihe des Langhauses werden keine Altäre erwähnt. Entweder waren sie schon vorher geweiht worden oder sie konnten erst einige Zeit nach 997 geweiht werden. Zumindest muss damals aber der Kreuzaltar vorhanden und benutzbar gewesen sein. Wahrscheinlich waren auch die beiden Altäre im Westteil des Langhauses längst in Gebrauch, die in der Weihenachricht von 1021 nur mit ihrem Reliquienschatz genannt werden.³⁶⁹ Der Kreuzaltar wurde auffälligerweise damals neu geweiht, obwohl er eigentlich schon seit der Fertigstellung des Langhauses im Jahre 997 benutzt worden sein muss. Dieser scheinbare Widerspruch erklärt sich vermutlich dadurch, dass man nach 997 zunächst noch den alten Kreuzaltar westlich des Stufenraums benutzte und dadurch eine Abtrennung des für den laufenden Gottesdienst benötigten Langhauses gegen die Baustelle der Chortreppen durch eine provisorische Scheidewand hinter dem Altar ermöglichte. Zu der Weihe von 1021 brauchte man dann nur noch Wand und Altar beseitigen und zwischen den Treppen den neuen Kreuzaltar errichten.

Zum Bau von 1021 rechnet Wäscher »Reste von Bogenstücken« aus Muschelkalk, die er in dem Spannfundament der Nordarkaden zwischen der zweiten und der dritten Stütze fand und herausnahm.³⁷⁰ Mit ihnen könnte ehemals die Leibung einer Rundbogenöffnung von 2,12 m Durchmesser – einer monumentalen Tür, einer Mittelschiffsarkade oder der Rahmennische eines Biforiums? – bekleidet gewesen sein. Ob Wäscher diese Relikte in dem oberen oder dem unteren Fundamentabschnitt fand, hat er nicht berichtet, so dass offen bleibt, aus welcher Bauzeit die Stücke stammen.

Die Ostteile der Kirche oberhalb der Krypta hatten sicher den gleichen Grundriss wie diese selbst. Die 1021 genannten beiden Seitenaltäre befanden sich zweifellos in den Querhausarmen, vielleicht vor je einer Apsis. Entweder standen sie auf den noch erhaltenen Emporenannexen der ersten Stiftskirche oder im Obergeschoss von neu errichteten Querhausarmen. Der nördliche Altar war dem hl. Bartholomäus sowie allen Aposteln, Evangelisten und Schülern des Herrn, der südliche dem hl. Liborius, allen Heiligen und Erwählten des Herrn sowie weiteren Heiligen geweiht. In der Mitte des Querhauses, zwischen dem Chorgestühl der zum Damenstift gehörenden Kanoniker, stand wahrscheinlich der Sarkophag mit den sterblichen Resten König Heinrichs I. Der Hauptaltar, der der hl. Trinität, Maria, Johannes dem Täufer, Petrus, Stephanus, Dionysius, Servatius und weiteren Heiligen geweiht war, befand sich im Ostabschnitt des Sanktuariums vor dessen Apsis. Er hat wohl, mindestens zum Teil, die Reliquien umschlossen, die vorher unter dem alten Hauptaltar in der »Confessio« deponiert waren.

STIFTSKIRCHE DER ÄBTISSINNEN ADELHEID II. UND AGNES I. (BAU IV)

Die 1021 geweihte, kreuzförmige Basilika (Fig. 2, 3) mit ihrer ausgedehnten Krypta und einem in seiner Gestalt bisher unbekannten Westbau hat noch nicht einmal ein halbes Jahrhundert bestanden. Im Dezember des Jahres 1070 erfasste ein großes Schadenfeuer den Berg und ließ die Kirche und alle neben ihr stehenden Gebäude in Flammen aufgehen. Wie bei ähnlichen Brandkatastrophen, bei denen sich die Auswirkungen aber besser nachweisen lassen,[371] werden auch in Quedlinburg vor allem die Dachstühle gebrannt haben, in den Innenraum gefallen sein und dabei die Mauern und die Ausstattung mehr oder weniger in Mitleidenschaft gezogen haben. Wahrscheinlich hat man nach der Beräumung der Brandstätte einen Raum mit einem – vielleicht provisorischen – Dach versehen und für die täglichen Gottesdienste der Stiftsdamen hergerichtet. Bald wird auch ihr Klausurbereich wieder benutzbar gemacht worden sein, bevor man den Wiederaufbau der Stiftskirche selbst in Angriff nahm. Warum bis zu ihrer Fertigstellung und ihrer erst 1129 erfolgten Weihe fast 60 Jahre vergehen mussten, kann man nur ahnen. Vielleicht kamen die Arbeiten an dem Neubau mehrfach durch die unruhigen Zeitläufte ins Stocken.

Die Instandsetzungsarbeiten werden wahrscheinlich in der vor 1021 eingebauten Krypta begonnen haben. Von ihr scheinen mindestens die Nordwand und der Ostschluss mit ihren Wandsäulen sowie das vorletzte freie Säulenpaar weitgehend unbeschädigt geblieben zu sein. Ihre Zungenblattkapitelle unterscheiden sich deutlich von den Kapitellen der übrigen freistehenden Säulen und der Wandsäulen der Südwand. Wahrscheinlich waren die Gewölbe der Krypta nach dem Brand teilweise eingestürzt und viele ihrer Stützen zerstört oder beschädigt. Von den Umfassungswänden der Krypta scheint vor allem ihre Südwand Schäden erlitten zu haben und musste nach 1070 ausgebessert werden. Im Innenraum wurden die vom Feuer angegriffenen Teile, besonders die beschädigten Stützen sowie deren Kapitelle und Kämpfer ausgewechselt. Von den damals eingebauten, als Platte und Schräge ausgebildeten Kämpfern mit einem reichen Dekor aus umeinander geschlungenen, vielfach in Blattgebilden endenden Bändern befinden sich zwei auf den Kapitellen des dritten Säulenpaars östlich der Westjoche. Von ihnen ist das südliche Kapitell (D 5; vgl. Wäscher 1959, Abb. 70) mit von Eckmasken ausgehenden Schlangengebilden dekoriert, während das nördliche (C 5) in Anlehnung an das korinthische Vorbild über einem Kranz von Hüllkelchen umeinander geschlungene und an den Ecken als Voluten endende Bänder erkennen lässt. Ihnen »antwortet« an der Südwand ein Wandkapitell von Trapezform (E 5), auf dem an den beiden Ecken unter angedeuteten Voluten je ein Adler mit angelegten Schwingen hockt. Die drei benachbarten Wandsäulen der Südwand tragen Würfelkapitelle, von denen bei dem westlichen (E 4) sowohl der von einem Taustab eingefasste Schild als auch der schräge Kämpfer mit Ranken dekoriert sind. Die Schilde der beiden östlichen Kapitelle (E 6 und E 7) tragen einen Dekor aus Rankengeflecht bzw. einen sechsstrahligen Stern. Ihre Kämpferplatten sind über attischer Profilierung ebenfalls mit Rankendekor versehen. Die Würfelkapitelle der westlichen Säule vor dem Nordquerarm (B 1), der östlichen vor dem Südquerarm (E 3) und der südlichen des Säulenpaars vor der Apsis (D 7) weisen jeweils in vier rankendekorierte Felder eingeteilte Schilde auf. Ein Würfelkapitell, das auffälligerweise aber ohne jeden Dekor blieb, trägt auch die südliche Säule (D 3) des Stützenpaars östlich der Westjoche. – Eine weitere Gruppe von Kapitellen wird von ihren großen, von Rankengeflecht ausgehenden Eckvoluten geprägt, so die Kapitelle der östlichen Säule vor dem Nordquerarm (B 3) und die der südlichen Säule (D 4) des zweiten Säulenpaars, ferner die etwas flacheren Kapitelle der nördlichen Säule des Säulenpaars vor den Westjochen (C 3) und der nördlichen Säule vor der Apsis (C 7). Ein Unikat ist das trapezförmige Kapitell auf der nördlichen Säule (C 4) des zweiten Säulenpaars, das mit sich überkreuzenden, in Dreiblättern endenden Ranken dekoriert ist. Außer den beschriebenen Kämpfern aus Platte und Schräge befinden sich auf den Kapitellen durchweg attisch profilierte Kämpfer. Am besten lässt sich in der Quedlinburger Krypta die Entstehungszeit der Würfelkapitelle zeitlich bestimmen. Sie können wohl nur nach 1070 entweder anstelle beschädigter Vorgänger eingefügt oder zusammen mit den Stützen selbst hergestellt worden sein. Denn die ältesten, sicher zu datierenden Würfelkapitelle befinden sich nach bisheriger Kenntnis in der 1010 gegründeten Michaelskirche zu Hildesheim.[372]

Wahrscheinlich konnte die Krypta als erster Raum der Stiftskirche wieder so weit fertig gestellt werden, dass die täglichen Gottesdienste, zu denen die Damen verpflichtet waren, hier stattfinden konnten. Die heutige, auffällig unterschiedliche Ausbildung des Hauptraums und der Nebenräume der Krypta kann wohl kaum das Ergebnis einer bewusst gegensätzlichen Gestaltung der Räume sein. Vermutlich sind die Seitenarme jünger als die übrige Krypta und wurden nach dem Brand von 1070 zuletzt anstelle der älteren Seitenräume errichtet. Zweifellos beräumte man bald auch die Ruinen des Oberbaus der Stiftskirche, das Sanktuarium, das Quer- und das Langhaus und begann den Bau einer neuen Oberkirche. In den nächsten Jahren und Jahrzehnten entstand die in den wesentlichen Teilen noch heute erhaltene hochromanische Kirche als dreischiffige kreuzförmige Basilika mit zweitürmigem Westbau. Ihre Ostteile wurden auf der vom Vorgängerbau übernommenen Krypta errichtet, die man nach dem Brand wieder ausgebessert hatte.

Die ungewöhnlich lange, fast 60 Jahre umfassende Bauzeit der neuen Stiftskirche ist wohl vor allem durch die unruhigen Zeitläufte zu erklären. Im Jahre 1079, also 9 Jahre nach der Brandkatastrophe von 1070, müssen die Kirche oder Teile von ihr schon wieder benutzbar gewesen sein. Denn damals feierte der Gegenkönig Heinrichs IV., Rudolph von Schwaben (Rheinfelden), hier das Osterfest. 1085 tagte in Quedlinburg eine große Kirchenversammlung mit dem Gegenkönig Hermann von Lützelburg. 1088 wurde Quedlinburg durch Ekbert von Meißen belagert. In demselben Jahre fand in Quedlinburg unter Heinrich IV. eine Fürstenversammlung statt, der 1105 eine weitere unter seinem Nachfolger, Heinrich V., folgte. 1115 wurde Quedlinburg von den sächsischen Fürsten überfallen und erobert. 1121 traf sich Heinrich V. mit päpstlichen Legaten in Quedlinburg. Schließlich feierte König Lothar 1129 in Quedlinburg das Pfingstfest, und am Pfingstmontag fand dann die feierliche Weihe des fertig gestellten Kirchenbaus statt.

An der Südseite der Stiftskirche, südlich ihres Querhauses, befindet sich der »Quertonnenbau«. Er stammt zweifellos aus der Bauzeit der hochromanischen Kirche (Bau IV). Wäscher 1959, S. 41, berichtet dazu, dass er »bei der Errichtung des dritten Kirchenbaues« entstanden ist und dass zuvor »... der südlich des Querschiffes liegende Längstonnenbau abgerissen werden [musste,] da der Gewölbescheitel ... 2 m über den Fußboden des Querschiffes hinausragte.« Doch der Gewölbescheitel der ehemaligen Längstonne lag nach seinen eigenen Maßunterlagen etwa 75 cm tiefer als der Fußboden der heute im Norden angrenzenden Krypta, und der Quertonnenbau, der nach dem Abbruch des Längstonnenbaus an dessen Stelle errichtet wurde, stammt nach dem verwendeten Material – große Sandsteinquader und fester weißgrauer Kalkmörtel – nicht aus dem Anfang des 11. Jahrhunderts (Bau III), sondern erst aus der hochromanischen Bauzeit (Bau IV). Die vom Längstonnenbau stammenden vier Rundbogennischen in der Nordwand scheinen schon etwas früher zugemauert worden zu sein. Dafür spricht jedenfalls der verwendete Mörtel, der sich von dem des Quertonnenbaus gut unterscheiden lässt.

Auf dem Quertonnenbau und seiner östlichen Verlängerung erhob sich, wie bereits erwähnt, bis zu seinem im Jahre 1821 erfolgten Abbruch ein Obergeschoss, durch das die Pröpstin von der südöstlich der Kirche gelegenen Propstei aus in ihre Privatempore gelangen konnte, die seit dem barocken Umbau des Langhauses (Abb. 20) am Ostende des südlichen Seitenschiffs eingebaut war. Im Mittelalter könnte der Quertonnenbau einen Gang getragen haben, auf dem die Damen von ihrer wohl im Bereich der späteren Propstei gelegenen Klausur zu ihrem im südlichen Querhausarm befindlichen Chor gelangten. In der Reformationszeit wurde dieser Bereich dann zur Residenz der Pröpstin ausgebaut und schließlich gegen 1840 abgebrochen.[373]

Langhaus und Querhaus

Im Gegensatz zu der unterschiedlichen Gestaltung der verschiedenen Abschnitte der Krypta und ihrer Stützen wurde der Innenraum des Langhauses (Abb. 18, 19) offenbar nach einem großen, einheitlichen Plan errichtet. Die Säulen der Arkaden (Abb. 25, 26) stehen auf hohen und im Vergleich zu denen der Krypta steileren, attischen Basen,[374] die wohl als »Gegengewicht« zu den mächtigen Würfelkapitellen (Abb. 21–24, 92) notwendig wurden. Diese weisen zwar die gleiche Grundform auf, sind aber ganz unterschiedlich dekoriert.[375] Es gibt neben Kapitellen, auf deren gerahmten Schilden Tiergestalten, Masken oder menschliche Figuren dargestellt sind, auch solche mit verschlungenen Wellenbändern auf den Schilden oder mit Adlern über zwei Blattkränzen. Es fällt besonders auf, dass der Dekor hier zum großen Teil nur flach eingekerbt ist, während er bei den Kapitellen der Krypta fast durchweg eine mehr räumliche Gestaltung erfuhr.

Außen werden die Dachtraufen des Mittelschiffs (Abb. 14, 15), des nördlichen Seitenschiffs, des Querhauses (Abb. 16, 17) und der Ansätze des ehemaligen hochromanischen Sanktuariums über einem abgetreppten Rundbogenfries auf Konsolen von waagerecht durchlaufenden, plastisch dekorierten Friesen begleitet. Hier sind Löwen und andere vierbeinige Tiere, Vögel unterschiedlicher Gestalt, aber auch Drachen, in Ranken eingeschlossene Blattknospen und in sich verschlungene oder wellenförmig fortlaufende Rankengebilde in bunter Folge aneinander gereiht. Im Inneren tragen die Kämpfer und Friese an der Ostseite des Westbaus (Abb. 27, 28) und der Fries unter den Fenstern des Mittelschiffs (Abb. 29, 30), der unten von einem doppelten Zahnschnittfries mit mittlerem Taustab begleitet wird, ebenfalls einen Schmuck aus fortlaufenden Blattranken, unterbrochen von eingestreuten Ornamenten. Eine ähnliche Dekoration tragen über den Vierungspfeilervorlagen (Abb. 33–36) auch ihre Kämpfergesimse, und von diesen gehen wiederum Friese aus, die auf den Wänden des Querhauses mit Ausnahme der später neu aufgeführten Südwand rings herumlaufen. An der Nordwand befindet sich der Fries unmittelbar unter den Fenstern. An der Ostwand des Nordarms ist er als eine Folge miteinander verbundener Rankenknoten ausgebildet, die oben um die Apsis (Abb. 37–39) und deren Abtreppung herum angebracht ist sowie waagerecht, von einem Taustab begleitet, auch durch die Apsisrundung läuft. Zudem wird auch das Fenster (Abb. 39) der Apsis von einem Rankenflechtband gerahmt. An der Ostwand des Südarms (Abb. 40) trägt der waagerecht durch die Apsisrundung (Abb. 41) laufende Fries ähnlich wie im Mittelschiff und an der Außenseite der Kirche einen Dekor aus Tiergruppen und von Ranken umschlossenen Blattknospen. Die Rahmung des abgetreppten Ansatzes der Kalotte und die des Apsisfensters (Abb. 42) fiel besonders prächtig aus: Bei dem äußeren Fries der Kalotte umfassen zwei miteinander verflochtene Blattranken eine Folge von runden Feldern, in denen jeweils ein Vogel an einer Frucht pickt, während sich die Blattranke des schmaleren inneren Frieses wellenartig um von ihr ausgehende Blätter und Früchte herum fortbewegt. Der prächtige Fries um das Apsisfenster selbst, ein wellenförmig um Felder mit Früchten und Blättern herumlaufendes Rankenband, wird innen von einem Taustab begleitet und ist am Ansatz des runden Fenstersturzes von einem knappen, wappenverzierten – vielleicht hier nachträglich eingefügten? – Kämpfergesims unterbrochen.

Der Bau der hochromanischen Stiftskirche hat vermutlich bald nach der Brandkatastrophe von 1070 begonnen und wurde erst 1129, also nach fast 60 Jahren, mit der Schlussweihe abgeschlossen. Unbeantwortet bleibt bisher die Frage, welche Teile der Kirche aus der Zeit nach 1070, also noch aus dem 11. Jahrhundert, und welche aus der Zeit vor der Schlussweihe stammen. Einerseits lassen die skulptierten Friese an der Außenseite und im Inneren des Langhauses die gleiche Gestaltung erkennen wie innen im Querhaus und außen an den Ansätzen des ehemaligen romanischen Ostschlusses (Abb. 16, 17), sodass der Schluss nahe liegt, dass das Langhaus und die Ostteile der Stiftskirche oberhalb der Krypta in einem Zuge, also in derselben Bauzeit errichtet wurden. Andererseits muss die Krypta, sowohl ihr dreischiffiger Hauptraum als auch ihre beiden Seitenräume, vor den über ihr errichteten Ostteilen der Kirche fertig gewesen sein. Wenn in der Kirche also noch Bauteile aus der Zeit nach 1070 erhalten sind, müssten diese in der Krypta zu finden sein. Erwähnt wurde schon, dass in dem Raum östlich des Querhauses wohl mindestens die nördliche und die östliche Umfassungswand sowie das dritte Stützenpaar östlich der Westjoche von der vor 1021 fertig gestellten Krypta erhalten sind, dass von dieser aber auch Teile der Südwand stammen könnten. Die übrigen Stützen und ihre Kapitelle wurden erst nach 1070 als Ersatz für ihre beschädigten Vorgänger hergestellt. Die schwere, kämpferlose Wölbung in den Seitenarmen der Krypta kann kaum zeitgleich mit der Wölbung ihres Mittelraums entstanden sein. Möglicherweise hat man sie erst geraume Zeit nach der Fertigstellung des Hauptraums der Krypta als Unterbau der neuen Querhausarme eingefügt.

EXKURS 1

Einzugehen ist noch auf einen Beitrag von Werner Jacobsen »zur Frühgeschichte der Quedlinburger Stiftskirche«[376], in dem er im Gegensatz zu seiner 1991 publizierten Vorstellung[377] zwar die letzten Forschungsergebnisse zur frühen Baugeschichte von St. Servatii berücksichtigt, jedoch den Versuch macht, die Bauperioden I bis III neu einzuteilen und zu datieren. Als Pfalzkapelle König Heinrichs I. diente seiner Ansicht nach der von Wäscher nachgewiesene dreischiffige Bau I, möglicherweise aber an seiner Stelle auch ein Saal, der allerdings keinerlei Spuren hinterließ. Zu der Gestalt der ersten Damenstiftskirche führt er aus: »Die kleine steinerne Kirche auf dem Burgberg [gemeint ist die dreischiffige Peterskirche] hatte ... bis 936 auch als Stiftskirche gedient und als solche für die zwölf hiesigen Kanoniker ausgereicht; sie wird auch den wenigen Stiftsdamen genügt haben, die es in der Anfangszeit hier gab und die erst im Laufe der Zeit auf eine Gesamtzahl von zwölf anwachsen sollten. Die kleine Peterskirche konnte von den ersten Stiftsdamen also sofort übernommen werden. Da die Stiftsdamen das auch taten und von Baumaßnahmen nirgends die Rede ist, entbehrt die übliche Annahme eines Neubaues im Jahre 936 jeglicher Grundlage... Will man Bauänderungen im Zusammenhang mit der Umwandlung der Kanonikerstiftskirche in die Damenstiftskirche dennoch vermuten, so käme hier nur ein begrenzter Umbau in einem als nötig empfundenen Sinne in Betracht. Hier wäre zu erwägen, ob die für die Erstkirche bislang einzig nachgewiesenen Stützen sowie der ihnen vorgelagerte Westbau mit seinen nach Osten greifenden Zungenmauern auf einen erst 936 erfolgten Einbau einer West- und zweier Seitenemporen für die Äbtissin und die Stiftsdamen bestimmt war... Wir werden mit der Tatsache vorlieb nehmen müssen, dass der Quedlinburger Bau 1, die einstige Pfalzkapelle, mit nur geringfügigen Änderungen als Damenstiftskirche bestehen blieb...« Gegen seine These, dass der Memorialbau auch nach 936 erhalten blieb, nun als Damenstiftskirche diente und mindestens bis zum Amtsantritt der Äbtissin Mathilde kaum eine Veränderung erfuhr, sprechen gravierende Argumente. Abgesehen davon, dass die Zahl von zwölf Kanonikern erst in der Urkunde von 961 und dort für die Kleriker auf dem Königshof im Tal genannt wird, ist die Annahme, dass in der Anfangszeit zu dem Damenstift nur »wenige Stiftsdamen« gehörten, nirgends belegt und ganz unwahrscheinlich, da die Königin zweifellos mit Nachdruck für ihre baldige Vollzähligkeit gesorgt hat. Bei seiner Bemerkung, dass »von Baumaßnahmen [für die Damenstiftskirche] nirgends die Rede ist«, ignoriert er die Aussage der Quedlinburger Annalen, dass die Königin das »coenobium« zu errichten begann. Es liegt nahe, diese Nachricht so zu interpretieren, dass die Königin damals den Bau der Stiftsgebäude und vor allem der Stiftskirche veranlasste. Zudem: Will man sich die erste Stiftskirche angemessen vorstellen, ist zu berücksichtigen, dass dem Stift in den ersten dreißig Jahren nicht eine Äbtissin, sondern die Königin selbst vorstand. Dass sie und ihre Damen sich in diesem langen Zeitraum mit einer Kirche begnügten, in der ihre Sitze auf nur etwa 1,5 m tiefen Emporen standen und unten zwischen dem Königsgrab und der Westempore nur ein Raum von 4 m Länge und 4,5 m Breite verfügbar war, ist wohl mit Sicherheit auszuschließen, zumal wenn man bedenkt, dass die Kirche bei Besuchen auch den König und seinen Hof aufzunehmen hatte. Gegen die These von Jacobsen sprechen außerdem die in denselben dreißig Jahren anderenorts erbauten kaiserlichen Monumentalbauten wie etwa die Moritzklosterkirche, der Palast und der erzbischöfliche Dom in Magdeburg sowie die Marienkirche in der Pfalz Memleben, deren Bau vielleicht schon 942 begonnen wurde. Jacobsen weist selbst auf das Bestehen »höchster sozialer Ansprüche des Stiftes« und auf die »im Vergleich zu den bald darauf errichteten Stiftskirchen in Frose und Gernrode ausgesprochen bescheiden[e]« Stiftskirche in Quedlinburg hin, wie er sie sich vorstellt.[378] Aus diesen Überlegungen ergibt sich ohne jeden Zweifel, dass die Annahme einer Weiterbenutzung des Memorialbaus durch die Königin und ihre Damen als Stiftskirche ebenso abwegig ist wie die daraus abgeleiteten Folgerungen.

Die erste Veränderung dieser kleinen Stiftskirche vermutet er im Jahr 997: »Die Arbeiten von 997 waren nicht sehr umfangreich und wurden anscheinend noch in jenem Jahr abgeschlossen, jedenfalls die Kirche geweiht. Mit dem ›weiteren und höheren Anbau‹ des Jahres 997 kann eigentlich nur der Querflügel des Baues 2 gemeint gewesen sein… Die Aufstellung des zu diesem Anbau gehörigen Vierpaß-Taufbeckens im Zentrum des Querhauses … zeigt, dass zu diesem Zeitpunkt hier noch keine Vierung, also kein Querhaus existierte, vielmehr dieser Bereich noch im Sinne eines Langhauses als Laienbereich benutzt wurde.«[379] Dazu ist zu bemerken, dass der Text der Quedlinburger Annalen keine Angaben über Beginn und Umfang der Bauarbeiten an dem neuen Anbau enthält. Für die Vermutung, dass die Arbeiten nur das Jahr 997 in Anspruch genommen haben, gibt es also keinerlei Anhaltspunkte. Mit der Wahrscheinlichkeit, dass das Taufbecken nicht in die erste Damenstiftskirche eingebaut war, sondern schon zu der Pfalzkapelle gehörte, entfällt auch die Annahme, der Vierungsbereich des Baus II sei jemals den Laien zugänglich gewesen. Zudem erweist der weite, abgetreppte Bogen auf der Westseite, dass hier von vornherein der Anbau eines Langhauses vorgesehen war. Dessen Errichtung schließt Jacobsen für 997 aus, und zwar mit einer nicht recht verständlichen Begründung: »Ein Langhaus ist kein ›weiterer und höherer Anbau‹. Diesbezügliche Deutung der Nachricht von 997 bei Wäscher und jetzt wieder bei Leopold muss abgelehnt werden.«[380] Nach seiner Grundrissskizze »Fig. 3: Bau 2, 997« geht er offenbar davon aus, dass sich der Querflügel damals gegen einen offenbar noch erhaltenen – im Text nicht erwähnten – Rest des Saals der Pfalzkapelle (Bau I) geöffnet hat, den er dann in »Fig. 8: Grabungsplan …« jedoch wiederum als »Bau 2: Erweiterung nach Westen, 997« bezeichnet.

Seine Annahme, dass der »Querflügel« erst 997 errichtet wurde, versucht er auch mit den »stilistischen Merkmale[n] des Baues 2« zu begründen, die »sich kaum in die Zeit um 936 setzen [lassen], insbesondere nicht die Lisenen und emporenumgreifenden Blendbögen im Inneren des Querflügel-Mittelraums. Solche groß angelegten Blendbögen und damit zweischichtige Wandvorblendungen kennen wir erst aus der spätottonischen und frühsalischen Baukunst, etwa von der Bartholomäuskapelle in Paderborn (1017), dem Speyerer Dom (ab 1025) oder der Abteikirche St. Gertrud in Nivelles

(1046 geweiht).«³⁸¹ Er übersieht dabei, dass es für eine derartige Wandgliederung auch Beispiele aus dem 10. Jahrhundert gibt wie etwa bei der Pantaleonskirche in Köln. Nicht zustimmen kann man Jacobsen auch, wenn er vermutet, dass es im Sanktuarium der Stiftskirche zwei Altäre gegeben hat, hinter dem Grab des Königs den älteren Petrus-Altar und westlich von ihm den Servatiusaltar.³⁸²

Das Langhaus des Baus II ist nach Jacobsen erst in einer weiteren Bauphase zwischen 997 und 1021 zusammen mit dem Stufenraum entstanden. Es »... könnte die Behelfskirche gewesen sein für die Zeit des Neubaues der Ostteile des Baues 3. Für diese Zeit haben die Stiftsdamen ihre Emporen im Querflügel des Baues 2 aufgeben und nach Westen ausweichen müssen, und vielleicht war ihnen das bisherige Langhaus dafür zu klein. Zugleich könnte der Stufenbau zur Aufnahme des für diese Jahre interimsmäßig hierher verlegten Sarkophags Heinrichs I. bestimmt gewesen sein, als Zentrum des liturgischen Dienstes der Stiftsdamen, und hiermit könnte sich sein Verschwinden aus dem ursprünglichen Grab an der Ostwand der ›Confessio‹ ganz zwanglos erklären.«³⁸³ Zwischen 997 und der Schlussweihe von 1021 hätte man also im Bereich des Langhauses zunächst den Restsaal der Pfalzkapelle (Bau I) abgerissen und an seiner Stelle einen größeren und längeren Saal mit umfangreichen Sicherungsbauten an der Südseite und dem massiven Stufenraum am Ostende errichtet, um diesen Neubau wenige Jahre später wieder zu beseitigen und durch ein dreischiffiges Langhaus zu ersetzen. So sehr bei diesem Vorschlag auch die Möglichkeit einer konkreten Funktion des Stufenraums zur provisorischen Verwahrung des Königssarges zu bestechen scheint, gegen diesen Zeitansatz des einschiffigen Langhauses von Bau II spricht nicht nur der große Umfang der dann in dem kurzen Zeitraum von höchstens 24 Jahren nacheinander in den Ost- und Westteilen der Stiftskirche durchgeführten Baumaßnahmen, sondern auch die Beobachtungen zu der verwendeten Bautechnik, die bei den Querarmen die gleiche ist wie bei dem Saal mit seinen südlichen Sicherungsbauten und dem Stufenraum, sich aber deutlich unterscheidet von der bei den westlichen Jochen der Krypta und der bei dem dreischiffigen Langhaus einschließlich Nicolaikapelle erkennbaren Bauweise. Gravierende Bedenken bestehen also nicht nur gegen die Vorstellung, dass die Damen des Stifts sich bis 997 mit dem kleinen Memorialbau als Stiftskirche begnügt haben, sondern auch gegen die sich daraus ergebenden Folgerungen wie den Anbau der Querflügel im Jahre 997, die Errichtung des einschiffigen Langhauses mit Stufenraum und südlichen Sicherungsbauten »ca. 1010« sowie danach den Bau des dreischiffigen Langhauses bis 1021.

EXKURS 2

Notwendig erscheint noch, auf eine Anlage einzugehen, die kürzlich mit der Quedlinburger »Confessio« in Verbindung gebracht wurde, nämlich das nur literarisch überlieferte Stiftergrab des 995 verstorbenen, später kanonisierten Konstanzer Bischofs Gebhard in der lange verschwundenen Klosterkirche von Petershausen bei Konstanz, das Verena Fuchß in die Zeit »kurz vor der Jahrtausendwende« datierte, und zwar weil »die Ähnlichkeiten und Übereinstimmungen Quedlinburg – Petershausen ... frappant« seien.³⁸⁴ Sie versuchte zunächst eine Rekonstruktion der Grabanlage auf Grund ihrer Beschreibung in einer Chronik des 12. Jahrhunderts.³⁸⁵ Zum Verständnis ihrer Beweisführung seien hier die wichtigsten Aussagen der Chronik zu dem Grab zusammengestellt:

Gebhard wurde in der von ihm erbauten Kirche beigesetzt, nach Fuchß in einer dreischiffigen Basilika mit westlichem Sanktuarium und Westquerhaus, das seitliche, gewestete Apsiden aufwies. Das Grab lag »in meridiana absida« (Chronik Buch I,51), »iuxta criptae introitum« (Chronik Buch I,55) oder »in meridiana quippe parte iuxta introitum criptae« (Chronik Buch V,3), also neben dem Eingang in die Krypta, und, wenn Fuchß recht hat, in der Westapsis am südlichen Querhausarm. Zu seinen Häupten stand ein Altar des hl. Benedikt, an dem eine Tafel befestigt war, die unten eine »imago Domini« trug, gerahmt rechts von einem Bild des hl. Gregor, links von einem solchen des hl. Gebhard und oben von einer goldenen, auf Kupferblech angebrachten Inschrift (Chronik I,52/53). »in circuitu sepulchri« – rings um das Grab – waren »in muro« (Chronik I,55) oder »in pariete« (Chronik V,3) – an der Wand – fünf Stucksäulen mit Kapitellen und Bögen angebracht und über diesen Weintrauben, Vögel und Vierfüßler, ebenfalls aus Stuck. »ad caput autem eius« – an seinem Kopfende – befand sich »imago crucifixi«, ein Bild des Gekreuzigten, »a dextro latere iacentis« – rechts des Liegenden – ein Bild von ihm selbst in Pontifikalgewändern, beiderseits von je einer dienenden Gestalt begleitet, alles aus Stuck. Das Grab erhob sich, aus viereckigen Steinplatten bestehend, über der Erde und war stets mit einem Teppich bedeckt (Chronik I,55). In dem Bericht über die 1134 erfolgte Öffnung des Grabes durch Abt Konrad in Anwesenheit Bischof Ulrichs II. von Konstanz werden diese Angaben fast mit gleichem Wortlaut wiederholt (Chronik V,3). Außerdem geht daraus hervor: Auf der linken Seite befand sich eine quergestellte Tafel, zwei Hand breit über den Boden erhoben, eine andere zu Füßen des Bestatteten erhob sich höher, und oberhalb von dieser befand sich ein »lignum«, also vielleicht ein Holzbalken, der sieben Leuchter trug. »Super tumulum vero lapis qui positus erat, inferius iacebat, his supereminentibus de quibus iam dixi« – der Stein aber, der über das Grab gelegt war, lag tiefer, wobei die, von denen ich schon sprach, herausragten. Darunter fand man einen Fußboden aus Steinen und Mörtel und unter diesem eine sehr harte Steinplatte mit zwei eisernen, mit Blei befestigten Ringen (Chronik V, 3).[386]

Fuchß rekonstruierte nach diesen Angaben eine Apsis am südlichen Querarm, deren innere Wandfläche durch die fünf in der Chronik genannten, oben mit dekorierten Stuckbögen verbundenen Stucksäulen in vier Abschnitte unterteilt war. Der Kruzifixus, der als »ad caput autem eius« – an seinem Kopfende – beschrieben wird, wäre nach ihrer Meinung im Scheitel der Apsis über der mittleren Säule angebracht gewesen. Zwischen die beiden nördlichen Säulen setzte sie das Stuckrelief mit dem hl. Gebhard zwischen zwei Ministranten, das im Text als »a dextro latere iacentis« – auf der rechten Seite des Liegenden – bezeichnet ist. Da bei dieser Rekonstruktion der Grabanlage »die Ähnlichkeiten und Übereinstimmungen Quedlinburg–Petershausen ... frappant« seien,[387] meinte sie, dass sie unmittelbar nach dem Tode des hl. Gebhard, also nach 995, entstanden wäre. Doch gegen die von ihr vorgeschlagene Rekonstruktion und Datierung gibt es erhebliche Einwände.

Einerseits muss mit »in meridiana apsida« nicht die südliche Apsis, sondern kann auch der südliche Querhausarm oder ein anderer südlicher Raum gemeint sein, zumal das Grab später als »in meridiana parte« liegend bezeichnet wird. Andererseits beziehen sich alle Ortsangaben nach dem lateinischen Wortlaut offensichtlich auf den Sarg bzw. auf den in diesem ruhenden Leichnam des hl. Gebhard. An seinem Haupt, also auf der Westseite des

Grabes, befand sich die Darstellung des Gekreuzigten, zu seiner rechten Seite, also an der Südseite des Grabes, sein eigenes Bild mit zwei Begleitern, auf der linken, nördlichen Seite die niedrigere Tafel und zu seinen Füßen, also an der Ostseite, die höhere Tafel. Wie die erwähnten fünf Stucksäulen und die sonstige Zier auf den Wandflächen verteilt waren, ist allerdings ohne Reste von ihnen kaum festzulegen. Unter diesem Oberbau der Grabstelle, wahrscheinlich also nach dessen Abräumen, stieß man 1134 zunächst auf eine Steinplatte, darunter auf einen Fußboden aus Mörtel und Steinen, wohl einen Estrich, und unter diesem auf eine Platte aus besonders hartem Stein mit zwei eisernen, mit Blei befestigten Ringen. Mit letzterer dürfte man das Grab 955 nach der Beisetzung des Leichnams oben abgedeckt haben, bevor darüber der Estrich aufgebracht und die Grabstelle zuletzt durch die zweite, etwas erhöhte Platte im Raum sichtbar markiert wurde. Die vier Wände mit der Stuckzier und den nicht näher bezeichneten Steintafeln werden kaum zu der ursprünglichen Grabanlage gehört haben, sondern sind nach der Beschreibung viel eher als Teile einer nachträglich über dieser errichteten monumentalen Tumba anzusprechen, für deren Anlage die Zeit, in der die Kanonisierung betrieben wurde, also das erste Drittel des 12. Jahrhunderts, gut passen würde.

Wenn diese Vorstellung von der ursprünglichen Anlage und ihrer späteren Veränderung zutrifft, entfallen alle von Fuchß genannten »Ähnlichkeiten und Übereinstimmungen Quedlinburg–Petershausen«. Der Stuckdekor wurde dann erst im 12. Jahrhundert und nicht in der Zeit um 1000 angetragen und gehörte nicht zu einer Apsis, sondern zu der Grabtumba, so dass ein Vergleich mit der »Confessio« in Quedlinburg entfiele. Wollte man trotz der angeführten Argumente davon ausgehen, dass die Wände der Tumba, die beiden Steinplatten und der Fußboden Teile der im Jahre 995 hergestellten Grablege Bischof Gebhards waren, müsste man diese Entstehungszeit durch entsprechende Relikte von der Dekoration der Tumba belegen können.

ST. WIPERTI IM TAL

Ansicht von St. Wiperti im Tal vom Stiftsberg aus

Nach den älteren Chronisten soll das Kloster Hersfeld das Kanonikerstift St. Wiperti (Abb. 94–97), wie oben schon angedeutet, mit Unterstützung des Bischofs Haimo von Halberstadt (840–853) um die Mitte des 9. Jahrhunderts gegründet und mit bedeutenden Reliquien ausgestattet haben.[388] Doch hat es auch Zweifel an dieser frühen Gründung gegeben.[389] In einer Urkunde wird Quedlinburg erstmals im April 922 genannt als »villa quae dicitur Quitilingaburg«[390]. Der dabei verwendete Ausdruck »villa« scheint dafür zu sprechen, dass König Heinrich I. die Urkunde auf seinem Hof im Tal ausgestellt hat. 961 übertrug Kaiser Otto der Große den Königshof in einer weiteren Urkunde dem Servatiusstift auf dem Berg mit der Bestimmung, dass die Äbtissin dort für den Unterhalt von mindestens zwölf Klerikern Sorge tragen möge.[391] 964 verlieh ihnen König Otto II. das Recht der freien Abtswahl.[392] Bis zum Jahre 1000 war aus dem königlichen Hof offenbar eine Königspfalz geworden. Denn damals feierte Kaiser Otto III. das Osterfest in Quedlinburg drei Tage lang auf dem Berg, zog danach in feierlicher Prozession auf den Hof im Tal und ging dort eine Woche lang seinen Regierungsgeschäften nach.[393]

KAPELLE DES KÖNIGLICHEN HOFES (BAU I) (FIG. 69)

Bei den von 1955 bis 1957 im Bereich der Wipertikirche durchgeführten Untersuchungen traten Fundamente des ältesten nachweisbaren Bauwerks zutage, eines im Lichten mehr als 21 m langen und wohl fast 11,5 m breiten Rechteckraums. Von dem westlich vor der Krypta in 9,50 m Länge freigelegten Fundament 15 (Abb. 160) seiner Westwand (Fig. 70–73)[394] fehlte sein nördlicher Abschluss. Vermutlich wurde er bei einer in den dreißiger Jahren des 20. Jahrhunderts am Ostende des nördlichen Seitenschiffs vorgenommenen Schürfung beseitigt. Das nachweislich mit Fundament 15 im Verband aufgeführte Fundament 52 (Abb. 186) der Südwand (Fig. 74, 75)[395] konnte dagegen in seiner vollen Länge von 21,5 m südlich der Krypta nachgewiesen werden. An seinem Ostende waren allerdings nur noch Teile seiner untersten Schicht erhalten, deren Südflucht bei O 26,4 vor der dort 10 cm höher erhaltenen Kulturschicht zu enden schien, etwa 90 cm weiter nördlich aber wieder nach Osten ansetzte, um kurz danach vor einer großflächigen modernen Störung[396] gänzlich abzubrechen.[397] Die zu vermutende Nordwand dieses Bauwerks dürfte nördlich der Krypta gelegen haben, und zwar sehr wahrscheinlich im gleichen Abstand von deren Mittelachse wie das Fundament 52 der Südwand.[398] Dafür spricht jedenfalls der Bauablauf bei der Errichtung des Nachfolgebaus (Bau II). Doch können nördlich von diesem kaum noch Reste ihres Fundaments erhalten sein, da der anstehende Boden unter der heutigen Sakristei so gut wie vollständig[399] und westlich von ihr, am Ostende des heutigen nördlichen Seitenschiffs, in etwa 1,80 m Breite fehlt.[400] Auch östlich der Sakristei ist der Boden durch zahlreiche Bestattungen und jüngere Fundamente gestört. Jedoch fällt auf, dass der Fundamentrest 151a (Fig. 76)[401], der nordöstlich des nachträglich angefügten gotischen Chorhauptes angeschnitten wurde, von der Mittelachse den gleichen Abstand hat wie der schon genannte Fundamentzug auf der Südseite. Er könnte also von der ehemaligen Nordwand stammen. Von einem Fußboden des Saales, der oberhalb der ungestörten Kulturschicht, also etwa bei -0,50 m oder noch höher zu vermuten ist, konnte kein Rest nachgewiesen werden.

Zu Gestalt und Funktion

Die aufgedeckten Fundamente dieses Gebäudes waren bei ihrer Dicke von etwa 80 cm wohl kaum mit Holz- oder Fachwerkwänden besetzt, sondern trugen sehr wahrscheinlich aus Stein aufgeführte Wände, die wohl einen Saal umschlossen. Jedenfalls waren weder bei dem westlichen (15) noch bei dem südlichen (52) Fundamentzug auf der Innenseite Ansätze von Zwischenwänden oder Wandvorlagen zu erkennen. Nach dem Befund am Ende des Südwandfundaments besaß der Raum im Osten wahrscheinlich einen beiderseits um Mauerdicke eingezogenen Abschluss und öffnete sich dort entweder gegen einen rechteckigen Altarraum oder gegen eine weite Apsis. Diese erste nach ihren Spuren im Boden nachweisbare Kirche haben die Kanoniker offenbar zunächst benutzt, bevor sie ihren Gottesdienst in dem von ihnen errichteten größeren Nachfolgebau (Bau II) abhalten konnten.

Können diese ältesten ergrabenen Fundamente von der hersfeldischen, vermutlich um die Mitte des 9. Jahrhunderts errichteten Pfarrkirche stammen? Der einfache Saal, auch mit abgesetztem rechteckigem oder apsidialem Ostschluss, ist im 9., 10. und 11. Jahrhundert ein weit verbreiteter Bautyp für Kirchen. Auch Pfarrkirchen hatten vielfach diese Gestalt.[402] In Quedlinburg ist die monumentale Größe des Baus von 11,5 m lichter Weite allerdings erstaunlich. Wenn man von einigen frühchristlichen Kirchen im Alpenland absieht, wurden Pfarrkirchen dieser Größe bisher nur vereinzelt und nicht vor dem 10. Jahrhundert nachgewiesen.[403] Dass die von Hersfeld aus im 9. Jahrhundert gegründete erste Pfarrkirche Quedlinburgs derartige Ausmaße gehabt hat, ist demnach wenig wahrscheinlich. Vielmehr liegt die Annahme nahe, dass der unter der Wipertikirche nachgewiesene Sakralbau erst im Anfang des 10. Jahrhunderts als Kapelle für den liudolfingischen Hof errichtet wurde und damals die alte hersfeldische Kirche ersetzte.

Pfalzkapellen in Gestalt von einschiffigen Sälen sind aus dem 10. und 11. Jahrhundert vielfach nachzuweisen, wenn auch hier wieder nur wenige von einer solchen Größe. So wurden auf dem Georgenberg in Goslar unter dem staufischen Chor der Zentralkirche des 11. Jahrhunderts die Fundamente einer kleinen, nach Borchers im frühen 10. Jahrhundert errichteten Pfalzkapelle mit eingezogener Apsis ergraben.[404] Größer war der im Lichten etwa 9 m breite Apsissaal, der nach Gauert um 900 in der liudolfingischen Burg Grone auf dem Hagenberg bei Göttingen errichtet wurde.[405] Aus dem 11. Jahrhundert sind derartige Pfalzkapellen unter anderem in Bamberg, Oberkaufungen, Cham in der Oberpfalz und in Oberammerthal bei Amberg bekannt.[406] Alle werden in ihren Ausmaßen von dem Quedlinburger Saal übertroffen. Vergleichbar ist jedoch die im Lichten 10,5 m breite, allerdings über ein halbes Jahrhundert jüngere Kirche in der ehemaligen Pfalz auf dem Pfingstberg in Tilleda am Kyffhäuser, ein wahrscheinlich in der zweiten Hälfte des 10. Jahrhunderts errichteter

Apsissaal.⁴⁰⁷ Eine ähnliche lichte Weite wiesen in ihren Mittel- und Querschiffen übrigens auch die vielleicht um 942 begonnene Marienkirche in der Pfalz Memleben und der 955 begonnene ottonische Dom in der Pfalz Magdeburg⁴⁰⁸ auf. Es gibt also gute Gründe zu der Annahme, dass die erste in Quedlinburg im Tal nachweisbare Kirche, ein Saal mit östlichem Apsidenschluss, im Anfang des 10. Jahrhunderts, vielleicht sogar erst nach 919, als Kapelle des königlichen Hofes erbaut wurde. Sie ersetzte wahrscheinlich eine kleinere, von Hersfeld aus gegründete erste Pfarrkirche des Ortes.

STIFTSKIRCHE DER KANONIKER (BAU II) (FIG. 77, 98)

Der Nachfolger dieses Saals war eine dreischiffige Basilika mit Querhaus und Sanktuarium im Osten und mit querrechteckigem Abschluss im Westen. Ihre Fundamente lassen sich gut von denen der späteren Bauperioden unterscheiden.

Langhaus

Westlich der genannten ersten Kirche des Kanonikerstifts errichtete man zunächst die drei Schiffe eines Langhauses, die nach Osten unter je einer Arkade weit geöffnet waren und beiderseits Ansätze der Westwand eines östlichen Querhauses aufwiesen. Erhalten sind von dem Langhaus nur die Fundamente, die in ihrem Aufbau weitgehend denen der später errichteten Ostteile entsprechen.⁴⁰⁹ Von dem Fundament der ehemaligen Nordwand 31 (Abb. 181; Fig. 89) konnte im nördlichen Seitenschiff in dem 1,25 m breiten Fundamentgraben ein 90 cm dicker Rest freigelegt werden.⁴¹⁰ Von den Arkadenpfeilern des romanischen Langhauses erhebt sich die nördliche Reihe auf dem ottonischen Fundamentzug 12 (Abb. 170; Fig. 88), dessen Ostabschnitt mit den Vorlagen 12b im Osten, 13 (Abb. 159) im Süden und 13a im Norden untersucht wurde (Fig. 71, 72).⁴¹¹ Die Arkadenpfeiler der südlichen Hochwand stehen auf dem ottonischen Fundament 4 (Abb. 174, 175; Fig. 94), das in seinem Westteil nur von Norden her angeschnitten, an seinem Ostende (Fig. 87) aber ebenfalls genauer untersucht wurde.⁴¹² Die beiden in 1,20 m Länge in das Querhaus vortretenden Ostenden der Fundamentzüge des Mittelschiffs, 4b auf der Süd- und 12b auf der Nordseite (Fig. 72, 86), trugen vermutlich Vorlagen einer in der Mitte des Querhauses vorgesehenen Vierung, deren Einbau dann aber unterblieb. Denn das Querhaus lief in seiner endgültigen Ausbildung von Norden nach Süden ungeteilt durch. An der Südseite des Fundaments 4 setzt das Fundament 76 an, das vor dem südlichen Seitenschiff durchläuft und an dessen Südseite abbricht.⁴¹³ Weiter westlich wurde Fundament 4 an zwei Stellen von Norden her angeschnitten.⁴¹⁴ Den Versuch, seinen Anschluss an den Westbau zu prüfen, verhinderte die dort vorhandene, nachmittelalterliche Backsteingruft 39. Das Fundament 1 (Abb. 154, 243) der Südwand, heute in seinem Westabschnitt von der gotischen Südwand 182 überbaut, wurde nahe dem Ostende (Fig. 87, 94) und dann auch an seinem Westende⁴¹⁵ von Norden her freigelegt, wo es gegen das Ostwandfundament 131 (Abb. 242; Fig. 115) des ehemaligen spätromanischen Südwestturms stößt.⁴¹⁶

Im Langhaus ist mit den nachgewiesenen Fundamenten nicht nur die Breite seiner drei Schiffe, sondern durch die Westwand des Querhauses und die Ostwand des Westbaus auch seine Länge bestimmt. Danach war das Mittelschiff annähernd dreimal so lang wie breit, bedeckte also etwa die Fläche von drei aneinander gelegten Quadraten. Wie die Stützen der Arkaden ausgesehen haben, wo sie standen und ob sie als Pfeiler oder Säulen oder im Wechsel von beiden ausgebildet waren, dafür gibt es bisher keine Anhaltspunkte. Möglich erscheint ein einfacher Wechsel von Pfeiler und Säule wie in der um 960 gegründeten Damenstiftskirche Gernrode sowie in dem vielleicht bald nach 955 begonnenen und 992 vollendeten ottonischen Halberstädter Dom[417] und seinen Nachfolgebauten im Harzgebiet. Reste eines Fußbodens traten im Bereich des Langhauses nicht zutage; ein solcher könnte jedoch unmittelbar über der stellenweise bis zur Höhe von -0,35 m erhaltenen Kulturschicht, seine Oberkante also nicht viel tiefer als -0,20 m gelegen haben.[418] Von Altären, Schranken, Gestühl oder einer Taufe wurden keinerlei Spuren gefunden. Sie wurden vermutlich bei der späteren Einrichtung des Baus als evangelische Pfarrkirche und vor allem bei seinem Umbau zur Scheune beseitigt.

Sanktuarium (Fig. 75, 78, 79, 95, 111)

Als das Langhaus fertig gestellt war und benutzt werden konnte, brach man die alte Saalkirche ab und errichtete an ihrer Stelle den bisher fehlenden Ostabschnitt des Querhauses sowie das anschließende neue Sanktuarium. Dieses erhielt an seiner Ostseite außen einen geraden Abschluss, umschloss innen aber eine leicht eingezogene Apsis. Im Westen öffnete es sich gegen das angrenzende Querhaus unter einem weiten Triumphbogen auf seitlichen Vorlagen, von denen nur noch ihre unteren Abschnitte aufrecht stehen. Zwischen den Vorlagen fügte man später die Westwand des Hauptraums der Krypta ein. Auf dem im Norden, Osten und Süden umlaufenden Fundamentzug 84 (Abb. 210) des Sanktuariums,[419] zu dem wohl auch die südlich von dessen Südostecke angeschnittene Fundamentzunge 90 (Abb. 252, 216, 217)[420] gehört, erheben sich dessen Umfassungswände 30 (Abb. 163, 164).[421] Am Westende stehen sie auf der Südseite nachweislich mit Fundament 51 der Ostwand des Querhauses im Verband. Bei den Wänden konnten an mehreren Stellen Teile ihres ehemaligen Innenputzes nachgewiesen werden.[422] Die Wände umschließen die später zwischen ihnen eingebaute Krypta, über deren Oberkante sie meist abbrechen. An wenigen Stellen stehen sie noch etwas höher aufrecht, so auf der Südseite bis zu +4,00 m und auf der Nordseite mit einem Rest der Apsis-Ummantelung bis zu +3,40 m.

Die Stümpfe der Vorlagen des ehemaligen Triumphbogens (Fig. 97, 101), 27 im Süden (Abb. 120, 155) und 111 im Norden (Abb. 120, 172, 228, 229), sind aus besonders großen, sauber geglätteten Sandsteinquadern und Kalkmörtel mit auffällig engen Fugen aufgemauert.[423] Beide stehen auf einem an den drei freien Seiten ehemals um etwa 16 cm vortretenden Sockel, dessen oberen, einst wohl abgeschrägten oder profilierten Abschluss man offenbar beim Einbau der Krypta abspitzte, um ihn als Auflager für deren Gewölbe zu benutzen. An den Sockel wird unten der ehemalige Fußboden angeschlossen haben, dessen Oberkante demnach am Eingang des Sanktuariums etwa bei -0,20 m gelegen hat. Weiter östlich, wo der Hauptaltar stand, könnte er noch um eine oder um zwei Stufen erhöht gewesen sein.

An der Südseite des Triumphbogens (Fig. 96) ist der 80 cm breite Ausbruch der ehemaligen Ostwand 51a (Abb. 203, 204) des Südarms zu erkennen. Deren 1,47–1,56 m dickes Fundament 51 (Fig. 81–83)[424] ist mit dem Fundament 74 der Südwand des Sanktuariums verzahnt, wenn beide Fundamente auch unterschiedlich tief gegründet sind. An seiner Ostflucht lässt Fundament 51 oben noch den zurücktretenden Ansatz der Wand selbst erkennen, durchstößt dann das Südwandfundament 52 des Baus I und bricht 6,70 m südlich des Sanktuariums ganz ab. Im weiteren Verlauf ist nur noch sein in die Kulturschicht eingetiefter Fundamentgraben (Fig. 84) und der des Fundaments 74

der angrenzenden Südwand (Fig. 85, 86) nachweisbar,[425] die nach Ausbruch des Mauerwerks verfüllt wurden.

Auf der Nordseite endete ein von Westen herangeführter Suchgraben an dem Fundament 62 (Abb. 190) der ehemaligen Ostwand des nördlichen Querhausarms.[426] Es ist heute von der Westwand des – einst offenbar zweistöckigen – nördlichen Nebenraums der Prämonstratenserkirche (Fig. 80) besetzt, von dem nur sein unteres, heute als Sakristei dienendes Geschoss mit der auf Fundament 185 ruhenden Nordwand erhalten ist. Unmittelbar nördlich seiner Nordwestecke trat in dem 1957 an der Nordseite der Kirche eingetieften Drainagegraben ein weiterer Fundamentrest von 62 zutage,[427] dessen Westflucht hier gegenüber der weiter südlich nachgewiesenen Flucht des Ostwandfundaments um etwa 30 cm nach Osten zurücktritt. Möglicherweise wurde es im Zusammenhang mit einem ehemals im Norden anschließenden Gebäude an seiner Westseite reduziert. Weiter nördlich wurde 62 durch die jüngeren Mauern 180b und 180a überbaut.[428]

Westbau

Am Westende des Mittelschiffs, wo sich heute das erhöhte Podium mit der Taufe befindet, konnten unter den Fundamenten und Mauerstümpfen des romanischen Zweiturmbaus die Fundamente seines Vorgängers nachgewiesen werden, mit dem die ottonische Kirche einst im Westen endete. Die Wände, die diesen Bereich heute einfassen (vgl. Fig. 90–92), 47a im Norden, 50a im Westen und 190 im Süden, stammen in ihrem untersten Abschnitt aus dem 12. und darüber, wie noch zu erläutern ist, durchweg aus dem 14. Jahrhundert. Sie stehen aber größtenteils auf Fundamenten des 10. Jahrhunderts, die gegenüber den ottonischen Fundamenten der Ostteile und des Langhauses eine abweichende Zusammensetzung haben.[429] Von den jüngeren, romanischen Fundamenten unterscheiden sie sich vor allem durch ihre deutlich geringere Gründungstiefe. Das Nordwandfundament 47 (Abb. 247; Fig. 93) wurde von Süden etwa in 1,0 m Länge, von Norden etwa in seiner östlichen Hälfte, jeweils bis zu seiner Sohle freigelegt.[430] Auf seiner Südseite sind große, quaderartig geformte Sandsteine unten in Humus, oberhalb von etwa -1,25 m jedoch in einen festen blaugrauen Gipsmörtel gebettet. Für das höhere Alter des südlichen Fundamentteils zeugt ebenso dessen weniger tiefe Gründung wie die Feststellung, dass es gegenüber der romanischen Wand 47a etwa 1,0 m nach Süden vortritt. Bei den Fundamenten 50 der Westwand[431] (Abb. 239; Fig. 91), 126 der Südwand[432] (Abb. 238–240) sowie bei den seitlichen Abschnitten des östlichen Fundaments 45[433] (Abb. 240, 241; Fig. 99, 101) ergab sich ein fast gleicher Aufbau wie bei dem Südabschnitt von 47. Möglicherweise verwendete man bei den ottonischen Westbaufundamenten den gegenüber dem Kalkmörtel sehr viel festeren blaugrauen Gipsmörtel wegen deren höherer Belastung.[434] Von dem romanischen Turmzwischenbau steht die Nordwand 47a nicht über der Mitte, sondern etwa über der Nordhälfte des Fundaments 47, während sich seine Westwand, wie vermutlich auch ihre ottonische Vorgängerin, etwa mittig auf dem Fundament 50 erhebt. Dieses stammt, soweit es freigelegt wurde, innen fast in voller Höhe, außen jedoch nur in seiner untersten Schicht aus dem 10. Jahrhundert. Das von Norden her angeschnittene Südwandfundament 126, das gegenüber dem Stumpf der romanischen Wand 190 wieder um etwa 1,0 m nach Norden vortritt, gehörte einst, soweit es untersucht werden konnte, in voller Höhe zum ottonischen Westbau. Der schwer zu deutende Befund (Fig. 108) am Ostende der beiden Längsfundamente 47 und

126, wo das verbindende Ostwandfundament 45 anschließt, lässt vermuten, dass man im 12. Jahrhundert das ottonische Fundament 45 (Fig. 91) an seinen Enden und in seiner Mitte durch neue, tiefer hinabreichende Teile ersetzte, die, so gut es ging, mit den alten verbunden wurden. Jedenfalls stammt das Fundament 45 beiderseits seines nicht nur tiefer hinabreichenden, sondern auch nach Westen verbreiterten, romanischen Mittelteils nach seiner Gründungstiefe und seiner Zusammensetzung wahrscheinlich vom ottonischen Westbau.[435] Im Raum zwischen den Fundamenten 126, 50 und 47 wurden an mehreren Stellen Reste eines Fußbodens 127 gefunden (Fig. 90–92, 129),[436] der fast durchweg nicht an den romanischen Wänden, sondern an der Oberkante des jeweiligen – ottonischen – Fundaments endet. Da er an einer Stelle jedoch über das Fundament hinweg bis zur heutigen Westwand läuft, ist hier entweder eine Türöffnung nach außen zu vermuten, oder er gehörte doch schon zum romanischen Westbau.

Zu Gestalt und Funktion (Fig. 77, 98)

Im Querhaus fällt besonders auf, dass zwar auf seiner Westseite nach Osten vortretende Fundamentvorlagen nachgewiesen werden konnten, solche Vorlagen jedoch gegenüber, an seiner Ostseite, weder im Fundamentbereich noch am aufgehenden Mauerwerk vorhanden waren.[437] Bei der Fundamentierung der Westhälfte des Querhauses war zunächst offenbar vorgesehen, dieses durch zwei Transversalbögen in drei quadratische Abschnitte einzuteilen und den mittleren als »ausgeschiedene Vierung« auszubilden. Als man später aber nach Beseitigung der Kapelle des Königshofes (Bau I) auch das neue Sanktuarium und mit ihm die Ostwand des Querhauses errichtete, wurde das Querhaus nach römischer Art ungeteilt durchlaufend fertig gestellt – vielleicht nach dem Vorbild des nahe gelegenen Halberstädter Doms.

Die Kanoniker haben den Bau ihres neuen Gotteshauses also nicht, wie es im Mittelalter beinahe die Regel war, mit den Ostteilen begonnen, wo in dem Sanktuarium das liturgische Zentrum des Gotteshauses mit dem Hochaltar liegen sollte. Stattdessen errichteten sie zunächst das Langhaus und die mit diesem zusammenhängenden westlichen Teile des Querhauses. Dadurch konnte die Vorgängerkirche so lange benutzbar bleiben, bis wenigstens ein Teilabschnitt der neuen fertig gestellt war. Ihren Gottesdienst hielten die Kanoniker in Wiperti offenbar zunächst also noch in der alten Saalkirche (Bau I), während westlich von dieser schon das Langhaus und vielleicht auch der Westbau der kreuzförmigen Basilika emporwuchsen. Als diese so weit vollendet waren, dass man sie benutzen konnte, brach man den alten Bau ab und errichtete an seiner Stelle nunmehr auch die neuen Ostteile.

Das Sanktuarium selbst endete innen mit einer eingezogenen Apsis, schloss außen jedoch mit gerader Ostwand ab. Dabei stellt sich die Frage, weshalb die Apsis ihre rechteckige Ummantelung erhalten hat. Um den Gewölbeschub der Apsiskalotte besser aufnehmen zu können, wäre sie kaum notwendig gewesen. Vielleicht sollte das Sanktuarium mit einem Turm bekrönt werden, oder es hat sich ein solcher hier sogar einst erhoben – möglicherweise als Ersatz für einen ursprünglich über der Vierung geplanten.[438]

Die Fundamente des Westbaus[439] sind deutlich dicker ausgebildet als die der übrigen Kirche, und man hat sie nicht mit dem dort verwendeten Kalkmörtel, sondern mit einem viel festeren Gipsmörtel hergestellt. Das spricht dafür, dass sie für eine hohe Belastung, vermutlich für einen turmartigen Aufbau, ausgelegt waren. Im Obergeschoss wird der Westbau wohl wie bei den ottonischen Westwerken eine –

über eine Innen- oder Außentreppe zugängliche – Empore umschlossen haben. Sie war vor allem für die Benutzung der Kirche als Kapelle der Pfalz notwendig. Sollte der Westbau für eine solche Funktion etwa erst nachträglich angefügt worden sein? Allerdings waren von einem ersten Westschluss, dessen Mauern ja an der Stelle der bei der Grabung aufgefundenen Fundamente gestanden haben müssten, keinerlei Spuren zu entdecken.

Zu einem Kanonikerstift gehörten in der Regel neben der Kirche auch die Gebäude einer Klausur. Wo diese auf dem Hof gestanden haben können, lässt sich bisher ebenso wenig bestimmen wie die Lage und die Ausbildung der Gebäude des Königshofes und der Pfalz. In diesem Zusammenhang könnte das Fundament 183 nördlich der Nordostecke der Sakristei von Bedeutung sein, das 1957 bei der Aushebung des rings um die Kirche gezogenen Drainagegrabens von Westen her angeschnitten wurde[440] – leider ohne genauere Untersuchung insbesondere darauf, ob es jünger oder älter ist als das angrenzende Nordwandfundament 185 der Sakristei. Im Gegensatz zu den leicht schräg verlaufenden Fundamenten der Ostwand der Sakristei und der einst anschließenden, heute eingefallenen Friedhofsmauer führt 183 etwa im rechten Winkel zur Kirchenachse nach Norden. Seine Ostflucht könnte unter der Friedhofsmauer 183b in deren unterster, ebenfalls rechtwinklig zur Kirchenachse nach Norden gerichteter, wenn auch nicht weiter untersuchter Schicht erhalten sein, so dass sich eine Dicke von fast 1,50 m ergäbe. Damit wäre das Fundament 183 älter als der im Osten angrenzende, leicht schräg nach Norden führende Gang, auf den unten noch einzugehen ist. Kann das Fundament 183 zu einer nördlichen Klausur der Kanoniker oder zu der im Norden an die Kirche grenzenden königlichen Pfalz gehört haben?

Eine für die frühe Geschichte Quedlinburgs und auch für die Beurteilung des Untersuchungsbefundes an Bau I und Bau II wichtige Frage ist, wann man damit begonnen hat, den Königshof im Tal zur Pfalz auszubauen. Als Kaiser Otto III. im Jahre 1000 von hier aus eine Woche lang das Reich regierte, waren auf dem Hof offenbar die für die Benutzung als Pfalz notwendigen Gebäude bereits vorhanden, und der Kaiser hat damals zweifellos die Kanonikerkirche als Pfalzkapelle benutzt. Begann der Ausbau des Königshofes zu einer Pfalz etwa schon bald nach 936 oder noch früher? Sind mit den zwölf Klerikern bei der Kirche auf dem Königshof, zu deren Unterhalt die Äbtissin in der Urkunde Kaiser Ottos des Großen vom 15. Juli 961 verpflichtet wurde, bereits das zu der Pfalz gehörende Kanonikerstift und mit der dabei genannten »ecclesia, inferius in corte constituta«[441] die kreuzförmige Basilika gemeint? War diese schon geraume Zeit vorher, etwa bald nach der Gründung des Damenstifts auf dem Berg, neben ihrer Bestimmung als Pfarrkirche auch schon als Kapelle der im Bau befindlichen Pfalz vorgesehen? Es ist zu hoffen, dass sich eine zukünftige Forschung dieser bisher offenen Fragen annimmt und zu ihrer Beantwortung und damit auch zur weiteren Klärung der Geschichte der Vorgängerbauten der Wipertikirche beitragen kann.

EINBAU DER KRYPTA (BAU IIA) (FIG. 99, 102–104, 108)

In das Sanktuarium der kreuzförmigen Basilika wurde nachträglich die bestehende Krypta (Abb. 126–128) eingebaut, eine dreischiffige, tonnengewölbte Halle. Sie endet im Mittelschiff mit einem apsidialen Ostschluss, während ein um diesen herumführender Umgang die Seitenschiffe miteinander verbindet. Nicht mehr erhalten ist der schmale, querrechteckige Vorraum der Krypta, der einst in das Querhaus vortrat, durch drei Rundbogenöffnungen in der heutigen Westwand (Abb. 120) mit dem Hauptraum verbunden war und von außen durch je eine Tür von Norden (Abb. 121, 122) und Süden (Abb. 123) her betreten werden konnte.

Das Mauerwerk der Krypta lässt sich von dem früherer und späterer Bauperioden vor allem durch den hier benutzten Mörtel unterscheiden: Außer dem in den engen Fugen der Werksteine nachweisbaren, weißen Gipsmörtel wurde nur der auch in der Stiftskirche nachweisbare gelbe, nicht sehr feste Kalkmörtel verwendet. Die Umfassungswände 134 der Krypta (Fig. 101, 104, 106) lehnen sich innen gegen die alten Außenwände 30 des Sanktuariums.[442] Auf der Ostseite bildet ein Kranz von sieben Rundbogennischen ihren Abschluss.[443] Eine wohl im 16. Jahrhundert anstelle der mittleren Nische eingefügte Zugangsöffnung wurde 1936 verschlossen und die Nische wieder rekonstruiert. Die Seitenwände des Hauptraums öffneten sich ursprünglich offenbar gegen je zwei etwas größere und tiefer hinabreichende Rundbogennischen, jeweils mit einem Fenster in ihrer Rückwand, das der Krypta Licht zuführen sollte.[444] Von ihnen verloren die beiden Nischen der Nordwand und die östliche Nische der Südwand im 16. Jahrhundert ihre hinteren Abschlüsse und wurden zu Durchgängen erweitert. Die nördlichen Nischen öffneten sich nunmehr gegen den später als Sakristei genutzten Raum, bzw. zu dem darunter eingetieften Kartoffelkeller (Fig. 96). Dagegen führte in der östlichen Nische der Südwand eine Tür zu einem damals südlich benachbarten Raum. Alle drei Nischen erhielten aber in den dreißiger Jahren des 20. Jahrhunderts wieder Rückwände. Ihre ursprüngliche Gestalt hatte nur die südwestliche Nische 20 mit ihrem in die alte Außenwand 30 des Sanktuariums eingefügten Fenster (Abb. 139) bewahrt. Dieses verbreitet sich von der Wandmitte aus, wo heute noch Holzreste den Platz des einstigen Fensterrahmens bezeugen, trichterartig nach innen und nach außen (Fig. 100).[445] Ähnliche Fenster befanden sich ursprünglich wohl auch in den anderen drei Nischen des Hauptraums.

Den Innenraum der Krypta teilen zwei Stützenreihen in drei Schiffe, von denen das mittlere nach Osten zu allmählich schmaler, die seitlichen dagegen breiter werden.[446] Als Stützen dienen beiderseits je drei massive Sandsteinpfeiler[447] (Abb. 136, 137, 133) und zwischen diesen jeweils eine Säule (Abb. 129–132). Die fast auf den Zentimeter gleich langen Schäfte der vier Säulen stehen auf unterschiedlich hohen, attisch profilierten Basen[448] und sind oben mit Pilzkapitellen besetzt (Fig. 133, 134). Bei diesen wurde aus demselben Werkstück nicht nur das Kapitell mit seinem unteren Schaftring, sondern auch noch ein Stück des Säulenschaftes selbst hergestellt, und zwar so lang, dass es die unterschiedliche Höhe der jeweiligen Säulenbasis ausgleicht. Daraus geht hervor, dass die Kapitelle und die Säulenschäfte keine Spolien sind, sondern speziell für ihren derzeitigen Standort angefertigt wurden. Diese beiden seitlichen Stützenfolgen sind an ihrem Ostende durch den halbrunden Schluss des Mittelschiffs miteinander verbunden. Hier stehen auf einer etwa 40 cm hohen und 60 cm dicken Brüstung vier kleinere Säulchen (Abb. 133) und zwischen ihnen in der Mitte auf einem ungefügen Sandsteinklotz ein zierliches, monolithes, 1,17 m hohes Pfeilerchen (Abb. 134) mit attischer Basis und ionisierendem Kapitell (Fig. 132). Letzteres wurde offenbar für einen anderen Standort hergestellt, ist hier also als Spolie eingebaut. Vermutlich hat es einst in der Stiftskirche auf dem Berg zusammen mit einem zweiten das Gewölbe der »Confessio« getragen, deren zu erschließende einstige Kämpferhöhe ziemlich genau der Höhe des

Pfeilerchens entspricht.[449] Die beiderseits neben diesem stehenden je zwei Säulchen tragen Pyramidenstumpfkapitelle und stehen auf attischen Basen. Ob sie für diese Stelle gearbeitet wurden oder wie das Pfeilerchen Spolien sind, lässt sich nicht sicher entscheiden.[450]

Die insgesamt 15 Stützen der Krypta sind miteinander nicht durch Arkaden verbunden, sondern tragen ungewöhnlicherweise einen waagerecht durchlaufenden, an den unteren Kanten profilierten Architrav (Fig. 136), der aus einzelnen Werkstücken zusammengesetzt ist. Am Umgang ist dieser in seiner Rundung und Profilierung auffällig unbeholfen ausgefallen. Offenbar hat ihn ein wenig geübter Handwerker, so gut es ging, für diese Stelle zugearbeitet. Im »Schiff« ist die Qualität der eingebauten Werkstücke dagegen erheblich besser, und es ist zu vermuten, dass mindestens ein Teil von ihnen hier zum zweiten Mal verwendet wurde. Der südliche Architrav trägt auf der dem Südschiff zugewandten Seite einen fortlaufenden Stucküberzug (Abb. 138) mit eingekerbten Schmuckelementen: zwei ineinander verflochtene Zickzackbänder, unterbrochen von kreuzförmigen, an den vier Enden lilienartig auslaufenden Medaillons. Bei einer genaueren Untersuchung stellte sich heraus, dass wahrscheinlich auch der nördliche Architrav an seiner Außenseite einen solchen Stuckfries getragen hat oder ihn mindestens erhalten sollte (Fig. 136, A und B).[451] Auf dem Architrav setzen die Tonnengewölbe der drei Schiffe und des Umgangs an, die über den mittleren Pfeilern des Schiffs mit flachen, sichelförmigen Gurtbögen unterlegt sind. Das Gewölbe des Mittelschiffs endet im Osten in einer leicht eingezogenen Kalotte.

Im Untergrund der Krypta kam 1940 bei einer Grabung von O. Becker[452] (Fig. 137, 138) »nach dem Aufnehmen des jüngsten oberen Belags aus Ziegelsteinen ... ein alter, wohl mittelalterlicher Gipsestrich zutage. Auf diesem zeigte sich rings um den Altarumbau herum eine etwa 0,50 m breite und bis 0,04 m starke, dicht an diesen heranreichende Schicht von kleinen rußigen Holzkohlenresten ...« Durchgehende, als »Trockenmauern« hergestellte Fundamente traten unter der nördlichen und der südlichen Stützenreihe zutage, von denen unter den beiden Mittelpfeilern ein quer durch alle drei Schiffe geführter Fundamentzug abzweigte. Den heutigen Plattenboden der Krypta hat man damals offenbar in gleicher Höhe wie den erwähnten Estrich eingebaut, dessen Oberkante demnach etwa bei -1,0 m gelegen hat. Damals hieß es, dass auch die »im nördlichen Seitenschiff gefundenen Mauerreste ... älteren Anlagen zuzuschreiben [sind]...« Leider gibt es von diesen weder ein Aufmass noch eine Beschreibung.

Der ehemalige Vorraum (Fig. 101, 146)

Im Westen enden die drei Schiffe der Krypta mit leichtem Einzug vor einer Dreierarkade, die die beiden westlichen Pfeiler miteinander verbindet und sich außen auf die Sockel der Triumphbogenvorlagen von Bau II stützt, deren oberer Abschluss dazu abgearbeitet wurde. Nicht mehr erhalten ist der schon genannte schmale Vorraum, der sich einst vor der heutigen Westwand (Abb. 120) befand und durch dessen seitliche Türen man die Krypta betreten konnte. Als 1936 vor dieser ein neuer, größerer Vorraum eingerichtet wurde, kamen unter anderem das Fundament 15, das sich 1955 dann als Westwandfundament des Baus I herausstellte, und das Westwandfundament 17 des alten Vorraums zutage. Die Ansätze von dessen nordsüdlich gerichtetem Tonnengewölbe und von den in dieses einbindenden Wölbungen der Dreierarkade sind an der Wand deutlich zu erkennen. Dieser Vorraum war nach den erhaltenen Resten mit dem gleichen gelben Kalkmörtel hergestellt wie die übrige Krypta. Er dürfte in seiner ursprünglichen Gestalt noch mindestens bis zum Ende des Stifts aufrecht gestanden haben. Zeller hat das Fundament 17 seiner Westwand aufgedeckt (Fig. 146) und zeichnerisch erfasst, seine Zusammensetzung jedoch nicht beschrieben.[453] Nach den überlieferten Fotos war der Fundamentzug 1936 noch erkennbar, wurde aber beseitigt und sein Verlauf im Boden markiert. Schirwitz erwähnt ihn in seinem Bericht, ohne seine Funktion zu ahnen, als einen der beiden im neu eingerichteten Vorraum festgestellten älteren Mauerzüge. Leider hat er das Fundament ebenfalls nicht näher beschrieben.

1955 war nur noch die Markierung von 1936 zu sehen. Danach hatte der Mittelabschnitt von der heutigen Westwand 80 cm Abstand, und neben deren Nordarkade sprang die Wand etwa 30 cm weiter nach Westen vor. Vermutlich nahm dieser Verlauf darauf Rücksicht, dass der Vorraum am Nordende durch den nach Westen vorspringenden Sockel der Chorbogenvorlage eingeengt war, auf den sich das Tonnengewölbe stützte. Im Südabschnitt hatte man den Raum hier vermutlich später verändert. Denn nach der Bodenmarkierung und dem Zellerschen Grundriss des Vorraums scheint dessen Westwand möglicherweise ohne Ansatz gerade nach Süden gelaufen zu sein, hatte aber wohl auch eine Verbindung zu dem südlichen Pfeiler der Westwand der Krypta.

Ursprünglich werden von den Querhausarmen aus ein paar abwärts führende Stufen zu den beiden seitlichen, im Lichten 1,05 m breiten Eingängen des Vorraums und von diesem aus in die etwa gleich breiten Zugänge zu den Seitenschiffen des Hauptraums der Krypta geführt haben. Demgegenüber hatte der zwischen den Zugängen befindliche Mittelabschnitt des Vorraums eine lichte Weite von nur 90 cm. Die Scheitelhöhe des Tonnengewölbes des Vorraums entsprach wohl der mittleren Arkade der heutigen Westwand der Krypta, so dass sich für diesen eine ungewöhnlich schmale Ausbildung von etwa 2,50 m lichter Höhe und nur 90 cm lichter Weite ergibt. Im Norden und Süden endete der Vorraum wahrscheinlich einst in Höhe der Innenfluchten des Sanktuariums, und die erhaltenen romanischen Zugänge 102 und 19 zum Vorraum wurden im 12. Jahrhundert davor gesetzt. Das hier an deren Stelle schon im 11. Jahrhundert niedrigere Zugänge vorhanden waren, ist wenig wahrscheinlich. Die rohe Ausbildung des unteren Teils der heutigen Westwand der Krypta spricht dafür, dass der Fußboden des Vorraums gegenüber dem Hauptraum damals um mindestens eine Stufe erhöht war. Erst im 12. Jahrhundert wird man ihn auf die Höhe des Hauptraums abgesenkt haben.

Sanktuarium über der Krypta (Fig. 105, 106)

Der durch den Einbau der Krypta in seiner Höhe reduzierte Raum des Sanktuariums (Abb. 140, 141) erhielt über deren Gewölbe einen neuen Fußboden, den Estrich 169[454]. Sein Anschluss an den Putz der alten Apsis konnte in deren Südostabschnitt nachgewiesen werden. In der Mitte des Raums stieß der Fußboden gegen einen in Resten erhaltenen erhöhten Podest 168[455], auf dem – unmittelbar westlich der erwähnten Öffnung im Gewölbe des Krypta-Umgangs – der Hauptaltar gestanden haben dürfte. Von dem Querhaus aus wird eine mittlere Treppe von etwa 15 Stufen auf das um rund 2 m erhöhte Podium des Sanktuariums geführt haben. Dafür spricht jedenfalls der Grundriss der Westwand des Vorraums der Krypta sowie die über diesen ebenfalls hinweg geführte Nachfolgerin, die Treppe der Prämonstratenserkirche.

Die Krypta wurde in das Sanktuarium der kreuzförmigen Basilika zweifellos geraume

Zeit nach dessen Fertigstellung eingebaut. An ihrer heutigen Westwand und hinter dem südlichen Ansatz ihrer Umgangswand wird deutlich, dass sie sich innen gegen die – hier sogar mit Resten ihres Putzes erhaltene – Wand des Sanktuariums lehnt, die an dieser Stelle mit leichtem Einzug zum Apsisrund ansetzt. Der schon erwähnte, beim Einbau der Krypta durchweg verwendete gelbe Kalkmörtel ist offenbar mit dem Mörtel identisch, der auf dem Berg nachweislich in der Bauzeit des 997 geweihten dreischiffigen Langhauses der Stiftskirche (Bau IIIa) etwa ab 970/80 bis zu deren Schlussweihe im Jahre 1021 (Bau IIIb) benutzt wurde.[456]

Der Zeitraum, in dem die Krypta eingebaut wurde, lässt sich aber noch weiter eingrenzen. Wenn das Pfeilerchen in der Damenstiftskirche auf dem Berg einst, wohl zusammen mit einem zweiten, tatsächlich das Gewölbe der »Confessio« getragen hat, kann es erst nach deren Zerstörung in das Tal gelangt sein. Wann dieser Eingriff erfolgte, ist zwar nicht überliefert, lässt sich jedoch ziemlich genau bestimmen. Im Jahre 999 starb Äbtissin Mathilde und wurde zu Häupten ihrer Großeltern, des Königs Heinrich und der Königin Mathilde, beigesetzt. Der Sarg des Königs dürfte bald danach aber von seinem alten Platz an der Seite der Königin entfernt worden sein. Die dadurch in der Westwand der »Confessio« entstandene Lücke wurde zunächst offenbar noch einmal notdürftig repariert. Denn vor dem darüber noch erhaltenen alten Hochaltar galt es, die neue Äbtissin Adelheid feierlich zu ihrem Amt einzusegnen. Wenig später war das Ende der »Confessio« gekommen, und sie wurde beseitigt. Eins der beiden Pfeilerchen, die bisher in nächster Nähe der kostbaren Reliquien das Gewölbe der Anlage getragen hatten, wanderte auf den Königshof im Tal und wurde in dessen neuer Krypta als zentrale Spolie eingebaut.[457]

Was kann die Kanoniker auf dem Königshof im Tal veranlasst haben, in ihre Stiftskirche eine Krypta einzubauen? Eine Bestimmung als Altarraum oder als Begräbnisstätte ist nicht sehr wahrscheinlich, da der vorhandene Altar erst später eingefügt wurde und Gräber hier nicht nachzuweisen sind. Die Ähnlichkeit des halbrunden Nischenkranzes in der »Confessio« auf dem Berg mit dem in der Krypta im Tal ist so auffällig,[458] dass eine direkte Abhängigkeit der Anlage im Tal von der auf dem Berg nahe liegt, und das vielleicht nicht nur in der äußeren Gestalt. Neben der Größe und der differenzierten Einteilung des Innenraums fällt besonders auf, dass die Krypta, wie ursprünglich wohl auch die »Confessio« auf dem Berg, zwei Zugänge besitzt, so dass zwischen diesen eine Prozession um das liturgische Zentrum am Ostende des Mittelschiffs möglich wird. Bei der »Confessio« dürfte sich ihr Charakter allerdings spätestens 968, nach dem Tode der Königin Mathilde, grundlegend geändert haben. Sie wurde nunmehr zur privaten Andachtsstätte der königlichen Familie an dem Grab des Königs und später auch an dem der Königin. Die Krypta im Tal gehörte dagegen zu einer Pfalzkapelle, an der nicht nur die Kanoniker eines Pfalzstifts amtierten, sondern die seit ihrer Gründung auch als Pfarrkirche diente.

Der von den Umgangsstützen umschlossene östliche Bereich der Krypta, in dem man später den erhaltenen Altar einbaute, war zweifellos von vornherein deren liturgisches Zentrum. In den Nischen des Umgangs waren wohl die bedeutendsten Reliquien der Kirche in kostbaren Behältnissen deponiert. Das als Mittelstütze eingebaute, offenbar aus der »Confessio« stammende Pfeilerchen hatte vorher mit deren bedeutendem Reliquienschatz und auch mit den Gräbern des verehrten königlichen Stifterpaares engen Kontakt. Im Zentrum der neuen

Krypta wird es wohl nicht als schmückendes Architekturglied, sondern als eine Art Reliquie eingefügt worden sein, um den Rang der neuen Anlage zu erhöhen, sie vielleicht sogar gewissermaßen als Nachfolger der »Confessio« auszuweisen.

In der Krypta fallen die relativ zarte Zier und die feine Durchbildung der Pilzkapitelle besonders auf. Zu ihnen scheint der an der Außenseite des südlichen Architravs angebrachte Fries, der einzige Stuckdekor des Raums, gut zu passen. Der Architrav selbst und seine südliche Stuckverbreiterung liegen mittig auf den darunter befindlichen Stützen. An der Außenseite des nördlichen Architravs sollte offenbar ein ähnlicher Stuckfries angebracht werden, der dann zusammen mit dem Steinbalken ebenfalls mittig auf den Stützen gelegen hätte. Jedoch ist hier von einer Stuckverbreiterung keine Spur nachzuweisen. War sie nie vorhanden oder ist sie später abgefallen? Zu diesen wenigen Schmuckelementen steht der sonst roh gelassene Innenraum in einem merkwürdigen Kontrast. Möglicherweise wurden von einer ursprünglich geplanten umfassenden Stuckdekoration der Krypta – nach dem Vorbild der »Confessio«? – allein der südliche Fries oder die Friese verwirklicht.

Um die Wende des 10. Jahrhunderts hat es in Quedlinburg Ereignisse gegeben, die nicht nur zum Einbau der Krypta geführt, sondern zuletzt auch ihre Vollendung verhindert haben könnten. Im Jahre 1000 feierte Kaiser Otto III. hier das Osterfest. Die Feiertage selbst verbrachte er auf dem Berg bei seiner Schwester, der Äbtissin Adelheid I. Danach zog er in feierlicher Prozession auf den Hof im Tal und widmete sich dort eine ganze Woche lang seinen Regierungsgeschäften. Sehr wahrscheinlich hat er in dieser Zeit die Kirche der Kanoniker als Pfalzkapelle benutzt und täglich besucht. Damals könnte er dort auch den Einbau der Krypta veranlasst haben. Sie sollte vielleicht ein ähnliches liturgisches Zentrum unter dem Hochaltar werden wie die »Confessio« auf dem Berg, deren Beseitigung damals vorbereitet wurde oder sogar schon im Gange war. Zwei Jahre danach ist der Kaiser bereits verstorben. Sein Nachfolger, Kaiser Heinrich II., hatte wohl kaum mehr Interesse am weiteren Ausbau der Pfalz Quedlinburg. So blieb die Stuckdekoration in der Krypta der Pfalzkapelle schließlich ein Torso.

DAS RECHTECKIGE SANKTUARIUM (BAU IIB)

Geraume Zeit nach dem Einbau der Krypta brachen die Kanoniker über ihr die Umfassungsmauern des Apsiden-Sanktuariums ab und errichteten an ihrer Stelle unter Beibehaltung der Außenflucht auf dem alten Unterbau die Wände eines rechteckigen Sanktuariums (Fig. 114, 119). Dessen Ostabschnitt steht – außer der Ostwand selbst – zumeist noch in voller Höhe bis etwa +9,45 m aufrecht.[459] Von seiner Nordwand 112 (Abb. 228, 229; Fig. 97) sind jedoch im westlichen Abschnitt infolge späterer Eingriffe[460] nur Reste ihres unteren Teils erhalten. Hier ist in die Wand oben inmitten eines kleinteiligen Bruchsteinmauerwerks der Okulus 107 (Abb. 106, 232, 233) eingebaut, eine annähernd kreisrunde Lichtöffnung (Fig. 107) mit einer Sandsteinplatte mit stehender Vierpassöffnung in der Wandmitte und mit nach innen und außen sich trichterartig erweiternden Leibungen.[461] Vermutlich wurde der Okulus zusammen mit dem Mauerwerk neben ihm zuletzt in die Nordwand eingefügt, jedoch mit dem gleichen Mörtel wie darunter und demnach wohl in derselben Bauzeit. Am Westende der Wand zeichnet sich deutlich bis zur Höhe von +6,60 m der Ansatz des ehemaligen Triumphbogens und dessen nördlicher Vorlage 111a ab.[462] Vorlage und Bogen wurden damals offenbar zusammen mit der Nordwand 112 über dem in Kryptahöhe stehen gebliebenen Stumpf der ottonischen Vorlage 111 neu aufgeführt. Am Ostende stehen die Nordwand, die Ostwand 113 und die Südwand 30a des neuen Sanktuariums miteinander im Verband (Fig. 97). Von der Ostwand[463] ist der Unterteil bis zur Höhe von +3,44 m erhalten; darüber aber erkennt man an der Nordwand bis zur Höhe von +6,05 m ihren Ausbruch.

Der obere Abschluss der Südwand 30a (Abb. 250; Fig. 96),[464] deren Westabschnitt wie bei der Nordwand umfangreiche spätere Störungen aufweist,[465] steht fast in voller Länge bis zur Höhe von +9,40 m aufrecht. Auch hier ist auf der Innenseite der Ansatz des ehemaligen Triumphbogens und seiner Vorlage 27a zu erkennen (Fig. 111), die oben bei +4,50 m abbrechen. Gegenüber, auf der Außenseite, zeichnet sich am Westende bis etwa +9,15 m der Ausbruch der hier ehemals ansetzenden Ostwand 51a (Abb. 203, 204) des Querhaus-Südarms ab.[466] Zu der Südwand gehörte offenbar von vornherein die rundbogige Fensteröffnung 25 (Abb. 164, 167, 169), von der die östliche Leibung und ein großer Teil ihres Sturzes erhalten sind.[467] Jedoch ist dieser, ein aus Keilsteinen zusammengesetzter Rundbogen, sowie der Leibungsputz abweichend von der übrigen Wand mit einem sehr festen Gipsmörtel hergestellt, was für eine nachträgliche Erneuerung des Sturzes zusammen mit einem Neuverputz der Leibung spricht. Aufgegeben wurde das Fenster spätestens bei der Einfügung der jüngeren, aber nicht genauer datierbaren Fensteröffnung 24[468] (Abb. 164). Im Innenraum ließ sich nachweisen, dass der Estrich 169 (Abb. 257) des Apsidensanktuariums zunächst weiter benutzt wurde (Fig. 106). Über den Stümpfen der beiden Apsiszwickel vervollständigte man ihn durch Estrich 170 bis an die neuen Außenwände heran.[469] Der Unterbau 168 des Altars scheint unverändert geblieben zu sein.

Was den Anlass dafür gab, das Apsidensanktuarium über der Krypta abzubrechen und an seiner Stelle ein neues, rechteckiges Sanktuarium zu errichten, geht aus dem Untersuchungsbefund nicht hervor. Denkbar ist, dass man mehr Platz brauchte oder dass bauliche Mängel des alten Sanktuariums den Anlass zum Neubau gaben. Wann der Eingriff erfolgte, lässt sich nur annähernd festlegen. Als einzige, möglicherweise datierbare Schmuckform hat sich in der Nordwand der Okulus (Abb. 233) mit Vierpassöffnung erhalten. Ähnlich ausgebildete frühe Wandöffnungen hat es offenbar auch anderenorts gegeben. So ist nach Metternich »in dem ab 1037/38 errichteten Bau V der Klosterkirche von Bad Hersfeld … dem Oculus erstmals ein Vierpaß einbeschrieben«.[470] Die Quedlinburger Parallele und mit ihr das Rechtecksanktuarium selbst werden wohl kaum vor der Mitte des 11. Jahrhunderts entstanden sein.

Südlicher Raum (Fig. 75, 81, 82, 113)

An die Stiftskirche der Kanoniker wurde nachträglich im Winkel zwischen dem Südarm des Querhauses und dem Sanktuarium ein im Lichten 5,50 m breiter, rechteckiger Raum angebaut, der möglicherweise Teil eines weiter nach Süden reichenden Gebäudekomplexes war (Fig. 114). Der in größeren Flächen nachgewiesene ursprüngliche Fußboden 57 (Abb. 182–185) des Raums, ein Kalkmörtelestrich[471], läuft über eine ganze Reihe von Bestattungen hinweg, nämlich über die Gräber 88 und 98–100 im östlichen Bereich,[472] über den Kindersarg 85 (Abb. 223, 224) im Südteil[473] und über die weiter westlich angeschnittenen Gräber 54, 66, 67, 78, 79.[474] Wenn der Befund auch die Möglichkeit offen lässt, dass die Gräber älter sind als der Raum, näher liegt die Annahme, dass die in ihnen beigesetzten Personen oder wenigstens der größte Teil von ihnen im Raum selbst beerdigt wurden. Die zahlreichen Ausbesserungen des Estrichs 57 lassen vermuten, dass der Raum wohl über eine lange Zeit benutzt worden ist. Der Estrich läuft im Norden auf das vorspringende Fundament 84 (Abb. 206–208, 225) der Südwand 30 (Abb. 206) des Sanktuariums und ist an diese selbst sauber angestrichen. Im Westen stößt er im Bereich der Suchgräben fast durchgehend gegen die steinerne Bank, die der ehemaligen Querhauswand 51a auf Fundament 51 im Osten vorgelegt ist. Im Süden endete er an der Südwand des Raums, die sich auf dem Fundament 69 (Abb. 222, 223)[475] erhob und deren Nordflucht indirekt durch die in etwa 1,25 m Länge sauber erhaltene Südkante des Estrichs bestimmt werden kann. Im Osten war der Abschluss des Estrichs 57 (Abb. 182–185) südlich des Sanktuariums in rund 1,10 m Breite zu erkennen. Hier – etwa 50 cm westlich des Fundaments 89 (Abb. 212, 213, 225), auf dem heute die moderne Ostwand des Seitenschiffs steht – stößt er gegen die 78 cm lange, gerade Westflucht der flachen Steinsetzung 97 (Abb. 225)[476] und endet nördlich von ihr 12 cm, südlich von ihr 4 cm weiter östlich mit klarer Grenze. Dieser Befund lässt vermuten, dass die Steinsetzung die Antrittsstufe einer kleinen Treppe trug, die auf einen etwas erhöhten östlichen Abschnitt des Raums führte, vermutlich auf ein Podium mit einem Altar vor der Ostwand.

Zu fragen ist, wo die eigentliche Ostwand gestanden hat. Dass sie sich auf dem Fundament 89[477] erhob, kann man wohl ausschließen. Denn einerseits ist für das erhöhte Podium bei einer Tiefe von höchstens 65 cm weder eine Funktion als Altarraum noch eine andere Bestimmung denkbar. Andererseits spricht auch die Bestattung 88, deren Fußende bei der Anlage des Fundaments 89 nachweislich beseitigt wurde, für dessen spätere Entstehung – vorausgesetzt allerdings, dass sie in dem Raum und nicht etwa vor seiner Errichtung angelegt wurde. Östlich des Fundaments 89 gehört die unmittelbar neben diesem angeschnittene Fundamentzunge 90 (Abb. 252, 216, 217, 220) sehr wahrscheinlich zu der Fundamentierung des Sanktuariums (Bau II). Dass sich auf ihr und einer – nicht nachgewiesenen – südlichen Verlängerung die Ostwand erhoben hat, ist wenig wahrscheinlich. Auch hier bliebe für den Altar und den Geistlichen, der ihn zu bedienen hatte, kaum genügend Raum, zumal da wenige Zentimeter weiter westlich schon die Bestattungen 88 und 98–100 beginnen. Weiter östlich stieß die Grabung auf das etwa 80 cm breite Nordsüdfundament 92 (Abb. 258), das in seiner Zusammensetzung etwa dem Südwandfundament 69 des Raums entspricht (Fig. 114).[478] Die Wahrscheinlichkeit ist groß, dass an dieser Stelle, in genügendem Abstand von den Gräbern und als Abschluss eines etwa 4,0 m tiefen Altarpodiums, die Ostwand des damit fast 10 m langen Nebenraums gestanden hat, den dann allerdings zwischen ihrem Nordende und der Südostecke des Sanktuariums auch nach Norden eine Wand abgeschlossen haben müsste.

In diesem Zusammenhang ist noch auf einen Befund einzugehen, der nördlich des gotischen Ostschlusses zutage trat. An dessen nach Norden in voller Breite geöffnetes Untergeschoss schloss ehemals, wie noch zu erläutern ist, ein leicht schräg nach Norden führender Gang an, dessen Ostwand auf dem ergrabenen Fundament 152 (Abb. 253, 254) stand und dessen Westwandfundament unter der – heute leider weitgehend eingestürzten – Friedhofsmauer zu vermuten ist.[479] Wenige Zentimeter westlich von 152 wurden Reste eines parallel geführten Fundaments 153 (Fig. 117)[480] angeschnitten, das offenbar bei der Eintiefung der Bestattung 155 und wohl auch der im Norden anschließenden Bestattungen 157, 158 und 160 teilweise ausgebrochen wurde und unter der Schwelle 154 (Abb. 253) am Nordausgang des gotischen Untergeschosses zum Weiterlauf nach Süden ansetzt. Sehr wahrscheinlich lief es hier parallel zu der westlich benachbarten Ostwand 30 des Sanktuariums[481] weiter und bildete die nördliche Verlängerung des Fundaments 92 der vermuteten Ostwand des südlichen Raums. Es dürfte die Ostwand eines 1,80 m breiten, einst an der Nordwand des Raums ansetzenden, nach Norden führenden Ganges getragen haben, der vielleicht von einer Vorgängertür an der Stelle der heutigen gotischen Tür ausging.

Der gegenüber dem Sanktuarium nach Osten vortretende Abschluss eines südlichen Klausurraums ist nicht sehr häufig und kann hier auch nicht sicher nachgewiesen werden. Jedoch sprechen sowohl die erwähnten Gräber als auch die durch die Steinsetzung 97 (Abb. 225) zu erschließende Raumzäsur und besonders der von Norden in den Raum mündende Gang dafür, dass diese Vorstellung von der Gestalt des Raums zutreffen könnte.

Offen bleibt die Frage, ob im Süden weitere Räume angeschlossen haben, ob also das Fundament 92 oder ein weiter westlich an die Südwand des Raums anschließendes Fundament nach Süden weiterlief und die Ostwand eines längeren Gebäudes trug. Dann hätte Fundament 69 eine Zwischenwand im Ostflügel einer Südklausur getragen, und der dem Sanktuarium benachbarte Raum war vermutlich der Kapitelsaal, worauf ohnehin seine Lage und die zahlreichen Bestattungen hindeuten. Gewissheit über diese möglichen Zusammenhänge ist jedoch nur von einer genaueren Untersuchung des Geländes südlich des Raums und des stehenden romanischen Gebäudes zu erwarten.

Zu Zeitstellung und Funktion

Der südliche Raum – oder das südliche Gebäude? – dürfte einige Zeit nach dem Einbau der Krypta angefügt worden sein, da deren südliche Fenster zweifellos zunächst frei gestanden haben. Der Anbau des Raums erfolgte jedoch vor dem Abbruch der Ostwand des südlichen Querhausarms, an der der Fußboden 69 des Raums im Westen endete, also sehr wahrscheinlich vor der Übernahme des Stifts durch die Prämonstratenser im Jahre 1146. Ob der Raum vor, nach oder zugleich mit der Errichtung des Rechtecksanktuariums angefügt wurde, bleibt vorerst offen. Falls die nachgewiesenen Bestattungen, wie zu vermuten, in dem Raum beerdigt wurden, geht daraus seine Bestimmung als Sepulkralraum hervor, und zwar, wie die Kinderbestattung zeigt, auch – oder nur? – für Laien. Mit einer Funktion des Raums als Kapitelsaal, für die seine Lage unmittelbar neben dem Sanktuarium sprechen könnte, ist allerdings die Kinderbestattung nur schwer zu vereinbaren.

Wohl im Zusammenhang mit dem Anbau des südlichen Raums wurde das westliche Fenster 20 (Abb. 164, 206, 207, 210) in der Südwand der Krypta verschlossen und anstelle des benachbarten östlichen Fensters die Rundbogentür 21 (Fig. 96)[482] eingebaut. Hinter der Tür erweiterte man die östliche Nische in der Südwand der Krypta (Fig. 104) durch rohes Abspitzen des Mauerwerks nach Osten und nach oben, so dass ihre Mittelachse etwa der der Tür entsprach und ihr oberer Abschluss zwar an der Innenflucht der Kryptawand etwa 40 cm tiefer lag als der Scheitel des äußeren Türbogens, nach Süden zu aber über diesen anstieg. Später wurde die Tür übrigens wieder zugemauert,[483] und zu unbekannter neuerer Zeit fügte man in dieses Mauerwerk eine Lüftungsöffnung ein.

KIRCHE DER PRÄMONSTRATENSER (BAU III) (FIG. 120, 121)

Einen neuen Abschnitt in der Geschichte des Hofes leitete Äbtissin Beatrix II. (1137–1160) ein, die mindestens seit 1139 mit dem Plan umging, das Kanonikerstift durch ein reguliertes Stift zu ersetzen. 1145 oder 1146 mussten die Kanoniker einem Konvent von Prämonstratensern Platz machen, dessen Stiftsherren – ebenso wie ihr Propst Gottfried – von dem Prämonstratenserstift Scheda kamen, einem Tochterstift von Cappenberg.[484] Nach Bauermann haben spätestens in den »ersten Monate[n] des Jahres 1146 ... die Prämonstratenser ihren Einzug in Quedlinburg gehalten«, und »Gottfried«, der vorher Propst des Cappenberger Filialstifts Scheda war, ist »der erste Prämonstratenserpropst an St. Wiperti, den wir kennen«, wahrscheinlich »auch der erste überhaupt gewesen ...«[485] Dementsprechend wird Cappenberg auch in einer Urkunde von 1174 als »ecclesia mater« von Quedlinburg bezeichnet, das aber »später zum Verbande der sächsischen Zirkarie gerechnet [wurde], an deren Spitze das Kloster U. L. Frauen in Magdeburg stand.«[486] Die Kanoniker, die bisher in St. Wiperti ansässig waren, mussten den neuen Herren weichen. Sie haben aber »ihre Verdrängung durch die Prämonstratenser nicht ruhig hingenommen. Sie erhoben Klage beim Papst und erreichten, dass ihnen bestimmte jährliche Einkünfte zugesichert und einem der Ihren die Gertrudenkapelle wieder eingeräumt wurde. Noch im Jahre 1146 scheint das geschehen zu sein.«[487]

Die neuen Herren ließen von der ottonischen Kirche nur das Sanktuarium sowie die unter ihm eingebaute Krypta ohne wesentliche Veränderung stehen. Das Sanktuarium (Fig. 106) erhielt allerdings – wohl damals – einen neuen Fußboden, Estrich 171 (Abb. 257).[488] Querhaus, Langhaus und Westbau wurden abgebrochen, und zwar wohl nicht wegen baulicher Schäden, sondern weil sie den liturgischen und repräsentativen Bedürfnissen der Prämonstratenser nicht mehr entsprachen. Bei der Errichtung der neuen Mauerzüge und Arkadenstützen behielt man die Grundmaße des alten Baus weitgehend bei und benutzte, soweit diese passten, sogar wieder dessen Fundamente, die man, wo nötig, ergänzte.

Altareinbau in der Krypta (Fig. 99, 104, 135, 137)

Am Ostende des Mittelschiffs (Abb. 126) der Krypta steht heute, gerahmt von dem östlichen Pfeilerpaar und dem Mauersockel unter den Umgangsstützen, deren Altar 173 (Fig. 99, 104, 135, 137). Er wurde offenbar erst in späterer Zeit, sehr wahrscheinlich in der Bauzeit der Prämonstratenserkirche, am Ostende des Mittelschiffs der Krypta eingebaut.[489] Sein aus Quadern aufgemauerter Stipes und seine monolithe, sorgfältig bearbeitete, nur wenig beschädigte Mensaplatte unterscheiden sich nämlich durch den verwendeten hellen Sandstein und den weißgrauen Kalkmörtel deutlich von dem übrigen Mauerwerk der Krypta. Durch die sorgfältige Ausführung seiner ringsum profilierten Platte und durch den bei ihr und ihrem Unterbau verwendeten feinen grauen Sandstein hebt er sich deutlich von dem übrigen Mauerwerk der Krypta ab. In der Mitte der Mensa befindet sich das Sepulkrum, durch ein daneben tief eingekerbtes Kreuz besonders gekennzeichnet. Nach dem Befund wurde es – vermutlich im 16. Jahrhundert – gewaltsam aufgebrochen. In den vier Ecken der Platte ist oben je ein Weihekreuz in unterschiedlicher Ausbildung flach eingeritzt. Für einen Vorgängeraltar, der nur an derselben Stelle gestanden haben könnte, gibt es keinerlei Anzeichen, so dass man wohl davon ausgehen muss, dass es in der Krypta ursprünglich keinen Altar gab.

Im Gewölbe des Umgangs befindet sich übrigens eine Öffnung nach oben zum Sanktuarium.[490] Den etwa 78 cm tiefen und 59 cm breiten Hohlraum unter der Mensaplatte umschließen im Osten die alte Brüstungsmauer unter den Apsisstützen und im Norden, Süden und Westen hier eingefügte Wände.[491] Die Westwand des Altars hat eine 44 cm breite und 68 cm hohe Öffnung, die an der Außenseite ringsum mit einer Nut für eine Tür versehen ist. Der Vorraum der Krypta blieb damals offenbar weitgehend erhalten. Jedenfalls weisen die Ansätze der ehemaligen Vorraumgewölbe an der heutigen Westwand (Abb. 120; Fig. 101) ausschließlich den gelben Kalkmörtel der Kryptabauzeit auf. Der Zugang zum Vorraum war nunmehr jedoch nur durch die in den neuen Hochwänden beiderseits eingebauten Rundbogenöffnungen 102 (Abb. 147) im Norden und 19 im Süden (Abb. 155; Fig. 97, 111) möglich.

Langhaus (Fig. 120, 121)

An der Westseite des Sanktuariums und seiner Krypta errichtete man statt des Querhauses ein basilikales Langhaus, von dem das Mittelschiff (Abb. 109–112) zum großen Teil noch heute aufrecht steht. Es wird beiderseits von je fünf Arkaden auf stämmigen quadratischen Pfeilern (Abb. 113) und östlich von ihnen von 11,60 m langen, geschlossenen Wänden begleitet.[492] An deren Ostende führt je eine Tür (Fig. 96, 97, 111), 101 im Norden und 18 im Süden, vom Seitenschiff zum Ostabschnitt des Mittelschiffs, dem Chor der Stiftsherren. Die Arkadenpfeiler haben attisch profilierte Sockel und Kämpfer (Fig. 124), die langen Wände an der Außenseite durchlaufen Sockelgesimse von gleicher Ausbildung,[493] die vor den genannten Zugangstüren zum Chor enden.[494] Über den Arkaden und Wänden erhebt sich im Norden und Süden der Obergaden mit je sechs Rundbogenfenstern,[495] die unabhängig von den Arkadenachsen etwa gleichmäßig auf die Länge der Hochwand verteilt sind. Die Vorlagen am Westende (Abb. 111, 112, 142, 143) der beiden Arkadenreihen (Fig. 69, 120) binden auffälligerweise nicht in das westlich anschließende Mauerwerk ein, sondern enden an ihrer Westseite nach 94 cm mit einer lotrechten Fuge, die sich sowohl an der Mittelschiffseite als auch an der des jeweiligen Seitenschiffs vom Fußboden bis weit über das Kämpferprofil deutlich abzeichnet. Das man den romanischen Westbau – oder zunächst vielleicht auch den ottonischen Westbau – bewusst ohne Verband mit Fuge anschließen wollte, ist wenig wahrscheinlich. Vielmehr lässt auch die Länge der beiden Vorlagen, die ziemlich genau ihrer Dicke und der der Arkadenpfeiler entspricht, vermuten, dass sie zunächst als frei stehende Pfeiler errichtet wurden, an die im Westen mindestens noch je eine Arkade anschließen sollte. Möglicherweise war das Schiff also zunächst länger geplant, bevor man sich entschloss, es an der heutigen Stelle enden zu lassen und den neuen Westbau (Abb. 98) nicht westlich des alten, sondern am Standort seines ottonischen Vorgängers hochzuführen.

Die Hochwände des Mittelschiffs (Fig. 73, 87–89, 95), 115 im Norden (Abb. 147, 148) und 28 im Süden (Abb. 155, 162), errichtete man, das ergab der Befund in den Suchgräben neben ihnen, wieder auf den ottonischen Hochwand-Fundamenten 12 (Abb. 159) und 4 (Abb. 153, 174, 175, 198, 199). Nur am Ostende, im Bereich des ehemaligen Querhauses (Fig. 70–72, 74), mussten für sie neue Fundamente, 4a im Süden (Abb. 201, 202) und 12a im Norden (Abb. 160, 170–172),[496] angelegt werden, die sich durch ihre tiefere Gründung und ihre abweichende Zusammensetzung deutlich von den ottonischen Fundamenten unterscheiden. Auch für die Nord- und die Südwand des neuen Schiffs benutzte man im Bereich des alten

Langhauses die Fundamente des Vorgängerbaus, im Süden das Fundament 1 (Abb. 154, 243) und im Norden das Fundament 31 (Abb. 181).[497] Letzteres ist heute jedoch nicht besetzt, da die gotische Nordwand weiter nördlich errichtet wurde. Im Bereich des ehemaligen Querhauses mussten neue Fundamente eingebracht werden, auf der Südseite das Fundament 184,[498] das im Osten an dem ottonischen Ostwandfundament 51 des Querhauses endet und auf dem sich heute die südliche Schiffswand von 1955 erhebt. Auf der Nordseite konnte im Bereich des ehemaligen Querhauses der für die romanische Nordwand eingefügte Fundamentabschnitt nicht mehr nachgewiesen werden, da hier der gesamte Untergrund gestört ist.[499] Jedoch ist an der Ostwand 125a (Abb. 245, 246) des nördlichen Westturms der Ansatz der romanischen Nordwand noch bis zu einer Höhe von 1,28 m über dem heutigen Fußboden deutlich zu erkennen.

Der ursprüngliche Fußboden des romanischen Langhauses (Fig. 74, 77), Estrich 2 (Abb. 154, 183, 184, 221),[500] konnte nur noch im östlichen Bereich des südlichen Seitenschiffs nachgewiesen werden. Er schließt dort im Norden an das Sockelprofil des 12. Jahrhunderts und im Süden zwischen dem ottonischen Fundament 1 (Abb. 154) und der modernen Südwand[501] an die einzige dort erhaltene Schicht der ehemaligen romanischen Südwand (Fig. 87) an. Im Osten endete er offenbar vor der Ostwand 51a (Abb. 203, 204) des ehemaligen Querhauses, fehlte jedoch auf der Nordseite, wo einst Stufen zum Vorraum der Krypta hinabführten.[502] Weiter östlich (Fig. 82) lief er über Ostwandfundament 51 (Abb. 183, 184) hinweg, wo sich vermutlich eine Tür befand, bis zu der der Wand im Osten[503] vorgelegten steinernen Bank. An diese schloss 10 cm tiefer der Estrich 57 (Abb. 182, 185, 223, 225) des Südraums an, der damals wohl zunächst nicht verändert wurde. Der erhaltene Teil der Ostwand 51a bildete nun also die Scheidewand zwischen dem südlichen Raum und dem südlichen Seitenschiff der Stiftskirche. Die restlichen Fundamente des Südquerarms wurden damals bis zur Sohle ausgebrochen.

Westbau

Am westlichen Ende des Schiffs errichtete man anstelle des ottonischen Westbaus (Abb. 98) einen dreiteiligen Baukörper mit seitlichen Türmen und einem mehrstöckigen Zwischenbau, der im Obergeschoss eine Empore und darüber wahrscheinlich ein Glockenhaus umschloss. Von seinen Umfassungswänden ist – außer denen des erst später errichteten, spätromanischen Südturms – durchweg noch ihr unterer Ansatz erhalten (Fig. 91–93).[504] Innen tritt das schichtweise aus großen Sandsteinquadern hergestellte romanische Mauerwerk an der Süd- und der Nordwand 190, 47a des Zwischenbaus gegenüber den offenbar älteren Fundamenten 126, 47 auffällig weit zurück. Bei der Süd-, West- und Nordwand endet es oben etwa bei +0,93 m. Darunter steht in den beiden westlichen Ecken je eine quadratische Vorlage im Verband mit der Wand, und in der Mitte der Westwand sind Ausbruchspuren einer weiteren Vorlage erkennbar.[505]

Im Bereich des ehemaligen Nordturms konnten die Fundamente 47 (Abb. 178, 180, 247)[506] seiner Südwand, 125 (Abb. 247) seiner Ostwand,[507] 118 (Abb. 236) seiner Nordwand[508] und 117 (Abb. 237) seiner Westwand (Fig. 93, 110)[509] in Suchgräben angeschnitten werden. Ihre gegenüber den Fundamenten des ottonischen Westbaus erheblich tiefere Gründung sowie der weit nach außen gerückte Standort der romanischen Turmseitenwände sprechen entschieden dafür, dass man die Fundamente des ottonischen Westbaus, 47 der Nordwand und wohl auch 126 (Abb. 238–240) der Südwand, im 12. Jahrhundert für die beiden neuen Türme außen mit einer tiefer hinabreichenden Verbreiterung versah. Erwähnt sei noch, dass im Innenraum des romanischen Nordturms im Winkel zwischen den Fundamenten 47 der Südwand und 125 der Ostwand eine umfangreiche, etwa quadratische, bis -2,0 m in die Kulturschicht eingetiefte Grube 120 festgestellt wurde.[510]

Außen enden die erhaltenen Reste der romanischen Umfassungswände an der West- und Nordseite des Turmbaus oben bei +0,85 m, an der Nordseite bei +0,90 m. Über dem unregelmäßig vortretenden[511] Fundamentzug 50/117/118 (Abb. 236, 237, 239; Fig. 68) befindet sich über zwei gerade durchlaufenden Quaderschichten ein attisch profiliertes Fußgesims, von vier Lisenensockeln unterbrochen.[512] Von ihnen befinden sich zwei an der Westwand gegenüber den Seitenwänden des Turmzwischenbaus und die beiden anderen an der Nordwest- und Nordostecke des Westbaus. An der Nordseite wird das Fußgesims von der Schwelle einer später in die Nordwand eingefügten Tür 122 unterbrochen.

Von der ehemaligen Ostwand des romanischen Turmzwischenbaus ist nur noch ihr Fundament 45 (Abb. 240, 241) erhalten, dessen unterschiedliche Ausbildung besonders auffällt (Fig. 121). Bei annähernd gleicher Ostflucht ist der rund 1,70 m lange Mittelabschnitt (Fig. 91, 109) nicht nur rund 50 cm dicker als die Seitenabschnitte, sondern gegenüber diesen auch tiefer gegründet. Zudem zeigt er einen deutlich andersartigen Aufbau,[513] wenn auch zwischen den drei Abschnitten keine eindeutigen Fugen erkennbar sind. Aus diesem Befund geht mit einiger Wahrscheinlichkeit hervor, dass man auch für die Ostwand des romanischen Turmzwischenbaus das Fundament des ottonischen Westbaus wiederbenutzte, allerdings unter Verstärkung seiner besonders belasteten Teile in der Mitte und an den beiden Enden.

Die Reste der Umfassungsmauern und die nachgewiesenen Fundamente des romanischen Westbaus (Fig. 120) erlauben eine weitgehende Rekonstruktion seines unteren Geschosses. Dieses war offenbar nach Osten unter einer Doppelarkade geöffnet, deren Mittelpfeiler sich auf dem tief gegründeten Mittelabschnitt des Fundaments 45 erhob. Ein zweijochiges Kreuzgratgewölbe, das auf den an der Westwand nachgewiesenen drei Vorlagen sowie auf entsprechenden Vorlagen der Ostwand ansetzte, überdeckte den Raum. Die Ausbildung von Vorlagen und Gewölbe wird man sich dem zweigeschossigen Nebenraum (Fig. 125) nördlich des Sanktuariums entsprechend vorzustellen haben, also die Vorlagen nicht nur mit einer Basis aus Platte und leicht gekehlter Schräge, sondern auch mit einem profilierten Kämpfer, und das Gewölbe ohne Gurt- und Schildbögen. Darüber erhob sich zweifellos wie in der hochromanischen Stiftskirche auf dem Berg eine Empore. Über deren Ausbildung und über die der weiteren Geschosse des Zwischenbaus, der oben wohl wie üblich mit einer Glockenstube abschloss, ist keine weitere Aussage möglich. Im Norden und Süden wurde der Zwischenbau von je einem im Grundriss quadratischen Turm flankiert.[514] Außen zeigte der ganze Westbau über einem durchlaufenden, profilierten Fußgesims eine Gliederung mit vor die Wand tretenden Lisenen, die oben vermutlich in üblicher Weise durch Rundbogen- oder anders ausgebildete Friese verbunden waren.

Nördlicher Nebenraum (Fig. 120)

Wohl zugleich mit dem Neubau des Langhauses wurde in dem Winkel zwischen Sanktuarium und Nordseitenschiff ein zweigeschossiger Raum von etwa 4,40 m Breite und 7,70–7,90 m Länge eingefügt. Als Südwand diente ihm die Nordwand 30/112(?) des Sanktuariums (Fig. 97). Erhalten sind etwa bis zur Höhe von +4,20 m weitgehend seine Westwand 62a, die auf dem ottonischen Querhausfundament 62 steht,[515] und seine Nordwand 185a mit ihrem Fundament 185. Außen konnte an der Nordwand und dem Nordende der Westwand der leicht vortretende Sockel mit einem Profil aus Platte und leicht gekehlter Schräge (Fig. 130) nachgewiesen werden, wie ihn ähnlich auch die inneren Wölbungsvorlagen zeigen. Der Außensockel spricht dafür, dass der Bau damals auf der Nordseite frei stand, wenn in der Nordwand neben den 1955 eingefügten auch keine Spuren von älteren Fenstern nachgewiesen werden konnten. Die heutige Ostwand 183a (Abb. 152) ist eine moderne Ergänzung.[516]

Im Inneren des heute eingeschossigen Raums, der seit 1957 als Sakristei (Abb. 124, 125) dient, sind in den beiden Westecken, in der Mitte von Nord- und Südwand sowie am Ostende der Südwand Teile der Wölbungsvorlagen des unteren und eines einst darüber befindlichen oberen Geschosses erhalten (Fig. 125). An diesen wird deutlich, dass das Gewölbe in beiden Geschossen als zweijochiges Kreuzgratgewölbe ohne Gurt- und Schildbögen ausgebildet war und im Süden stumpf gegen die alte Nordwand des Sanktuariums (Bau II) stieß – nur die Anfänger sind in die Wand eingelassen –, im Westen und Norden dagegen in dafür vorbereitete Wandschlitze eingriff.[517] Das untere Geschoss wird wie heute von Westen von dem nördlichen Seitenschiff aus zugänglich gewesen sein, während das Obergeschoss wohl durch eine Schlupftür und eine kleine Treppe von vier bis fünf Stufen mit dem etwa 80 cm tiefer gelegenen Sanktuarium verbunden war, das damals offenbar einen neuen Fußboden, Estrich 171 (Abb. 257), erhalten hatte. Die Schlupftür ersetzte man später durch die Tür 103 (Abb. 230, 234, 235), von der die beiden seitlichen Gewände in der Wand erhalten sind (Fig. 97).[518] Ihr Einbau, bei dem das Obergeschoss des Nebenraums noch aufrecht gestanden haben muss, erfolgte vielleicht wie bei der in Größe und Struktur ähnlichen Tür 22 (Abb. 155, 163, 164) der Südwand des Sanktuariums im 13. Jahrhundert. Zugemauert wurde die Tür 103 vermutlich, als man das obere Geschoss des nördlichen Nebenraums abbrach und an seiner Stelle über dem unteren Geschoss ein niedriges Pultdach aufrichtete, das unterhalb der beiden nachträglich eingefügten Rundbogenfenster 105 (Abb. 228) und 106 (Abb. 232) an die Nordwand des Sanktuariums anschloss. Dieses Dach hat später einem – in seiner Ausbildung allerdings unbekannten – neuen Obergeschoss Platz gemacht, das sich unter dem weiten Rundbogen 104 (Abb. 228, 230, 231) gegen das Sanktuarium öffnete. Über die ursprüngliche Funktion des zweigeschossigen Gebäudes ist nichts bekannt. Die Annahme liegt aber nahe, dass sein Untergeschoss von vornherein als Sakristei und sein Obergeschoss als Schatzkammer oder Bibliothek dienten.

Südliches Gebäude

Südlich der Krypta konnte schon für die Zeit vor dem 12. Jahrhundert ein größerer Nebenraum nachgewiesen werden, der vielleicht sogar Teil eines weiter nach Süden reichenden Klausurgebäudes (Fig. 119, 145) war. Die Prämonstratenser scheinen den Raum zunächst noch in der alten Gestalt weiter benutzt, aber räumlich mit dem neuen Langhaus verbunden zu haben. Die Ostwand 51a (Abb. 204) des südlichen Querhausarms, die den Raum im Westen abschloss, blieb damals nach dem Grabungsbefund offenbar größtenteils stehen. Während die Umfassungswände des südlichen Querarms einschließlich Fundament sonst durchweg bis zur Sohle hinab ausgebrochen wurden, ist Fundament 51 noch heute bis etwa 15 cm südlich des Südraums erhalten; zweifellos deshalb, weil die Wand selbst mindestens in Raumhöhe als Westabschluss des Nebenraums nötig war. Vielleicht sollte sie zugleich auch als Widerlager gegen den Seitenschub des im Norden anschließenden Triumphbogens dienen. Nördlich der neuen Südwand des Langhauses wies die Wand eine – wahrscheinlich verschließbare – Öffnung auf, durch die der Fußbodenestrich 2 (Abb. 221) des südlichen Seitenschiffs bis auf die erwähnte, der Wand selbst im Osten vorgelegte steinerne Bank lief (Fig. 83),[519] an der der etwa 10 cm tiefer gelegene Fußboden 57 des östlichen Raums endete.

Vermutlich noch im 12. Jahrhundert wird dann der neue südliche Klosterbau begonnen worden sein, dessen Außenwände trotz erheblicher späterer Eingriffe zum großen Teil bis heute stehen und der sich vor allem durch seine östlichen Rundbogenfenster und seinen monumentalen Kellerraum[520] als ein hochromanisches Bauwerk aus der Anfangszeit der Prämonstratenser erweist. Gegenüber den Grenzen des alten Südraums rückte man seine Ostwand etwa 3,50 m und seine Westwand etwa 2 m weiter nach Westen. Auf dem Nordende des Fundaments 89 der neuen Ostwand steht heute die moderne Abschlusswand des südlichen Seitenschiffs, und etwa 3,20 m südlich von dieser beginnt der noch aufrecht stehende Teil der romanischen Ostwand (Fig. 84, 85). Von der Westwand des Gebäudes ist südlich des Seitenschiffs nur noch der mit Bauschutt ausgefüllte Fundamentgraben 75 nachweisbar.[521] Auf seiner Verfüllung ruht heute das Fundament 56 einer jüngeren, flacher gegründeten, ebenfalls lange verschwundenen Wand,[522] von der ein weiter südlich noch stehender Abschnitt im weiteren Verlauf ohne erkennbare Grenze in die romanische Westwand übergeht.

Die Ostwand des neuen Gebäudes schloss nun auch den alten Südraum im Osten ab, der dadurch etwa 3,70 m kürzer wurde. Gleichzeitig verlängerte man seine Südwand auf dem offenbar dazu eingebrachten kurzen Fundament 68 (Fig. 83)[523] über das alte Querhausfundament 51 hinweg bis zur Westwand des neuen Gebäudes. In dieser Ausdehnung erhielt der Raum auch einen neuen Fußboden, den schon genannten Estrich 60 (Abb. 185),[524] der nunmehr im nördlichen Bereich gegen die ehemalige Querhauswand 51a stieß, im mittleren durch die zu vermutende Tür in der Westwand des Raums auf den Estrich 2 (Abb. 221) des Langhauses auflief und südlich von dessen Südostecke an der Westwand des neuen südlichen Gebäudes endete. Der Ostschluss des südlichen Seitenschiffs mit dem Stumpf der Querhauswand 51a (Fig. 68, 120) wurde offenbar nicht verändert. Gegen ihn lehnte sich der Raum nunmehr nicht nur von Osten, sondern auch von Süden, wo er mit der Verlängerung seiner Südwand eine nur etwa 1 m breite und 1,90 m lange Erweiterung bis zur Westwand des romanischen Südgebäudes erhalten hatte. Die ehemalige Funktion dieser Raumnische[525] hängt vielleicht mit der des Fundaments 73 (Fig. 84)[526] zusammen, das unmittelbar südlich der Südwand des Raums auf dem verfüllten Fundamentgraben 51 der Querhausostwand in südlicher Richtung ansetzt. Vielleicht trug dieses Fundament die östliche Wange einer neben der Westwand zum Dachboden oder zu einem Obergeschoss empor führenden Treppe, die an der Raumnische begann.

Mit dem Abbruch des alten Ostschlusses des Raums war auch die Verbindung zu dem nach Norden führenden Gang unterbrochen. Möglicherweise wurde schon damals an seiner Stelle das neue nach Norden und nach Osten gerichtete Gangsystem hergestellt, von dem das Fundament 152 (Abb. 253, 254) der Ostwand des Nordtraktes und das Fundament 143 der Nordwand des Osttraktes nachgewiesen werden konnten. Ob das südliche Gebäude ein Obergeschoss besessen hat, konnten die Untersuchungen nicht klären. In die ottonische Südwand des Sanktuariums hatte man nachträglich unmittelbar neben dem Ansatz der damals noch erhaltenen Ostwand 51a des ehemaligen Querhauses die Rundbogentür 22 (Abb. 162–164) eingebaut (Fig. 96, 111), eine breite, auf der Nordseite ursprünglich oben segmentbogig geschlossene Öffnung in der Wand, die an der Südseite mit einem rundbogigen Werksteingewände abschließt.[527] Sie wurde nach ihrer Ausbildung vielleicht im 13. oder zu Beginn des 14. Jahrhunderts hergestellt und ist heute vermauert. Ihre Schwelle liegt an der Südseite bei +1,97 m, also 23 cm tiefer als der wohl im 12. Jahrhundert eingefügte Fußbodenestrich 171 (Abb. 257) des Sanktuariums (Fig. 106), zu dem eine oder zwei Zwischenstufen in der Wandmitte vermittelt haben werden, und etwa 2,10 m höher als der Fußboden 60 des südlich benachbarten Raums (Fig. 82, 83, 113), zu dem eine davor zu vermutende Treppe geführt haben wird. Für eine solche und gegen eine Treppe nach oben zu einem Obergeschoss sprechen die vom Sanktuarium zu der Türschwelle abwärts führenden Stufen. Für die Höhenlage der Decke, die den unteren Raum oben abgeschlossen hat, kann die Tür 22 kaum Anhaltspunkte liefern.[528] Um über die Baugeschichte des romanischen Gebäudes, über seine augenscheinlich vielfachen Veränderungen Genaueres zu erfahren, ist eine eingehende Untersuchung notwendig, die bisher nicht möglich war.

Zu Zeitstellung und Funktion

Über der Krypta befand sich zweifellos auch bei den Prämonstratensern das Sanktuarium. Wahrscheinlich blieb sogar der alte Hochaltar in Gebrauch. Von Westen her konnte man auf einer Mitteltreppe, die über das Gewölbe des Vorraums der Krypta hinwegführte, zum Sanktuarium emporsteigen. Nach dem bei Zeller wiedergegebenen Grundriss des bis 1936 erhaltenen Fundaments der ehemaligen Westwand des Vorraums[529] dürfte die Treppe etwa 2,90 m breit gewesen sein. Beiderseits neben ihr endete über dem Vorraum der Krypta die Bühne des Sanktuariums. Vor dieser führte je ein etwa 2 m breiter Gang von Westen her zu den beiden Türen 101 (Abb. 229) und 18 (Abb. 155) in der nördlichen und südlichen Hochwand, durch die die Stiftsherren von den Seitenschiffen aus in ihren gegenüber dem Schiff um etwa drei bis vier Stufen erhöhten Chor im Ostabschnitt des Mittelschiffs gelangten.[530] Hier stand an den langen Seitenwänden östlich der Arkaden ihr Gestühl. Diesen Bereich wird zwischen den beiden östlichen Vorlagen der Langhausarkaden eine Schranke mit dem Kreuzaltar an der Westseite von dem im Westen anschließenden Laienraum geschieden haben.[531] Erwähnt sei noch die flache Steinsetzung 38 (Abb. 173), die im Westteil des Mittelschiffs nördlich der Südarkaden zutage trat und auf der einst ein Altar gestanden haben könnte.[532]

Eine der beiden Chortüren muss auch zur Klausur geführt haben, doch wo diese gelegen hat, ist bisher strittig. Möglicherweise enthielt das südliche Gebäude die wichtigsten Räume des Klosters, den Kapitelsaal, das Dormitorium und vielleicht auch das Refektorium. Für einen westlich an das Gebäude angrenzenden Kreuzgang gibt es bisher keinerlei Spuren. Vielleicht befand sich der Kreuzgang ungewöhnlicherweise östlich der Kirche, und es gehörten zu ihm die erwähnten, dort nach Norden und Osten führenden Gänge. Nicht auszuschließen ist aber auch, dass das südliche Gebäude eine andere Bestimmung hatte und die Klausur sich auf der Nordseite der Kirche befand, wenn auch, wie schon oben erwähnt, der durchgehende Außensockel der Sakristei gegen diese Lage zu sprechen scheint. Zu ihr könnten aber zwei von der Kirche aus nach Norden gerichtete, bisher nicht deutbare Fundamente passen, am Ostende das Fundament 183, das offenbar älter ist als der ältere nach Norden führende Gang, und gegenüber der Westwand des Schiffs Fundament 122a, dessen Zeitstellung bisher ungewiss ist.

Der Neubau von Kirche und Klausur wird vermutlich bald nach der Einführung des Prämonstratenserkonvents begonnen haben. Er beanspruchte zweifellos eine ganze Reihe von Jahren und konnte nur abschnittsweise erfolgen. Das geht auch daraus hervor, dass der Südraum, wenn die Befunde richtig gedeutet wurden, zunächst in seiner alten Gestalt mit dem neuen Langhaus verbunden und erst später zusammen mit dem Neubau des südlichen Gebäudes diesem angepasst wurde. In der Bauzeit standen dem Konvent das Sanktuarium und die Krypta für den täglichen Gottesdienst zur Verfügung. Weshalb aber wurden diese am Ende nicht auch durch einen Neubau ersetzt? War ihr Abbruch etwa vorgesehen, wurde aber wegen knapper Geldmittel nicht ausgeführt? Oder besaßen der alte Ostbau und vor allem seine Krypta mit den hier zu vermutenden Reliquien für die Prämonstratenser immer noch eine so hohe liturgische Bedeutung, dass ein Neubau nicht in Frage kommen konnte?

SPÄTERE VERÄNDERUNGEN DER KIRCHE (BAU IV)

Der spätromanische Südwestturm

An der Stelle des hochromanischen Südwestturms errichtete man später einen neuen Turm, von dem die mächtigen Fundamente der West-, Süd- und Ostwand (Fig. 115) im Boden nachgewiesen werden konnten und der Unterteil der Ostwand noch aufrecht steht. Auf der Nordseite schloss der Turm an das Fundament 126 (Abb. 238, 239) und wohl auch an die aufgehende Wand 190 des hochromanischen Südturms an. Das Fundament 181 der westlichen Turmwand konnte 1957 bei der Dokumentation der Drainagegräben[533] von Westen und von oben, am Nordende auch von Osten[534] freigelegt werden. Oben war auch der Ansatz der Wand selbst erhalten,[535] der unter der heutigen Südwestecke des Mittelschiffs an den Stumpf des hochromanischen Turmzwischenbaus anschließt. Die Wand des neuen Turms besaß außen einen einfachen Sockel aus Platte und Schräge.[536] Das Fundament 131 (Abb. 242) der Ostwand (Fig. 115, 142), das sich nach unten in mehreren Absätzen verbreitert, wurde an der Ostseite vom Schiff her bis zur Sohle freigelegt.[537] Der 1,27 m dicke Rest der Turmwand 189 schließt heute das südliche Seitenschiff (Abb. 100) im Westen ab. An der Ostseite der Wand ist eine zugesetzte Tür mit sorgfältig aus großen Radialquadern hergestelltem, rundbogigem Sturz[538] zu erkennen, durch die man einst in den Turm gelangte. Am Südende des Fundaments 131 wurde das mit diesem im Verband hergestellte Südwandfundament 131a des Turms mit dem Stumpf der Südwand selbst oberflächlich angeschnitten.[539] Der Turm muss einerseits geraume Zeit nach der Errichtung des romanischen Vorgängers, also wohl um die Mitte des 13. Jahrhunderts hergestellt worden sein. Dafür spricht auch die sorgfältige Ausführung des rundbogigen Türgewändes in seiner Ostwand. Sein Bau erfolgte andererseits vor 1336, als die Quedlinburger Bürger die Klostergebäude des Wipertistifts verwüsteten.

Der gotische Ostschluss (Fig. 122, 123)

Um die Wende des 13. Jahrhunderts erhielt die Kirche östlich des alten Sanktuariums über dem wohl schon vorher errichteten, nach Norden und Osten führenden Gang einen neuen, zweigeschossigen Ostschluss (Abb. 103–105, 146; Fig. 97). Sein sorgfältig hergestelltes, großformatiges Werksteinmauerwerk und seine großen Spitzbogenfenster setzen sich gegen die älteren Teile der Kirche deutlich ab. Die Nordwand 150a (Abb. 103) öffnet sich im Untergeschoss mit einem weiten Spitzbogen und endet im Osten in einem mächtigen, 1,10 m dicken und 1,67 m vor die Ostwand 165a vortretenden Stützpfeiler. Das Fundament 150 (Abb. 253) der Wand[540] läuft unmittelbar östlich der großen Öffnung über das offenbar ältere, von Norden herankommende Fundament 152 (Abb. 253, 254)[541] hinweg. Die Nordwand weist außen einen umlaufenden Sockel aus Platte und Schräge (Fig. 76, 140) auf, der sich auch an der Ostwand 165a (Fig. 78)[542] fortsetzt. Diese öffnet sich im Untergeschoss zwischen dem nördlichen und dem südlichen Stützpfeiler heute unter zwei profilierten Spitzbogenarkaden, von denen die südliche eine 1946 hergestellte Kopie der nördlichen Arkade ist.[543] Vorher befand sich an ihrer Stelle eine etwa 3 m breite, niedrige Spitzbogenöffnung (Fig. 140), ähnlich der auf der Nordseite des Untergeschosses.[544] Die Südwand 29[545] setzt an der Südostecke des ottonischen Sanktuariums an und endet im Osten in einem 1,05 m dicken Stützpfeiler, der 1,32 m vor die Ostwand tritt. Sie ist über ihrem Fundament 91[546] mit einem im Osten auslaufenden Sockel aus Platte und Schräge versehen und besitzt im Untergeschoss eine spitzbogige Türöffnung[547]. Der Innenraum (Abb. 104, 105) des Untergeschosses, der sich im Norden über der Schwelle 154 (Fig. 116)[548], wie schon erwähnt, fast in voller Raumbreite öffnet, ist 3,10 m breit und 6,80 m lang und in zwei Jochen von Kreuzgratgewölben überdeckt.

Auf dem gegenüber der Kirchenachse leicht schräg nach Norden führenden Fundament 152 (Abb. 253, 254) hat sich einst zweifellos eine Wand oder eine Stützenfolge erhoben. Zwischen ihr und einer parallel laufenden zweiten Wand auf oder anstelle der – heute leider völlig eingestürzten – Friedhofsmauer 183b[549] dürfte ein Gang nach Norden geführt haben, der wohl schon vor dem gotischen Ostschluss – in derselben Bauzeit? – errichtet wurde. Dafür spricht jedenfalls die festgestellte Überbauung seines Fundaments 152 durch das gotische Nordwandfundament 150. Im Bereich zwischen dem Ostwandfundament 152 und der heutigen Ostwand der Sakristei wurden die Holzsarg-Bestattungen 155, 157, 158 und 160 nachgewiesen (Fig. 116).[550] Da sie keine Beigaben aufweisen, lässt sich ihre Entstehungszeit nur nach ihrer Lage bestimmen. Sie wurden sehr wahrscheinlich in dem nach Norden führenden jüngeren Gang beigesetzt, da für ihr Fußende jeweils das Ostwandfundament 153 (Abb. 253, 254) des älteren Gangs beseitigt werden musste, sicher nachweisbar allerdings nur bei Bestattung 155.

Die breite Öffnung auf der Nordseite des gotischen Baus spricht dafür, dass der Gang auch nach dem Bau des neuen Ostschlusses erhalten blieb. Die ehemals annähernd gleich breite, später verschlossene Öffnung in der Ostwand lässt auf einen ehemals nach Osten abgehenden Gang schließen. Dessen Nordwand hat wohl auf dem Fundament 143 (Fig. 131)[551] gestanden, während vom Standort seiner Südwand nichts bekannt ist, da hier nicht gegraben wurde.[552] Östlich des gotischen Ostschlusses wurden die Bestattungen 145/145a angeschnitten.[553] Ihre Entstehungszeit lässt sich weder durch Beigaben noch durch die über sie hinweg laufenden Füllschichten oder das im Norden angrenzende Fundament 146 festlegen.

Über dem unteren Geschoss des gotischen Ostschlusses erhebt sich sein Hauptgeschoss, durch das das frühromanische Sanktuarium um 4 m verlängert wurde. Hoch gelegene Spitzbogenfenster lassen von Norden und Süden, vor allem aber von Osten her reichlich Licht in den Innenraum gelangen. In dem neuen, gegenüber dem alten Sanktuarium um 1,25 m erhöhten gotischen Ostabschnitt (Fig. 97), den man von jenem aus wahrscheinlich über seitliche Treppen besteigen konnte, stand vermutlich ein weiterer Altar – oder mehrere? –, für dessen einstige Existenz auch eine spitzbogige, heute zugemauerte Sakramentsnische (Abb. 156) in der Südwand spricht. Das Sanktuarium selbst und der Platz des Hochaltars dürften im Wesentlichen unverändert geblieben sein.

Die drei großflächigen östlichen Fenster des Ostgiebels haben nur schmale Reste der Wand übrig gelassen und enden oben im Bereich des Dachstuhls. Man kann beim Bau des gotischen Ostschlusses über dem Sanktuarium demnach keine Flachdecke vorgesehen haben, sondern entweder einen offenen Dachstuhl (Abb. 191, 162), für den es nördlich der Alpen allerdings kaum eine Parallele gibt, oder ein in den Dachraum eingreifendes Tonnengewölbe. Von den Schalungsbrettern eines solchen, leicht spitzbogigen Gewölbes sind an den Konstruktionshölzern des heutigen kreuzverstrebten Sparrendachstuhls 64 des Sanktuariums (Fig. 96, 97) durchweg die entsprechenden Abarbeitungen und Nagelspuren zu erkennen. Hier war also eine Holztonne eingebaut, die im Osten über den Fenstern an die Ostwand anschloss. Offen bleibt, ob der Dachstuhl mit dem ehemaligen Tonnengewölbe in der Bauzeit des gotischen Ostschlusses aufgebracht wurde oder aus einer späteren Zeit stammt.

Erneuerung des Westbaus nach 1336 (Fig. 126, 127)

190 Jahre nach dem Einzug des Prämonstratensenkonvents traf das Stift ein verheerendes Unglück. Graf Albrecht II. von Regenstein, der mit der Stadt Quedlinburg in Fehde lag, hatte den Klosterbereich als Basis für seine Raubzüge benutzt. Daraufhin überfielen die wutentbrannten Bürger der Stadt im Jahre 1336 das Kloster und richteten in der Kirche sowie in den übrigen Gebäuden des Stifts schwerste Schäden an, die erst nach Jahrzehnten wieder beseitigt werden konnten. Die westlichen Abschlussbauten der Kirche, der Nordturm und der Mittelbau des 12. Jahrhunderts sowie der spätromanische Südturm, scheinen am meisten betroffen gewesen zu sein. Sie mussten danach bis knapp oberhalb ihres Sockels vollständig abgetragen werden. Auf den alten Unterbauten entstand ein neuer westlicher Abschlussbau, der im Wesentlichen offenbar bis 1816 unverändert blieb. Seine Ausbildung lässt sich von den wenigen erhaltenen Abbildungen aus der Zeit vor dem Umbau zur Scheune,[554] von den bei Zeller veröffentlichten Aufmaßen[555] und Beschreibungen sowie vom örtlichen Untersuchungsbefund her annähernd erschließen. Die Stelle des Südturms wurde damals nicht wieder überbaut. Die des Nordturms erhielt auf den alten Fundamenten einen niedrigeren, jedoch das Seitenschiff überragenden Aufbau, der oben mit einem an den Mittelbau angelehnten Pultdach abschloss.[556] Den Mittelbau (Fig. 91–93, 110) errichtete man dagegen wieder in voller Höhe mit dem abschließenden Glockengeschoss als nunmehr einzigem Turm der Kirche. Vor den beiden Fenstern und dem Okulus seiner Westwand befand sich offenbar eine Empore, zu der eine in dem nördlichen Anbau eingebaute Treppe geführt haben wird.

Bis heute sind die West-, Nord- und Südwand dieses Mittelturms sowie nördlich davon bis zum Ansatz der heutigen Dächer Teile der Wände des Treppenturms erhalten. Sie stehen miteinander im Verband und setzen sich innen und außen deutlich gegen die Hochwände des romanischen Mittelschiffs sowie gegen die Außenwand des nördlichen Seitenschiffs ab.[557] Verschwunden ist dagegen die Ostwand des Mittelturms, die man nach 1336 auf den alten Fundamenten, vielleicht unter Benutzung noch erhaltener Teile der Ostwand des alten Turmzwischenbaus, neu errichtet hatte. Sie wurde nach 1816 vollständig ausgebrochen, so dass von ihr heute nur noch Spuren ihrer ehemaligen Einbindestellen an den beiden Seitenwänden zeugen. Während man zu dem ersten Obergeschoss des Turms offenbar über die in den nördlichen Anbau eingebaute Treppe gelangte, werden zu den oberen Stockwerken vermutlich im Turm selbst eingefügte Holztreppen geführt haben. Das erste Obergeschoss öffnete sich wohl wie bei dem alten Westbau als Empore nach Osten[558] und erhielt durch die beiden schmalen Spitzbogenfenster[559] und den Okulus über ihnen Licht. Seine Zugangstür zeichnet sich noch heute am Westende der Nordwand (Abb. 108) des Schiffs oberhalb der 1956 eingebrochenen neuen Zugangsöffnung deutlich ab.[560] Als oberen Abschluss erhielt der Turm ein Glockenhaus mit je zwei Öffnungen nach Osten und Westen und je eine Öffnung nach Norden und Süden. Dessen Fußboden befand sich nach den erwähnten Abbildungen etwa in der Höhe der Spitze des heutigen Westgiebels.

Zweistöckiger Bau im Südseitenschiff

Bis 1954 befand sich am Ostende des südlichen Seitenschiffs ein zweistöckiges, mit diesem gleich breites Bauwerk (Abb. 144, 145), das damals, wie oben angedeutet, wegen akuter Einsturzgefahr ohne vorherige Dokumentation abgebrochen werden musste. Die ehemalige Gestalt des Baus geht aus den von Zeller veröffentlichten Plänen der Wipertikirche (Fig. 143–145)[561], aus einem Aufmass des preußischen Staatshochbauamtes II Halberstadt von 1940 sowie aus vor dem Abbruch hergestellten Fotos annähernd hervor.[562] Als Nordwand diente ihm die hochromanische südliche Hochwand, während die westliche und die südliche Umfassungswand offenbar für das Gebäude neu errichtet wurden, die Ostwand aber wohl aus späterer Zeit stammte. Die Südwand war deutlich dicker als die weiter westlich erhaltene gotische Langhaus-Südwand, und die Ostwand hatte noch nicht einmal ein Drittel der Dicke der Westwand.[563] Der Fußboden des Erdgeschosses war gegenüber dem Mittelschiff um etwa 30 cm erhöht. Zwei Gurtbögen teilten den von Kreuzrippengewölben (Abb. 145) überdeckten Raum in drei Joche, zwei breitere in der Mitte und im Westen sowie ein schmaleres im Osten.[564] Seine Gewölbe und Gurtbögen setzten unmittelbar an den Wänden (Fig. 144) an. Vom westlichen Joch führte eine – heute zugemauerte – Tür in das Mittelschiff und eine weitere nach Süden ins Freie.[565] Im mittleren Joch führten der Nordwand vorgelegte Stufen zu einer um etwa 1,20 m erhöhten, heute ebenfalls zugesetzten Rundbogentür und durch diese zu der an der Mittelschiffseite angebrachten Kanzel. Die gleiche Einteilung und Gewölbeausbildung wie das Erdgeschoss hatte offenbar auch das allerdings etwas niedrigere Obergeschoss.[566] Zum Mittelschiff hin wies es zwei breite, in Fußbodenhöhe ansetzende Öffnungen in der Gestalt eines gestelzten Halbkreises auf, die man offenbar ohne Rücksicht auf die Gewölbeeinteilung nachträglich in den unteren Teil der Nordwand des Raums eingebrochen hatte.[567] An der Südseite wurde der zweistöckige Bau durch zwei kräftige, nach Süden vortretende Strebepfeiler gestützt, je einen am Westende und einen gegenüber dem westlichen Gurtbogen, während im Ostabschnitt anstelle von weiteren Pfeilern eine auffällig unregelmäßig geführte Treppe zum Obergeschoss angebaut war, zugänglich von dem an der Ostseite anschließenden südlichen Klostergebäude.

Unter der Westwand des beschriebenen Gebäudes wurde das Fundament 82 (Fig. 87)⁵⁶⁸ nachgewiesen; seine Südwand erhob sich auf dem von der hochromanischen Südwand übernommenen frühromanischen Fundament 1 (Abb. 154) und auf dessen östlicher, hochromanischer Verlängerung 184. Unter dem östlichen Gurtbogen konnte das Nordsüd-Fundament 94 (Abb. 218, 219) festgestellt werden,⁵⁶⁹ während unter dem schmaleren westlichen Gurtbogen ein entsprechendes Fundament fehlt. Die Ostwand steht auf dem Nordabschnitt des Fundaments 56 (Abb. 200, 204; Fig. 106, 113, 114), das weiter südlich den gotischen Nordteil der Westwand des Klausurbaus⁵⁷⁰ trägt, der im weiteren Verlauf ohne erkennbare Fuge in die romanische Westwand übergeht. Die auf 56 errichtete gotische Wand wurde nach dem Befund zusammen mit dem zweistöckigen Gebäude errichtet und ist durchweg etwa 1,05 m dick. Die über Fundament 56 und unter der östlichen Abschlusswand des Dachraums bis 1955 in beiden Geschossen erhaltenen Ostwände des Gebäudes waren dagegen nur 45 cm dick.

Die beschriebene Gestalt des zweistöckigen Baus ist offenbar das Ergebnis von erheblichen nachträglichen Veränderungen aus der Zeit der evangelischen Pfarrkirche. Dazu gehören die beiden breiten, nachträglich eingefügten Öffnungen in der Nordwand des Obergeschosses, von denen aus man am Gottesdienst im Schiff teilnehmen konnte, und wohl auch die erhöhte Tür in der Nordwand des Erdgeschosses. In dieser Gestalt wurde das Bauwerk als »Sakristei und Priechen« benutzt, wie Zeller das Erd- und das Obergeschoss bezeichnet, dem die einstige Funktion vor der Profanierung offenbar noch bekannt war.⁵⁷¹

Wie hat der beschriebene Einbau aber vor diesen Veränderungen ausgesehen, wozu dienten seine beiden Geschosse ursprünglich und wann wurde er anstelle des Ostabschnitts des südlichen Seitenschiffs errichtet? Das hochromanische Seitenschiff (Fig. 126, 127) endete im Osten einst, wie oben erläutert, an der Ostwand 51a des ehemaligen Querschiffs, die zugleich Westwand des südlichen Nebenraums war. Sehr wahrscheinlich reichte auch der zweistöckige Einbau bei seiner Errichtung bis zu dieser Wand. Als man später sein östliches Abschlussjoch abbrach, ergaben sich an der Ostseite in beiden Geschossen sowie beim Dachraum über ihnen weite Öffnungen. Um sie zu verschließen, wurden im Unter- und Obergeschoss die relativ dünnen Wände eingesetzt, die ja keiner besonderen Belastung ausgesetzt waren, und der Dachraum wurde mit einer lotrechten, ziegelverkleideten Fachwerkwand verschlossen.⁵⁷² An der Südseite wird man anstelle der offenbar später angebauten Außentreppe einen weiteren Strebepfeiler gegenüber dem östlichen Gurtbogen des Innenraums annehmen dürfen, und östlich von diesem schloss die gotische Westwand des Klostergebäudes an. Möglicherweise befand sich die Treppe zum Obergeschoss bis zu der Verkürzung des Baus in dem verschwundenen Ostabschnitt? Der untere Raum muss wohl von Anfang an von dem im Mittelschiff befindlichen Chor aus zugänglich gewesen sein, und zwar, da anderenorts keine Spuren einer Tür erkennbar sind, durch eine solche an der Stelle der bis 1954 erhaltenen, spätgotischen Sakristeitür.⁵⁷³

Die Entstehungszeit des Einbaus lässt sich bisher nur relativ bestimmen. Der nachweisbare Abbruch der romanischen Westwand des Klostergebäudes bis zur Fundamentsohle lässt vermuten, dass damals der südlich an Schiff und südlichen Nebenraum angrenzende Nordabschnitt des Klausurgebäudes in ganzer Breite aufgegeben wurde, am ehesten wohl nach der Verwüstung des Klosters durch die Quedlinburger Bürger im Jahre 1336. Die Ausräumung und Verfüllung des Fundamentgrabens zeigt, dass der Wiederaufbau des abgebrochenen Gebäudeteils und die Errichtung des zweistöckigen Gebäudes geraume Zeit später, vermutlich erst nach der Mitte des 14. Jahrhunderts, erfolgte. Die einzigen von dem Bau aus den Plänen und Fotos bekannten Details, die Ausbildung seiner Rippengewölbe und Strebepfeiler, widersprechen einem solchen zeitlichen Ansatz nicht.

Veränderungen am Sanktuarium

Am Sanktuarium können mehrere, offenbar im gleichen Zeitraum vorgenommene Eingriffe nachgewiesen werden. Sein Dachstuhl, der im Osten über den drei Fenstern an die Ostwand anschließt, endet im Westen nicht, wie man erwarten würde, dort, wo einst das Sanktuarium mit dem Triumphbogen abschloss, sondern läuft – mit den Spuren der ehemals eingebauten Holztonne – über dessen Ausbruchstelle hinweg und bricht erst etwa 90 cm westlich von der Ostflucht des Bogens ab. Der Schluss aus diesem Befund kann eigentlich nur sein, dass der erhaltene Dachstuhl ursprünglich weiterlief und hier gekappt wurde, als das Mittelschiff zu Beginn des 19. Jahrhunderts beim Umbau zur Scheune ein neues Dach erhielt.[574] Vor diesem Eingriff dürften der Dachstuhl mit der eingebauten Holztonne außer dem Sanktuarium auch das gesamte Mittelschiff bis an den Westbau heran oben abgeschlossen haben. Dass unter diesem durchlaufenden Tonnengewölbe der Triumphbogen erhalten blieb, kann man wohl ausschließen. Er wird zusammen mit seinen beiden Wandvorlagen 111a im Norden und 27a im Süden oberhalb der Krypta ausgebrochen worden sein, als man über ihm das neue Dach errichtete.[575] Andererseits war seine Beseitigung Voraussetzung für einen Eingriff an der Nordwand 112 (Abb. 231, 248) des Sanktuariums: Hier wurden damals in östlicher Verlängerung der Reihe der Obergadenfenster zwei weitere Rundbogenfenster von gleicher Größe und in gleichem Abstand eingefügt. Die von dem westlichen Fenster 105 (Abb. 228) erhaltene westliche Leibung mit Ansatz der Sohlbank und des Bogens befindet sich genau an der Ausbruchstelle der Nordvorlage des Triumphbogens. Von dem östlichen Fenster 106 (Abb. 232) ist die östliche Leibung erhalten, ebenfalls mit Ansatz von Sohlbank und Bogen.[576] Beim Einbau der Fenster fand übrigens der gleiche Mörtel Verwendung wie beim Verstreichen des Ausbruchs der Triumphbogenvorlagen; die Gleichzeitigkeit beider Maßnahmen liegt also auf der Hand. Nicht nachzuweisen, aber zu vermuten ist, dass etwa in dem gleichen Zeitraum auch die Fensteröffnung 24 (Abb. 164)[577] in die Südwand 30a des Sanktuariums eingefügt wurde. Voraussetzung für die Funktion der beiden neuen Fenster der Nordwand als Lichtöffnungen war der Abbruch des Obergeschosses des zweigeschossigen nördlichen Nebenraums, den man im 12. Jahrhundert an das frühromanische Sanktuarium angebaut hatte. Er diente einst wohl, wie erwähnt, als Sakristei und Bibliothek oder Schatzkammer. Räume mit einer derartigen Nutzung wurden zweifellos nach dem Abbruch auch weiterhin benötigt, und die Vermutung liegt nahe, dass für diese Funktionen der genannte zweigeschossige Bau in das südliche Seitenschiff eingefügt wurde. Sein Obergeschoss war für eine Funktion als Bibliothek oder Schatzkammer gut geeignet, und in seinem Erdgeschoss, das durch eine Tür mit dem Chor der Stiftsherren verbunden war, befand sich noch in der evangelischen Pfarrkirche die Sakristei. Wahrscheinlich wurde dieser Einbau als Nachfolger des nördlichen Anbaus des Sanktuariums errichtet und stammt damit wohl aus derselben Bauzeit wie die beiden Fenster der nördlichen Hochwand und der heutige Dachstuhl des Sanktuariums.

Für eine genauere Datierung dieser baulichen Eingriffe gibt es bisher leider keinen konkreten Nachweis. Jedoch ist zu vermuten, dass sie im Rahmen der umfangreichen Maßnahmen erfolgten, die nach dem Wüten der Quedlinburger Bürger im Jahre 1336 notwendig wurden. Dass sie erst 1525 nach dem Überfall durch die aufständischen Bauern bei dem Ausbau zur evangelischen Pfarrkirche vorgenommen wurden, ist jedenfalls wenig wahrscheinlich. Um die vorgeschlagene Datierung dieser Umbauarbeiten zu bestätigen – oder zu widerlegen? –, ist zu hoffen, dass die geplante Untersuchung des Dachstuhls über dem Sanktuarium und vor allem die dendrochronologische Bestimmung seiner Hölzer bald erfolgen kann.

Die gotischen Seitenschiffe

Die Seitenschiffe (Abb. 116–119) der romanischen Basilika erhielten anstelle der romanischen neue Außenwände mit je einer durchlaufenden Reihe spitzbogiger Fenster. Im Süden errichtete man die Wand wieder auf dem alten ottonischen Fundament 1 (Abb. 154, 243), auf dem schon die romanische Wand gestanden hatte; die Breite des Schiffs von etwa 3,50 m blieb unverändert. Im Norden wurde die Außenwand dagegen auf dem neuen Fundament 32 (Abb. 181)[578] so weit hinausgerückt, dass sie im Westen mit etwa gleicher Flucht an den westlichen Treppenanbau und im Osten an das romanische nördliche Gebäude, die heutige Sakristei, anschließt und das Schiff eine Breite von etwa 4,40 m erhielt. Wann und weshalb die Wände neu aufgeführt wurden, dazu gibt es bisher keine konkreten Hinweise. Die gleiche Ausbildung der Nord- und der Südwand des Schiffs spricht aber dafür, dass beide aus ein und derselben Bauzeit stammen. Anlass zu ihrer Erneuerung könnte eine tief greifende Beschädigung der Wände bei dem Überfall von 1336 gewesen sein. Auffällig ist, dass man die neue Wand im Süden wieder an der alten Stelle errichtete, so dass sich an der Gestalt des Seitenschiffs nichts änderte. Ob hier weitere Gebäude – etwa von einer Südklausur? – angeschlossen haben, auf die man Rücksicht nehmen musste?

Nachmittelalterliche Veränderungen

1525 wurde das Ende des Stifts eingeleitet. Damals wüteten, wie schon erwähnt, aufständische Bauernscharen in dem Kloster und vertrieben die Stiftsherren. Im Jahre 1547 hob Äbtissin Anna II. (1516–1574) das Stift schließlich auf und übernahm seinen Besitz für das Damenstift auf dem Berg.[579] Danach diente die Wipertikirche einer evangelischen Gemeinde als Pfarrkirche und wurde dafür, so gut es die vorhandene Substanz erlaubte, nach und nach neu eingerichtet. Zu den wichtigsten Maßnahmen für den evangelischen Gottesdienst gehörte der schon erwähnte, zweistöckige Ausbau des südlichen Seitenschiffs. In seinem Untergeschoss, von dem aus eine Tür zum Mittelschiff führte, wurde die Sakristei eingebaut, während das Obergeschoss Patronats-Priechen umfasste. An der Südwand des Mittelschiffs fügte man in halber Höhe eine Predigtkanzel ein, die von der Sakristei aus über eine Treppe zugänglich war. Wahrscheinlich wurde damals auch der Ostschluss des doppelgeschossigen Baus abgebrochen und diesem auf der Südseite eine neue Treppe zum Obergeschoss – vielleicht sogar zunächst als Freitreppe? – angefügt.[580] Wenn sich diese nachweisbaren Veränderungen auch nicht genauer datieren lassen, es kann kaum ein Zweifel daran bestehen, dass sie in den Jahren und Jahrzehnten nach 1525 vorgenommen wurden. Am sichersten ist dieser zeitliche Ansatz noch an den beiden – heute zugemauerten – Türen abzulesen, die man am Westende der Süd- und der Nordwand des

Schiffs einfügte, 182a (Abb. 100) im Süden und 122b (Abb. 108) im Norden. Beide haben profilierte, spitzbogige Gewände in den Formen des beginnenden 16. Jahrhunderts.

Da die Krypta für die evangelische Gemeinde keine Bedeutung mehr hatte und das Gut an ihrer Nutzung interessiert war, wurden ihre alten Zugänge verschlossen und ein neuer Zugang auf der Ostseite eingebrochen. Ob das schon in der ersten Hälfte des 16. Jahrhunderts oder erst zu einem späteren Zeitpunkt erfolgte, ist bisher offen. Für die seit 1632 nachweisbaren Pächter des »Vorwerks Wiperti« gehörte die Krypta jedenfalls nachweislich zu deren Gut und wurde von ihnen als Milchkammer benutzt, die man durch die in die Ostwand eingefügte Tür betreten konnte. Davor befand sich im Untergeschoss des gotischen Ostschlusses der »Molkenkeller«, der von außen durch eine Tür in der Südwand zugänglich war.[581]

Im Mai 1812 schenkte der damalige König Jérôme von Westfalen die Schlosskirche St. Servatii nach der Aufhebung des Damenstifts der »Kommune Quedlinburg«, und am 23. Oktober desselben Jahres erließ er folgende Kabinettsorder: »Die St.-Wiperti-Kirche ist ›supprimiert‹ (aufgehoben). Die St.-Wiperti-Gemeinde wird zur St. Servatii eingepfarrt. Die Güter beider Kirchen werden vereint.« In der folgenden Zeit versuchte man das nun nicht mehr benötigte Kirchengebäude von St. Wiperti zu verkaufen. Als Interessent meldete sich unter anderen auch der katholische Prior des Klosters Huysburg mit einem Angebot von 1000 Talern »zur Herrichtung eines Gotteshauses für die Katholiken in Quedlinburg«. Die geforderten 3000 Taler waren ihm jedoch zu hoch, und er trat zurück. Schließlich kauften die Gebrüder Koch, Pächter des inzwischen wieder zur königlich-preußischen Domäne gewordenen Gutes, das Kirchengebäude im Jahre 1816 mit der Erlaubnis, es als Scheune einzurichten.[582]

Bald nach 1900 hatte der damalige Besitzer des Gutes, das 1831 Privatbesitz geworden war, nach einem Schreiben von Adolf Zeller[583] damit begonnen, neue Wohn- und Wirtschaftsgebäude zu errichten und die bisherigen abzureißen. Die Lage der alten Gebäude geht auch aus dem »Situations Plan« von 1812 hervor (Fig. 128).[584] Aus dem Zellerschen Brief wird deutlich, dass man das alte Gutshaus (5) sowie die angrenzenden Ställe schon – ohne Dokumentation – abgebrochen hatte und dass der Stall (4) zum Abbruch vorgesehen war. Anstelle dieser Bauten, die im Gegensatz zur Kirche schräg von Südwest nach Nordost ausgerichtet waren, hatte man damals schon im Süden das neue Gutshaus und im Osten längs des Mühlgrabens zugehörige Stallgebäude errichtet – hier ist heute die Gartenbauschule untergebracht. Vorgesehen war ferner die Absenkung des Geländes östlich der Kirche um ein bis eineinhalb Meter. In dem obigen Schreiben erklärte Zeller seine Absicht, bei dieser Arbeit »genau zu verfolgen, ob sich innerhalb M [= Fläche östlich der Kirche] noch ältere Mauerzüge finden. ... Ich überwache dann diese [Arbeiten]«. Im Bereich der alten Gutsbauten musste man nämlich damit rechnen, auf Reste der Pfalz oder der Stiftsgebäude zu stoßen. Über irgendwelche Ergebnisse seiner Beobachtungen verlautet jedoch in seinem Band von 1916 nichts. Dort verweist er nur auf von ihm gefundene prähistorische Scherbenreste und auf Gräber »aus der Zeit der Völkerwanderung ... bis in die Zeit der Franken«[585].

Im Jahre 1936 beschäftigte man sich anlässlich der tausendsten Wiederkehr des Todestages König Heinrichs I. auch mit der Wipertikirche, da deren älteste Teile, wie man damals annahm, schon aus dessen Lebzeiten stammten.[586] Vor allem wollte man die Krypta den Besuchern öffnen. Mehrere Vorschläge für einen besonderen Zugang unter Beibehaltung der landwirtschaftlichen Nutzung der Kirche wurden erwogen.[587] Schließlich richtete man das östliche Fenster des nördlichen Seitenschiffs als Zugangstür her. Zu ihm führten außen vorgelegte Stufen empor und innen solche wieder hinab auf das Schiffsniveau. Auf weiteren abwärts führenden Stufen neben der Südwand desselben Seitenschiffs erreichte man den romanischen Nordeingang der Krypta, gelangte durch ihn in einen neu geschaffenen Vorraum und schließlich in den dreischiffigen Hauptraum. Der bisher benutzte Zugang zur Krypta von Osten her wurde damals zugesetzt und an seiner Stelle die östliche Nische des Umgangs rekonstruiert.

Während dieser Arbeiten legte R. Höhne im Ostteil des Schiffs und in der Krypta selbst Suchgräben an. Über deren Ergebnisse hat der damalige Leiter des Schlossmuseums, Karl Schirwitz, berichtet.[588] Danach erfolgte rings um den Altarbereich die »Freilegung des alten Estrichs, der unter einer jüngeren Ziegelschicht lag...« Unter den beiden Stützenreihen und quer durch das Mittelschiff von Mittelpfeiler zu Mittelpfeiler traf man auf verbindende, als »Trockenmauern« hergestellte Fundamente. Außerdem: »Bei Herstellung des Vorraums [der Krypta] wurden alte Fundamente festgestellt, von denen das westliche, wie auch die Grundmauern der Oberkirche und die im nördlichen Seitenschiff gefundenen Mauerreste älterer Anlagen zuzuschreiben sind.« Aus den archivierten Unterlagen geht ferner hervor, dass man mit dem Plan umging, das »Klostergut St. Wiperti« im Ganzen für die SS auszubauen, wofür mehrere Vorschläge ausgearbeitet wurden. So sollte der Schäfereibereich zu einem »Bauernhof«, das östliche Stallgebäude zur »SS-Unterkunft«, das Gutshaus zur »SS-Neubauernschule« und das westliche Stallgebäude zu einer »Turn- und Exerzierhalle« werden. Doch diese Pläne blieben allesamt Papier. 1940 wurde in der Krypta der alte Backsteinfußboden aufgenommen und an seiner Stelle ein neuer Plattenboden eingebracht. Vorher hatte O. Becker in dem Raum Suchschnitte angelegt. Zwei als Kopie erhaltene Pläne Beckers (Fig. 137, 138) lassen erkennen, dass dieser 56 cm unterhalb des neuen Fußbodens auf eine »2 cm starke, harte + feste Erdschicht« gestoßen war. Daneben liefen damals aber auch schon Bemühungen seitens der Denkmalpflege, die Benutzung der Kirche als Scheune abzustellen,[589] ohne jedoch zu einem Erfolg zu gelangen.

Nach dem Ende des Zweiten Weltkrieges wurden die Bemühungen des nunmehrigen Landeskonservators von Sachsen-Anhalt in dieser Angelegenheit fortgesetzt, und 1955 gelang es endlich, die Wipertikirche aus der landwirtschaftlichen Nutzung herauszulösen. Damals begann eine umfassende Restaurierung des Bauwerks mit dem Ziel, es der katholischen St.-Mathildis-Gemeinde in Quedlinburg als Pfarrkirche zur Verfügung zu stellen. Auf Anregung von Fritz Bellmann wurden die bei den Bauarbeiten zutage tretenden bauarchäologischen Befunde durch den Verfasser registriert (Fig. 68) und ausgewertet sowie durch begrenzte Ausgrabungen ergänzt in der Hoffnung, so zu einer Klärung der Geschichte der Wipertikirche zu gelangen. Eine genauere Analyse der Kirche hatte bisher nämlich nicht stattgefunden, und in der Forschung war vor allem die Entstehungszeit der Krypta heftig umstritten.[590] Vor dem Beginn der neuen Untersuchungen[591] hatte man im südlichen Seitenschiff den dort eingefügten zweigeschossigen Baukörper wegen akuter Einsturzgefahr leider ohne archäologische Dokumentation abbrechen müssen.[592]

Weitere Um- und Einbauten

In der Folgezeit hat die Gemeinde die Ausstattung ihrer Kirche weiter vervollständigt, was zum Teil noch heute am Bau ablesbar ist. So wurde die Nordwand des Sanktuariums in einer größeren Fläche für die weite Rundbogenöffnung 104 ausgebrochen.[593] Dabei beseitigte man unter Zumauerung ihrer verbleibenden Reste Teile der beiderseits benachbarten »Obergadenfenster« 105 und 106 sowie den Oberteil der Türöffnung 103. Nach Zeller stand hinter der großen Öffnung in einem vermutlich eigens dazu errichteten Obergeschoss des nördlichen Raums eine Orgel. Möglicherweise erstreckte sich dieses auch über das Ostende des Nordseitenschiffs. Ein von Zeller erwähntes, hoch liegendes Rundbogenfenster A in der nördlichen Hochwand[594] diente vielleicht von dem Raum aus als Sichtverbindung zum Mittelschiff. Gegenüber, in die Südwand des Sanktuariums wurde ebenfalls eine größere Rundbogenöffnung[595] eingefügt, hinter der sich nach Zeller eine »Prieche« befand.[596]

Erhebliche Veränderungen erfuhr offenbar auch der Bereich nordöstlich, östlich und südöstlich der Kirche. Über die Aufteilung des Geländes, seine Nutzung und die damals vorhandenen Gebäude unterrichtet der »Situations Plan der Gebaeude des Wiperti Vorwercks auch das Kloster genannt und der Ziegelhütte zur Ordens Domaine Quedlinburg gehoerig« aus dem Jahre 1812 von Krüger. Von den östlich der Kirche im Boden festgestellten Mauerzügen lassen sich die Fundamente 143 und 142 mit einiger Sicherheit einem nach Osten führenden Gang zuweisen. Wozu die übrigen Fundamente 140, 141 und 163 im südlichen sowie 146, 148 und 151 im nördlichen Bereich einst gedient haben und wann sie angelegt wurden, ist bei dem jetzigen Stand der Untersuchungen nicht zu klären.

Einrichtung zur Scheune

1816 hatten die Pächter des St.-Wiperti-Klostergutes die Wipertikirche gekauft, um sie danach zu einer Scheune auszubauen. Erhebliche Eingriffe in die alte Bausubstanz waren die Folge. Von den Dächern blieben nur das Dach über dem Sanktuarium und vielleicht noch Teile der Seitenschiffdächer erhalten. Um Platz zu gewinnen, wurde der westliche Mittelturm abgebrochen. Von seinen Umfassungsmauern ließ man nur die Nord-, West- und Südwand in der heutigen Höhe stehen, während die Ostwand vollständig abgetragen wurde. Damals beseitigte man wahrscheinlich auch die Chortreppe, den Vorraum der Krypta und die das Sanktuarium beiderseits begleitenden oberen Anbauten. Alle drei Schiffe erhielten neue Dächer, die auf der Nordseite nunmehr auch über den einst zweigeschossigen Anbau neben der Krypta hinwegführten. Das Mittelschiffdach schließt seitdem im Osten an das ältere Dach über dem Sanktuarium an und endet über dem Stumpf der Westwand des ehemaligen Mittelturms, die das Mittelschiff heute abschließt. Um eine bequeme Einfahrt der Erntewagen zu ermöglichen, erhielt die Südwand neben dem zweistöckigen Einbau eine breite Öffnung, und die beiden östlichen Pfeiler der Schiffsarkaden wurden mit den beiderseits anschließenden Arkaden ausgebrochen. Unter dem nördlichen Raum ließ der Gutspächter nach Zeller[597] einen Kartoffelkeller einbauen, der durch die westliche Nische in der Nordwand der Krypta über eine Treppe zugänglich war. In diesem Zustand blieb die Kirche bis zum Jahre 1955, als ihr Ausbau zur Nutzung als Pfarrkirche der katholischen St.-Mathildis-Gemeinde begann.

ST. MARIEN AUF DEM MÜNZENBERG

ZUR GESCHICHTE

987 gründete Äbtissin Mathilde zum Andenken an ihren 983 verstorbenen Bruder, Kaiser Otto II., ein der hl. Gottesmutter Maria geweihtes Nonnenkloster. Die auf dem Münzenberg (Abb. 263, 264) westlich des Schlossbergs errichtete Klosterkirche konnte schon am 7. Mai 995 durch Bischof Arnulf von Halberstadt geweiht werden.[598] Als sie 1015 vom Blitz getroffen wurde und in Flammen aufging, entstanden offenbar keine sehr umfangreichen Schäden. Denn das wiederhergestellte Gotteshaus wurde bereits am 22. Februar 1017 durch Bischof Arnulf von Halberstadt in Gegenwart Kaiser Heinrichs II. feierlich wieder eingeweiht. Umfangreiche Verkäufe und Schenkungen an das Kloster erfolgten vor allem im 13./14. Jahrhundert.[599] Während des Bauernkrieges wurde es 1524 überfallen und verwüstet, worauf es die Äbtissin Anna II. von Stolberg (1516–1574) 1539 aufhob. Die Kirche wurde bald zur Ruine.[600] Etwa 50 Jahre später veranlasste Äbtissin Elisabeth II. von Reinstein (1574–1584) in dem Klostergelände die Errichtung kleiner Hausgrundstücke, wobei nach und nach auch die Mauern der Kirche überbaut wurden.[601] Diese kleinteilige Siedlung prägt noch heute das Bild des Berges.

Von der Kirche stehen innerhalb der Wohngrundstücke nur noch die Untergeschosse des östlichen und des westlichen Abschlussbaus sowie zwischen diesen Teile des ehemaligen Schiffs aufrecht. Leider sind die erhaltenen, inzwischen auch veränderten Bauerste heute kaum mehr zugänglich, ihre genauere Untersuchung vor Ort dadurch sehr erschwert. Um von dem ursprünglichen Kirchenbau und seinen späteren Veränderungen eine Vorstellung zu gewinnen, wird man sich vor allem auf das Aufmass und die Beschreibung der erhaltenen Teile der Kirche durch Zeller (Fig. 147) zu stützen haben, der den Bestand im Jahre 1914 erfasste und künftiger Forschung damit eine relativ verlässliche Basis zur Verfügung stellte; er hat allerdings kaum zwischen Teilen aus der Gründungszeit und solchen späterer Umbauten unterschieden.[602] Die summarischen Bestands- und Rekonstruktionszeichnungen sowie die Beschreibung der Marienkirche durch Brinkmann sind dagegen wenig hilfreich.[603] Eine willkommene Ergänzung sind Fotos und Zeichnungen einzelner Teile bei Korf.[604] Von alten Abbildungen des Münzenbergs sind bisher nur zwei bekannt geworden, die Ansicht der Stadt von Braun und Hogenberg von 1581 und die von Kettner aus dem Jahre 1710.[605] Im Folgenden soll versucht werden, auf Grund dieser Unterlagen die Gestalt des Gründungsbaus der Marienkirche sowie deren spätere Veränderungen zu erschliessen.

OSTTEILE (FIG. 147, 148)

Im Osten endet der Bau mit je einem rechteckigen Flankenraum und einer weiten mittleren Apsis, deren Wandung ebenso wie die des nördlichen Nebenraums als etwa 90 cm dickes Quadermauerwerk hergestellt ist, bei der Apsis selbst zudem mit einem leicht vortretenden äusseren Sockel aus Platte und Schräge versehen. Die gleich dicke Ostwand des südlichen Nebenraums ist dagegen aus Bruchsteinen mit Eckquaderung aufgeführt. Die Apsis bildet den östlichen Abschluss des 7,30 m breiten und insgesamt 9,60 m langen, kreuzgewölbten Hauptraums der Krypta, der durch drei Fenster von Osten her Licht erhält.[606] Drei Paare längsrechteckiger Pfeiler von 55 cm Dicke, ohne abgesetzte Basis und ohne Kämpfer, teilen drei etwa gleich breite Schiffe ab. Die beiden westlichen Pfeilerpaare sind jeweils 80 cm lang und voneinander 2 m entfernt, während das östliche, 65 cm lange Paar von dem mittleren nur 1,50 m und von der Apsiswand etwa

1,10 m Abstand hat. Die Gewölbe der Seitenschiffe liefen ursprünglich wohl im Osten gegen die Rundung der Apsis oder griffen, dieser folgend, in das Mittelschiffgewölbe ein. Bald hat sich aber wohl herausgestellt, dass das ursprüngliche Gewölbe im Apsisraum nicht ausreiche, um die Last des darüber errichteten Hochaltars zu tragen. Unter ihm hat man später eine umfangreiche Stützkonstruktion angebracht, bei der die beiden östlichen Pfeiler offenbar mehrfach teils in Backstein, teils in Werkstein erneuert bzw. ausgeflickt werden mussten.[607] Dem Gewölbe untergelegte Bögen verbinden sie heute miteinander sowie mit dem mittleren Pfeilerpaar und der Apsiswand. Veranlasst wurden diese Eingriffe sehr wahrscheinlich durch die Last des auf dem Gewölbe errichteten gewichtigen, der hl. Maria geweihten Hauptaltars der Kirche.

Im Norden und Süden schließt je ein längsrechteckiger, um etwa 35 cm erhöhter Nebenraum von 5 m Länge und 2,70 m Breite an, der von einem Tonnengewölbe überdeckt und im Ostabschnitt unter einer einbindenden Quertonne etwa 2 m breit gegen den Mittelraum geöffnet ist.[608] Beide Räume wurden durch je ein Schlitzfenster in der Ostwand beleuchtet und waren von Westen her jeweils durch eine Tür zu betreten. Erhalten ist nur die 1,87 m hohe und 74 cm breite Rundbogentür auf der Südseite. Die Oberkante ihrer Schwelle hält mit -1,85 m etwa die Höhe des im Westen angrenzenden Schiffsfußbodens ein, während der heute unzugängliche Boden des südlichen Nebenraums östlich von ihr wohl wie bei dem Nordraum etwa 85 cm tiefer lag. Die Türen führten zunächst in den jeweiligen Seitenraum der Krypta hinab, in dem man über eine Treppe von 4 bis 6 Stufen auf dessen Boden und von dort über 2 weitere Stufen auf den des dreischiffigen Hauptraums gelangte.[609] Derartige beiderseitige Zugänge, die auch Prozessionen durch die Krypta ermöglichten, sind in den frühmittelalterlichen Krypten fast die Regel.[610]

In der Westwand des Mittelschiffs beobachtete Zeller »eine Gurtbogenöffnung von etwa 1,30 m Lichtweite, die jetzt mit Backstein geschlossen ist«, und vermutete, dass sich hier »das Mittelschiff ... ursprünglich nach Westen« öffnete.[611] Dass diese breite Rundbogenöffnung in der Mitte der Westwand der Krypta eine dritte Zugangstür war, kann man wohl ausschließen.[612] Falls sie zu dem ottonischen Bau gehörte, wie es Zeller offenbar annahm, ist hier eine an der Westseite angebaute kleine Kammer zu vermuten, in der der Reliquienschatz des Klosters verwahrt wurde.[613] Von den Wänden und den Fußböden des Obergeschosses, oberhalb der Gewölbe des Hauptraums und der Seitenräume der Krypta, konnte Zeller keinen Rest nachweisen.

Die als Bruchsteinmauerwerk aufgeführte Umfassungswand des Südraums unterscheidet sich deutlich von dem regelmäßigen Quadermauerwerk der Apsis (Abb. 265, 266) und der Umfassungswand des Nordraums mit seinem leicht vortretenden Schmiegensockel. Zu diesem Befund urteilt Korf: »Die originalen Partien der Erbauungszeit 986/987 bis 995 bestehen aus – ehemals verputztem – Bruchstein, die erneuerten des Wiederaufbaus von 1015–1017 aus Sandsteinquadern: die voluminöse Ostapsis ... und der Nordquerarm, dazu die Pfeiler und Gewölbe der Ostkrypta.« Ferner: »Die Gleichartigkeit der Stützen und Wölbungen von Ost- und Westkrypta gestatten allerdings den Schluß, dass Langhaus und Westquerbau ... eine zweite Phase des Wiederaufbaus 1015 bis 1017 ... anzeigen.«[614] Danach wären nach dem Brandunglück von 1015 bis zum Beginn des Jahres 1017, also in höchstens zwei Jahren, außer dem südlichen Nebenraum der gesamte Ostbau mit Krypta und dem

Hauptgeschoss darüber sowie der Westbau neu aufgeführt worden. Vergleicht man die zur Verfügung stehende Zeit mit dem zu bewältigenden Bauvolumen, wird die Unhaltbarkeit dieser These deutlich.[615] Die Reparaturmaßnahmen von 1015 und 1016 können also nur einen verhältnismäßig geringen Umfang gehabt haben. Zu vermuten ist, dass damals der am südöstlichen Steilhang errichtete Nebenraum der Kirche eingestürzt war und seine Umfassungswände danach in Bruchstein neu aufgeführt wurden.

Über dem dreischiffigen mittleren Raum der Krypta erhob sich das gegenüber dem Schiff um etwa 1,80 m erhöhte Sanktuarium, zu dem beiderseits Treppen von 10 bis 12 Stufen empor führten. An seinem Ostende stand der schon erwähnte, von der Apsis umschlossene Hauptaltar der Klosterkirche, der der hl. Maria geweiht war. Westlich von ihm erreichte man auf seitlichen Treppen von 3 bis 4 Stufen die um etwa 60 cm erhöhten Fußböden der seitlichen Nebenräume. Diese Treppen und der zwischen ihnen gelegene Hauptaltar waren offenbar gemeint, wenn zum Jahre 1240 der »Altar unser leven Vruven in unsem Münster« als »gelegen tvischen der Treppen« bezeichnet wird.[616] Die Nebenräume dienten wohl, wie weithin üblich, als Sakristei oder als Schatzkammer. An ihrer Ostseite könnten auch weitere Altäre gestanden haben.

WESTBAU (147, 148)

Von dem westlichen Abschlussbau steht das Untergeschoss mit 1,00–1,10 m dicken Wänden noch weitgehend aufrecht, eine querrechteckige, dreischiffige Halle von fünf Jochen, deren acht quadratische Pfeiler zusammen mit zwölf flachen Vorlagen an den Wänden, alle ohne Kämpfer und ohne Sockel, ein Kreuzgratgewölbe tragen.[617] Die Oberkante des ursprünglichen Fußbodens entsprach in seiner Höhe wohl etwa der des Schiffs. Zugänglich war der Raum offenbar nur von diesem aus durch je eine Tür in der Ostwand des südlichen und des nördlichen Jochs (Abb. 268), von denen die nördliche teilweise erhalten ist. In der nördlichen, westlichen und südlichen Umfassungswand des Westwerks war jochweise jeweils ein Fenster eingebaut. Die der West- und der Südseite sind mehr oder weniger vollständig vorhanden, während sich anstelle der drei zu vermutenden nördlichen Fenster heute größere Wandaufbrüche befinden.

Von den Umfassungswänden des darüber nachweisbaren Geschosses erfasste Zeller über der Nordostecke einen bis zur Höhe von +7,20 m aufrecht stehenden Rest. An der Außenseite des Nordabschnitts seiner Ostwand erkannte er dort »eine rundbogige Öffnung von 1,65 m Spannweite« und meinte dazu, dass sich hier »also keine Tür, sondern ein offener Gurtbogen [befand].«[618] Diese Öffnung[619] ist mit ihrer Weite von 1,65 m allerdings für eine Tür auffallend breit, zumal da der Scheitel ihres Bogens von dem unteren Wandrücksprung der Innenseite 1,80 m und von der auf diesem zu vermutenden Balkenlage sogar nur etwa 1,50 m Abstand hatte. Sehr wahrscheinlich gehört die Öffnung nicht zum ottonischen Bestand.[620]

Über dem Mitteljoch des Erdgeschosses ist in dem Zellerschen Aufriss der Ostwand des Westbaus 45 cm nördlich der Mittelachse 2,74 m hoch die Südflucht des Hauses Nummer 5 eingetragen, auf die er im Text nicht eingeht, die aber der Südflucht im Grundriss des Erdgeschosses entspricht.[621] Hier zeichnen nach Korf im oberen Bereich der Ostwand des Westbaus »zwei Quadergewände eine hohe Bogenöffnung in Breite des entsprechenden Schiffs der Erdgeschoßhalle ab, die sich zu einer pfeilergestützten, nach Breite und Höhe wahr-

Der Münzenberg von Osten

scheinlich gestaffelten Drillingsarkade ergänzen lässt.«[622]

Von einer Unterteilung des oder der oberen Geschosse des Westbaus berichten weder Zeller noch Brinkmann noch Korf. Jedoch erfasste Zeller an seiner Nordostecke über dem Untergeschoss an der Innenflucht der darunter 1,07 m dicken Ostwand bei +2,63 m einen Rücksprung auf nunmehr 90 cm sowie bei +4,90 m einen weiteren auf 57 cm Wanddicke.[623] Diese Rücksprünge können bei ihrem geringen Abstand von dem Untergeschossgewölbe bzw. voneinander kaum als Auflager für Geschossdecken gedient haben.[624] Möglicherweise fanden auf ihnen Zwischenpodeste einer Treppe Halt, die zu einem zweiten Obergeschoss und vielleicht auch zum Dachboden führte.

Wie noch im Einzelnen zu erläutern ist, können für den Gründungsbau der Marienkirche weder in den Seitenschiffen noch im Mittelschiff Emporen nachgewiesen werden. Der Chor der Nonnen hat sich offenbar westlich des Mittelschiffs über dem Untergeschoss des Westbaus befunden – eine auch sonst bei mittelalterlichen Nonnenkirchen gebräuchliche Anordnung.[625] Die erwähnte, über dem Nordjoch des Untergeschosses zu vermutende Geschosstreppe könnte zu einem zweiten Obergeschoss, wohl von der Grundrissausdehnung des ersten, geführt haben. Und für ein solches scheint auch die Darstellung des Münzenbergs in der Stadtansicht von Kettner aus dem Jahre 1710 zu sprechen. Wenn die Marienkirche damals zweifellos auch nicht mehr unter Dach gestanden hat, der Zeichner also offenbar eine ältere Ansicht von ihr aus der Zeit vor der Zerstörung des Gebäudes kopierte, deutlich sind hier, im Gegensatz zu der mehr symbolischen Wiedergabe von 1650, die Hauptgebäude des Berges inmitten von dessen kleinteiliger Bebauung zu erkennen. Neben dem südlichen Turm (mit Schornstein) hat der Zeichner das Dach des Hauptschiffs der Kirche und hinter diesem den Westbau mit seinem ebenfalls von Ost nach West gerichteten Satteldach dargestellt, das das Schiffsdach ein ganzes Stück überragt und dessen Traufe höher zu liegen scheint als die des Mittelschiffs. Dass er bestrebt war, die markanten hohen Gebäudeteile in ihren Umrissen darzustellen, erweisen übrigens auch der links vom Münzenberg sichtbare Westbau der Wipertikirche sowie auf dem Schlossberg die Turmspitze der Stiftskirche und die Giebelfront des Schlosses. Die abschließende Decke des Nonnenchors wird kaum in Höhe der Dachbalken des Westbaus, also höher als die des Mittelschiffs gelegen haben. Vielmehr scheinen das hohe Dach des Westbaus und die erwähnte Geschosstreppe dafür zu sprechen, dass sich über dem Nonnenchor ein weiteres Geschoss von gleicher Ausdehnung erhoben hat. Zu fragen ist, welche Funktion es erfüllt haben kann.[626]

Zu den wichtigsten Räumen des mittelalterlichen Klosters gehörte der Kapitelsaal, der bei der normalen Anordnung der Gebäude um einen Klausurhof unter dem Dormitorium lag. Bekanntlich mussten sich die Nonnen zu den regelmäßigen Stundengebeten nicht nur am Tage, sondern von ihrem Dormitorium aus auch nachts in ihr Gestühl im Chor begeben. Deshalb liegt das Dormitorium in den Klöstern meist in dessen Nähe. Auf dem Münzenberg lässt die erwähnte Abbildung vermuten, dass der Westbau über dem Chor ein zweites Obergeschoss besaß, das von jenem wohl über die schon erwähnte Treppe zu erreichen war. Sollte sich hier etwa, bedingt durch die räumliche Enge auf dem Berg, der Schlafsaal der Nonnen befunden haben, und diente der darunter gelegene Chor zugleich auch als Kapitelsaal? Näher liegt allerdings die Vermutung, dass sich der Kapitelsaal und über ihm das Dormitorium in einem dem Westbau benachbarten Gebäude befunden haben. Ein konkreter Nachweis ist leider weder für die eine noch für die andere Anordnung zu führen.

SCHIFF (FIG. 147, 148)

Im Raum zwischen den beiden Abschlussbauten befand sich das dreischiffige Langhaus, dessen Außenwände gegenüber denen der Kopfbauten beiderseits um etwa 30 cm zurücktraten. Von ihm stehen zwischen den zahlreichen späteren Einbauten nur noch wenige Reste aufrecht. Von der südlichen Außenwand (Abb. 269, 270) ist der östliche Ansatz sowie 6 m weiter westlich ein etwa 5 m langes Stück der Wand selbst erhalten, an das einst, bis zu seiner Umsetzung in das Schlossmuseum, das spätromanische, heute in der Wipertikirche eingebaute Stufenportal anschloss (Abb. 269, 101, 102).[627] Die Stützen der südlichen Arkadenreihe sind vollständig verschwunden mit Ausnahme der östlichen flachen Abschlussvorlage an der Ostwand des Schiffs.[628]

Von dem 2,50–2,60 m breiten nördlichen Seitenschiff blieben Unterteile der Arkadenpfeiler und der Außenwand erhalten, wenn auch mit weit reichenden Eingriffen in die Originalsubstanz. Von den Fenstern fehlt jede Spur; sehr wahrscheinlich befanden sie sich oberhalb des erhaltenen Stumpfs der Nordwand. An dessen Außenseite zeichnen sich vor dem Westjoch des Seitenschiffs, also gegenüber dem ehemaligen Stufenportal am Westende der Südwand, Teile eines Nordportals ab. Der halbrunde Bruchsteinbogen umschloss zusammen mit dem als Rest erhaltenen steinernen Sturzbalken offenbar – analog zu jenem – das Tympanon des Portals, das sich einst darunter öffnete.[629] Von den Nordarkaden stehen am Ost- und am Westende die Unterteile ihrer Endvorlagen aufrecht.[630] Von den nicht mehr vollständigen Stümpfen der drei Freipfeiler zwischen ihnen hatten die beiden östlichen offenbar einfache, quadratische Grundrissform, und neben ihnen lief die Nordwand gerade durch. Während der mittlere Pfeiler seine volle Dicke von fast 90 cm bewahrte, ist der östliche Pfeiler auf der Südseite fast auf die halbe Dicke reduziert. Der westliche Pfeiler zeigt an der West- und der Südseite erhebliche Abarbeitungen und endet im Norden in einer Vorlage, von der ein niedriger Gurtbogen zu einer entsprechenden Vorlage der Nordwand führt.[631] Ein auffallend niedriger Arkadenbogen verbindet auch den westli-

Ehemalige Apsis von St. Marien

chen und den mittleren Pfeiler.632 Wie der westliche Pfeiler einst an seiner West- und seiner Südseite endete, lässt sich nicht mehr klären. In dem Grundriss von Brinkmann ist an seiner Südseite, zum Mittelschiff hin, ebenfalls eine Vorlage eingetragen.633 Über sie urteilte Zeller, »dass dieser Vorsprung nichts weiter als ein verkleideter Schornstein war«, da an seiner Stelle »noch eine Ventilationsöffnung des [darunter befindlichen] Felsenkellers sichtbar« ist.634 Diese Feststellung ist jedoch nicht zwingend; die Vorlage könnte auch ausgebrochen worden sein, um die Lüftungsöffnung einbauen zu können.

Sicher nachgewiesen hat Zeller in mehreren »Probelöchern« in der Höhe von -1,80 m bis -1,90 m die Oberkante des einstigen Schiffsfußbodens, eines Gipsestrichs. Südlich des östlichen Pfeilers, gegenüber diesem leicht nach Osten verschoben, kam unter dem heutigen Fußboden übrigens ein »festgestampfter Block aus Mörtel und Bruchsteinen« zum Vorschein, wohl mit westlich vorgelegter Stufe, an die der Gipsestrich des Schiffs von Westen her anschließt.635 In die vier Seitenschiffjoche sind niedrige, erheblich deformierte Gewölbe eingebaut, in den beiden westlichen Kreuzgratgewölbe auf Wandkonsolen,636 in den östlichen flache, unmittelbar an der Wand ansetzende Quertonnen mit von Osten und Westen eingreifenden Längstonnen.637

Der Versuch, sich das Schiff in seiner ursprünglichen Gestalt vorzustellen, kann nur von den Aufmassen und Beschreibungen Zellers (Fig. 147) ausgehen. Zu seinen wichtigsten Beobachtungen gehört, dass die beiden Abschlussvorlagen der Nordarkaden und die östliche der Südarkaden über die Ansätze der Seitenschiffgewölbe hinaus lotrecht nach oben weiterlaufen. Die von ihnen ausgehenden Arkaden müssen also höher, wahrscheinlich sogar erheblich höher angesetzt haben. Denn die erhaltenen Gewölbe können wohl nur als Substruktionen von Emporen gedeutet werden, die man nachträglich in die Seitenschiffe des Gründungsbaus eingefügt hat. Zu diesen dürfte auch der erwähnte, auffallend niedrige Bogen gehören, der von der Nordvorlage des westlichen Arkadenpfeilers zu der gegenüber an der Nordwand ansetzenden Vorlage führt und so das westliche Joch von dem restlichen Seitenschiff scheidet.638

Die für eine Tür ungewöhnlich breite Rundbogenöffnung im Oberteil der Ostwand des Westbaus, die Zeller vermutlich fälschlicherweise dem Gründungsbau zurechnete, wird wahrscheinlich ein Fenster gewesen sein. Schwierig ist die Vorstellung, dass sie nach dem Einbau der Seitenschiffemporen als Durchgang von diesen zum Westbau benutzt wurde.639

Mit der Annahme, dass sich über den westlichen Jochen der Seitenschiffe Türme erhoben haben, ist die zweimalige Verringerung der Wanddicke über den erwähnten Rücksprüngen der Ostwand des Westbaus kaum zu vereinbaren. Übrigens zeigen die Ansichten der Stadt von 1581 (Braun und Hogenberg) und 1710 (Kettner) neben der Münzenbergkirche jeweils nur einen Turm, also zweifellos den später an der Südseite angebauten spätromanischen Turm.⁶⁴⁰

Während das monumentale Südportal (Abb. 101, 102), das heute in die Wipertikirche eingebaut ist, nach seiner Detailausbildung zu Beginn des 13. Jahrhunderts gefertigt wurde, könnte das oben erwähnte, einfachere Portal der Nordseite (Abb. 267) nach der Aufmaßskizze seiner Reste durch Korf auch älter sein.⁶⁴¹ Dieses Portal und sein Pendant in der Südwand waren wahrscheinlich die einzigen Zugänge in das Kirchenschiff von außen. Durch sie gelangte man zunächst in die Westjoche der Seitenschiffe und von dort in das Mittelschiff, aber durch die erwähnten Zugangstüren auch in das Untergeschoss des Westbaus. Die niedrige Arkade, die das westliche Joch der Nordseite von dem übrigen Seitenschiff scheidet, wird zusammen mit ihren beiden Vorlagen kaum zum Gründungsbau gehört haben, sondern wurde sehr wahrscheinlich erst zusammen mit den Emporen eingebaut. Ursprünglich dürfte der westliche Pfeiler wie seine östlichen Nachbarn quadratischen Querschnitt gehabt haben.

Die ungewöhnliche Lage der Klosterkirche auf einem frei aufragenden Bergsporn (Abb. 263), der von dem westlich angrenzenden Strohberg durch einen flachen Quergraben getrennt war und nach Norden, Osten und Süden mehr oder weniger steil abfiel, führte offenbar zu einer besonderen Anordnung der für ein Kloster erforderlichen Räumlichkeiten. Für Klausurgebäude in der üblichen Ausbildung um einen Klosterhof blieb weder auf der Nord- noch auf der Südseite der Kirche Platz. Die Gebäude konnten nur westlich oder nordwestlich von ihr errichtet werden. Zu berücksichtigen ist dabei noch, dass das Untergeschoss des Westbaus nach dem Zellerschen Aufmass mindestens an der gesamten Süd- und wohl weitgehend auch an der Westseite Fenster aufwies, das dort also wohl ursprünglich kein Gebäude angeschlossen hat. Unklar ist die Situation allerdings an der Nordseite, wo spätere Ausbrüche die Stelle der Fenster einnehmen.

SPÄTROMANISCHE VERÄNDERUNGEN

Im 13. Jahrhundert erfolgte offenbar ein größerer Umbau der Klosterkirche. Nachweisbar ist, dass man ihren südlichen Zugang durch das Stufenportal (Abb. 101, 102) ersetzte, das heute in der Südwand der Wipertikirche eingebaut ist und auf der Südseite des Sanktuariums den nur noch als Stumpf überkommenen, monumentalen Turm anbaute, der auf den Ansichten von 1581 und 1710 den Münzenberg bekrönt. Kaum zu bezweifeln ist aber auch, dass in die Seitenschiffe Emporen eingebaut wurden, deren Gewölbeunterbauten zum Teil erhalten sind. Die Wölbungen setzen in den beiden westlichen Jochen der Nordseite und setzten auch im Ostjoch der Südseite auf spätromanischen Konsolen an, dürften also etwa aus der Bauzeit des ehemaligen Südportals stammen. Damals wurden wohl auch die beiden westlichen Pfeiler der Nordseite durch einen niedrigen Arkadenbogen verbunden, der die Brüstung der hinter ihm eingebauten Empore tragen sollte. Ähnliche Arkadenbögen sind im östlichen und westlichen Joch der Nordseite und im Ostjoch der Südseite nach dem Befund jedoch auszuschließen. Die offenbar jüngere Einwölbung der beiden östlichen Joche der Nordseite scheint als Ersatz für beschädigte oder eingestürzte ursprüngliche Gewölbe eingefügt worden zu sein.⁶⁴² Diese Seitenschiffemporen waren vor dem Westbau wahrscheinlich durch eine Empore gleicher

Bauart miteinander verbunden. Gegen deren Seitenschub wurde vermutlich die niedrige Arkade hinter dem westlichen Arkadenpfeiler und eine entsprechende südliche Arkade als Widerlager eingefügt.

Zu erörtern ist noch die Frage, welche Funktion die neuen Emporen erfüllten oder erfüllen sollten und von wo aus sie zugänglich waren. Die Vermutung, dass sie als Erweiterung des Platzangebots für die am Gottesdienst teilnehmenden Laien eingebaut wurden, kann man wohl ausschließen. Derartige Emporen hat es vor der Reformationszeit in einer Klosterkirche kaum gegeben. Die Nonnen werden ihren Chor aber auch kaum von dem bisherigen Standort auf die neuen Emporen verlegt haben, etwa um den Raum im Westbau nunmehr nur als Kapitelsaal zu benutzen. Eher ist anzunehmen, dass die Emporen eingebaut wurden, damit die Nonnen von ihnen aus an bestimmten feierlichen Gottesdiensten im Schiff selbst teilnehmen konnten.

Die Durchführung der umfangreichen nachweisbaren oder wahrscheinlichen Veränderungen der Kirche im 13./14. Jahrhundert erforderten zweifellos erhebliche finanzielle Mittel, die nur durch Spenden aus der Bevölkerung aufgebracht werden konnten. Aus den erhaltenen Urkunden dieser Zeit gehen die zahlreichen damals erfolgten Schenkungen an das Kloster hervor und lassen zugleich erkennen, wie hoch man die Gebete der Nonnen schätzte. Man war offenbar überzeugt, dass sie den Weg in das Jenseits und den Aufenthalt dort vorbereiten und erleichtern konnten. Ohne diese Zuwendungen und ohne die Verkäufe von Klosterbesitz wären die umfangreichen Baumaßnahmen nicht möglich gewesen.[643]

Die ottonische Klosterkirche konnte, vor allem auf Grund der Beobachtungen von Zeller, in ihren Ostteilen und in dem an diese anschließenden Schiff als eine relativ kurze Basilika mit querrechteckigen Abschlussbauten im Osten und Westen erschlossen werden. Das östliche, mit weiter Apsis schließende Sanktuarium und die unter ihm eingebaute dreischiffige Krypta wurden jeweils von rechteckigen Seitenräumen begleitet. Der Westbau umschloss über dem niedrigen Untergeschoss zweifellos den Chor der Nonnen, neben dem möglicherweise auf der Nordseite, vielleicht auch beiderseits, eine Geschosstreppe zu einem zweiten Obergeschoss führte. Dieses diente vielleicht als Dormitorium der Nonnen. Für zwei ehemalige Obergeschosse des Westbaus spricht auch die Darstellung des Münzenbergs bei Kettner 1710.

Nachträglich, vermutlich im 13. Jahrhundert, wurde die Kirche erheblich verändert. Am Westende der Südwand des Schiffs, wo sich wahrscheinlich von vornherein der Hauptzugang zur Kirche befand, wurde damals das heute in der Wipertikirche befindliche Stufenportal eingebaut. An der Südseite des Ostbaus errichtete man den in seinem Unterteil erhaltenen monumentalen Südturm. Etwa in demselben Zeitraum erhielt das Schiff eine dreiseitige Empore, von der aus die Nonnen nunmehr bei bestimmten besonderen Anlässen am Gottesdienst teilnehmen konnten.

Wenn manche der vorgebrachten Zusammenhänge auch nicht mehr am Ort nachgeprüft werden können, zu wünschen ist, dass dieser Bericht dazu anregt, sich auch weiterhin, gegebenenfalls unter Benutzung neuer Erkenntnisse zur Geschichte des Mittelalters und zur mittelalterlichen sakralen Baukunst, mit der ursprünglichen Gestalt und den späteren Veränderungen der ehemaligen Marienkirche auf dem Quedlinburger Münzenberg zu befassen.

ANMERKUNGEN

1 Vgl. u. a.: Zeller 1916; Brinkmann 1922; Dehio 1976; P. J. Meier 1932; E. Meyer 1937; Vorbrodt 1956; Bellmann/Leopold in: Pfalzenexkursion 1960, S. 35–39; Bellmann 1963; Kirchenbauten 1966/70; Leopold 1970; Lobbedey 1986 (I); Lehmann 1987; Voigtländer 1989; Kirchenbauten 1991.

2 Vgl. Giesau/Schirwitz 1939/40; Wäscher 1959.

3 Herangezogen wurden alle verfügbaren Unterlagen über die und von den damaligen Ausgrabungen. Die meisten der handschriftlichen und zeichnerischen Dokumente von Wäscher und Schirwitz sind beim Landesamt für Denkmalpflege Sachsen-Anhalt in Halle archiviert. Einige weitere konnten dankenswerterweise beim Landesamt für Vorgeschichte in Halle, beim Wissenschaftsbereich Kunstgeschichte der Martin-Luther-Universität Halle-Wittenberg sowie beim Schlossmuseum Quedlinburg eingesehen werden. Doch sie sind nur ein Teil der damals während der Arbeit am Ort gefertigten Zeichnungen. Der Verbleib der übrigen ist unbekannt. Über die 1936 begonnenen Ausgrabungen der SS waren mit Ausnahme eines Grabungsplanes keine Unterlagen zugänglich.

4 Vgl. bisher: Leopold 1989 (III), 1991 (II), 1993 (I und II), 1994.

5 Vgl. Wäscher 1959; Bellmann/Leopold in: Pfalzenexkursion 1960, S. 35–39; Bellmann 1967; Leopold 1970; Lobbedey 1986 (I); Lehmann 1987; Voigtländer 1989.

6 Zu dieser vgl. bisher vor allem Hase 1867; Brinkmann 1891; Zeller 1916, S. 13–20, Taf. 1–3; Brinkmann 1922, S. 148–170; Lorenz 1936; Wäscher 1955.

7 Über die Ergebnisse sind bisher nur kurze Vorberichte erschienen, vgl. Pfalzenexkursion 1960, S. 39–42; Leopold 1987, dort vor allem S. 27 f., 1993 (II) und 1995 (I und II); Leopold/Flemming 1988, S. 42–62.

8 Vgl. Zeller 1916, S. 42–46, Taf. 18, 19. Dazu vgl. später auch Brinkmann 1922, S. 171–180; Rosner 1991, S. 112 f., 242, 347–349.

9 Sie wurden erarbeitet im Auftrag des Landesamtes für Denkmalpflege Sachsen-Anhalt in Halle. Für hilfreiche Gespräche dazu danke ich herzlich: Hilde Claussen, Münster; Edgar Lehmann (†), Berlin; Uwe Lobbedey, Münster; Hans-Joachim Krause, Leipzig; Reinhard Schmitt, Halle, sowie Ernst Schubert, Halle. Letzterem bin ich besonders dankbar für seine Bereitschaft, für dieses Werk die Dokumente zur frühen Geschichte des Ortes unter Berücksichtigung der bauarchäologischen Erkenntnisse neu zu durchdenken. Dazu Ernst Schubert: Auswertung von Urkunden und literarischen Quellen zur Baugeschichte der Kirchen St. Wiperti und St. Servatii in Quedlinburg. Vgl. Einführung in diesem Band.

10 So zum Beispiel: Budaeus 1624, S. 153; Kettner 1710, S. 22, 114 und 1712, S. 44; Voigt 1786, S. 279; Fritsch 1828; von Mülverstedt 1869, S. 58 und 1874, S. 230; Jacobs 1883, S. 85; später auch Grosse 1915, S. 6; Zeller 1916, S. 13; Lorenz 1922, S. 28. – Gegen diese Meinung wandten sich v. Erath 1764, S. 957; Ranke/Kugler 1838, S. 562 f.; Hase 1867, S. 236; Brinkmann 1891, S. 261, sowie in neuerer Zeit auch Bauermann 1931, S. 238.

11 So Ranke/Kugler 1853, S. 597. Demgegenüber hielten Hase 1867, S. 236, und Brinkmann 1891, S. 261, wegen ihres Stützenwechsels eine Entstehung der Krypta der Wipertikirche vor der Zeit Heinrichs I. für unmöglich.

12 Vgl. C. Erdmann 1940, 1941 und 1943.

13 Das nahm kürzlich noch Fuhrmann 1991, S. 15, an.

14 Vgl. Wäscher 1959, S. 25–27.

15 Vgl. u. a. Streich 1984, S. 151 f.; Fleckenstein 1992, S. 12.

16 Nach Auskunft von Paul Grimm befindet sich unter der Keramik des Schlossbergs – aber auch unter der der Wipertigrabung – keine Ware aus diesem Zeitraum. Er hat die Funde vom Schlossberg und von der Wipertigrabung mehrfach durchgesehen und wurde zuletzt leider durch seinen Tod verhindert, den für den vorliegenden Band versprochenen Bericht darüber zu liefern. Dem entspricht, das auch Karl Schirwitz, wie er in einem Manuskript mitteilt, auf dem Schlossberg zwar Keramik des 2.–4. Jahrhunderts, jedoch keine aus der Völkerwanderungszeit, und danach neben einigen frühen Kugeltöpfen erst wieder Scherben aus dem 10./11. Jahrhundert und aus späterer Zeit gefunden hat. Zum Schlossberg vgl. auch: Grimm, Paul: Landschaft um Quedlinburg, in: Pfalzenexkursion 1960, S. 32–34.

17 Dazu vgl. zuletzt Reuling 1996, S. 189 f.

18 Vgl. Fleckenstein 1992, S. 11; Reuling 1996, S. 89; Beitrag Schubert.

19 Vgl. Fleckenstein 1992, S. 17; Reuling 1996, S. 196 f.

20 Dazu vertrat Fleckenstein (1992, S. 17) die Ansicht, dass die Kanoniker der Pfalzkirche »wohl im Jahre 936« auf den Königshof umzogen, während das Kanonikerstift nach Reuling (1996, S. 202) 961 auf dem Königshof neu gegründet wurde.

21 Zu den damaligen Vorgängen vgl. Schulze 1966; Voigtländer 1989, S. 3–59.

22 Am 29. 11. 1938 schrieb SS-Obersturmführer Dr. R. Höhne in einem Brief, von dem im Stadtarchiv Quedlinburg eine Durchschrift erhalten ist, an den Reichsführer SS, Himmler, dass

die wissenschaftliche Arbeit über die Ausgrabung auf dem Quedlinburger Schlossberg Ende Januar gedruckt vorliegen werde und die Voranzeige Anfang Dezember an die SS-Führer verteilt werden soll.

23 So heißt es in der »Mitteldeutschen Nationalzeitung« vom 23. 6. 1937: »Es gelang einwandfrei die Gebeine des großen deutschen Volkskönigs zu ermitteln«. – In einer Zeitungsnotiz vom Juli 1937 ist weiterhin die Rede von dem »wissenschaftlichen Nachweis der Gebeine Heinrichs I.«

24 Vgl. Voigtländer 1989, S. 45. – Voigtländer hat dankenswerterweise alle ihm zugänglichen Dokumente über diese Entwicklung in seinem Band zusammengetragen.

25 Vgl. Voigtländer 1989, S. 49.

26 Vgl. Giesau/Schirwitz 1939/40.

27 Vgl. Wäscher 1959.

28 Vgl. Bellmann/Leopold in: Pfalzenexkursion 1960, S. 35–39; Bellmann 1967; Oswald in: Kirchenbauten 1966/70, S. 263–266; Leopold 1970, ²1983; Dehio 1976, S. 362–366; Lehmann 1987; Leopold/Flemming 1988; Jacobsen in: Kirchenbauten 1991, S. 332 f.; zuletzt Jacobsen 1995.

29 Vgl. Grimm in Anm. 16.

30 Vgl. Anm. 9.

31 »... Quitilingaburch, quam ipse a fundamento construxit ...«: Thietmar 1985, I, 18.

32 Vgl. Reuling 1996, S. 201; Claude 1972, S. 22. Zu der Anerkennung Giselberts als Herzog von Lothringen durch Heinrich I. vgl. auch Beumann ²1991, S. 36; Althoff/Keller 1994, S. 74.

33 Wäscher 1959, S. 27 f. und Abb. 21. – Manche der in dem Wäscherschen Bericht fehlenden Detailbeschreibungen und Maßangaben zu den jeweiligen Fundamentzügen und Einzelfundamenten sind aus handschriftlichen Aufzeichnungen zu entnehmen, die sowohl von ihm als auch von Schirwitz erhalten sind. Zur Struktur des Mauerwerks – wohl des dreischiffigen Raums – berichtet Wäscher, »dass der früheste Mörtel ganz zähflüssig aus Bodekies mit Kalk hergestellt war«. Von den verschiedenen Mauern hat er während seiner Grabung übrigens »über hundert Mörtelproben entnommen und verglichen« (1959, S. 24). Die dabei erzielten Ergebnisse hat er jedoch nur summarisch für die einzelnen Bauperioden mitgeteilt.

34 Wäscher 1959, Abb. 21, 33/34, 38/39. Die beiden Längsfundamente und ihre zur Bauachse abgewinkelten Enden sind nach den Maßskizzen Wäschers ebenso wie das Westwandfundament 97 cm dick.

35 Vgl. unten S. 60 f.

36 Wäscher rechnet sie dagegen ohne nähere Begründung zur Petruskirche, vgl. 1959, S. 27. – Das Maß von 15 cm hat Wäscher vermutlich von der Oberkante Felsen gerechnet, denn er fand offenbar keine Reste eines zu Bau I gehörigen Fußbodens. Die tatsächliche Eintiefung könnte demnach größer gewesen sein. Die Grundrissmaße der Vertiefung sind in den veröffentlichten Plänen (Wäscher 1959, Abb. 21, 46, 123) mit 2,70 m Länge und 1,90 m Breite eingetragen. Demgegenüber weisen die handschriftlichen Maßskizzen 2,16 m Länge (Wäscher) und 2,10 m Breite (Schirwitz) auf. Ähnliche Abweichungen gegenüber den am Ort gemessenen Maßen lassen sich in den gedruckten Plänen mehrfach nachweisen.

37 Anstelle des Südteils des nördlichen Fundaments befand sich nach den Aufmaßskizzen von Wäscher und Schirwitz die Bestattung 6, die in dem Rekonstruktionsgrundriss Wäschers (1959, Abb. 46) fehlt.

38 Das zeigen die Maßskizzen Wäschers, in denen er von dem nördlichen den knapp 50 cm breiten Südteil und von dem südlichen die westliche, südliche und östliche Schale erfasste. In den gedruckten Grundrissen (1959, Abb. 21, 46) ist dieses Fundamentpaar dagegen – offenbar in Angleichung an das westlich benachbarte – wieder mit 97 cm Seitenlänge eingetragen. Den Hohlraum in der Mitte des südlichen Fundaments bezeichnet Wäscher übrigens ohne nähere Begründung als »piscina sacra« (1959, S. 53 und Abb. 39).

39 Vgl. Wäscher 1959, S. 27 und Abb. 21, 31/32, 46. – Wäscher hat die Ansätze in einer handschriftlichen Notiz als »gelbe Steine mit gelbem Mörtel« beschrieben, so dass sie erst um 1000 entstanden wären (zu dieser Zeitbestimmung vgl. unten u. a. S. 42 f.); das von ihm angeschnittene Mauerwerk könnte aber auch von einer späteren Reparatur stammen, etwa im Zusammenhang mit dem vor 1021 erfolgten Einbau einer Krypta. Vorher war übrigens in die Apsis die »Confessio« so eingebaut worden (Wäscher 1959, S. 31), dass deren Nischen das Apsisfundament als Rückwand benutzten. Außer der mittleren Apsis hielt Wäscher offenbar auch Nebenapsiden vor den Seitenschiffen für möglich, vgl. Wäscher 1959, Abb. 15/2, 20, 44. Giesau (1939/40, S. 105) meinte sogar, die Annahme läge nahe, dass die Seitenschiffe »wie bei der Kapelle St. Wiperti auf dem Königshof als Umgang um eine innere Stützenreihe herumgeführt waren«. Die damals vermutete »Kapelle St. Wiperti« hat es jedoch nie gegeben (vgl. unten S. 77), und für die Annahme eines derartigen Ostschlusses, den ähnlich bereits Hase (1877, S. 1–5) vorgeschlagen hatte, gibt es keinerlei Anhaltspunkte.

40 Die Maße entsprechen dem Wäscherschen Rekonstruktionsgrundriss (Wäscher 1959, Abb. 21, 46). Im Text (Wäscher 1959, S. 27) nennt er dagegen eine lichte Gesamtweite von 12 m und eine Seitenschiffbreite von 1,80 m.

41 Oberkante etwa bei -0,80 m. – Eine Maßskizze Wäschers erfasste das Bodenprofil. Danach befanden sich auf dem anstehenden Felsen eine »Arbeitsschicht« von 3 cm, darauf eine 2–4 cm dicke Schicht »Bodekies« und darüber, 4,5 cm dick, »alter Gipsestrich«, der an den Sockel der heutigen Nordwand anschloss, also vor 1021 oder nach 1070 für die Krypta angelegt wurde, sowie 10 cm höher die Lauffläche des heutigen Plattenbodens.

42 Vgl. S. 76.

43 Vgl. Leopold/Bellmann 1960, S. 38; Bellmann 1967, S. 51–53.

44 Auf dem westlichen Fundament-Rechteck kann sich wohl kaum eine Mitteltreppe noch die von Giesau und Wäscher vermutete Vorhalle erhoben haben, die den Zugang von dem von ihnen angenommenen westlichen »Holzpostenbau« zur Petruskapelle vermittelt haben soll.

45 Wäscher 1959, S. 38. Nach einer handschriftlichen Notiz von ihm befand sich an der Ecke ein »grauer Außenputz«. Die »östliche Trennmauer des mittleren Burghofes« (Wäscher 1959, S. 33 und Abb. 45, 46, 62, 83) lief, wie Wäscher meinte, von der Nordwestecke des dreischiffigen Raums nach Norden. Wo er Reste von ihr gefunden hat und wie diese aussahen, geht weder aus den gedruckten Berichten noch aus den handschriftlichen Aufzeichnungen von Wäscher und Schirwitz hervor. Überhaupt ist von einer Grabung in nördlicher Verlängerung der Querhaus-Ostwand nirgends die Rede.

46 Eintragung von Wäscher in einer Grundrissskizze.

47 Für den in den Wäscherschen Grundrissen außerhalb der heutigen Kirche eingezeichneten Verlauf (Wäscher 1959, Abb. 16, 91) gibt es weder in seinem Bericht noch in seinen handschriftlichen Aufzeichnungen eine Bestätigung.

48 Wäscher 1959, S. 38. – Er und Giesau (1939/40, S. 108) hielten es für möglich, dass hier eine Außentreppe von dem Nordarm des Querhauses des 1021 geweihten Baus III zu dessen Hochchor geführt hat, der nach ihrer Meinung zunächst nur östlich des Querhauses eingebaut war und keine von Westen hinaufführende, mittige Chortreppe aufwies.

49 Zum ottonischen Dom in Magdeburg vgl. zuletzt: Leopold 1984; 1989 (I); Schubert 1974, S. 11–17; 1982 (I); 1982 (II); 1984, S. 11–16; 1989 (I), S. 25–29; 1990, S. 90–92; 1993. – Zu Memleben vgl. Bellmann/Leopold 1964; Leopold 1969; 1991 (I); Leopold/Schubert 1991; Schubert 1969; 1989 (II); 1990, S. 79–88.

50 Zu Wiedenbrück vgl. Lobbedey 1973 (III); Streich 1984, S. 400–402; Kirchenbauten 1991, S. 458 f. (Jacobsen). – Zu St. Adalbert in Aachen vgl. Kirchenbauten 1966/70, S. 18 f. (Oswald); Streich 1984, S. 186. – Zu Bruchsal vgl. Kirchenbauten 1966/70, S. 402 (Oswald), wo ihre »Entstehung Ende des 10. Jh. vermutet« wird; Streich 1984, S. 400, der sie »um 1000« datiert; Kirchenbauten 1991, S. 70 (Jacobsen), wo sie als »vermutungsweise schon romanisch« bezeichnet wird.

51 Zu Grone vgl. Gauert 1965 (I und II) und 1974, dort zur Kapelle S. 57; Streich 1984, S. 159–161; Kirchenbauten 1991, S. 155 f. (Jacobsen); Binding 1996, S. 163 f. – Zu Tilleda vgl. Grimm 1968, S. 184–195 (Leopold) und 1990, S. 219–225 (Leopold); Kirchenbauten 1966/70, S. 335 f. (Oswald) und 1991, S. 411 f. (Jacobsen); Streich 1984, S. 157–159; Leopold 1994 (I), S. 68 f.; Binding 1996, S. 185 f., 189, der dort einer Datierung der Kapelle in das 11. Jahrhundert zuneigt. Vgl. zuletzt Binding 1996, S. 171–173, 175 f. Zu Ingelheim vgl. Kirchenbauten 1966/70, S. 129 f. (Oswald); Streich 1984, S. 175 f.; Kirchenbauten 1991, S. 193 (Jacobsen). – Zu Duisburg, Elten und Werla vgl. zuletzt Binding 1996, S. 153 f., 194–196, 111 f.

52 Zu St. Bartholomäus in Paderborn vgl. vor allem Busen 1963. Zu St. Johannes in Köln vgl. Wolff 1971. Zu St. Nicolai in Naumburg vgl. Leopold/Schubert 1972, S. 20–24. Zur Liebfrauenkirche in Goslar vgl. Hoelscher 1927, S. 108–110; zuletzt Streich 1984, S. 415–418.

53 Zu Gernrode vgl. vor allem: Voigtländer 1980, S. 29. Zu der Westkrypta in Memleben vgl.: Leopold 1969, S. 530 und Abb. 2. – Zu den unterschiedlichen Stützenpaaren beider Bauten vgl. auch: Rosner 1991, S. 37 f., 39 f., 302 f., 333. – Zur Datierung der ottonischen Kirche in Memleben vgl. Schubert 1969; Streich 1984, S. 401 f.; Fried 1991, S. 364; Leopold/Schubert 1991, S. 377; Ehlers 1994, S. 55.

54 Man hat den Eindruck, dass die beiden schlankeren und relativ korrekt aus Werksteinen errichteten östlichen Pfeiler von geübten auswärtigen Handwerkern hergestellt sein könnten und der einheimische Bautrupp diese Vorbilder bei den westlichen Bruchstein-Pfeilern, so gut es ging, zu kopieren versucht hat. Eine solche Annahme liegt nahe, zumal da in der Krypta auch in anderer Hinsicht die fehlende Erfahrung der Handwerker auffällt, zum Beispiel bei der mangelnden Kongruenz von Innen- und Außenfluchten der Wände und der extrem nach Osten gerückten Lage der beiden seitlichen Fenster. Deren Anordnung ist statisch nur dadurch möglich, dass die Fundament-Oberkante etwas oberhalb des Gewölbeansatzes außen weit vorspringt, wie der Verfasser 1950 neben dem nördlichen Fenster nach Entfernen des Rasens feststellen konnte. Der mangelnden Erfahrung – und einer inzwischen erfolgten Planänderung? – muss man wohl auch anlasten, dass die Innenfluchten der Krypta gegenüber denen des über ihr errichteten Sanktuariums auffällig differieren – ganz abgesehen von dem verschobenen und asymmetrischen Grundriss der übrigen Kirche. – Ulrich Rosner meint dagegen (1991, S. 37 f.): »Das westliche Pfeilerpaar erinnert durch sein längsrechteckiges Format und die Aufmauerung der ›Schäfte‹ an die ehemals durchgehenden Mauerverbände, die bei Ringkrypten Umgang und Zentralstollen trennten. Dagegen sind die östlichen Stützen als richtige Pfeiler ausgestaltet«. An die karolingische Ringkrypta erinnert m. E. in Gernrode allein die längs der Außenwand herumlaufende Tonne, die jedoch rein technisch bedingt ist: ein ohne Einzug in eine Apsis mündender dreischiffiger Raum erhält bei einer Tonnenwölbung zwangsläufig diese Gestalt.

55 Etwa die vermutlich 955 begonnene und 961 erstmals erwähnte, in ihrer Ausbildung jedoch kaum bekannte Krypta des Magdeburger Doms Ottos des Großen.

56 Inzwischen konnten in einem Suchgraben, der im Juli 1995 unter örtlicher Leitung von Wilfried Weise angelegt wurde, die Reste der großen Ostapsis genauer untersucht werden, und es stellte sich heraus, dass auch hier eine Krypta in gleicher Ausbildung wie an der Westseite vorbereitet, aber nicht fertig gestellt wurde, siehe: Schmitt, Reinhard: Die ottonische Klosterkirche in Memleben. Forschungsstand und Ausblick, in: Heinecke, Berthold und Christian Schuffels (Hrsg.): WALBECKER FORSCHUNGEN, Petersberg 2010, S. 149–171.

57 Vgl. Giesau/Schirwitz 1939/40, S. 105.

58 Vgl. Wäscher 1959, S. 17 f., 27.

59 Vgl. dazu vor allem: Schürer 1929; Bandmann 1958. – Zu dem Obergeschoss der Nikolaikapelle neben dem Naumburger Dom vgl. oben Anm. 54.

60 Vgl. zu diesen Streich 1984, vor allem S. 147–184; Binding 1996, vor allem S. 123–197.

61 Vgl. Kirchenbauten 1966/70, S. 16 (Oswald); Streich 1984, S. 28 sowie die dort aufgeführte Literatur.

62 Es handelte sich offenbar um Trockenmauern aus in »Erde« verlegten Steinen. Für Fundamente lässt sich diese Technik, bei der man Lehm oder auch Humus als Bettung der Steine benutzte, seit dem 9. Jahrhundert vielfach nachweisen, in der näheren Umgebung zum Beispiel bei den beiden Erweiterungen des karolingischen Halberstädter Doms (Bau Ib und Ic), vgl. Leopold/Schubert 1984, S. 30–54.

63 Obwohl er keinerlei Funde oder Befunde aus der Völkerwanderungszeit nachweisen konnte, vertrat Schirwitz die Ansicht, dass das »Erdmauerwerk ... auf Grund der Lagerungsverhältnisse« in diese Zeit gerechnet werden könne. Den »Holzhallenbau« setzte er, ohne einen Grund dafür zu nennen, »in die Zeit des 9. bis 10. Jahrhunderts« (1939/40, S. 117), während Wäscher – wieder ohne Begründung – der Meinung war, »dass er schon früher errichtet sein könnte« (1959, S. 27). – Dass der »Holzhallenbau« der Nachfolger des »Stein-Erdbaues« war, sollte der zu ersterem festgestellte Befund beweisen, dass »am westlichen Abschluss des Baues ... ein großes Stück Lehmfußboden unmittelbar auf dem Fels liegend erhalten [war], der über der Westmauer des Stein-Erdbaues liegt und über sie hinwegzieht« (Wäscher 1959, S. 26). Doch dieser »Lehmfußboden« lässt sich weder datieren, noch ist seine Bestimmung als Fußboden und seine Zugehörigkeit zum »Holzhallenbau« gesichert. Mit der Feststellung, dass die Mauern des »Stein-Erdbaues« »über den teilweise 2 m eingetieften Kellergruben liegen« und jünger sein müssen als diese (1959, S. 25), ist auch nichts gewonnen, da die »Kellergruben« nicht datiert werden können.

64 Wäscher 1959, Abb. 21.

65 Zu der im Mittelalter üblichen Baurüstung vgl. u. a.: Phleps 1930, S. 111–116; Lacroix 1934, S. 218–221 sowie zuletzt Binding 1993, S. 427–444.

66 Wäscher 1959, S. 26.

67 Zu der Ausbildung mittelalterlicher Fachwerkbauten vgl. u. a.: Sage 1965, S. 575; Binding 1970 und 1981.

68 Der auf Flechtwerk angetragene Putz der Raumdecken zweier übereinander liegender Geschosse – beide sogar mit farbiger Fassung – konnte für die ehemalige Außenkrypta des Baus I der karolingischen Klosterkirche in Corvey nachgewiesen werden, vgl. Lobbedey 1977 (II), besonders S. 292; Claussen 1977; dies. 1994; Claussen/Exner 1990, S. 261 f.

69 Die ehemalige Südflucht des Südwandfundaments konnte unmittelbar südlich des Ostabschnitts der Vierung durch einen dort erhaltenen Fundamentrest bestimmt werden, den sowohl Wäscher als auch Schirwitz in Detailzeichnungen erfasst haben, vgl. Fig. 18–20 in diesem Band. Durch sie und durch die von Wäscher nördlich der heutigen Südarkaden erfasste Nordflucht ist die Gesamtdicke des Fundaments relativ genau zu erschließen.

70 Gegenüber den Dimensionen der Quedlinburger Fundamente waren die massiven Sockelmauern der bisher bekannten frühmittelalterlichen Schwellbalkenkirchen etwa 30 cm bis höchstens 70 cm dick, vgl. Ahrens 1981, besonders S. 499–631.

71 Vgl. Wäscher 1959, Abb. 21 und 30. – Die von Wäscher südlich des gotischen Chors freigelegte »Stein-Lehmmauer« (Wäscher 1959, S. 26 und Abb. 15/1, 20, 21) rechnet er nicht zu dem »großen Langbau«, also zu dem westlichen Saal, zu dem sie auch nach Lage und Richtung nicht passt. In welchem Zusammenhang sie einst stand und wann sie hergestellt wurde, dazu gibt es keine Hinweise.

72 Vgl. Wäscher 1959, Abb. 21.

73 Vgl. Fig. 6 in diesem Band. Der

genaue Standort der Pfosten konnte innerhalb der unregelmäßig begrenzten, etwa 70 bis 100 cm breiten Löcher zwar nur im Norden nachgewiesen werden. Rekonstruiert man mit gleichem Abstand von der Westwand in der Achse den mittleren und symmetrisch zu dem nördlichen den südlichen Pfosten, liegen alle innerhalb der von Wäscher erfassten größeren Eintiefungen.

74 Zu der Höhenlage des Fußbodens der Petruskirche vgl. oben S. 12.

75 Vgl. Wäscher 1959, Abb. 17, 46, 69.

76 Ebd., S. 94.

77 Die Skizze benutzte er offenbar auch für den Längsschnitt (Wäscher 1959, Abb. 123), wo der Boden des Beckens jedoch 25 cm unter dem heutigen Fußboden eingetragen ist.

78 Es war jedoch älter als der annähernd quadratische, gemauerte Kasten, bei dessen Eintiefung ein großer Teil des Beckenbodens zerstört wurde, und als der noch jüngere, »sehr kleine Steinsarkophag« an der Stelle des Ostarms des Beckens. Dass der in den Boden eingetiefte steinerne Kasten als Sickergrube zum Becken gehörte, wie ich es 1979 noch für möglich hielt (Leopold/Schubert 1984, S. 29), ist wohl auszuschließen, zumal da der darunter anstehende Felsen kaum Wasser aufnehmen kann. Die Wände des Kastens waren nach den Fotos und dem Grabungsgrundriss Wäschers (1959, Abb. 89/90, 110) auf der Innenseite eben und umschlossen ursprünglich wohl einen Hohlraum. Diese Gestalt entspricht auffälligerweise weitgehend der des ebenfalls in den Boden eingetieften quadratischen Steinkastens 261 aus dem späten 13. Jahrhundert über dem karolingischen Grab 260 des Halberstädter Doms, der vielleicht einst die Reliquien eines über ihm errichteten Altars geborgen hat (Leopold/Schubert 1984, S. 76). Dass der Quedlinburger Kasten, wie es Wäscher (1959, S. 95) ohne nähere Erläuterung ausdrückte und Binding (1975, S. 47) unwidersprochen übernahm, als »Piscina sacra (heilige Müllgrube für die geweihten Kerzenreste u. ä.)« diente, dafür gibt es keinen Nachweis.

79 Giesau 1939/40, S. 108; Wäscher 1959, S. 38 f.

80 Vgl. Anm. 96.

81 Vgl. unten S. 110 ff.

82 1991 versuchte ich mit dieser These den im Chorbereich der ersten Stiftskirche vermuteten, ungewöhnlichen Standort des Beckens zu erklären, vgl. Leopold 1991.

83 Vgl. die oben angeführten Beispiele.

84 Giesau 1939/40, S. 108.

85 Binding 1975, S. 47.

86 Binding 1975 bringt dafür eine ganze Reihe von Beispielen.

87 Zu Boppard vgl. Eiden 1975, S. 91–95. Zu Köln vgl. Doppelfeld/Weyres 1980, S. 52 und 212. – Ähnliche Becken gab es offenbar auch an der Nordküste des Mittelmeeres, zum Beispiel in dem frühmittelalterlichen Baptisterium von Fréjus, vgl. Hubert 1938, Pl. Va.

88 Vgl. Schaefer 1957, S. 361–364, 377 f.

89 Schaefer vermutete, wie seine Rekonstruktion zeigt, dass sich die hölzernen Umfassungswände des Beckens etwa 60 cm über den Fußboden des Raums erhoben haben. Nach dem von ihm mitgeteilten Grabungsbefund könnten sie aber auch kurz über diesem geendet haben, vielleicht von einer rings umlaufenden Stufe eingefasst.

90 Vgl. Jacobsen/Lobbedey 1993, S. 306 f. und Abb. 125; dagegen früher Bohland 1954.

91 Vgl. Leopold/Schubert 1984, S. 26–30.

92 Vgl. Schaefer 1963, vor allem S. 191.

93 Vgl. Fehring 1965, S. 16 f. und Abb. 13.

94 Vgl. zuletzt Schneider 1988, S. 112, 160, 266.

95 Vgl. Gringmuth-Dallmer 1988, S. 161 f. und Abb. 3. – Weitere Beispiele bei Leopold/Schubert 1984, S. 30.

96 Vgl. Pudelko 1932, S. 18 und Anm. 28, wo weitere ähnliche Darstellungen genannt werden.

97 Vgl. die Auflistung der damals bekannten Baptisterien und Taufpiscinen aus dem frühen Mittelalter in: Khatchatrian 1962.

98 Vgl. Kubach/Haas 1972, S. 300 f. Dort wird auch auf die Darstellung eines vierpassförmigen Beckens mit der Taufe Kaiser Konstantins im Warmundus-Sakramentar (Ivrea, Bibl. Cap.) hingewiesen, das um 1000 entstand.

99 Zu diesem vgl. u. a. Kubach 1974, S. 135.

100 Vgl. zum Beispiel Reutersvärd 1967, wo unter den im ganzen Ostseeraum verstreuten romanischen Fünten aus Gotland eine ganze Reihe von vierpassförmigen Becken abgebildet ist, vgl. dort S. 47, 51, 56, 73.

101 Vgl. Althoff 1989, S. 35.

102 Wäscher hielt diesen Schacht und den zweiten am Ostende der Vierung für »Heiligschächte ... zur sicheren Aufbewahrung von Reliquien«, allerdings »unter Altären«, vgl. Wäscher 1959, S. 41, 55. – Meine frühere Annahme, dass der Schacht erst nach der Verlegung des Königssarges abgeteuft wurde, um Reliquien während der

Umbauphase der Stiftskirche sicher zu verwahren, lässt sich weder archäologisch noch in den überlieferten Berichten belegen.

103 Nach Thietmar 1985, I, 21 erfolgte diese Gründung 30 Tage nach dem Tode des Königs.

104 Vgl. zuletzt Reuling 1996, S. 196.

105 Den Neubau der Kirche und der anderen Gebäude des Damenstifts meinen die Quedlinburger Annalen sehr wahrscheinlich mit der Notiz: »Mechtild inclita regina obeunte conjuge suo, praefato scilicet rege Heinrico, coenobium in monte Quedelingensi, ut ipse prius decreverat, sancta devotione construere coepit.« [Annales Quedlinburgenses, in: Pertz, Georg Heinrich (Hrsg.): Annales, chronica et historiae aevi Carolini et Saxonici (= Monumenta Germaniae Historica, Scriptores 4), Hannover 1841, S. 54].

106 Vgl. Wäscher 1959, S. 29–33, Abb. 30, 45, 46.

107 Ebd., S. 31.

108 Vgl. oben Anm. 35.

109 Wäscher 1959, S. 30 f. und Abb. 45, 46.

110 Ebd., S. 31.

111 Giesau 1939/40, S. 105. – Bevor sich die Ergebnisse der neuen Untersuchungen abzeichneten, hielt ich diese Ausbildung der ersten Stiftskirche auch eher für möglich.

112 Die zuletzt von Reuling erwähnten zeitweiligen »Differenzen zwischen Mathilde und ihrem Sohne Otto« (1996, S. 196) sind vermutlich bald wieder beigelegt worden.

113 Vgl. Voigtländer 1989, S. 97 f.

114 Lehmann (1987, S. 22) neigte mehr zu einem Einbau durch die Königin. – Nach Meinung von Jacobsen (1995, S. 67 f.) wurde die »Confessio« in den Bau I Wäschers eingefügt, und dieser habe auch nach 936 als Damenstiftskirche gedient.

115 Die damaligen Vorgänge von der Entdeckung der »Confessio« bis zur Ergänzung ihrer Reste sowie die bisherigen Deutungsversuche der Anlage hat Klaus Voigtländer (1989, S. 101–119), der alle ihm zugänglichen Nachrichten darüber zusammentrug, in ihrer beinahe dramatischen Abfolge dargestellt.

116 Der 40–44 cm hohe Sockel tritt gegenüber der darüber ansetzenden Rückwand 15–20 cm vor. Über seiner nach oben leicht abgeschrägten Fußplatte weist er ein unregelmäßig gezogenes Profil aus Plättchen, fallendem Karnies, Wulst und Plättchen auf.

117 Voigtländer 1989, S. 103–109.

118 Ebd., S. 106, Anm. 63 a.

119 Ebd., S. 107 f.

120 Vgl. Wäscher 1959, Anm. 122.

121 Voigtländer 1989, S. 112.

122 Vgl. Wäscher 1959, Abb. 243.

123 Auf dem Plattenboden der Krypta, der – wohl vor der vorher entfernten Stufe zum Altarraum – mit gerader Ostgrenze endet, liegt ein mächtiges Kantholz, auf dem ein zweites, schräg gegen die Säule geneigtes und mit einem Keil gesichertes Kantholz steht. Südlich der Säule ist im Hintergrund ein weiteres liegendes Kantholz zu erkennen und über ihm ebenfalls ein schräg gegen die Säule geneigtes, allerdings nur schemenhaft wahrnehmbares Holz. Zweifellos diente diese Konstruktion zum Abfangen des Gewölbes über der Säule, um deren Kapitell auswechseln zu können.

124 Voigtländer (1989, S. 111) setzt diese Maßnahme ohne Begründung erst »um 1900« an!

125 Vgl. ebd., S. 108. – Die 1877 von Annecke beobachtete »Aufmauerung von 1869« über der Westwand hatte man inzwischen offenbar wieder abgebrochen.

126 Dieses Fundament dürfte schon vor 1021 für die nordöstliche Stütze der neuen Krypta eingebaut worden sein. Unter diesem sei – so berichtete Wäscher – »die früheste Treppe in die Confessio« (Wäscher 1959, S. 23) »unter der späteren Treppe vollständig erhalten geblieben« (ebd., S. 32). Zu bedauern ist, dass es weder ein Aufmass noch eine genaue Beschreibung von dieser Treppe gibt, zumal da ihr Bereich heute nicht mehr zugänglich ist. Mit der »späteren Treppe« ist offenbar die im 19. Jahrhundert eingebaute gemeint, die später wieder verfüllt wurde.

127 Gutachten des Regierungspräsidiums Magdeburg vom 30. 4. 1878 (Wäscher 1959, Anm. 122).

128 Die heute auf der erweiterten Nische und dem rechten Wandabschnitt befindliche Stuckierung gehört in toto zu der Ergänzung von 1878.

129 Und nicht auf zwei Stuckschichten, wie Voigtländer (1989, S. 107 mit Anm. 64) die Bemerkung von Annecke interpretierte.

130 Welche Gestalt der 936 an dieser Stelle beigesetzte Sarg des Königs hatte und aus welchem Material er hergestellt war, ist eine offene Frage. Die beim Einbau der »Confessio« vor seinem Fußende angebrachte Wandnische entsprach jedenfalls nach ihren 1877 festgestellten Resten den übrigen Nischen der Anlage.

131 Vgl. Wäscher 1959, Abb. 21, 46, 69, 253.

132 Ebd. 1959, Anm. 122, S. 88.

133 Sie erfolgte, ohne die im 19. Jahrhundert über alle Stuckteile hinweg gezogene Tünchschicht anzutasten.

134 Zu dem in diesem Bereich verwendeten Material vgl. Bericht Möller 2001.

135 Vgl. Lehmann 1987, S. 22.

136 Außer Betracht bleiben können hier wohl die – meist oberitalienischen – Krypten, deren über einer Stütze gewölbte Apsis sich nach Westen gegen einen angrenzenden breiteren Querraum öffnet, wobei die Stütze durchweg nicht in der Mitte, sondern am Westende des Apsisraums steht. Als Beispiele seien die Krypten von S. Maria delle Cacce in Pavia (8.–10. Jh.), S. Severo in Bardolino (um 900), S. Michele ad curtim in Capua (2. H. 10. Jh.) und Sestino, Pieve (11. Jh.) genannt, vgl. Magni 1978/79, S. 42–56. An der gleichen Stelle steht auch die Stütze in der wohl um 1000 errichteten Krypta von St. Cyriak in Sulzburg, vgl. Kirchenbauten 1966/70, S. 327 f. (Oswald); Rosner 1991, S. 255.

137 Zu Hameln vgl. Kirchenbauten 1966/70, S. 107 (Oswald); Kirchenbauten 1991, S. 165 (Jacobsen). Nach Oswald ist die Entstehung der Krypta »im 10. Jh. ... nicht ausgeschlossen«, nach Jacobsen »wohl schon frühromanisch«. Nach Rosner (1991, S. 218 f.) ist sie in das erste Viertel des 11. Jahrhunderts zu datieren. Hier ist das Stützenpaar zwar nicht nachgewiesen, da an seiner Stelle Stützen der jüngeren Krypta stehen, war aber sehr wahrscheinlich einst vorhanden. – Zu Meschede vgl. Anm. 189. Nach Claussen/Lobbedey wäre die Entstehung um 900 denkbar; vgl. auch Rosner 1991, S. 73 f. – Zu Vilich vgl. vor allem Achter 1968, wonach der Bau III, zu dem die Krypta gehört, um 1020/50 entstanden ist.

138 S. Secondo in Asti stammt nach Magni (1978/79, S. 57, 75) aus der Mitte des 10. Jahrhunderts. – Während Oswald in Kirchenbauten 1966/70, S. 24, die Entstehung der Stiftskirche Amsoldingen in der ersten Hälfte des 11. Jahrhunderts vermutet, hält es Samuel Rutishauser (1982, Tafel 3, 4) für möglich, dass die Krypta schon im 10. Jahrhundert erbaut wurde, vgl. dazu auch Kirchenbauten 1991, S. 25 (Sennhauser). – S. Salvatore in Brescia entstand nach Magni (1978/79, S. 57, 60) in der zweiten Hälfte des 8. Jahrhunderts. – S. Vincenzo in Galliano stammt nach Magni (1978/79, S. 57, 80) aus dem Anfang des 11. Jahrhunderts; vgl. dazu auch Rutishauser 1982, S. 57 f. – St. Andreas in Neuenberg wurde nach Kirchenbauten 1966/70, S. 231 (Oswald) 1020/30 errichtet; vgl. dazu auch Rosner 1991, S. 208 f. und Kirchenbauten 1991, S. 304 (Jacobsen). – Die Kathedrale von Ventimiglia wurde nach Magni (1978/79, S. 57, 77) im 9. oder in der zweiten Hälfte des 10. Jahrhunderts errichtet.

139 Vgl. Schaefer/Claussen 1974. Nach Claussen, die jedoch ein östliches Stützenpaar und zwei westliche Zungenmauern für wahrscheinlicher hält (1974, S. 332 f.) wurde die Krypta im zweiten Viertel des 9. Jahrhunderts in die Kirche eingebaut.

140 Dort vermutet ihn auch Möller, vgl. Möller 2001.

141 Vgl. Leopold 1987 sowie unten S. 165.

142 Roland Möller hat den Stuck der »Confessio« untersucht, vgl. Möller 2001.

143 Wie die Wandabwicklung des Ostabschnitts von Kilburger (Fig. 50) erkennen lässt, standen 1869 vor dem – von der Nordwestecke aus nach Osten gezählt – vierten Wandpfeiler noch das Säulchenbündel mit allen drei Kapitellen und dem Ansatz des rechten Bogens, vor dem breiteren fünften Wandpfeiler die beiden Säulchen mit ihren Kapitellen, vor dem sechsten Wandpfeiler das Bündel mit dem linken Kapitell sowie vor dem siebenten Wandpfeiler das Bündel ohne Kapitelle noch aufrecht. 1875 fehlten inzwischen nach dem Aufriss des Südabschnitts von Hase (Fig. 52) die Kapitelle und Teile der Schäfte der Säulchenbündel vor dem fünften, sechsten und siebenten Wandpfeiler; das Bündel vor dem achten Wandpfeiler war mit den beiden seitlichen Kapitellen und das am Ende der Südwand ganz, aber ohne Kapitelle erhalten. Der damalige Zustand der Nordwand der »Confessio« ist nicht bekannt, da von ihr keine Zeichnungen oder Fotos nachweisbar sind.

144 Die Kapitelloberkante der größeren Säulchen lag etwa bei -0,90 m, also rund 30 cm tiefer als der heutige Fußboden in der Apsis (-0,60 m). 1878 brachte sie der Stuckateur höher an (Oberkante etwa bei -0,75 m), offensichtlich mit Rücksicht auf das neue Abschlussgesims, dessen Oberkante sich nach der Fußbodenhöhe in der Apsis richten musste. Die Kapitelle der kleinen Säulchen rückte er ebenfalls etwas höher, und die Stuckbögen über den Rundbogennischen erhielten dementsprechend Segmentform.

145 Vgl. Voigtländer 1989, S. 103, Anm. 27, und S. 109, Anm. 78 sowie die Tafelabbildungen 107–109. – Abbildungen weiterer Spolien bei: Bellmann 1967, Abb. 3, 9–12; Lehmann 1987, Abb. 8, 13, 14.

146 Dass der Innenraum der »Confessio« ehemals mit einem Gewölbe überdeckt war, hatte schon Giesau erkannt, vgl. 1937/38, S. 12 f.; Bellmann 1967, S. 46, neigte zu einer Überwölbung des Raums ohne Stütze oder über einer Mittelstütze, was der Verfasser früher auch für möglich hielt.

147 Vgl. Voigtländer 1989, S. 104, der dort in Anm. 31 einen Bericht von Quast aus den Jahren 1875/77 zitiert: »... Nur der mittlere Ostpfeiler ist abweichend gebildet, indem hier das Mittelsäulchen fehlt, und der breitere Pfeiler gleichfalls wie die Nischen mit einer Archivolte verziert ist...« – Zwischen den Säulchen dieses Pfeilers trug die Wand ein großes lateinisches Kreuz – gemalt oder erhaben? –, von dem heute jede Spur fehlt, das aber in den Zeichnungen von Kilburger und Pelizäus eingetragen ist und das auch Quast bemerkt hat.

148 Geringe Reste von Stuck auf der Felsoberfläche, die Bellmann 1967, S. 46, für Teile eines Estrichs hielt, könnten auch von dem Stuckateur herrühren, der die erhaltenen Teile der »Confessio« 1878 zu dem heutigen Bild ergänzte. Vgl. dazu auch den Bericht Möller 2001.

149 Vgl. Bellmann 1967, S. 48 und Abb. 4.

150 Vgl. Möller 2001.

151 Vgl. oben S. 18.

152 Vgl. Wäscher 1959, S. 38.

153 Zu diesem vgl. unten Anm. 229.

154 Wäscher 1959, S. 29, 33 und Abb. 45, 46, 82/83.

155 Dazu vgl. auch Anm. 47.

156 Vgl. Wäscher 1959, Abb. 17, 46, 69.

157 Ebd., Abb. 30.

158 Auf der Grundlage dieser Skizzen wurde Fig. 20 in diesem Band gezeichnet.

159 Die Nordflucht dieses Fundaments und dessen Gesamtdicke von 1,13 m hat Wäscher in handschriftlichen Aufzeichnungen festgehalten.

160 Vgl. Wäscher 1959, S. 39 und Abb. 45, 46, 69, 91.

161 Eine in den Grundrissen in östlicher und westlicher Verlängerung der Südflucht des Querhausfundaments eingetragene Ostwestlinie (z. B. in Abb. 110 und 253), die auffälligerweise in fast allen aus der Zeit der Grabung stammenden Unterlagen fehlt, soll offenbar die Südflucht der »inneren Ringmauer« andeuten, wie er sie vermutete.

162 Es ist bei Wäscher 1959 in Abb. 110 und 253 nördlich der in Anm. 145 erwähnten Ostwestlinie eingezeichnet. Nach den Maßskizzen wurde das Fundament an der Nordflucht in etwa 5 m, an der Südflucht in etwa 9,5 m Länge nachgewiesen. Im Süden war es von einem wohl nachträglich angebauten Ostwestfundament begleitet, das an seiner Südflucht den Ansatz einer Längstonne aufweist und dessen Dicke Wäscher an seinem oberen Abbruch mit 2,08 m angab (Notiz in einer Querschnittsskizze).

163 Auf der Westseite müssten Reste von ihr in dem dicken Mauerblock zwischen der Treppe neben der Nikolaikapelle und dem westlichen Eingangsraum des Quertonnenbaus stecken. Bei Wäscher ist weder von einer Untersuchung dieser Stelle noch von einem Nachweis der »inneren Ringmauer« weiter westlich die Rede.

164 Vgl. 1959, Abb. 45, 46, 69.

165 Hier lehnte sich an das Fundament auf der Westseite der Stufenraum. – Der Südteil des Fundaments wurde bei der Anlage der Backsteingruft 19 fast vollständig beseitigt, vgl. auch Wäscher 1959, Abb. 55, 56.

166 Vgl. Wäscher 1959, Abb. 80/81. Südlich des etwa 1,12 m dicken Fundamentrestes, dessen Sohle bei -0,98 m festgestellt wurde, hat man an seiner Stelle später die nördliche Kammer am Ostende des Mittelschiffs eingefügt, deren – auch in Wäschers Abb. 80 erkennbarer – Estrichfußboden etwa in Höhe der Sohle des Fundaments liegt.

167 Hier können nur noch geringe Reste des Fundaments erhalten sein. Der größte Teil von ihm wurde spätestens bei der Anlage der tiefen südlichen Wandnische in der Westwand der Krypta zerstört, deren Fußbodenoberkante etwa in gleicher Höhe liegt wie die am Nordende nachgewiesene Sohle des Fundaments.

168 In der Ostwand der kleinen, etwa 20 cm tiefen Rundbogennische der Apsidiole der Nikolaikapelle wurde 1986 ein – wohl von Wäscher stammender – alter Suchschlitz etwas erweitert. Es zeigte sich, dass das aus relativ lockeren Sandsteinen und gelbem Kalkmörtel hergestellte Mauerwerk der Kapelle im unteren Teil gegen den anstehenden Felsen, darüber aber, ab -2,62 m, gegen ein offensichtlich älteres Fundament aus großen Sandsteinquadern und festem, sehr dichtem, weißgrauem Mörtel gesetzt worden ist, mit dem die Steine auch auf der Westseite putzartig überzogen sind. Dieser Mörtel unterscheidet sich deutlich von dem gelben Kalkmörtel der Nikolaikapelle, der auch die Fuge zwischen den beiden Mauern ausfüllt, aber auch von den Mörteln des Längstonnenbaus und der – noch zu beschreibenden – Tonnenbauten unter dem südlichen Seitenschiff sowie dem Mörtel von 1070/1129.

169 Vgl. Giesau in: Giesau/Schirwitz 1940, S. 105; Wäscher 1959, S. 18, 32 f. Es erhob sich über der Osthälfte also auch weder eine »Vorhalle« noch ein »Torturm«.

170 Diese Fundamente hat Wäscher offenbar nicht untersucht.

171 Brinkmann 1922, S. 55–57 und Abb. 29, 30. Das setzt eine Kenntnis der unter dem modernen Putz verborgenen Befunde im Westteil der Krypta voraus. Brinkmann hat diese entweder noch selbst vor dem Aufbringen des modernen Putzes genauer ansehen können oder wusste von ihnen aus heute nicht mehr zugänglichen Berichten.

172 Die Sockel sind aus 20–23 cm hohen, roh bearbeiteten Sandsteinquadern zusammengesetzt. Bei der Nordwestecke des südlichen Pfeilers wurde der Sockel im 19. Jahrhundert nachträglich um 10 cm erhöht.

173 Er ist aus großen, quaderartigen Kalksteinen mit festem bläulichgrauem

Gipsmörtel aufgeführt, mit einem feinen, mittelfesten, dunkelgrauen Gipsmörtel geputzt und zuletzt mit einer dünnen Kalktünche überzogen. Putz und Tünche sind nur hinter den später angebauten Wandpfeilern auf der West- und der Nordseite in größeren Flächen erhalten geblieben. Die Tünche weist auf der Nordvorlage eine gelbe und auf der Westvorlage eine graue Färbung auf.

174 Er ist aus dem gleichen Material wie der Pfeiler hergestellt, lässt an der Unterseite Bretterabdrücke des Leergerüstes erkennen, über dem er einst gewölbt wurde, und trägt darüber wieder den getünchten Putz.

175 Auf dessen Südseite zeichnete sich 1986 nach partieller Abnahme des Putzes der Weiterlauf der Unterkante des ehemaligen Bogens deutlich ab. Man hatte hier nach 1070 offenbar zunächst den Bogen dicht untermauert, ihn dann heraus gebrochen und zuletzt die entstandene Lücke bündig zugesetzt.

176 Er ist aus großen, zum Teil etwas brüchigen Kalkbruchsteinen mit wenigen Sandsteinen und festem hellgrauem Gipsmörtel hergestellt sowie mit feinem, dunkelgrauem Putz und einer abschließenden Kalktünche überzogen.

177 Dieser wurde später offenbar ausgebrochen und zugleich seine zugestutzte Ostvorlage mit hochkant gestellten grauen Sandsteinen nach oben bis zur Gewölbeunterkante verlängert.

178 Ihr Putz mit Tünchüberzug ist auf der Südfläche sowie in einem Rest auch auf der Ostfläche hinter dem später vorgebauten Wandpfeiler erhalten, der zu den beiden Westjochen gehört.

179 Wäscher rechnete dagegen die beiden Mittelpfeiler und die von ihnen einst beiderseits abgehenden Bögen zum zweiten Bauabschnitt des Baus III und meinte: »Die schmalen Querschiffflügel sind durch Arkadenwände von der Vierung getrennt.« (Wäscher 1959, S. 38 f.) Bellmann wiederum hielt die Pfeiler für die östlichen Stützen einer »Pfeilerbasilika ohne Querhaus ... oder nur mit einem falschen Querhaus«, die bis 1021 vollendet worden sei. Da ihm der von dem südlichen Mittelpfeiler ausgehende, niedrige Bogen offenbar unbekannt war, vermutete er, dass die Arkadenbögen über den Pfeilern »nicht viel höher gewesen sein können als die Langhausarkaden« (Bellmann 1967, S. 54). Beide Thesen werden übrigens auch durch die Feststellung widerlegt, dass die Pfeiler vor der Verwendung des gelben Mörtels, also vor dem Bau des 997 geweihten, dreischiffigen Langhauses errichtet wurden.

180 Wäscher hat den Befund damals relativ sorgfältig in Aufmaßskizzen und Fotos erfasst. In seinem Bericht bringt er jedoch nur ein Foto des alten Pfeilerrestes mit einer erläuternden Durchzeichnung auf einem Deckblatt (Wäscher 1959, Abb. 80/81).

181 In der betreffenden Grundrissskizze Wäschers ist auch hier die Ausklinkung eingezeichnet. Leider gibt es von diesem Bereich kein Foto – vielleicht war ein Fotografieren wegen Raumenge nicht möglich?

182 Falls dieser einst mit einer nach Westen gerichteten Vorlage oder Wand verbunden war, kann deren Ansatz nur weiter nördlich gelegen haben.

183 Der vom südlichen Mittelpfeiler der Vierung ausgehende Bogen verschwindet, wie schon erwähnt, am Westende hinter dem südwestlichen Wandpfeiler der Krypta. Jedoch lässt sich sein weiterer Verlauf, wie schon in Anm. 179 beschrieben, von Süden her als Negativ, als Oberkante der nachträglich untergebauten Doppelarkade verfolgen. Das lotrechte Ende der Bogenunterkante dürfte der Ostflucht der ehemaligen Ostvorlage des alten Südwestpfeilers entsprechen.

184 Unter dem Putz kam hier nur Mauerwerk aus der Bauzeit der hochromanischen Kirche und solches aus Backstein zum Vorschein, und der Sockel wurde offenbar im 19. Jahrhundert – vielleicht als Kopie des ursprünglichen? – erneuert.

185 Dieser wurde im 19. und im 20. Jahrhundert erneuert; im Mittelalter dürfte sich an seiner Stelle immer eine geschlossene Wand erhoben haben.

186 Eine solche Ausbildung vermutete schon Lobbedey 1986 (I), S. 401.

187 Vgl. Voigtländer 1980, Abb. 12. Das Gernröder Langhaus, dessen Langhausarkaden bei etwa 3,0 m Breite 4,80 m hoch sind, also ein Verhältnis von 1:1,6 aufweisen, dürfte im vierten Viertel des 10. Jahrhunderts errichtet worden sein. – Die Vermutung, dass auch das Schiff der nach 986 begonnenen Benediktinerinnenkirche St. Marien auf dem Quedlinburger Münzenberg eine ähnliche Geschosseinteilung aufgewiesen haben könnte (vgl. dazu Zeller 1916, S. 42–46; Brinkmann 1922, S. 171–180; Rosner 1991, S. 242), ist sehr wahrscheinlich irrig.

188 Dass auf diesen Emporen die Sitze der Damen gestanden haben, ist jedoch wenig wahrscheinlich.

189 Vgl. Claussen/Lobbedey 1967, 1985, 1989.

190 Vgl. zuletzt: Fußbroich 1984, besonders S. 450–454 und Fig. 233–238.

191 Vgl. Lobbedey 1976 und 1977 (I); Schwedhelm 1976.

192 Vgl. Lobbedey 1972 (I), S. 314–317.

193 Diese ottonischen Bauten unterscheiden sich deutlich von der karolingischen Michaelskirche in Rohr bei Meiningen, einem Saal mit ungeteilt durchlaufendem östlichem Querhaus,

an das ursprünglich eine Halbkreisapsis unmittelbar anschloss; sie wurde in der zweiten Hälfte des 9. Jahrhunderts durch ein rechteckig ummanteltes Sanktuarium mit innerer Apsis über einer Krypta gleicher Grundform ersetzt. Die Annahme von Rosner (1991, S. 250) und Jacobsen (in: Kirchenbauten 1991, S. 349), dass der Einbau der Krypta erst in der zweiten Hälfte des 10. Jahrhunderts erfolgte, kann nicht überzeugen.

194 Vgl. Kirchenbauten 1966/70, S. 48 f. (Oswald).

195 Vgl. Kirchenbauten 1966/70, S. 44 (Oswald), sowie Kirchenbauten 1991, S. 68 (Jacobsen).

196 Vgl. vor allem Turek 1950; Kirchenbauten 1966/70, S. 174 f. (Oswald).

197 Vgl. Claussen/Lobbedey 1989, S. 120–125 sowie ebd. S. 125 f.: Claussen, Hilde: Zur Frage der Ursprünge der Querhausemporen in Damenstiftskirchen.

198 Vgl. z. B. Achter 1985.

199 Vgl. Anm. 186 und 189.

200 Nach dem um 1500 niedergeschriebenen, wahrscheinlich aber viel älteren Text der Osterliturgie, vgl. Lipphardt 1972; Voigtländer 1982, S. 87 f.

201 In Gernrode liefen die Querhausarme vor dem Einbau der Emporen des 12. Jahrhunderts offenbar vom Fußboden bis zur Decke ohne Unterteilung durch. Nach dem Einbau der Emporen überschnitt deren Fußboden nach dem Aufmaß von Toelpe/Ulrich im Süden die erwähnte ehemalige Tür zum Dormitorium und überdeckte an der Nordwand fast 70 cm hoch die Säulenbasen der beiden dort nachweisbaren Biforien, vgl. Voigtländer 1980, Tafel 38/38a, 39/39a, 40/40a und 47. – Zu den Gernröder Emporen vgl. auch: Leopold 2001, S. 20–25.

202 Dort musste damals zur Erneuerung der desolaten südlichen Stützmauer des Berges der Boden hinter ihr vollständig abgetragen werden. Der dabei beseitigte archäologische Bodenbefund konnte leider nur zum Teil in einer Notdokumentation erfasst werden.

203 Vgl. b in Fig. 23 in diesem Band. – Wäscher beschreibt das Fundament 1959 in Abb. 21 als »Bruchsteinmauer in Lehmbettung« und in Abb. 124 als »Steinbrocken und Lehm vor 936«, begründet diesen zeitlichen Ansatz aber nicht.

204 Vgl. c in Fig. 23 in diesem Band.

205 Vgl. die Ansichten des 18. Jahrhunderts von der Südseite des Stiftsberges in: Wäscher 1959, Abb. 223, 224 und 226.

206 Zu Borghorst vgl. Warnecke 1989, der unter anderem eine Urkunde – allerdings erst von 1514(!) – anführt, nach der »die Äbtissin von den Stiftsherren nach alter Gewohnheit aus ihrem Chor im Westturm der Kirche abgeholt und in ihr Gestühl auf dem Hohen Chor oder dem Jungfernchor geleitet werden« sollte.

207 Vgl. Fig. 22. – Das Stadtarchiv Quedlinburg besitzt von der Situation eine Lichtpause. Der Grundriss, der den Mittel- und Nordteil des Ostabschnitts der Krypta sowie das Gelände nördlich davon erfasst, ist am 3. April 1939 von R. Höhne, dem damaligen Leiter der SS-Grabung, unterzeichnet. Nach der Art der Darstellung handelt es sich um eine summarische Grundrissskizze ohne steingerechte Erfassung des Mauerrestes. Bei Wäscher 1959 fehlt der Mauerrest und ist auch in seinen handschriftlichen Aufzeichnungen nirgends vermerkt. Seine Auffindung war aber Gegenstand eines Schreibens, das Höhne am 25. Mai 1938 an Giesau richtete, und dessen Antwort vom 27. Mai 1935 darauf (Akten Stiftskirche Quedlinburg des Landesamtes für Denkmalpflege und Archäologie Sachsen-Anhalt in Halle). In Letzterer drückt Giesau sein Erstaunen darüber aus, dass er von dem Fund bisher nichts erfuhr. Dieser Fundamentrest könnte bei der Grabungskampagne von 1936 entdeckt worden sein, als die SS unter Ausschluss der Öffentlichkeit das Grab Heinrichs I. zu finden versuchte.

208 Dazu vgl. Leopold 1989 (III), S. 159 f.; 1991 (II), Fig. 3, 12, 18; 1991 (III), Fig. 1, 2; 1993 (I), Abb. 4, 14, 15; 1993 (II), S. 373.

209 Vgl. Brinkmann 1922, S. 56, dort insbesondere Abb. 29.

210 Vgl. Dehio 1985, S. 1030.

211 Dazu gehören zum Beispiel die »Horrea« des 2. Jahrhunderts, deren Reste unter der Kirche Groß St. Martin in Köln ergraben wurden (Lauer 1984, S. 411 f.; Fußbroich 1985, S. 1 und Abb. 4), und das im ausgehenden 2. Jahrhundert errichtete Praetorium III, dessen Überreste neben dem Kölner Rathaus zutage kamen (Ristow).

212 Zu Ravenna und Parenzo vgl. Krautheimer 1975, S. 290–293. – Zu Cazis vgl. Kirchenbauten 1966/70, S. 49 f. sowie 1991, S. 77 f. (Sennhauser). – Zu St. Martin in Chur vgl. Kirchenbauten 1966/70, S. 52 f. (Sennhauser). – Zu St. Johann in Müstair vgl. vor allem Kirchenbauten 1966/70, S. 227 f. sowie Kirchenbauten 1991, S. 295 f. (Sennhauser).

213 Vgl. vor allem Hugot 1965, S. 546–555.

214 Zu diesem vgl. Nickel 1973, S. 126–137; Lehmann 1984; Meckseper 1986; Lehmann 1989; Schubert 1990, S. 125–127; Lehmann 1993; Ludowici 2000.

215 Er wurde 996 verlängert und mit einem neuen Westwerk versehen (Bau II). Vgl. dazu Fußbroich 1984, besonders Fig. 134, 137.

216 Zu dieser vgl. oben S. 15.

ANMERKUNGEN

217 Gegenüber diesem »normalen« Einzug der Apsis ist ein solcher von der lichten Weite des Mittelschiffs der ersten Burgkirche (Bau Ia) wenig wahrscheinlich. Wäscher (vgl. 1959, Abb. 69) rekonstruierte ihn dagegen als Übernahme von der ersten Stiftskirche und nahm an, dass die »Confessio« später einfach von innen gegen das Apsismauerwerk gelehnt wurde.

218 »... coram altari sancti Petri apostolorum principis et sancti Stephani protomartyris honore congruo benedicitur« (Annales Quedlinburgenses, wie Anm. 105, S. 76).

219 Wäscher hatte die Vertiefung ohne weitere Begründung seinem Bau I zugerechnet.

220 Zum St. Galler Plan vgl. Reinhardt 1952; Jacobsen 1992; Hecht 1997 sowie die dort angegebene Literatur.

221 Zu Meschede vgl. Anm. 158 dort besonders die Abb. 93, 94 in: Claussen/Lobbedey 1989.

222 In: Schaefer/Claussen 1974, S. 331 f.

223 Das geht aus einer Querschnittskizze Wäschers durch das Gelände südlich des Sanktuariums hervor und wurde von ihm auch in seinen Grundrissen berücksichtigt (Wäscher 1959, Abb. 45, 46, 69). Eine genauere Datierung dieses Stützbaus war allerdings wohl nicht möglich.

224 Wäscher 1959, S. 30 und Abb. 46, 69. Die Zusammensetzung des etwa 2,40 m dicken Ostwest- und des etwa 3,90 m dicken Nordsüdfundamentes, die in den Grundrissen mit je 6,50 m Länge eingetragen sind, beschreibt er als »Bruchsteinmauer in Gipsmörtel«. Welche Funktion diese Fundamente gehabt haben könnten, dazu nimmt Wäscher keine Stellung. Zu dem Fundamentblock, zu dessen Ausdehnung er keine konkreten Angaben macht, schreibt er: »Welche Art von einem Gebäude auf diesem massigen Fundament stand, ist nicht zu sagen. Man könnte an einen Torturm denken...« (Wäscher 1959, S. 30).

225 Sie wurde nach einer relativ genauen Maßskizze Wäschers (Umzeichnung in Fig. 31 in diesem Band) westlich des Pfeilerstumpfs unter dem Nordwest-Vierungspfeiler etwa bei -0,45 m festgestellt. Dagegen kann die Felsoberkante, die er in einer groben Querschnittsskizze durch den Boden der drei Schiffe des Langhauses unmittelbar neben der östlichen Säule der Nordarkaden bei -0,30 m eingezeichnet hat, kaum verbindlich sein, zumal da sich seine groben Bodenprofile auch sonst als wenig zuverlässig erwiesen.

226 Von ihnen ist kein Rest erhalten. Wäscher 1959, S. 38 f., beschreibt demgegenüber »drei Stufen nach dem Langschiff«, die »unter den späteren Pfeilern hindurch in der ganzen Breite des Mittelschiffs« noch heute hindurchgehen sollen, ein Befund, für den es keinerlei Anhaltspunkte gibt.

227 Vgl. dazu unten Anm. 319.

228 Vgl. Wäscher 1959, Abb. 110, 253.

229 Dieser »Mörtel, der von den Bauten des 10. Jahrhunderts stammt, ist leuchtend gelb von dem hier verwendeten Lehhofsand und mit Gips gebunden. Die Fundamentmauern dieser Bauzeit sind aus den örtlich gewonnenen gelben eisenhaltigen Sandsteinbrocken errichtet...« (Wäscher 1959, S. 24). Vgl. dazu auch ebd., S. 36.

230 Sie gehört zu dem nach dem Brand von 1070 begonnenen und 1129 geweihten Bau IV, bei dem »sowohl für das Mauerwerk, wie für den Fußbodenestrich und die Stuckaturen ein blütenweißer Gipsmörtel verwendet worden« ist (ebd., S. 24). »Das Material der Fundamente des Baues von 1129 hebt sich durch die verwendeten weißen Sandsteinblöcke mit weißem Mörtel ... ganz deutlich ab...« (ebd., S. 36).

231 Die Zugänglichkeit der Fundamente ermöglichte eine chemische Untersuchung der verwendeten Mörtel. Sie bestätigte, dass die oberste, weiße, sehr feste Schicht des Arkadenfundaments mit einem Gipsmörtel hergestellt wurde. In der mittleren, gelben Schicht und dem unteren Abschnitt des Fundaments einschließlich der breiten Längs- und Quertonne sowie bei den Fundamenten des Querhauses fand dagegen ausschließlich ein weniger fester Kalkmörtel Verwendung. Mit Gipsmörtel wurde allerdings der untere Tonnengang eingewölbt, und ein solcher konnte auch als ursprünglicher Putz der Nicolaikapelle nachgewiesen werden.

232 1,50 m östlich des erwähnten Arkadenpfeilers ist in diesem Gewölbe eine quer durchgehende Fuge zu erkennen. Westlich von ihr ist es vollfugig gemauert und zeigt an der Unterseite die Abdrücke der bei der Einwölbung verwendeten Schalungsbretter. Östlich von ihr fehlt dagegen an der Unterseite der Mörtel zwischen den Wölbsteinen, und nach weiteren 1,20 m endet das Gewölbe in einer rohen, nach Westen offenen Kalotte.

233 Unbekannt bleibt bisher, ob in die Längstonne auch weiter westlich Quertonnen eingebunden haben und wo die Längstonne im Westen endete. Möglicherweise fand sie an einer Fuge des Fundaments zwischen der 5. und 6. Südarkadenstütze ihren Abschluss, die Wäscher 1959, Abb. 253, nicht nur in den Grundriss mit den Gräbern eintrug, sondern auch in einer Grundrissskizze ausdrücklich vermerkte. Dabei kennzeichnete er das Mauerwerk östlich von ihr als »hier unterfangen 12. Jh.« und westlich von ihr als »bis hier altes Mauerwerk«, ohne dass deutlich wird, was er damit meinte.

234 Der Südteil dieser Tonne und der Schichten über ihr wurde hier offenbar beim Einbau der gewölbten Backsteingruft 67 beseitigt, die im Osten an die Westwand der Nicolaikapelle stößt, heute leer ist und wohl 1708 größtenteils beseitigt wurde.

235 Es ist der »Estrich 2« Wäschers.

236 Wäschers »Estrich 3«. Er unterschied nach seinem Grabungsbericht im Langhaus einen unteren »Lehmestrich«, darüber die Mörtelestriche 2 und 3 sowie stellenweise noch einen Estrich 4.

237 Vielleicht waren die von den alten Tonnengewölben auf die alte Südwand des Langhauses wirkenden Schubkräfte die Hauptursache von deren Labilität und veranlassten so den Abbruch der Wand.

238 Wäscher 1959, S. 28, 37.

239 Die Behauptung Wäschers, die Kapelle habe einst frei gestanden (ebd., S. 28), erwies sich als ebenso wenig zutreffend wie die, dass ihr Gewölbe und die Dreierarkade auf der Südseite erst nachträglich eingebaut worden seien (ebd., S.37). Auch war die kleine Rundbogennische im Scheitel der Apsis niemals als Fenster ausgebildet, und ein solches besaß auch die Westwand der Kapelle nicht. Die heutige Öffnung ist ein moderner Eingriff.

240 Ihr rundbogiges, wohl hochromanisches Gewände wurde hier nachträglich, vermutlich in der Bauzeit des Quertonnenbaus (Bau IV), eingefügt.

241 Wäscher 1959, S. 30 und Abb. 104–106.

242 Mit »Arkadenwand« ist die allein noch aufrecht stehende Nordwand des »Längstonnenbaus« gemeint, die vier – heute zugemauerte – Rundbogennischen aufweist und den Ansatz einer Längstonne erkennen lässt. Der »zähflüssige Mörtel« erweist sich als ein fester blaugrauer Gipsmörtel. – Die von Wäscher genannten Maße sind offenbar Außenmaße. Nach seinen Zeichnungen war der Längstonnenbau innen etwa 12 m lang und 3,20 m breit.

243 Vgl. Wäscher 1959, Abb. 45, 46.

244 Auf dem Quertonnenbau und seiner östlichen Verlängerung erhoben sich noch bis 1846 Aufbauten, durch die man von der Pröpstin-Loge am Ostende des Südseitenschiffs zu der Propstei gelangen konnte, die sich am Steinhang östlich der Kirche erhob.

245 Als 1956 bei der Vorbereitung des Neuaufbaus der südlichen Stützmauer im Bereich der ehemaligen Propstei der gesamte Boden abgetragen wurde, erfolgte eine archäologische Notdokumentation des Geländes, bei der unter anderem in der Tiefe die Reste der Brennkammer einer offenbar mittelalterlichen Heizanlage angeschnitten wurden. Hier haben demnach schon im Mittelalter beheizte Gebäude gestanden. Ihre Einrichtung als Propstei ebenso wie der Bau der Dechanei an der Nordseite des Berges dürften erst nach der Aufhebung der »vita communis«, spätestens in der Reformationszeit erfolgt sein.

246 Wäscher 1959, S. 31. – Diese Entdeckung Wäschers gehört zu seinen ersten Ergebnissen in der Stiftskirche und war für die SS wahrscheinlich der Anlass, ihren Bericht über den angeblichen Fund des Grabes König Heinrichs I. wieder zurückzuziehen.

247 Allerdings hat Wäscher in den Zeichnungen seines gedruckten Berichts – nicht nur beim Stufenraum – die exakte Wiedergabe von seiner Meinung nach unwichtigen Befunden nicht für nötig erachtet. So sind die durch Bestattungen verursachten späteren Störungen des Stufenraums in seinen Plänen (Wäscher 1959, vor allem Abb. 253, aber auch Abb. 46, 69, 110) nur zum Teil und ungenau eingetragen. Als verlässlicher stellten sich neben den Fotos die von ihm am Ort erfassten und in den Handskizzen eingetragenen Maße heraus.

248 So waren Teile der Umfassungswände, der umlaufenden Stufen und des Innenraums durch spätere Eingriffe beseitigt worden, an den Seiten beim Einbau der Kammern unter den beiden Läufen der Chortreppe des Baus III, im Westen bei der Anlage der Gräber 23–25 der Nachfolgerinnen der Äbtissin Mathilde und innen durch die Bestattungen 21 und 22 sowie die nachmittelalterlichen Grüfte 19 und 63.

249 Und nicht 1,80 m dick, wie Wäscher im Gegensatz zu seinen Aufmaßskizzen, Zeichnungen und Fotos in seinem Bericht schrieb. Auch die dort angegebene Raumlänge von 6,18 m stimmt nicht. Sie beruht wohl auf einem Messfehler.

250 Wie hoch die Wände bei ihrer Aufdeckung noch aufrecht standen, berichtet Wäscher nicht. Nach den Fotos scheint die Nordwand mindestens neben dem ehemaligen westlichen Eingang noch etwa doppelte Stufenhöhe gehabt zu haben, was für Umfassungswände und gegen weitere umlaufende Stufen auf den Fundamenten spricht.

251 Nach den erhaltenen Detailskizzen stehen die Wände unmittelbar auf dem anstehenden Felsen und reichen nicht tiefer hinab als bis zur Höhe des Raumfußbodens (-1,06 m). Die Stufen sind teilweise aus dem Felsen herausgearbeitet – so an der Ostseite und der untersten Stufe der Nordseite –, teilweise aber zusammen mit der benachbarten Wand aufgemauert. Im Innenraum diente der eben gehauene Felsen als Boden, war jedoch ebenso wie die Stufen mit einer dünnen Estrichschicht überzogen.

252 Vgl. Wäscher 1959, Abb. 56–59.

253 Vgl. Lobbedey 1986 (I), S. 400–402.

254 Giesau 1939/40, S. 105; Wäscher 1959, S. 31 f.

255 Giesau 1939/40, S. 105.

256 Wäscher 1959, S. 32.

257 Vgl. zuletzt Claussen 1987, S. 264 f.

258 Vgl. ebd., S. 266 und Tafel-Abb. 64, 65.

259 Vgl. Leopold/Schubert 1984, S. 47–52 und Abb. 42; Claussen 1987, S. 268 f.

260 Vgl. Erdmann u. a. 1988, S. 247–252.

261 Vgl. Claussen/Lobbedey 1984, S. 39–44. – Eine vergleichbare Anlage, die vielleicht um 1100 entstand, vermutete Lobbedey im Paderborner Dom, vgl. Lobbedey 1986 (II), S. 73–76, 191–193.

262 Vgl. Lobbedey 1977 (II), S. 296 und Abb. 171, 172c, 181; Lobbedey 1986 (I), S. 391–393.

263 Vgl. Lobbedey 1977 (II), S. 296 und Abb. 181.

264 Vgl. den Bericht von Krüger 1977, S. 314, 328, 343.

265 Vgl. Lobbedey 1977 (II), Abb. 171.

266 Lobbedey 1986 (I), S. 392.

267 Vgl. Krüger 1977, S. 314 und Anm. 47. – Diese Beschreibung wurde allerdings 19 bzw. 53 Jahre nach der Translation der Särge und der Beseitigung der Anlage aufgezeichnet. – Nicht ganz auszuschließen ist m. E. auch, dass der Standort der Anlage von Overham und danach von Strunck aus der Sicht der im Chor sitzenden Geistlichen beschrieben wurde, so dass »ante altare s. crucis« bedeuten würde, dass die Anlage sich östlich des Altars befand.

268 Vgl. Krüger 1977, S. 328.

269 Vgl. Brüning 1984, S. 130 f.

270 Hier könnte ein flaches Segmentgewölbe oder auch ein Balken aus Werkstein – Granit? – den Raum zwischen den beiden ehemaligen Pfeilern überdeckt haben. – Die westlich der Anlage auf der Mittelachse festgestellte Bestattung in steinernem Sarg mit Kopfnische wurde sicherlich vor dem Kreuzaltar beigesetzt, vielleicht sogar schon bevor dieser zusammen mit der Grabanlage erneuert wurde.

271 Vgl. Leopold/Schubert 1984, S. 14.

272 Vgl. Leopold/Schubert 1984, S. 62–64.

273 Vgl. zuletzt Erdmann u. a. 1988, S. 252, 284 und Anm. 5.

274 Vgl. Wäscher 1959, S. 36.

275 Wäscher 1959, Abb. 71, 72. – Der Vergleich der veröffentlichten Querschnitte mit den ihnen zugrunde liegenden Skizzen lässt erkennen, dass er manche Einzelheiten nachträglich verändert hat, abgesehen davon, dass die bei den geschnittenen Mauern eingezeichneten einzelnen Steine offenbar nicht als aufgemessener Befund, sondern als eine Art »Schraffur« für Mauerwerk gemeint sind.

276 Vgl. Wäscher 1959, Abb. 78, wo die Skizze ebenfalls leicht verändert und »ergänzt« wiedergegeben ist.

277 In der Skizze befindet sich unter der obersten Schicht des Arkadenfundaments als zweite eine »gelbe Mauer« und als dritte, die im Gegensatz zu Wäscher 1959, Abb. 78, offenbar nach Osten weiterläuft, eine »Mauer wie 41 unter dem untersten Fundament (Mathilde)«. Und bei 41, dem nach Süden abgehenden Querfundament, heißt es – nunmehr in voller Höhe – »grauer Mörtel (Mathilde), große Quader, grünlicher Stein«.

278 Zwischen der 7. und 8. Nordarkadenstütze heißt es: »1. Schicht: 1129, 2. Schicht: gelbe Mauer, 3. Schicht: mit grauem Mörtel« und zwischen der 6. und 7. Stütze: »unter 40 älteste Mauer mit grauem Mörtel«.

279 Zunächst folgt auf die westliche Vorlage ein 45 cm langes Fundamentstück aus Quadern mit der Bezeichnung »gelber Mörtel« und dann das Fundament unter der westlichen Nordarkadenvorlage mit der Bezeichnung »gelbe Steine«, jeweils mit lotrechter Fuge gegeneinander, also ohne Verband.

280 Es scheint im Gegensatz zu dem Quadermauerwerk nördlich der Gruft aus Bruchsteinen zu bestehen und sowohl an der West- als auch an der Ostseite in unterschiedlicher Weise gestört zu sein, so dass sich seine ursprünglichen Fluchten kaum mehr bestimmen lassen.

281 Nach den wenigen handschriftlichen Notizen Wäschers und nach seinen Fotos scheint das Fundament in etwa 1,70 m Dicke nach Osten und Westen weiterzulaufen, ehemals in 1,55 m Dicke auch nach Süden, wo es nach 45 cm endet. Im Norden steht im Verband eine 1,70 m dicke und etwa 1,40 m tiefe, nach Norden sauber begrenzte Vorlage, die leicht nach Westen herumschwenkt und deren Nordwestteil vor einer nachmittelalterlichen Backsteingruft (42) abgebrochen ist. Das ganze Fundament scheint älter zu sein als die obere hochromanische Schicht des Südarkadenfundaments, die von Osten kommend, etwa 1,0 m östlich der Stütze endet.

282 Ähnliche Vorlagen weist die Ostapsis der Stiftskirche Gernrode auf (Voigtländer 1980, vor allem S. 33 und Abb. 106). Die Fundamente solcher Vorlagen wurden auch an der Westapsis der ottonischen Marienkirche in Memleben nachgewiesen (Leopold 1969, S. 527; ders. 1991 (I), S. 6), die man sich im Aufgehenden wohl analog zu Gernrode vorzustellen hat. Auch der ottonische Palastbau in Magdeburg besaß eine Folge von Fundamentvorlagen, die hier aber sehr wahrscheinlich Lisenen einer Gliederung mit Rundbogennischen trugen, vgl. S. 45 f. – Falls die Außenwände in Quedlinburg noch weitere Lisenen aufgewiesen haben, wäre auch hier eine Gliederung durch aneinander gereihte Rundbogennischen denkbar wie innen im Vierungsbereich.

283 In dem Bericht Wäschers ist von Spuren einer solchen Empore jedoch nirgends die Rede.

284 Die Achse des einst an die Pfalzkapelle im Westen anschließenden Saals war, wie schon erwähnt, gegenüber der Kapelle ein wenig abgewinkelt.

285 Vgl. Thietmar 1985, IV, 41.

286 Vgl. ebd., IV, 43.

287 Vgl. Voigtländer 1989, S. 103 mit Anm. 27, S. 109 und Anm. 78.

288 Vgl. dazu bei Wäscher 1959 die Abb. 91, 123, 124.

289 Vgl. Leopold 1995 (II).

290 Zu diesen Überlegungen vgl. unten S. 88.

291 So nannte sie schon Bellmann 1967, S. 46 f.

292 Lehmann 1987, S. 18–25.

293 Ein solches Fenster könnte sich entweder im Scheitel der äußeren, weiten Apsis befunden haben und durch einen Schacht mit dem Innenraum verbunden gewesen sein – oder gehörte es zu der beibehaltenen engen Apsis des Memorialbaus?

294 Zu Werden vgl. zuletzt Schaefer/Claussen 1974, S. 293–334. – Zu Lorsch vgl. zuletzt Kirchenbauten 1966/70, S. 179–181 (Schaefer/Oswald) und Kirchenbauten 1991, S. 251 f. (Jacobsen). – Zu Vreden vgl. den baugeschichtlichen Beitrag von Hilde Claussen in: Winkelmann 1953, S. 316–319. – Zu Rohr vgl. Leopold 1989 (II), wo auch zu Steinbach Stellung genommen wird; zu Rohr äußerte sich auch Rosner 1991, vor allem S. 250 f. Seiner Meinung, die dortige Krypta sei erst in der zweiten Hälfte des 10. Jahrhunderts eingebaut worden, kann ich nicht beipflichten. Die Ergebnisse der Neubearbeitung der frühen Geschichte von Rohr durch Michael Gockel (1990) zusammen mit den Befunden am Ort (Leopold 1989 [II] sowie 1995 [III] und 1996) sprechen gegen eine solche Datierung. Entscheidend ist m. E. die Funktion des östlichen Annexes der Krypta, der eigentlich nur als Grabstätte des urkundlich nachweisbaren Stifterpaares des karolingischen Klosters angelegt worden sein kann und demnach zusammen mit der Krypta in der zweiten Hälfte des 9. Jahrhunderts in die Michaelskirche eingebaut wurde. Welche Funktion dieser Annex im Königshof des 10./11. Jahrhunderts gehabt haben soll, teilt Rosner nicht mit. Das gilt auch für das Votum von Werner Jacobsen (Kirchenbauten 1991, S. 349), der meine Datierung in das dritte Viertel des 9. Jahrhunderts (und nicht »vor 824«, wie J. schreibt) für »nicht zwingend« hält und den gesamten Bau dem 10. Jahrhundert zuschreibt. – Zu Steinbach vgl. Ludwig u. a. 1996 sowie die Rezension dazu von G. Leopold in Sachsen und Anhalt 21, 1998, S. 340–350.

295 Zu dieser vgl. zuletzt Weyres 1986. – Das Sepulkrum mit den Reliquien müsste sich dort allerdings in der Mitte zwischen den beiden westlichen und den beiden östlich benachbarten Pfeilern befunden haben, rings umschlossen von Schranken, die in die Ausklinkungen der Pfeiler eingriffen. Der östlich anschließende quadratische Raum zwischen den beiden seitlichen Altarräumen hätte dann die Funktion einer Confessio mit Zugang von Osten gehabt.

296 Vgl. Braun 1924, S. 584–586.

297 Lobbedey 1972 (II), 1973 (I), 1979.

298 Beiderseits von diesem führten wahrscheinlich zwei Treppenläufe zu dem nunmehr über der Krypta liegenden Sanktuarium empor.

299 Lobbedey 1979, S. 15.

300 Ebd., S. 18.

301 Zu den Funktionen der mittelalterlichen Krypta vgl. u. a.: Claussen 1961; zuletzt auch Rosner 1991, vor allem S. 176–195.

302 Vgl. dazu zuletzt Jakobs 1996.

303 Vgl. dazu Zettler 1987 und 1989.

304 Vgl. Jakobs/Reichwald 1990, S. 319–332.

305 Zettler 1989, S. 104.

306 Könnte die »Kammer« statt eines Sepulkrums nicht auch eine Verbindungsöffnung nach oben zum Altarraum gewesen sein?

307 Zettler 1987, S. 226, schreibt dazu: »Die ... Kirche Hattos ... bildet einen Parallelfall zu der annähernd gleichzeitigen Gründung der St.-Magnus-Kirche Salomos III. von St. Gallen ... Beide Bauten sind als ›Memorien‹ – Grab- und Gedenkkirchen – ihrer Gründer anzusprechen«.

308 Zettler 1989, S. 104.

309 Vgl. Jakobs/Reichwald 1990, S. 331.

310 Vgl. u. a. Erdmann/Zettler 1977, hier S. 117–128, Abb. 37, 39.

311 Vgl. dazu auch Rosner 1991, S. 229–231.

312 Zu Tarnaszentmária vgl. Genthon 1974, S. 446 f. und Abb. 305; Grundriss in: Müemlék Védelem 1965, S. 170.

313 Vgl. Kirchenbauten 1966/70, S. 318 f. (Sennhauser); Böhmer, Roland: Schlosskirche Spiez, Spiez 1995.

314 Die heutige Krypta ist allerdings eine moderne Rekonstruktion des ursprünglichen Zustands.

315 »hoc anno instauratio sanctae Metropolitanensis ecclesiae Machtildis abbatissae, omni studio peragitur.

Quam, cum ab avio aviaque, regibus Henrico et Machtilde constructam, arctiorem, quam tantae celsitudinis ius exigebat, propter fluentis populi frequentiam cerneret, ad augmentum eiusdem in honore sancti Servatii archiepiscopi et confessoris, latioris et altioris sructurae aedificium apponere curavit; ... Eodem anno monasterium in Quidelingaburg, latiori et altiori modo, quam prior fuisset structura, perfectum.« Vgl. Annales Quedlinburgenses, wie Anm. 105, S. 74.

316 Wäscher 1959, S. 17.

317 Ebd., S. 36.

318 Ebd., S. 35 f.

319 Das nächstgelegene Beispiel bietet die nur wenige Kilometer entfernte ehemalige Damenstiftskirche in Gernrode, deren Westwerk zwar im 12. Jahrhundert zugunsten einer Westapsis aufgegeben wurde, aber auf Grund der erhaltenen Reste rekonstruiert werden kann. Vgl. dazu Voigtländer 1980, S. 65–68, sowie dort die Nachbemerkung von Edgar Lehmann auf S. 151–156, besonders S. 155. Hier werden auch die anderen vergleichbaren Westwerke von Damenstiftskirchen mit der wichtigsten Literatur genannt. Zu dem Westwerk von Freckenhorst ist zu ergänzen: Lobbedey 1980, S. 229, der feststellt, dass der ältere Kern des Westwerks »aus dem späten 10. oder frühen 11. Jh. stammen dürfte«. Jacobsen erwägt »sogar eine etwas frühere Entstehung«, vgl. Kirchenbauten 1991, S. 128. – Die Datierung der Stiftskirche Möllenbeck schwankt zwischen »erste Hälfte des 10. Jahrhunderts« (Klessmann 1952) und dem 11. Jahrhundert (Meyer-Barkhausen 1954). – Von der wohl im ersten Viertel des 12. Jahrhunderts errichteten Damenstiftskirche in Neuenheerse sind wesentliche Teile erhalten. »Der Beginn des Baus, der von Westen nach Osten fortschritt, dürfte aber noch ins 11. Jahrhundert zurückreichen«, vgl. Claussen/Lobbedey 1984, S. 30. – Die Damenstiftskirche in Oberkaufungen wurde 1017 begonnen und 1025 geweiht, vgl. vor allem Feldtkeller 1938, 1939 und 1940/41; Kirchenbauten 1966/70 (Oswald), S. 240 f.; Kirchenbauten 1991, S. 314 (Jacobsen). – Bei dem Westwerk der ehemaligen Damenstiftskirche in Wunstorf, das nach Jacobsen nach 1010 errichtet wurde, sind die seitlichen Treppentürme im Gegensatz zu den anderen Beispielen nicht rund, sondern quadratisch. Zu Wunstorf vgl. Oeters 1955; Kirchenbauten 1966/70, S. 385 f. (Oswald); Kirchenbauten 1991, S. 466 (Jacobsen).

320 Dazu und zum folgenden vgl. oben S. 48.

321 Wäscher 1959, S. 36.

322 Zu Frose vgl. Zeller 1916, S. 62–64; Oswald 1965, S. 34–37; Kirchenbauten 1966/70, S. 82 (Oswald). – Zu Drübeck vgl. Seebach 1967 und 1968; Dehio 1974, S. 78 f.

323 Die Störung reicht bis zur Westflucht der 88 cm dicken Westwand der Kapelle, an die außen ein Backsteinmauerwerk, wohl von Backsteingruft 67, anschließt. Es ist deutlich zu erkennen, dass die Wand zwei Mal aufgestemmt und dann wieder zugemauert worden ist: 19. Jahrhundert und 1938/42?

324 Vgl. Voigtländer 1989, S. 87, Anm. 1.

325 Vgl. Zeller 1916, S. 30 f., 70; Meier 1932, S. 11.

326 Brinkmann 1922, S. 56.

327 Giesau 1939/40, S. 108 f.; Wäscher 1959, S. 39.

328 Lange vor der Instandsetzung des 19. Jahrhunderts hatte man die beiden, offenbar beschädigten Säulen mit einer stützenden Ummantelung versehen, so dass sie auf den älteren Plänen durchweg als Pfeiler erfasst sind, vgl. den Bericht Stülers vom 27. August 1860, in: Wäscher 1959, S. 75 f. sowie die Grundrisse der Krypta von 1821 (Brasack), 1838 (Kugler-Schmaling) und 1861 (Hartmann) sowie das Gemälde des Innenraums der Krypta von Steuerwaldt, in: Voigtländer 1989, Abb. 40–43. Bei der Instandsetzung selbst wurden die Ummantelungen abgenommen und die beschädigten Teile der Säulen ausgewechselt.

329 Das Pilzkapitell der Doppelarkade weist allerdings über dem Schaftring ein Plättchen auf, das bei den Kapitellen der Westjoche fehlt. Vgl. dazu auch Leopold 1987, S. 38 f.

330 Den Rest eines zu einer solchen Fußplatte passenden Estrichs auf Sandsteinpackung in Lehm fand Wäscher in der Osthälfte des südlichen Querarms. Er erfasste und beschrieb ihn in einem skizzenhaften Querschnitt. Er läuft danach auf den Fundamentrest der Südwand des – älteren – Baus I auf. Seine Oberkante lag etwa in gleicher Höhe wie der heutige Fußboden in der Vierung, nämlich bei -1,0 m.

331 Vgl. Wäscher 1959, S. 32 f. und Abb. 30. Seine Vermutung, dass auf dem quadratischen Fundament auch ein quadratischer Pfeiler gestanden haben muss, ist nicht zwingend.

332 Vgl. unten S. 85.

333 Zu Magdeburg vgl. Krause 1977 und 1995. – Zu Memleben vgl. Leopold 1991 (I) und 1997; Mueller von der Haegen 1993.

334 Wäscher 1959, Abb. 91, hatte noch angenommen, dass man das Stützen- und Wölbungssystem der beiden westlichen Joche auch in der Osthälfte der Vierung beibehalten habe. Danach hätte dieser Teil der Krypta ungewöhnlicherweise aus zwei quergerichteten, durch Dreierarkaden abgeteilten Doppeljochen bestanden – eine freie Annahme von ihm, für die es wohl kaum eine Parallele gibt.

335 Wäscher 1959, S. 39.

336 Die Last der Säule wurde auf einer Granitplatte abgefangen und die einst von Westen herabführende Treppe rekonstruiert. Heute ist der Treppenschacht verfüllt und abgedeckt.

337 Wäscher 1959, Abb. 91 und 110

338 Vgl. auch ebd., S. 38.

339 Ebd., S. 39.

340 Ebd., Abb. 94.

341 Die Standortbezeichnung der Stützen nach Wäscher 1959, Abb. 70.

342 Vgl. dazu Lehmann, Edgar: Ein vorromanisches Kapitellfragment, in: Leopold/Schubert 1984, S. 87–93 und Abb. 66–68.

343 Vgl. u. a. Lehmann 1984, Abb. 63, 64; Claussen, Hilde: Kloster Corvey, München/Berlin 1990, S. 9.

344 Vgl. dazu den Bericht von A. Zöller in: Hessen im Frühmittelalter, Archäologie und Kunst, hrsg. von Helmut Roth und Egon Wamers, Sigmaringen 1984, S. 360 f., sowie: Jacobsen, Werner: Frühe Kapitellkunst im Umkreis der Abtei Fulda, in: Baukunst des Mittelalters in Europa, Hans Kubach zum 75. Geburtstag, hrsg. von Franz J. Much, Stuttgart 1988, dort S. 257–322 und besonders Abb. 7, 33, 36, 37.

345 Der ursprüngliche Ostschluss wurde wohl gegen Ende des 11. Jahrhunderts durch den – als Torso erhaltenen – dreiteiligen Ostschluss mit seiner Krypta ersetzt. Im Gegensatz dazu wird im Dehio Magdeburg 1974, S. 78, die Meinung vertreten, dass mit den Ostteilen auch das Schiff und das Querhaus der Kirche erst gegen 1100 entstanden sind. – Zu Drübeck vgl. Zeller 1928; Brülls 1993.

346 Vgl. die Abbildungen in: Zeller 1928, Tafel 37, Fig. 4, 6–8.

347 Vgl. Dehio Magdeburg 1974, S. 130; Senf 1964, dort Aufriss des Kapitells auf S. 586.

348 Vgl. Lobbedey, Ausgrabungen 1986, Teilband 3, Abb. 341–345.

349 Vgl. Lobbedey u. a. 1993, Band 1, Abb. 13, 14.

350 Vgl. Kubach 1974 (II), Abb. 99.

351 Bei diesen Kapitellen beträgt die Breite nur 0,7 der Höhe.

352 Den Bericht über die Einsegnung der Äbtissin (Annales Quedlinburgenses, wie Anm. 105, S. 76) bringt Voigtländer 1989 wörtlich auf S. 177 f.

353 Der schon zu 997 mit dem Doppelpatrozinium genannte Altar (Weihenotiz im Kalendar) erscheint erstmals 999 in einer päpstlichen Urkunde.

354 Er ersetzte den oben beschriebenen schmaleren Gang (S. 68). Er befand sich wahrscheinlich auf der Südseite des von Wäscher nachgewiesenen Fundaments c (vgl. Fig. 19).

355 Lehmann 1987, S. 26.

356 So steht der Sarg Kaiser Ottos des Großen, des Gründers des Magdeburger Erzbistums, seit dem 13. Jahrhundert mitten im Chor des spätromanisch-frühgotischen Magdeburger Doms – zu seinem vermutlichen Standort im Vorgängerbau vgl. Schubert und Leopold. – »in medio chori« wurde im Halberstädter Dom 968 der Initiator des ottonischen Neubaus, Bischof Bernhard, beigesetzt, und zwar, wie der Grabungsbefund nahe legt, unmittelbar östlich der westlichen Chorschranke, vgl. Leopold/Schubert 1984, S. 14/62–64. – In der Halberstädter Liebfrauenkirche erhielt ihr Vollender, Bischof Rudolf (1136–1147), sein noch heute durch eine Tumba gekennzeichnetes Grab mitten im Chor, vgl. Leopold 1992 (I), S. 10, sowie in: Leopold 1997 (II), S. 172 f., 231 f. In diesem Beitrag wird auch dargelegt, dass es in der Stiftskirche zu Wechselburg Argumente dafür gibt, dass die Gräber des Stifterpaares im Anfang des 13. Jahrhunderts in die Mitte des Chors verlegt wurden (Ebd., S. 186, 219 f.). – Im Naumburger Dom hat der 1272 verstorbene Bischof Dietrich II. als Erbauer des Westchors und Vollender des Doms sein Grab in der Mitte des Ostchors erhalten, wo es sich noch heute befindet, vgl. Schubert 1982 (III), S. 131–134. – Wenn die Vermutung stimmt, dass der Sarg König Heinrichs I. nunmehr in der Mitte des Chors aufgestellt wurde, dürfte er diesen Platz wohl das ganze Mittelalter hindurch, also auch im hochromanischen Dom, behalten haben. Damit würde die Annahme Wäschers hinfällig, dass der Leichnam des Königs einst in dem Steinsarg geborgen war, dessen Deckplatte man über dem Sarg der Äbtissin Adelheid I. († 1043) fand, vgl. Wäscher 1959, S. 55.

357 Vgl. Voigtländer 1989, S. 180.

358 Ob es einen solchen »Dienst« für die evangelischen Stiftsdamen gab und, wenn ja, wie er aussah, ist bisher allerdings nicht bekannt geworden.

359 Die »durchgehende gelbe Mauer mit gelbem Mörtel«, auf die Wäscher im Nordarm innerhalb der heutigen nördlichen Nebenapsis stieß, könnte zu den vor 1021 errichteten Querhausarmen gehört haben, oder sie war das Spannfundament einer damals eingebauten Apsis.

360 Im Gegensatz dazu vertrat Wäscher 1959, S. 38, die Ansicht, dass »zu Beginn des zweiten Bauabschnittes des dritten Kirchenbaues ... die beiden Teile des zweiten Kirchenbaues«, also dessen im Bereich von heutiger Vierung und Sanktuarium gelegenen Teile, »vollständig abgebrochen worden« sind.

361 Wäscher 1959, S. 40. – »Auf ihnen [hätten sich] noch zwei weitere Fundamente späterer Treppenanlagen« befunden. Diese Treppen müssten, falls er den Befund richtig gedeutet hat, von

dem Neubau von 1070/1129 und von dem des 19. Jahrhunderts stammen. Seine Beobachtung (Wäscher 1959, S. 47), dass ein »späteres Fundament ... am Westende der Treppenfundamente [liegt], so das es aussieht, als ob in späterer Zeit einmal eine Mitteltreppe oder gar eine durchgehende Treppe über die ganze Mittelschiffsbreite zum hohen Chor hinaufgeführt hätte«, ist so kaum zutreffend. Vielleicht traf Wäscher zwischen den Treppenläufen auf den Unterbau der bei der Restaurierung des 19. Jahrhunderts entfernten, barocken Taufe, die an dieser Stelle auf einer alten Innenansicht der Stiftskirche zu erkennen ist, vgl. Voigtländer 1989, Abb. 33.

362 Zur Anlage der nördlichen Kammer wurde von dem Stumpf der Nordwand des Stufenraums etwa die nördliche Hälfte ausgebrochen, so das die Südwand der Treppe teils auf der restlichen Nordwand des Stufenraums, teils aber auf dessen angrenzenden Stufen zu stehen kam, während die entsprechende Nordwand der südlichen Treppe mitten auf dem Stumpf der Südwand des Stufenraums errichtet wurde.

363 Nach Wäscher 1959, S. 40, waren es »Grabkammern mit in den Felsen eingehauenen Kopfstützen«. Doch nach seinen Fotos und Plänen hat er nur unter der südlichen Kammer ein in den Felsen eingetieftes Grab (20) mit Kopfnische nachgewiesen, von dem außerdem nicht bekannt ist, ob es in der Kammer oder schon vor deren Errichtung angelegt wurde. Eine Beschreibung des Aufdeckungsbefundes gibt es nicht. In den Fotos ist es nur in ausgeräumtem Zustand zu sehen. Im Bereich der südlichen Kammer war man nach den vorliegenden Fotos offenbar nicht auf ein derartiges Grab gestoßen.

364 Eine genauere Dokumentation der damals freigelegten Reste beider Kammern gibt es nicht. Auf einem Grundriss Wäschers ist bei der Substruktionsmauer über dem Stumpf der Südwand des Stufenraums vermerkt: »gelbes Mauerwerk mit gelbem Mörtel wie bei ältestem Fundament (10)«, wobei mit »10« von ihm das Fundament der Nordarkaden bezeichnet wurde.

365 Nur die südliche Leibung des Zugangs konnte 1986 von der Krypta aus durch Entfernen einer kleineren Putzfläche untersucht werden. Sie ist aus Sandsteinquadern und festem Kalkmörtel gefügt, der eine ähnliche gelbe Farbe hat wie bei den Westjochen der Krypta.

366 Der 1938 freigelegte Rest der Innenflucht ihrer Nordwand wurde unten allerdings durch den vorspringenden Sockel der Südvorlage des Pfeilerstumpfs unter dem Nordwestvierungspfeiler eingeengt. Auf der Südseite liegt in östlicher Verlängerung der südlichen Kammerwand die Nordflucht des dortigen Wandpfeilers der Krypta.

367 Vgl. Voigtländer 1989, S. 188 f.

368 Vgl. die erwähnte, um 1800 entstandene Ansicht des Innenraums bei Voigtländer 1989, Abb. 33.

369 In den Annales Quedlinburgenses, wie Anm. 105, S. 86 f., heißt es über die Weihe von 1021 unter anderem: »... dedicatum est hoc templum et altare supremum in honore sanctae et individuae Trinitatis, et sanctae Mariae matris Domini, sanctique Johannis baptistae, et sancti Petri principis apostolorum, sancti Stephani protomartyris, sancti Dionysii et sociorum eius, ac sancti Servatii confessoris. In hoc vero continentur reliquiae ... Altare in medio ecclesiae dedicatum est a Gerone archiepiscopo Magadeburgensi in honore sanctae et victoriosissimae crucis et sanctorum ... Et in hoc altari continetur lignum sanctae crucis spinea corona. Et in hoc ipso continentur reliquiae ... Altare australe dedicatum est a Meinwerco Pathelbrunensi episcopo in honore sancti Libori ... Altare aquilonare dedicatum est ab Eilvardo Misnensi episcopo in honore sancti Bartholomaei apostoli et ... Et in hoc ipso altari continentur reliquiae ... In occidentali parte altare australe in honore sancti Remigii ... In hoc ipso altari continentur reliquiae ... In occidentali parte altare aquilonare in honore sanctarum virginum, ... Et in hoc ipso altari continentur reliquiae ...« Voigtländer 1989, S. 182 f., gibt den Text in vollem Wortlaut wieder.

370 Wäscher 1959, S. 40. Sie waren »als Grundsteine für die Spannmauer des vierten Kirchenbaues wieder verwendet«. Es sei ihre »Verwendung als Blendarkaden wahrscheinlich«.

371 Derartige Schäden konnten zum Beispiel in Halberstadt an den freigelegten Mauerresten des ottonischen Doms sowie an den Pfeilerfüßen der Liebfrauenkirche als Folge der Brandschatzung von 1179 durch Herzog Heinrich den Löwen festgestellt werden. Bei der danach erfolgten Instandsetzung beider Kirchen erhielten diese auch eine neue Ausstattung, vermutlich weil die alte zerstört war. Vgl. dazu Leopold/Schubert 1984, S. 68–74 und Tafel-Abb. 21, 25–27; Leopold 1997; ders.: Zwei Lettner des 13. Jahrhunderts in Halberstadt. Archäologische und kunsthistorische Forschungsergebnisse im Dom und in der Liebfrauenkirche, in: Sachsen und Anhalt. Jahrbuch der Historischen Kommission für Sachsen-Anhalt, Festschrift für Ernst Schubert, im Auftrage der Historischen Kommission in Verbindung mit Josef Hartmann herausgegeben von Hans-Joachim Krause, Bd. 19, 1997, S. 165–236.

372 Zu dieser vgl. Bernward von Hildesheim und das Zeitalter der Ottonen, Katalog der Ausstellung Hildesheim 1993, Bd. 2, dort S. 536 f.

373 Vgl. die vor ihrem Abbruch hergestellten Ansichten und Grundrisse von ihr bei Wäscher 1959, Abb. 223, 224, 226, 233, und bei Voigtländer 1989, Abb. 4, 5 (Voigt Ende 18. Jh.), 7 (um 1850), 9 (Krüger 1811), 18, 22 (Brasack 1821), 23 (um 1840).

374 Sie wurden, wie die Fotos aus der Grabungszeit von Wäscher zeigen, ab

1938 zum großen Teil erneuert.

375 Die Kämpfer über ihnen sind durchweg Ergänzungen des 19. Jahrhunderts.

376 Jacobsen 1995.

377 Kirchenbauten 1991, S. 332 f.

378 Jacobsen 1995, S. 64.

379 Ebd., S. 66.

380 Ebd., Anm. 33.

381 Ebd., S. 65.

382 Ebd., S. 66 f.

383 Ebd., S. 69.

384 Fuchß 1992, das angeführte Zitat auf S. 284.

385 Ebd., S. 285–289.

386 Ebd., S. 292–295.

387 Ebd., S. 284.

388 Zu den Anfängen von Quedlinburg vgl. Schubert oben, S. 2.

389 Vgl. oben Anm. 10.

390 Vgl. zuletzt Fleckenstein 1992, S. 11.

391 Sickel, Theodor (Hrsg.): Die Urkunden Konrad I., Heinrich I. und Otto I. (Conradi I., Heinrici I. et Ottonis I. Diplomata) (= Monumenta Germaniae Historica, Diplomata regum et imperatorum Germaniae 1), Hannover 1879/84, Nr. 228.

392 Sickel, Theodor (Hrsg.): Die Urkunden Otto des II. (Ottonis Diplomata) (= Monumenta Germaniae Historica, Diplomata regum et imperatorum Germaniae, 2,1), Hannover 1888, Nr. 10.

393 Annales Quedlinburgenses, in: Pertz, Georg Heinrich: Chronica et annales aevi Salici (= Monumenta Germaniae Historica, Scriptores 6), Hannover 1844, S. 651. Vgl. auch Fleckenstein 1992, S. 20; Leopold 1995 (I), S. 4.

394 Bei diesem sind rötlichgelbliche Sandbruchsteine unterschiedlicher Größe lagerhaft in Humus, von etwa -0,70 m an aufwärts in grobem gelbgrauem Kalkmörtel verlegt. Das unten etwa 88 cm und oben 80 cm dicke Fundament ist bei -1,30 bis -1,34 m gegründet und bricht oben bei -0,43 bis -0,53 m ab.

395 Das 75–80 cm dicke Fundament besteht aus braunen, selten auch grauen Sandbruchsteinen, die lagerhaft unten in Humus, in der oberen Schicht in grobem grauem Kalkmörtel verlegt sind. Seine Sohle liegt neben dem Westwandfundament 15 bei -1,20 m und sinkt nach Osten allmählich ab auf -1,53 bis -1,58 m am östlichen Abbruch. Dementsprechend senkt sich auch die obere Abbruchskante von -0,34 m am Westende bis -0,96/-1,17 m im Osten.

396 Hier hatte Adolf Zeller im Sommer 1908 »gelegentlich der Umlegung einer Gasleitung«, die offenbar im Zuge der Absenkung des Bodens notwendig wurde, »Grabungen« vorgenommen. Von deren Ergebnissen nennt er nur »Reste verschiedenartig geformter Urnen« in einer urgeschichtlichen Schicht und darüber »Särge, teils aus Platten, teils ausgehöhlte kleine Steinkisten, dazwischen und darüber auch Erdbestattung«, vgl. Zeller 1916, S. 3 und Anm. 21. Er erwähnt aber keinerlei freigelegte Mauerzüge, die hier eigentlich zu erwarten waren und damals sehr wahrscheinlich beseitigt wurden. Vgl. dazu auch Lorenz 1936, S. 1490.

397 Der Befund war in diesem Bereich allerdings durch zwei schräg darüber hinweggeführte jüngere Fundamente (140 und 141) verunklärt, die wohl von den 1908 abgebrochenen Gutsgebäuden stammten. Zu deren Ausrichtung vgl. den Lageplan bei Zeller 1916, S. 14, Abb. 7.

398 Der 3 m nördlich des gotischen Chorhauptes aufgedeckte Mauerrest 159 kann kaum von dem Nordwandfundament stammen.

399 Hier befindet sich ein im 19. Jahrhundert eingetiefter Keller.

400 Als man 1936 auf der Nordseite einen separaten Zugang zur »Wipertikrypta« herstellte, wurde der Boden in diesem Bereich bei einer Suchgrabung tief ausgehoben. Von deren Ergebnissen sind nur die gewonnenen Funde, nicht aber hier festgestellte Fundamente bekannt, vgl. Schirwitz 1962, S. 3–5.

401 Er wurde im Ostprofil des Grabens neben dem nördlichen gotischen Strebepfeiler einschließlich seiner Südflucht in 56 cm Dicke erfasst, aber ohne seine außerhalb des Grabens anzunehmende Nordflucht und besteht aus grauen und braunen Sandsteinen in Humus, Unterkante bei -1,24 m. Der große Stein am Südende könnte von der südlichen Mauerschale, die kleineren daneben vom Mauerinneren stammen.

402 Vgl. die zahlreichen Beispiele in Kirchenbauten 1966/70 und 1991.

403 Von der im Lichten 10,5 m breiten Pfarrkirche St. Lambertus in Bechtheim ist die Datierung ungewiss, vgl. Kirchenbauten 1991, S. 46 (Jacobsen). – Der im Lichten 10 m breite Saal des Baus III der Pfarrkirche in Ebhausen war »wohl 11. Jh.«, vgl. Kirchenbauten 1991, S. 101 f. (Jacobsen). – Die im Lichten 10,2 m breite Pfarrkirche in Ermelo/Gelderland wird auf »2. Hälfte 11. Jh.« oder »um 1000« datiert, vgl. Kirchenbauten 1991, S. 117 (Stoepker/Exner). – Die Pfarrkirche St. Gallus in Kirchzarten ist im Lichten 10,5 m breit und entstanden im »10./11. Jh.«, vgl. Kirchenbauten 1991, S. 206 (Jacobsen).

404 Vgl. u. a. Borchers 1966, S. 41, 46, 52. – Die Datierung in das frühe 10. Jahrhundert wurde von Jacobsen

angezweifelt, vgl. Kirchenbauten 1991, S. 152 f.

405 Vgl. oben Anm. 51. Nach Streich 1984, S. 160 f., wurde er vor 1012 neu erbaut.

406 In Bamberg wurde die im Lichten 5,7 m breite Thomaskapelle in der Alten Hofhaltung 1020 geweiht, vgl. zuletzt Streich 1984, S. 165–168, während die ehemalige Kirche St. Martin am Maximiliansplatz vielleicht ebenfalls aus vorromanischer Zeit stammt, vgl. Sage 1969. – In Oberkaufungen wurde die im Lichten 6,80 m breite Georgskapelle nach Holtmeyer zwischen 1008 und 1017 als Pfalzkirche erbaut, vgl. dazu Kirchenbauten 1966/70, S. 240 f. (Schaefer). – In Cham wurde die Georgskirche in der Reichsburg auf dem Galgenberg um 1000 errichtet, vgl. Streich 1984, S. 333, 339, 396, 514. – In Oberammerthal entstand der nur 6 m breite Bau I der Liebfrauenkirche nach 940, vgl. Kirchenbauten 1966/70, S. 239 (Oswald), sowie Kirchenbauten 1991, S. 312 (Jacobsen).

407 Dazu vgl. oben Anm. 51.

408 Zu Memleben und zum ottonischen Magdeburger Dom vgl. Anm. 49.

409 Unter den Pfeilern und Wänden der heutigen Arkaden bestehen sie durchgehend aus braunen, in Humus gebetteten Sandbruchsteinen.

410 Unterkante bei -1,55 m. – Die heutige, gotische Nordwand wurde mit geringem Abstand nördlich des Standortes der alten Wand errichtet.

411 Das Fundament ist hier 1,60 bis 1,66 m dick, Oberkante bei -0,20 m. Seine Sohle liegt bei -1,58 m und bei der östlichen Vorlage 12b und der Südvorlage 13 etwas tiefer, bis zu -1,75 m.

412 Hier ist das Fundament 1,45 bis 1,50 m dick, Sohle bei -1,60 bis -1,65 m, Oberkante etwa bei -0,38 m.

413 Die Südflucht von 4 biegt von Westen her allmählich nach Süden in die Westflucht des erhaltenen Ansatzes von Fundament 76 ein.

414 Hier liegt seine Sohle etwas höher, bei -1,48 m, seine Oberkante bei -0,45 m.

415 Am Ostende tritt es 26 cm (Oberkante bei -0,44 m, Sohle bei -1,37 m), am Westende aber etwa 50 cm (Oberkante bei -0,50 m, Sohle bei -1,62 m) vor die gotische Südwand.

416 Zu diesem vgl. unten S. 99.

417 Zu Gernrode vgl. zuletzt Voigtländer 1980; Erdmann/Jacobsen/Kosch/ von Winterfeld 1988; Lehmann, Edgar: Die Cyriakuskirche zu Gernrode, in: Bernward von Hildesheim 1993, Band 2, S. 437–441. – Zu Halberstadt vgl. Leopold/Schubert 1984, S. 54–65.

418 Vor der Mitte der Ostwand des südlichen Querhausarms konnte die Oberkante der Kulturschicht jedoch etwas höher, nämlich bei -0,27 m nachgewiesen werden. Möglicherweise befand sich dort ein Nebenaltar.

419 Er zeigt im untersten Abschnitt mittelgroße, weiter oben auch sehr große braune bis rötliche Sandbruchsteine auf, die in Humus, in der obersten Schicht auch in gelbgrauen Kalkmörtel gebettet sind. Sie treten außen auf der Südseite um 26–45 cm, auf der Ostseite um 26 cm und innen im Apsisrund um 8 cm vor die aufgehende Wand. Die Sohle dieses Fundamentzuges liegt bei -1,61 bis -1,65 m, der Ansatz der darüber stehenden Umfassungswand 30 des Sanktuariums bei -0,34 bis -0,48 m.

420 Die aus liegend angeordneten braunen und grauen, in Humus gebetteten Sandsteinen hergestellte Fundamentzunge wurde nur von Osten her in 80 cm Länge angeschnitten, Unterkante bei -1,40 m, Oberkante bei -0,75 m. Sie endet im Süden mit eindeutiger Grenze vor dem Südwandfundament 52 des Baus I. Vielleicht erhob sich auf ihr eine stützende Vorlage für die Südostecke des Sanktuariums (Bau II). Beim Anbau des Südwandfundaments 91 des gotischen Ostbaus wurde sie später an ihrer Ostflucht etwas ausgebrochen. Dass sie mit dem im Norden angrenzenden Fundament 84 des Sanktuariums im Verband hergestellt wurde, mit dem sie in seinem Aufbau und annähernd auch in ihrer Gründungstiefe übereinstimmt, konnte nicht sicher nachgewiesen werden, liegt aber nahe.

421 Sie stehen an der Nord-, Ost- und Südseite der Krypta noch aufrecht, im Norden und Süden 80 cm, im Scheitel der Apsis etwa 95 cm dick: Große, an den Kanten leicht abgerundete, braune bis gelbgraue Sandsteinquader sind schichtweise in gelblichgrauem Kalkmörtel verlegt. An der Außenseite der Südwand fallen in unregelmäßigem Abstand durchlaufende Schichten brauner Quader auf. Am oberen Abbruch der Apsis war zu erkennen, dass den Raum zwischen der runden Innenschale und der geraden Außenwand ein weniger sorgfältig mit kleineren Sandsteinbrocken und Löß hergestelltes Mauerwerk ausfüllte.

422 Dieser trat hinter der später eingefügten Umfassungswand der Krypta sowohl am oberen Abbruch als auch weiter unten am südlichen Ansatz der Apsis zutage. Der Putz besteht aus feinem Kalkmörtel und ist auf einen Unterputz aus Mauermörtel aufgetragen.

423 Die südliche Vorlage 27 endet heute oben bei +1,70 m, die nördliche 111 bei +1,95 m.

424 Seine Sohle liegt am südlichen Abbruch bei -1,50 m, am Nordende, wo es in das tiefer (bis -1,65 m) hinabreichende Fundament 84 des Sanktuariums eingreift, bei -1,30 m. Für das Fundament wurden meist größere braune Sandbruchsteine in Humus, in der obersten Schicht jedoch in Kalkmörtel verlegt. Es besteht aus zwei Außenschalen von großen Sandsteinquadern, von denen die östliche wohl als etwa

30 cm breite Bank vor die Wand trat, und kleineren Steinen in der Mitte. Das erhaltene Mauerwerk bricht heute oben bei -0,20 bis -0,30 m ab.

425 Die Fundamentgräben sind unten etwa 1,35 m und oben 1,54 m breit. Ihre Sohle liegt bei -1,50 bis -1,61 m.

426 Dessen braune Sandbruchsteine sind in Humus, in der obersten Schicht in gelbgrauen Kalkmörtel gebettet. Das Fundament tritt hier 35 cm vor die Westflucht der aufgehenden Wand. Die Sohle des Fundaments wurde bei -1,46 m erreicht; seine Oberkante liegt bei -0,37 m.

427 Das aus großen Sandbruchsteinen und Humus bestehende Fundament ist 1,23 m dick, Oberkante bei -0,60 m; seine Sohle wurde nicht erreicht.

428 Die 1,03 m dicke und 49 cm hohe Mauer 180b – Oberkante bei -0,11 m – und die nur von Süden her angeschnittene, 4,0 m lange Mauer 180a – Oberkante bei -0,26 m, Sohle tiefer als -1,15 m – trugen einst wohl die Außentreppe eines 1936 hergestellten Separatzugangs zur Krypta.

429 Die braunen, teilweise auch grauen Sandbruchsteine sind in der untersten Schicht mit Humus, teils auch mit gelbgrauem Kalkmörtel, darüber aber mit einem festen, blaugrauen Gipsmörtel hergestellt; ihre Fugen wurden partiell – vermutlich später – mit einem nicht sehr festen, gelbgrauen Kalkmörtel ausgestrichen.

430 Es ist 2,20 bis 2,30 m dick. Seine Sohle wurde an der Südseite bei -1,46 m, an der Nordseite dagegen bei -1,92 m erreicht. Seine Oberkante wurde im Süden bei -0,20 bis -0,22 m und im Norden bei +0,08 m festgestellt. Auf der Nordseite hat man das Fundament offenbar nachträglich verbreitert. Die Verbindung mit dem im Süden anstoßenden Fundament 45 ließ sich nicht eindeutig klären.

431 Es ist etwa 1,80 m dick und tritt innen rund 35 cm, außen 25 cm vor die Wand; seine Sohle wurde innen bei -1,40 bis -1,47 m und außen bei -1,37 m festgestellt, während seine Oberkante innen etwa bei -0,25 m liegt. Außen beginnt bereits über der untersten, etwa 25 cm dicken Schicht der romanische Fundamentabschnitt.

432 Seine Sohle liegt bei -1,45 bis -1,49 m, während seine Oberkante am Ansatz der Wand an der Nordflucht von etwa -0,46 bis etwa -0,28 m ansteigt. 126 dürfte für den romanischen Westbau außen verbreitert worden sein.

433 Dieses ist im Mittelabschnitt bei -2,18 m, im nördlichen Abschnitt bei -1,36 m und im südlichen bei -1,28 m gegründet; Oberkante bei -0,34 bis -0,38 m.

434 Mit einem ähnlichen blaugrauen Gipsmörtel sind am benachbarten, 992 geweihten ottonischen Dom in Halberstadt die Fundamente der Ostteile hergestellt worden, vgl. Leopold/Schubert 1984, S. 60–62.

435 Seine Fundamentsohle liegt im Nordabschnitt bei -1,36 m und im Südabschnitt tiefer als -1,28 m.

436 Dünne, gelblichgraue, nicht sehr feste Kalkmörtelschicht über einer Sandsteinpackung, teilweise auch mit eingegossenen Sandsteinstücken, Oberkante bei -0,22 bis -0,29 m, teilweise abgesunken bis -0,35 m.

437 An der Nordseite des ehemaligen Triumphbogens steht das Fundament 12a der Nordwand des Sanktuariums mit dem Fundament 62 der Ostwand des Querhauses im Verband. Eine nach Westen vortretende Fundamentvorlage fehlt. Auch die aufgehenden Wände lassen keine Spuren von nach Westen vortretenden Vorlagen erkennen. Neben der nördlichen Vorlage 111 des Triumphbogens ist die Innenflucht der Ostwand des Querhauses aus der Bauzeit II bis zur Höhe von +4,38 m, neben der südlichen Triumphbogenvorlage 27a bis zur Höhe von +4,50 m ungestört erhalten, hier sogar mit dem originalen Innenputz.

438 Wo in frühmittelalterlichen kreuzförmigen Kirchen die Mitte des Querhauses durch Bögen von den angrenzenden vier Raumabschnitten abgeteilt wurde, also eine »ausgeschiedene Vierung« entstand, muss man mit der Möglichkeit rechnen, dass darüber ein Vierungsturm vorgesehen war. Das ein solcher tatsächlich fertig gestellt wurde, ist allerdings nicht allzu oft nachzuweisen. Als Beispiele seien genannt die Richariuskirche in Centula, der Alte Dom in Köln und St. Michael in Hildesheim. Im hohen Mittelalter wurden die Vierungsbögen dann ein bedeutendes Element der Raumgliederung, und für die Einwölbung der Bauten mit Kreuzgewölben waren sie unverzichtbar. – Zu Centula vgl. u. a. Gall 1930, S. 16 f., 61 f.; Pevsner 1963, S. 39–41; Lehmann 1965; Kubach/Elbern 1968, S. 62 (Kubach); Conant 1979, S. 44–46; Heitz 1980, S. 51–61. – Zu Köln vgl. das Widmungsbild aus dem Hillinus-Codex, in: Doppelfeld/Weyres 1980, Abbildung nach S. 8; zuletzt Weyres 1987, S. 119–123. – Zu St. Michael in Hildesheim vgl. vor allem immer noch: Beseler/Roggenkamp 1954 oder den Nachdruck von 1979; zuletzt: Cramer/Jacobsen/von Winterfeld, S. 369–382.

439 Man kann wohl davon ausgehen, dass die beiden seitlichen Fundamente 126 und 47 ebenso wie das Westwandfundament 50 etwa 1,80 m dick waren.

440 Es bricht oben bei +1,04 m ab, springt abwärts in drei Absätzen nach Westen um insgesamt 27 cm vor und wurde bis zur Tiefe von etwa -0,80 m freigelegt, ohne dass man seine Sohle erreichte.

441 Vgl. Anm. 391, Nr. 228.

442 An dem südlichen Apsisansatz ist hinter der Wand der Krypta sogar ein Rest des Innenputzes des Sanktuariums erhalten. – Der nachträgliche Einbau der Kryptawand konnte im südöstlichen Bereich des Umgangs auch vom Fundament her bestätigt werden: Dort ist der bei -1,65 m gegründeten Wand des Sanktuariums die Kryptawand vorgebaut, die nur bis -1,27 m hinabreicht und bis zur Sohle aus Sandsteinen und gelbem Kalkmörtel besteht.

443 Sie sind 78–84 cm breit, etwa 40 cm tief (= Dicke der Kryptawand) und bis zum Scheitel des rundbogigen Abschlusses etwa 90 cm hoch, Sohlbank-Oberkante etwa bei -0,57 m.

444 Die Nischen waren ursprünglich etwa 1,02 bis 1,06 m breit, etwa 50 cm tief und bis zum Scheitel des rundbogigen Abschlusses etwa 1,17 m hoch, Sohlbank-Oberkante bei -0,35 m.

445 Das Fenster wurde 1956 entdeckt und geöffnet. Nach dem verwendeten gelben Kalkmörtel wurde es in der Bauzeit der Krypta nachträglich in die Südwand 30 eingefügt. Es ist außen etwa 1,0 m, innen 78 cm und an der engsten Stelle in der Wandmitte etwa 44 cm breit und außen 1,04 m, innen 90 cm und in der Wandmitte etwa 85 cm hoch.

446 Das Mittelschiff ist am Westende 2,0 m und im Osten nur 1,58 m breit; die Seitenschiffe haben dagegen im Westen eine Breite von 1,56 m (Nord) bzw. 1,50 m (Süd) und im Osten eine solche von 1,73 m.

447 Die Stelle des nördlichen Mittelpfeilers nimmt ein etwas zurechtgestutzter ehemaliger Grabstein ein; zu diesem vgl. Leopold 1987, S. 43.

448 Die Basis der südöstlichen Säule ist arg verstümmelt, vgl. Leopold 1987, S. 30–36.

449 Vgl. dazu oben S. 30 und Leopold 1987, S. 28–38.

450 Vgl. dazu Leopold 1987, S. 30.

451 Vgl. dazu ebd., S. 33.

452 Über diese vgl.: Schirwitz 1960, S. 11; ders.: Manuskript, S. 5 f.; Schirwitz 1962, S. 5 f. Die Bodenfunde vom Gelände des Wiperti-Klostergutes zu Quedlinburg, in: Harz-Zeitschrift 14, 1962, S. 1–14.

453 Zeller 1916, S. 17, Abb. 10 und 11.

454 Eine etwa 10 cm dicke, blaugraue, oben geglättete Gipsmörtelschicht auf einer Sandsteinpackung, Oberkante bei +2,03 m.

455 In gelbem Kalkmörtel verlegte Sandsteinquader; Oberkante bei +2,20 m.

456 Vgl. oben S. 55 f.

457 Zu dieser Abfolge vgl. auch oben S. 30 und 84.

458 Sie wurde schon von der älteren Forschung bemerkt, vgl. Zeller 1916, S. 38, Abb. 32, mit dem »Idealentwurf« von Hase von 1872 für die Rekonstruktion der »Heinrichskirche« auf dem Berg; Giesau in: Giesau/Schirwitz 1940, S. 105.

459 Bei der etwa 95 cm dicken Wand sind größere Sandsteinquader mit einem gröberen, grauen Kalkmörtel in waagerechten Schichten aufgemauert, die vor allem im unteren Teil eine Fugenritzung zeigen. Nur im oberen Teil, etwa von +7,70 m an aufwärts, wurden mit dem gleichen Mörtel vor allem kleinere Bruchsteine verwendet, die oben mit einer Rollschicht abschließen.

460 Vor allem durch die Einfügung der beiden Rundbogenfenster 105 und 106 und der Tür 103 sowie zuletzt durch den umfangreichen Ausbruch für die große Rundbogenöffnung 104.

461 Der Okulus ist an der Innenflucht der Wand 1,0 m breit und 94 cm hoch, an der Außenflucht 1,0 m breit und 88 cm hoch. Die 22 cm dicke Werksteinplatte in der Mitte der Wand hat eine 47 cm hohe und 48 cm breite, stehende Öffnung in Form von vier um ein mittleres Quadrat angeordneten, gestelzten Halbkreisen. Die beiderseits angrenzenden Leibungen, die Reste eines feinen Kalkmörtelputzes tragen, sind in der unteren Hälfte sozusagen aus der Mauer ausgespart, bestehen in der oberen dagegen aus keilförmig zugearbeiteten Sandsteinen.

462 Nachträglich gestört durch einzelne einbindende Quader der nördlichen Hochwand 115 des 12. Jahrhunderts sowie durch das Rundbogenfenster 105 und die große Rundbogenöffnung 104.

463 Sie ist ebenfalls etwa 95 cm dick und ähnlich zusammengesetzt wie der Unterteil der Nordwand 112. Ihr Oberteil wurde bei der gotischen Verlängerung des Sanktuariums (Bau IVa) ausgebrochen.

464 An der Außenseite wurde sie aus größeren Sandsteinquadern mit weißgrauem Kalkmörtel in waagerecht durchlaufenden Schichten aufgeführt und ist zum Teil bis zur alten Mauerkrone erhalten. Die Grenze gegenüber der älteren Südwand 30 des Apsidensanktuariums (Bau II) unter ihr ist hier nicht eindeutig zu bestimmen. Sie scheint etwa bei +4,15 m zu liegen.

465 Oben durch die Einfügung eines Fensters, von dem der Leibungsrest 24 erhalten ist, dann durch die Einbauten der großen, barocken Rundbogenöffnung 23 sowie der Rundbogentür 22.

466 Im oberen Abschnitt gestört durch die große Rundbogenöffnung 23.

467 Sie wurde nur von Süden her angeschnitten. Obwohl die Maße denen einer Tür zu entsprechen scheinen, kann es sich wegen ihrer trichterartigen Verengung zur Wandmitte hin und wegen der hohen Lage der Öffnung doch wohl nur um ein Fenster handeln, das dem Sanktuarium oberhalb des von Süden anschließenden Gebäudedaches zusätzliches Licht bringen sollte. Erhalten ist die als Bestandteil der Wand hergestellte, schräge östliche Leibung und der mit breiten Keilsteinen hergestellte Sturzbogen, Unterkante des Bogenscheitels bei +7,60 m. Das Fenster war an der Außenflucht einst mindestens 2,20 m hoch und etwa 1,20 m breit. An der Stelle des Westteils des Sturzes, der westlichen Leibung und der Sohlbank befindet sich heute die große Rundbogenöffnung 23.

468 Von ihr ist nur ein Rest ihrer östlichen, ebenfalls schräg geführten Leibung erhalten, der sich gegen die Leibung der älteren Öffnung 25 lehnt. Sohlbank, westliche Leibung und Sturz wurden beim Einbau der großen Rundbogenöffnung 23 vernichtet.

469 Dieser Estrich wurde auf der Südseite aufgedeckt: Es ist eine oben geglättete Schicht grauen, nicht sehr festen Kalkmörtels, Oberkante bei +1,69 m.

470 Metternich 1994, S. 192.

471 Die 4–36 cm dicke, oben geglättete Schicht von gelbem Kalkmörtel mit eingegossenen Sandsteinstücken wurde vielfach ausgebessert, teils wieder mit Kalkmörtel, teils aber auch mit einem blaugrauen, festen Gipsestrich, der stellenweise wiederum einen dünnen Überzug von Kalkmörtel erhielt. Die Oberkante des Estrichs steigt von -0,36 bis -0,31 m am Westende zu -0,27 m am Ostende.

472 Die Holzsarg-Bestattungen 88, 98–100 wurden nicht näher untersucht. Ihre Sohle liegt etwa bei -0,95 m. 98 liegt mit ihrer Nordhälfte, 88 mit ihrer Südhälfte auf dem Südwandfundament 52 des Baus I. Die Fußenden der vier Gräber dürften bei der Herstellung des Fundaments 89 zerstört worden sein; nachgewiesen wurde das aber nur bei Grab 88. Über der Südhälfte von 100 steht heute die neue Südwand des Seitenschiffs.

473 Er ist aus zwei etwa 68 cm langen Sandsteinblöcken – Unterteil und Deckel – zusammengesetzt, die sich nach Osten merklich verjüngen. Der Unterteil ist am Westende 38 cm breit und 25 cm hoch, am Ostende 29 cm breit und 28 cm hoch. Er hat an seiner Oberseite eine ovale, insgesamt 59 cm lange, 23 cm breite und 14 cm tiefe Vertiefung mit westlicher Kopfnische, offenbar für den Leichnam eines Kindes. Der Deckel ist am Westende 38 cm breit und 25 cm hoch, am Ostende 32 cm breit und 21 cm hoch und oben an beiden Seiten abgeschrägt. Im Inneren befand sich nur noch eine lockere bräunliche Masse mit zahlreichen Schalenresten von Insekten. Der Sarg befindet sich heute im Schlossmuseum.

474 Die Bestattungen 66 und 67 wurden nicht näher untersucht.

475 Das Fundament 69 ist aus meist braunen Sandbruchsteinen und festem gelbem Kalkmörtel mit auffallend unregelmäßigen Fluchten hergestellt. Seine am Westende festgestellte Dicke von nur 80 cm gegenüber 98 cm im Ostabschnitt ist ebenso zu bezweifeln wie seine am Ostende im Suchgraben schon bei -0,65 m erreichte Fundamentsohle, während sie am Westende erst bei -0,96 m nachgewiesen wurde. Das Westende des Fundaments dürfte beim Einbringen der im Norden angrenzenden Bestattung 67 reduziert worden sein, und am Ostende war der Graben wahrscheinlich nicht ausreichend tief geführt.

476 Die Steinsetzung ist etwa 6 cm dick, besteht aus grünlichem, zerfallendem Sandstein und bricht im Osten nach 4–17 cm unregelmäßig ab. Ihre Oberkante entspricht mit etwa -0,31 m der des im Westen angrenzenden Estrichs.

477 Fundament 89 wurde nur von Westen her in etwa 3,50 m Länge bis zu -1,24 m hinab angeschnitten; seine Sohle wurde nicht erreicht. In Höhe von -0,45 m springt seine Westflucht um 25–30 cm nach Osten zurück. Bis zu dieser Höhe besteht das Fundament aus Sandbruchsteinen, die in einen festen gelben Kalkmörtel, in der untersten freigelegten Schicht auch in Humus gebettet sind. Über dem Rücksprung sind die Fugen der Sandsteine mit grobem grauem Mörtel ausgefüllt, blieben teilweise aber offen. Die spätere Aufführung des Oberteils liegt demnach nahe und hängt möglicherweise mit einer Erneuerung des Nordabschnitts des romanischen Gebäudes im ausgehenden Mittelalter zusammen, die auch für seine Westwand nachgewiesen wurde.

478 Die sehr großen quaderartigen grauen Sandsteine der allein erhaltenen, etwa 35 cm hohen, untersten Schicht, Unterkante bei -1,15 m, sind in Humus-Löß gebettet. Im Gegensatz zu der gerade durchlaufenden westlichen Flucht des Fundaments ist die östliche auffallend unregelmäßig. Seine nördliche Fortsetzung wurde, wie der Befund zeigte, bei der Herstellung des Südwandfundaments 91 des gotischen Ostschlusses ausgebrochen. Im Süden läuft das Fundament über das Südwandfundament 52 des Baus I hinweg und verschwindet unter der jüngeren Steinsetzung 93.

479 Mit Ausnahme von deren schon erwähnter, rechtwinklig nach Norden gerichteter unterster Fundamentschicht.

480 Das Fundament ist etwa 83 cm breit; seine – nicht erreichte – Sohle liegt tiefer als -1,23 m, seine Oberkante bei -0,96 m. Es besteht aus großen gelben und braunen Sandbruchsteinen und Humus.

481 Der Versuch, das Fundament weiter südlich im Untergeschoss des Ostschlusses nachzuweisen, schlug fehl, da der hier angesetzte Graben auf die ausgedehnte Störung 166 durch eine Holzsargbestattung stieß. Die Grabung erreichte allerdings nur den durch den Zusammenbruch des Sarges entstandenen Hohlraum, nicht aber das darunter befindliche Grab selbst.

482 Die Zumauerung des Fensters erfolgte innen und außen bündig mit der Wand durch verhältnismäßig große Sandsteinwerkstücke und einen festen feinen rötlichgelben Mörtel. – Bei der ehemals 1,40 m breiten und etwa 1,90 m hohen Tür wurde der gleiche, sonst nirgends angetroffene Mörtel verwendet. Von der Tür war während der Untersuchungen das äußere, etwa 45 cm dicke, an der Ostleibung stark beschädigte Gewände sichtbar, das mit ganz engen Fugen aus exakt gearbeiteten großen Werksteinen zusammengesetzt ist. Der zum Scheitel hin sichelförmig verbreiterte Rundbogensturz besteht beiderseits des mittleren Schlusssteins aus unterschiedlich großen Werkstücken; von besonderer Größe sind die beiden Stücke in Kämpferhöhe. Die lichte Weite des Gewändes lässt sich nach der Rundung der erhaltenen Teile bestimmen; die ehemalige Höhe ergibt sich aus dem Abstand des Bogenscheitels von Estrich 57 des südlichen Raums.

483 Mit Sandbruchsteinen und Lehm, wobei die Fugen äußerlich mit grobem grauem Mörtel verschmiert wurden.

484 Vgl. Zeller 1916, S. 15; Brinkmann 1922, S. 149, und vor allem Bauermann 1931, S. 244–249. – Zu den Prämonstratenserkirchen vgl. Untermann 1984, der allerdings auf St. Wiperti kaum eingeht.

485 Vgl. Bauermann 1931, S. 237. – Zu anderen, nunmehr überholten Ansichten zum Zeitpunkt des Einzugs der Prämonstratenser in Quedlinburg vgl. ebd., S. 189.

486 Vgl. ebd., S. 245–247.

487 Vgl. ebd., S. 242.

488 Eine oben geglättete, etwa 12 cm dicke Kalkmörtelschicht, Oberkante bei +2,20 m. Nachgewiesen werden konnte sein Anschluss von Westen an den wohl vom Vorgängerbau stammenden Altarblock 168.

489 Vgl. auch Leopold 1987, S. 32.

490 Sie ist an ihrer engsten Stelle in der Mitte des etwa 33 cm dicken Gewölbes annähernd quadratisch von 21 cm Seitenlänge.

491 Sie stehen weder mit der Brüstung noch mit den angrenzenden beiden Pfeilern im Verband: weißgraue Sandsteinquader sind in grauen Kalkmörtel gebettet, der sich deutlich von dem gelben Kalkmörtel der Krypta abhebt.

492 Die große Rundbogenöffnung am Westende der nördlichen Wand wurde erst nach dem Mittelalter für die evangelische Pfarrkirche eingebrochen.

493 Die quadratischen Pfeilerschäfte sind etwa 98 cm breit. Ihre rings umlaufenden Sockel sowie die durchlaufenden Sockelgesimse der Wände sind einschließlich Fußplatte etwa 31 cm hoch und treten etwa 5 cm vor den Schaft bzw. vor die Wand. Die Kämpfer haben eine Höhe von 22 cm und treten ebenfalls etwa 5 cm vor.

494 Vor diesen dürften drei oder vier Stufen von dem Fußboden des Seitenschiffs zu den etwa 60 cm höheren Schwellen der Türen geführt haben.

495 Ihre Leibungen verbreitern sich von der engsten Stelle in der Wandmitte trichterförmig nach innen und außen.

496 Das Fundament 4a ist im Mittelabschnitt 1,65 m dick und verjüngt sich im Osten allmählich bis etwa 1,42 m, Sohle bei -2,18 m. Das Fundament 12a ist etwa 1,75 m dick, Sohle bei -2,10 bis -2,25 m. Bei beiden Fundamenten sind die gegenüber den ottonischen Fundamenten etwas kleineren, teils grauweißen, teils rötlichbraunen Sandbruchsteine in Humus gebettet. An den Steinen vielfach gelblicher Kalkmörtel von früherer Verwendung.

497 Zu den Fundamenten 1 und 31 vgl. oben S. 78; Fundament 1 wurde in Suchgräben am Westende und im mittleren Bereich von Norden her angeschnitten.

498 Fundament 184, das nur an seinem Ostende von Süden her oberflächlich freigelegt werden konnte, besteht hier aus Sandbruchsteinen, teils mit Spuren zweiter Verwendung, und Humus, in oberster Schicht aus in Mörtel verlegten größeren Steinen.

499 Als 1936 ein separater Zugang zur »Wipertikrypta« hergestellt wurde, der über Treppen durch das östliche Fenster der gotischen Nordwand und einen am Ostende des nördlichen Seitenschiffs abgetrennten Raum in die Krypta führte, ist der Untergrund offenbar flächig aufgegraben worden, ohne dass ein Bericht über die dabei gemachten Funde bekannt geworden ist.

500 Eine 8–12 cm dicke, gelbgraue, leicht lehmige, oben geglättete Kalkmörtelschicht mit eingegossenen braunen und grauen Sandsteinbrocken, Oberkante bei -0,17 bis -0,24 m.

501 Diese wurde 1955 neu errichtet unter Einbeziehung des romanischen Stufenportals der ehemaligen Marienkirche auf dem Münzenberg.

502 Estrich 2 war fast bis zu der westlichen Leibung von deren Eingangsarkade nachweisbar.

503 Dass das Seitenschiff in voller Breite gegen den Raum geöffnet war, ist jedenfalls kaum anzunehmen.

504 Über diesem stehen heute allerdings erheblich jüngere Wände.

505 Die Vorlagen sind etwa 15 cm breit; die beiden Eckvorlagen enden unten – heute unter dem erhöhten Fußboden verborgen – auf einer vortretenden Basis mit einem Profil aus Plättchen, leicht gekehlter Schräge und Platte.

506 Fundament 47 reicht an seiner Nordseite bis -1,92 m hinab, also fast 50 cm tiefer als sein älterer, südlicher Abschnitt. Sein Unterteil besteht bis zur Höhe von -1,15 m aus sehr großen, in Humus gebetteten Sandsteinqua-

dern; der dort vielfach erkennbare bräunliche feinkörnige Kalkmörtel könnte ein nachträglicher Fugenverstrich sein. Von -1,15 m bis zur Fundamentoberkante bei +0,08 m sind etwas kleinere Sandsteinquader mit grobem grauem Gipsmörtel aufgemauert. Am Ostende stößt das Fundament unterhalb von -1,50 m gegen das dort nach Süden durchlaufende Ostwandfundament 125, steht mit diesem darüber bis zur Höhe von -0,80 m im Verband und läuft im obersten Abschnitt an ihm vorbei nach Osten durch. Gegenüber der aufgehenden Wand 47a tritt das Fundament nur wenige Zentimeter nach Norden vor.

507 Fundament 125, Unterkante bei -2,20 m, ist aus großen und mittelgroßen Sandbruchsteinen, teilweise mit Putzresten einer früheren Verwendung, bis zur Höhe von -1,08 m mit Humus (unter Fugenverstrich mit feinem bräunlichem Kalkmörtel), darüber mit festem, grobem, blaugrauem Gipsmörtel, in den beiden obersten Schichten bis +0,04 m wieder mit bräunlichem Kalkmörtel aufgeführt und tritt innen gegenüber der aufgehenden Wand 125a 50–65 cm vor.

508 Fundament 118, Sohle bei -2,23 m, ist in den untersten zwei Schichten aus großen Sandsteinquadern, darüber aus mittelgroßen Sandbruchsteinen bis in Höhe von -1,05 m mit Humus, darüber bis zur Oberkante bei -0,16 m mit festem, grobem, blaugrauem Gipsmörtel aufgemauert und tritt gegenüber der aufgehenden Wand 118a innen um fast 50 cm vor.

509 Fundament 117, Sohle bei -2,0 m, ist aus unterschiedlich großen Sandbruchsteinen bis zur Höhe von -1,08 m mit Humus, darüber mit festem, grobem, blaugrauem Gipsmörtel aufgemauert und tritt innen gegenüber der aufgehenden Wand 117a um etwa 18 cm vor.

510 Sie hat eine Seitenlänge von etwa 1,60 m, enthält bis zur Höhe von -0,20 m ein buntes Gemisch von Löß, Sand, Mörtelteilchen, Backsteinsplittern (auch von Biberschwanzziegeln) sowie Keramik und reicht bis zur Sohle der Fundamente. Die Grube wurde vielleicht zusammen mit diesen eingetieft und vermutlich bald nach deren Fertigstellung wieder verfüllt.

511 An der Westseite um 5–18 cm, am Nordende sogar bis 32 cm; an der Nordseite um etwa 37 cm. In dem einzigen tiefer geführten Graben an der Westseite der Kirche ergab die Untersuchung des Fundaments, dass nur dessen unterste Schicht von dem ottonischen Westbau stammt, Sohle bei -1,37 m, Oberkante bei -1,12 m; dazu vgl. oben S. 81. Die Oberkante des darüber errichteten romanischen Fundamentteils steigt an der Westseite von -0,11 m am Nordende bis +0,13 m an der heutigen Südwestecke und liegt an der Nordseite bei ±0 bis +0,10 m.

512 Die Oberkante der unteren Quaderschicht steigt nach Norden leicht an: an der Westseite endet sie am Südende bei +0,35 m, 2 m weiter nördlich und von dort bis zum Nordende bei +0,45 m, an der Nordseite bei +0,50 m. Das darüber gelegene Fußgesims ist 37 cm hoch, 12 cm tief, Oberkante bei +0,81 m bis +0,83 m; es tritt gegenüber der Quaderschicht etwa 22 cm zurück.

513 Die Sohle des aus großen weißgrauen und wenigen braunen Sandbruchsteinen aufgeführten Fundaments wurde im Mittelabschnitt bei -2,18 m, nördlich von diesem dagegen bei -1,36 m und südlich von ihm bei -1,28 m festgestellt. Bei dem mittleren Abschnitt sind die unteren vier Schichten, bis etwa -1,34 m aufwärts, ohne Mörtel in Humus und darüber in einen groben, gelbgrauen, festen Mörtel gebettet. Die seitlichen Abschnitte weisen demgegenüber einen festen blaugrauen Gipsmörtel, wie er ähnlich auch in den Fundamenten 47, 50, 126 der Nord-, West- und Südwand des ottonischen Westbaus (Bau II) festgestellt wurde, in ihren oberen Schichten aber teils Humus, teils wieder den groben, festen, gelbgrauen Mörtel auf.

514 Die Rundbogentür 122 mit abgefastem Gewände in der Nordwand des nördlichen Turms wurde hier wohl erst im späten Mittelalter eingebaut.

515 Möglicherweise sind innerhalb der Westwand noch Teile der ottonischen Querhauswand erhalten.

516 Die wohl ursprüngliche, wie heute leicht schräg geführte Ostwand des Raums, zu der ein Rundbogenfenster gehörte, stand, vielfach verändert, noch bis zu der 1955 einsetzenden Restaurierung der Kirche, wurde damals aber wegen Baufälligkeit abgebrochen und durch die heutige Ostwand ersetzt.

517 Unten setzte das Gewölbe über den Kämpferplatten der erhaltenen Wölbvorlagen bei +0,84 m an. Bei einem rundbogigen Querschnitt hätte der Scheitel des Gewölbes also etwa bei +3,0 m und dessen Oberkante etwa bei +3,20 m gelegen, also dort, wo der Sockel der Gewölbevorlage des Obergeschosses beginnt. Die Höhen dieses Sockels und des Schaftes darüber entsprechen denen des unteren Geschosses, so dass man darüber auch einen ähnlichen Kämpfer erwarten kann. Demnach müsste das obere Gewölbe etwa bei +4,10 m angesetzt, sein Scheitel etwa bei +6,30 m und seine Oberkante bei +6,50 m gelegen haben. Etwa in dieser Höhe darf man über der Nordwand auch den Ansatz des abschließenden Pultdachs erwarten, das andererseits die Wand des Sanktuariums unterhalb des Vierpass-Okulus erreichen musste. Die Neigung des Daches konnte also höchstens etwa 11° betragen haben – falls es nicht eine ganz andere Ausbildung hatte.

518 Die Gewände dieser 95 cm breiten Tür stehen über der – stark ausgetretenen – Schwelle noch etwa 1,30 m hoch aufrecht. Sie sind aus hochkant gestellten Werksteinen zusammengesetzt und wurden nach dem Befund nachträglich in die Wand eingefügt. In

ANMERKUNGEN

dem östlichen Gewände ist, wohl später, ein 7 cm breiter und 4 cm tiefer Falz als Anschlag für ein Türblatt ausgearbeitet, der bei dem westlichen Gewände fehlt. Der ebenfalls nachträglich und unter Verwendung desselben Mörtels in die Wand eingefügte große Quader unter der Schwelle von 103 gehört wohl zu deren Unterbau, kann jedenfalls kaum von dem ursprünglichen Durchgang stammen. Die Zugangstür zum Obergeschoss des Nebenraums muss immer an dieser Stelle gelegen haben, da die Wand östlich von 103 ungestört durchläuft.

519 Die Öffnung war mindestens 1,70 m breit; denn Estrich 2 konnte auf dem Stumpf der Wand etwa in dieser Breite nachgewiesen werden.

520 Unter dem Südteil des Gebäudes ist ein 15,70 m langer und 7,20 m breiter, zweischiffiger Raum eingebaut. Sein sorgfältig aus Werksteinen hergestelltes Kreuzgratgewölbe wird von 5 kämpferlosen quadratischen Werksteinpfeilern getragen.

521 Er ist etwa 1,20 m breit, seine – nicht erreichte – Sohle liegt tiefer als -1,60 m. Innerhalb des südlichen Seitenschiffs traf die Grabung in Verlängerung des Fundamentgrabens nur auf ungestörten Boden.

522 Die Sohle des 0,95–1,05 m breiten, oben bei -0,09 m abbrechenden Fundaments, das aus Sandbruchsteinen und Humus hergestellt ist, wurde bei -0,60 bis -0,84 m festgestellt, im Bereich des Seitenschiffs über der Kulturschicht, weiter südlich über dem zugefüllten Fundamentgraben 75.

523 Die Sohle des 0,95–1,05 m breiten, oben bei -0,09 m abbrechenden Fundaments, das aus Sandbruchsteinen und Humus hergestellt ist, liegt westlich von 51 bei -0,68 m.

524 Er besteht aus festem, oben geglättetem Gipsmörtel mit eingegossenen Sandsteinstücken, Oberkante bei -0,05 bis -0,12 m.

525 Das sie tatsächlich zu dem Raum selbst gehörte, erweist dessen auch hier nachgewiesener Fußboden 60.

526 Es ist 1,05 m dick, oben bei -0,17 m abgebrochen, Unterkante bei -1,50 m. An den beiden Außenseiten liegen in zwei Schichten übereinander größere Sandbruchsteine und dazwischen kleinformatiges Füllmauerwerk in Humus.

527 Die Öffnung war auf der Nordseite etwa 1,50 m breit und vom Fußboden des Sanktuariums bis zum Scheitel des Segmentbogens ursprünglich wohl annähernd 2,20 m hoch. Die Öffnung des Werksteingewändes ist im Lichten 1,0 m breit und von der – nachträglich durch aufgelegte Backsteinplatten ausgebesserten – Schwelle bis zum Bogenscheitel 1,95 m hoch. Die Südkante hat ringsum eine schräge Abfasung, die unten beiderseits auf einer Eckzehe endet. Das Gewände ist aus großen, hochkant gestellten Werksteinen zusammengesetzt, der Sturzbogen aus ähnlichen Radialwerksteinen mit asymmetrischem Steinschnitt.

528 Falls die Decke des unteren Raums sich durchgehend oberhalb der Tür befand, ist ihre Unterkante über dem Scheitel der Türöffnung bei etwa +4,10 m, also 4,20 m oberhalb des unteren Raumfußbodens oder noch höher anzunehmen.

529 Vgl. Zeller 1916, S. 17, Abb. 10.

530 Die Oberkante des Schiffsfußbodens, Estrich 2, lag im Südseitenschiff an seinem Westende bei -0,25 m, die der Schwellen der Chortüren 101 im Norden und 18 im Süden bei +0,40 m bzw. +0,48 m und die des davor vielleicht eine Stufe tiefer anschließenden Chorfußbodens etwa bei +0,30 m, also 55 cm oberhalb des Schiffsbodens.

531 Von dieser konnten im Bereich der Gräben keine Spuren nachgewiesen werden. Ihre Fundamente wurden offenbar bei der Eintiefung der zahlreichen Bestattungen im Mittelschiff beseitigt.

532 Sie wurde in 1,70 m Länge und 90 cm Breite freigelegt, Oberkante etwa bei -0,35 m, Sohle bei -0,55 bis -0,60 m.

533 Sie wurden meist nur bis zur Tiefe von -0,20 m ausgehoben.

534 Aus dem dortigen Befund ging hervor, dass man beim Bau des Turms bemüht war, das neue Fundament durch wechselseitiges Einbinden der Schichten trotz deren unterschiedlicher Höhen mit dem hochromanischen Südwandfundament 190 zu verzahnen.

535 Er ist 1,28 m dick und bricht oben bei +1,14 bis +1,32 m, am Nordende an einer Stelle sogar erst bei +1,56 m ab.

536 Oberkante der nur etwa 5 cm vor die Wand tretenden Schräge bei +0,88 m.

537 Große quaderartige Sandsteinblöcke sind unten in Humus, von etwa -1,35 m an aufwärts in festen Gipsmörtel gebettet. Fundamentsohle liegt bei -2,47 m, das Fundament tritt gegenüber der aufgehenden Wand in mehreren Absätzen insgesamt etwa 65 cm vor.

538 Die Tür ist an der Ostflucht 1,28 m breit, Scheitel-Unterkante bei +2,57 m. Die südliche Leibung ist bis etwa +0,50 m abwärts nachweisbar.

539 Obere Abbruchkante an der Südflucht bei + 0,35 m.

540 Es wurde von Norden her bis zur Tiefe von -1,85 m angeschnitten und entspricht in seiner Zusammensetzung dem Südwandfundament 91; seine Sohle wurde nicht erreicht. Unter der großen Öffnung scheint es zu fehlen.

541 Es besteht an den Außenseiten aus großen, quaderähnlichen, grauen und gelben Sandsteinen, innen aus kleine-

ren, und grobem, grauem Mörtel. Es ist etwa 1,0 m dick und wurde in etwa 1,25 m Länge freigelegt, Oberkante bei -0,70 m, Unterkante tiefer als -1,85 m. In dem Fundament fanden sich eine relativ steile, oktogonale, attische Säulenbasis 162 von 25 cm Breite und 26 cm Höhe mit ungefüger Eckzier, der radial geformte Wölbstein eines Bogens 177 von 34 cm Tiefe sowie ein Würfelkapitell 176 von 24 cm Breite und 30 cm Höhe. Letzteres weist unter der Deckplatte halbkreisförmige, von einem schmalen Rahmen eingefasste Schilde auf. An deren Unterkanten setzen auffälligerweise gerundete, schräg auf den Schaftring zielende Körper an, die nach unten zu allmählich an Volumen verlieren und an deren Zusammenstoß sich jeweils eine gerade durchlaufende Kehle ergibt.

542 Ihr Fundament 165 wurde 1956 nur von Westen her angeschnitten. Seine Zusammensetzung entspricht der des Südwandfundaments 91, seine im Graben nicht erreichte Sohle liegt tiefer als -1,40 m.

543 Damals drohte der Ostgiebel einzustürzen und musste gesichert werden. Zu den dazu vorgenommenen Maßnahmen gehörte auch die Verkleinerung der südlichen Öffnung.

544 Abbildung bei Zeller 1916, S. 13, Abb. 6.

545 Sie ist 1,04 m dick und besitzt außen einen umlaufenden Sockel aus Platte und Schräge.

546 Das nur von Süden her angeschnittene Fundament besteht aus quaderartigen Sandsteinen und grobem, hartem, grauem Mörtel, der teilweise auch die Außenseite der Steine umhüllt, Fundamentsohle am Westende bei -1,51 m, in der Mitte bei -1,62 m. Das Fundament endet im Westen wenige Zentimeter vor der ottonischen Fundamentzunge 90; in dem Zwischenraum blieb ein ungestörter Rest der Kulturschicht erhalten.

547 Die innen 2,65 m hohe und 1,50 m breite, oben mit einem Segmentbogen schließende Wandöffnung besitzt außen ein spitzbogiges, mit der Wand fluchtendes, 29 cm dickes Gewände von im Lichten 2,07 m Höhe und 1,20 m Breite.

548 Die etwa 55 cm hohe Mauerung aus Sandsteinquadern in Humus, Sohle bei -0,58 m, wird oben von den in Kalkmörtel verlegten Stufenquadern abgeschlossen; sie wurde nur von Norden angeschnitten.

549 Deren leicht schräge Nordrichtung beginnt an der Nordostecke des ottonischen Sanktuariums mit der Ostwand der Sakristei und setzt sich in der Stützmauer des Friedhofs fort. Deren beide untersten, aus großen, in Humus verlegten Sandbruchsteinen bestehenden Schichten sind allerdings nicht schräg, sondern rechtwinklig nach Norden gerichtet, Unterkante bei -1,26 m, und gehören vielleicht zu dem von Westen angeschnittenen Fundament 183. Über ihnen setzt das gemörtelte Mauerwerk der Friedhofsmauer an.

550 Diese Bestattungen sowie die Doppelbestattung 145 östlich der Kirche wurden am 6., 7. und 13. November 1956 durch Herrn Ebert vom Städtischen Museum Halberstadt untersucht. Er berichtete darüber am 15. November 1956: »Alle fünf Gräber waren West-Ost orientiert. Skelette in Gestrecktlage auf dem Rücken«, und zu Grab 155: »Ungestörte Bestattung. Erhaltungszustand gut. Begrenzung der Grabgrube in der westlichen Schnittwand deutlich erkennbar. In Höhe der Brustwirbel lag eine kleine Gefäßscherbe, Innenseite gelb glasiert, außen hellbraun, stumpf. Die Arme lagen gekreuzt in der Beckengegend. Geringe Holzreste des Sarges nur unter der Bestattung vorhanden. Untersuchungszone: Untere Schädelhälfte – Becken«. Zu Grab 157: »Ungestörte Bestattung. Erhaltungszustand schlecht. Über den Skeletteilen lag in einer zusammenhängenden dünnen Schicht die Abdeckung eines Holzsarges. Die Arme waren rechtwinklig über der Brust gekreuzt, Fingerknochen fehlten. In der Füllerde fanden sich 3 Scherben, darunter ein Randstück mit Verzierung (jungsteinzeitlich) und ein Sargnagelrest. Untersuchungszone: Oberkörper – Becken«. Zu Grab 158: »Skeletteile waren aus der ursprünglichen Lage gebracht. Der rechte Oberarm lag quer über der Brust und die rechte Hälfte des Unterkiefers an der Südseite der Bestattung hinter dem Schädel. Holzteile und Nägel des Sarges waren noch vorhanden. Während an der Nordseite die Begrenzung der Grabgrube gegen die ungestörte Kulturschicht deutlich erkennbar war, konnte sie an der Südseite nicht mehr festgestellt werden. In der ungestörten Kulturschicht lagen einige vorgeschichtliche Scherben, dabei das Stück eines kleinen Napfes mit eingezogenem Rand, Oberfläche schwarz, geglättet (Jungsteinzeit) und ein Tierzahn«. Zu Grab 160: »Schädel und einige Wirbel noch in situ. Obere Extremitäten nur in Bruchstücken vorhanden. 0,25 m über der Bestattung fand sich in der östlichen Schnittwand ein Becken und an der Nordseite, in gleicher Tiefe des untersuchten Grabes, eine Kalotte und ein Unterarmbruchstück; sie sind als Reste eines zerstörten Grabes anzusehen, die in späterer Zeit hier vergraben wurden. Dicht unter der Kalotte fanden sich kleine Holzstücke vom Sarg des untersuchten Grabes. Gleiche Holzreste und einige Eisennägel waren an beiden Längsseiten der Bestattung vorhanden. Aus der Einfüllungsschicht wurden 5 kleine Scherben geborgen, darunter ein Randstück eines bronzezeitlichen Gefäßes.«

551 Das Fundament wurde 1948 bei der statischen Sicherung des Giebels von Norden her und 1956 weiter östlich erneut angeschnitten. Es ist etwa 1,0 m dick, Sohle bei -2,48 m, oben bei -0,57 bis -0,87 m abgebrochen. Im Unterteil sind kleinere Sandbruchsteine in Humus verlegt, im Oberteil quaderartige größere Sandsteine in festem, grobem Mörtel.

552 Das weiter östlich angeschnittene, parallel laufende Fundament 142 ist schwer zu datieren. Stand auf ihm etwa die Südwand eines älteren nach Osten gerichteten Ganges?

553 Herr Ebert berichtet am 15. November 1956 nach seiner Untersuchung: »Das Grab war ungestört. Erhaltungszustand gut. Unter den Skeletteilen reichlich schwarze Holzreste vom Sarg. In der Einfüllung einige vorgeschichtliche Gefäßscherben, Tierknochen und -zähne und zwei Schneckenhäuser. Untersuchungszone: Untere Extremitäten – Becken und Hände. 0,30 m über der Bestattung fanden sich Reste eines zweiten Grabes (linker Ober- und Unterschenkel).«

554 Im Schlossmuseum Quedlinburg befinden sich zwei Gemälde »Das ›Residenz Schlohs zu Quedlinburg‹ – Le chateaux de la ›Residence à Quedlinbourg‹« von 1792, auf denen der Stiftsberg von der Südwestseite her dargestellt ist; im Vordergrund sieht man den Kapellenberg und hinter ihm die Wipertikirche.

555 Zeller 1916, S. 14 und Tafel 1, Abb. 1.

556 Nach den beiden Abbildungen befand sich die Dachtraufe an der Nordseite etwa in gleicher Höhe wie der Sturz der beiden Fenster der heutigen Westwand, während das Pultdach etwa in mittlerer Höhe von deren Giebel an den Mittelbau anschloss.

557 Ihr Mauerwerk besteht aus meist großen Sandsteinquadern, in annähernd waagerecht durchlaufenden Schichten aufgemauert. Im unteren Abschnitt der Südwand des Mittelturms und vielleicht auch seiner Westwand hat man die Außenschale der Wand später offenbar repariert, und zwar nach einem in die Westwand eingefügten Stein »ANNO 1650 • IST DIESER THURM • AN ZWEYEN SEYTEN • NEW ERBAWET« im Jahre 1650.

558 Zeller 1916, S. 16, berichtet: »Der Abschluß der Kirche nach Westen ist unsicher. Nach einer älteren Aufnahme von Hase (Baudenkmäler Niedersachsens) war die Westseite innen durch eine starke Wand mit einer Tür geschlossen ..., so daß eine Art Vorhalle mit darüberliegender Empore entstand, wie sie in reicherer Form die Stiftskirche zeigt.«

559 Nach dem Aufmass von Zeller lag ihre Sohlbank über dem zugemauerten unteren Teil etwa bei +5,30 m.

560 Die Rundbogentür ist etwa 2 m hoch und 1 m breit, ihre Schwelle liegt etwa bei +4,20 m.

561 Zeller 1916, Grundriss auf S. 15, Abb. 8, Aufriss der Südseite in Tafel 1, Abb. 6.

562 Lichtpausen der Aufmaßzeichnungen sowie Abzüge der Fotos im Archiv des Landesamtes für Denkmalpflege und Archäologie Sachsen-Anhalt in Halle.

563 Vor dem Bau der nach dem Zellerschen Aufmaß 93 cm dicken Südwand scheint die alte Schiffs-Südwand vollkommen abgebrochen worden zu sein; jedenfalls ist sie heute im Westabschnitt des Langhauses nur 80 cm dick. Die Westwand war nach Zeller 1,27 m, die Ostwand dagegen nur 40 cm dick.

564 Der Raum war etwa 3,40 m breit, 8,60 m lang und vom Fußboden bis zum Gewölbescheitel etwa 3,50 m hoch. Sein westliches und sein mittleres Joch waren etwa 2,80 m, das östliche nur 2,10 m lang; von den Gurtbögen war der westliche 20 cm, der östliche 40 cm dick, was der Dicke der östlichen Abschlusswand entsprach.

565 Die nördliche endete oben mit einem waagerechten Sturz auf Konsolen. Sie ist vom Mittelschiff her noch als Nische erkennbar. Die südliche schloss oben mit einem Segmentbogensturz.

566 Sein Innenraum war vom Fußboden bis zum Gewölbescheitel etwa 3,20 m hoch.

567 Sie waren bis zum Scheitel des Rundbogens etwa 2,10 m hoch und nach Zeller jeweils etwa 2 m breit.

568 Neben dem nicht näher untersuchten Fundament befindet sich an der Westseite die Backsteingruft 83.

569 Das aus zwei Schichten von Sandbruchsteinen in Humus bestehende Fundament wurde nur von Osten her angeschnitten. Es stößt im Norden gegen den Sockel der Hochwand 28, Sohle bei -0,60 m, Oberkante bei -0,20 m.

570 Es ist aus quaderähnlichen Sandsteinen mit Löß, in der obersten Schicht auch mit Kalkmörtel hergestellt; Unterkante im Nordabschnitt, der unmittelbar auf der Kulturschicht liegt, bei -0,84 m, weiter südlich, wo das Fundament auf dem zugefüllten Fundamentgraben der romanischen Westwand des Klausurgebäudes ruht, bei -0,69 bis -0,74 m.

571 Zeller 1916, Tafel 1, Abb. 6.

572 Diese Wand war bis zum Abbruch des Baus erhalten. – Schwer zu erklären ist die unterschiedliche Breite der beiden Gurtbögen im Innenraum und das unter dem schmaleren westlichen fehlende Spannfundament. Vielleicht war der Raum unter dem breiteren östlichen Gurtbogen einst durch eine Zwischenwand unterteilt?

573 Die hochromanische Chortür 18 war jedenfalls nicht mehr benutzbar, da über dem nach Norden durchlaufenden Fundament 56 der gotischen Westwand des Klosterbaus zuletzt die Ostwand und vorher wohl der Gewölbeansatz zwischen den beiden östlichen Jochen des zweistöckigen Einbaus den Durchgang fast zur Hälfte überschnitten.

574 Deren damals aufgebrachter Dachstuhl 65 weist dementsprechend keinerlei Anzeichen eines ehemals eingebauten Gewölbes auf.

575 Das er unter der durchlaufenden Holztonne erhalten blieb und man die Lücke über ihm durch Aufmauerung bis zum Gewölbe schloss, ist kaum anzunehmen.

576 Die fehlenden Hälften wurden beim Einbau der großen barocken Rundbogenöffnung 104 vernichtet. Beide Fenster waren an der Innenflucht im Lichten etwa 1,0 m breit und von der Sohlbank bis zum Bogenscheitel 2,22 m, an der Außenflucht 3,10 m hoch, Unterkante Scheitel bei +8,70 m. Die Leibung ist aus relativ schmalen, regelmäßig zugearbeiteten Sandsteinen mit gelbgrauem Kalkmörtel aufgeführt und durchweg verputzt. Der Sturz besteht teils aus keilförmig geformten Werksteinen, teils aus Bruchsteinen. Die Leibungsschräge war nach ihren neben der Vermauerung erkennbaren Ansätzen etwas steiler als bei den romanischen Obergadenfenstern, so dass die eigentlichen Lichtöffnungen wohl etwas größer waren als bei diesen. An der Außenseite ist von 105 nur ein Stück der lotrechten Leibung und von 106 die lotrechte Leibung und der Bogenansatz erkennbar.

577 Erhalten ist ein 60 cm hoher Rest der östlichen Leibung, Unterkante bei +4,55 m, mit schräg geführter, geputzter Leibung, hergestellt aus zwei Sandsteinen und festem grauem Mörtel. Die Öffnung, deren Leibung sich im Osten an die Ostleibung der älteren Rundbogenöffnung 25 lehnt, wurde beim Einbau der großen barocken Rundbogenöffnung 23 beseitigt.

578 Die Sohle des in unterster Schicht aus Sandbruchsteinen, darüber aus Sandsteinquadern und Kalkmörtel hergestellten Fundaments liegt bei -1,29 m; die Wand selbst ist 83 cm dick.

579 Vgl. Lorenz 1922, S. 219–358.

580 Der unregelmäßige Verlauf der Südwand der bis 1954 erhaltenen Treppe spricht jedenfalls für eine schrittweise erfolgte Schließung des Treppenraums.

581 Vgl. die im Ratsarchiv Quedlinburg verwahrten Pachtverträge von 1632–1794 und Inventarlisten von 1665–1778.

582 Vgl. Lorenz 1936, S. 1491 f.

583 Brief vom 25. Dezember 1908 an den Konservator der Denkmale der Provinz Sachsen in Merseburg, vgl. Archivalien Landeshauptarchiv Sachsen-Anhalt, Rep. C 20 Ib Nr. 856 Vol. VIII; Landesamt für Denkmalpflege und Archäologie Sachsen-Anhalt, AA 341.

584 Vgl. den »Situations Plan der Gebaeude des Wiperti Vorwerks, auch das Kloster genannt, und der Ziegelhütte zur Ordens Domaine Quedlinburg gehoerig« von Krüger: Geheimes Staatsarchiv Preußischer Kulturbesitz Berlin-Dahlem, V. HA Königreich Westphalen, Rep. B 11 C Nr. 264, Bl. 1.

585 Vgl. Zeller 1916, S. 14 und Note 21.

586 Vgl. die etwas fantasievolle Darstellung der frühen Geschichte der Wipertikirche bei Lorenz 1936, S. 1490.

587 So sollte das – heute zugemauerte – Portal am Westende des nördlichen Seitenschiffs geöffnet werden. Von hier aus wäre der Besucher dann durch das Seitenschiff in einen neuen Vorraum am Ostende des Mittelschiffs und durch diesen in die Krypta gelangt. Nach einem anderen Vorschlag sollte er durch das dritte Fenster von Osten durch eine Mauer abzuteilenden Ostabschnitt des nördlichen Seitenschiffs und von dort über eine Treppe den Vorraum erreichen.

588 Vgl. Schirwitz 1960, S. 11.

589 Als die ebenfalls als Getreidespeicher genutzte ehemalige Klosterkirche in Veßra 1939 einem verheerenden Brand zum Opfer gefallen war, wurde den Verantwortlichen klar, wie sehr auch die Wipertikirche durch das eingelagerte Erntegut gefährdet war, und man versuchte dem zu begegnen. So ist in den Akten eine Besprechung am Ort am 19. März 1940 mit dem Provinzialkonservator, dem Hochbauamt II Halberstadt, dem Oberbürgermeister von Quedlinburg, dem Stadtbauamt sowie dem Gutsverwalter festgehalten, bei der man sich um Maßnahmen gegen die Brandgefahr bemühte.

590 Vgl. oben S. 11 und Anm. 10.

591 Sie begann am 18. April 1955 durch den Verfasser und endete am 22. November 1956. Außerdem konnten im Frühjahr 1957 die Befunde in den damals nördlich, westlich und südlich der Kirche angelegten Drainagegräben durch Eva Höllinger kartiert und beschrieben werden. – Die Erfassung aller Befunde ermöglichte ein dazu festgelegtes Koordinatennetz, dessen Ostwest-Koordinate etwa der Längsachse des Schiffs entsprach, während die Nordsüdkoordinate im rechten Winkel dazu etwa durch die Mitte der östlichen – barocken – Nordarkade verlief. Alle Höhenangaben beziehen sich auf das Auflager der Nordleibung des nördlichen Eingangs in der heutigen Westwand der Krypta. – Über die bisher erschienenen Vorberichte vgl. oben S. 10 und Anm. 7.

592 Von ihm ist außer einigen vor dem Abbruch angefertigten Fotos (im Archiv des Landesamtes für Denkmalpflege und Archäologie Sachsen-Anhalt in Halle) nur das von Zeller 1916, S. 15, Abb. 8, veröffentliche Aufmaß innerhalb seines Grundrisses und seines Aufrisses der Südseite der Kirche (Zeller 1916, Tafel I, Abb. 6) sowie ein weiteres, fast identisches Aufmaß vom 3. August 1940 bekannt.

593 Sie war im Lichten 4,03 m breit und etwa 4,65 m hoch, Sohlbank-Oberkante bei +4,45 m.

594 Zeller 1916, S. 16 und Tafel 1, Abb. 1. Zwei weitere kleine Rundbogenöffnungen, die Zeller westlich von A

in dem Bereich zwischen den Arkaden und den Obergadenfenstern erfasste, lassen sich schwer deuten.

595 Sie war im Lichten etwa 3,53 m breit und 2,80 m hoch, Sohlbank etwa bei +5,0 m. Bei ihrem Einbau wurde das Fenster 24 bis auf einen kleinen Rest des östlichen Gewändes beseitigt.

596 Zeller 1916, S. 16. Für seine Datierung des Orgeleinbaus sowie der diesem gegenüber liegenden Prieche auf die Jahre »1679–85« siehe Landeshauptarchiv Sachsen-Anhalt, Rep. A 12 Spez. Quedlinburg Nr 298.

597 Zeller 1916, S. 16.

598 Zur Geschichte des Marienklosters vgl. vor allem: Zeller 1916, S. 9, 11, 42–46 und Tafel 18 f.; Brinkmann 1922, S. 171–180; Historische Stätten 1975, S. 376; Dehio 1976, S. 368 f.; Korf 1998, S. 33–72.

599 Vgl. Brinkmann 1922, S. 172; Korf 1998, S. 36–40, der dabei erstaunlicherweise von einem andauernden »wirtschaftlichen Niedergang des Marienklosters« ausgeht.

600 Nach der Ansicht Quedlinburgs von Braun und Hogenberg aus dem Jahre 1581 (Zeller 1916, S. 12, Abb. 5), in der die einzelnen Teile der Kirche allerdings ohne Ordnung nebeneinander gestellt sind, scheint diese damals im Wesentlichen noch aufrecht gestanden zu haben.

601 Vgl. Brinkmann 1922, S. 173; zu der Vorgeschichte des Münzenbergs, zu den Schicksalen des »Städtchens Münzenberg« nach dem Ende des Klosters und über die heutige Situation auf dem Berg vgl. Korf 1998.

602 Vgl. Zeller 1916, S. 42–46 und Tafel 18, 19. Hier sind die Reste der Kirche im Maßstab 1 : 200 wiedergegeben; alle Höhenmaße gehen von einer dazu festgelegten ±0-Ebene aus.

603 Brinkmnn 1922, S. 174 und 177.

604 Korf 1998: Aufriss des Nordportals (leider ohne Maßstab wiedergegeben) auf S. 46, Innenansichten von Ost- und Westkrypta auf S. 52 und 58 sowie die Detailfotos auf S. 56–58 und 62. Dagegen sind seine Rekonstruktionsvorschläge des Äußeren und des Innenraums der Kirche (S. 47, 60, 61, 65) mehr oder weniger freie Darstellungen.

605 Abgebildet bei Zeller 1916, Abb. 5 und 16.

606 Fußboden-Oberkante bei -3,05 m, Unterkante des Gewölbescheitels bei -0,40 m.

607 Vgl. auch Zeller 1916, S. 44.

608 Die Öffnungen sind heute verschlossen; Scheitel des Gewölbes im nördlichen Seitenraum bei +0,20 m, Fußboden-Oberkante bei -2,70 m, Gewölbescheitel im südlichen Seitenraum etwa bei +0,10 m, während der Fußboden hier verschüttet ist.

609 Der Fußboden des Nordraums liegt bei -2,70 m, also 90 cm tiefer als der Schiffsfußboden und 30 cm höher als der der Krypta.

610 In der unmittelbaren Umgebung besaß die – im Einzelnen allerdings anders gestaltete – erste Krypta des karolingischen Halberstädter Doms aus dem 2. Viertel des 9. Jahrhunderts ähnlich lange Zugänge von den Seitenschiffen aus, vgl. Leopold/Schubert 1984, S. 34 f.

611 Zeller 1916, S. 44.

612 Vgl. ebd. Korf hat die Rundbogenöffnung nicht erwähnt.

613 Kammern als Reliquien-Depot am Westende der Krypta besaßen der karolingisch-ottonische Dom in Halberstadt und die ottonische Damenstiftskirche in Gernrode. Eine Reliquien-Nische in der Westwand der Krypta wurde in der karolingischen Klosterkirche auf dem Petersberg bei Fulda nachgewiesen, vgl. Claussen 1987.

614 Korf 1998, S. 43–45.

615 Zu berücksichtigen ist dabei, dass die Arbeit auf den Baustellen im Mittelalter in der Regel im Winterhalbjahr ruhte, auf dem Münzenberg dafür also höchstens zwei Sommerhalbjahre zur Verfügung standen.

616 Vgl. Zeller 1916, S. 42. – Korf 1998, S. 50 und 61, ist dagegen der Ansicht, dass sich der der hl. Maria geweihte Hauptaltar zwischen den beiden zum Sanktuarium emporführenden Treppenläufen, also ungewöhnlicherweise vor der Krypta und vor dem erhöhten Podium über ihr erhoben hat.

617 Gewölbescheitel bei +0,69 bis +0,71 m.

618 Vgl. Zeller 1916, S. 45.

619 Ebd., Tafel 19, Abb. 1 und 6. Sichtbar war damals der Oberteil in 1,40 m Höhe, Bogenscheitel bei +4,35 m.

620 Dazu bringt Korf 1998 auf S. 58 ein Foto mit der Unterschrift »Spuren der Nonnenempore«. Leider fehlen eine genaue Ortsbezeichnung sowie eine Beschreibung des Befundes. Parallelen mit dem Aufriss von Zeller 1916, Tafel 19, Abb. 6 sind nicht zu erkennen, so dass eine bauarchäologische Beurteilung des dort sichtbaren kleinteiligen Mauerwerks mit seinen Fugen und Rissen kaum möglich ist.

621 Zeller 1916, Tafel 18 bzw. 19, Abb. 6. Sie setzt oberhalb von +1,20 m an und ist 2,74 m hoch.

622 Vgl. Korf 1998, S. 57, 60. Diese »Gewände« hat Korf offenbar weder aufgemessen noch überprüft, aus welcher Zeit sie stammen. Er rekonstruiert aber in einer perspektivischen Ansichtsskizze eine breitere mittlere und zwei schmalere seitliche Rundbogenöffnungen.

623 Vgl. Zeller 1916, Tafel 19, Abb. 1.

624 Dann wären Geschosse von nur 1,50 und 1,80 m lichter Höhe entstanden.

625 In der näheren Umgebung seien als Vergleichsbeispiele für derartige Nonnenemporen auf niedrigen Unterbauten die Klosterkirchen in Hadmersleben (Dehio 1974, S. 129 f.) und in Lüttgenrode (Dehio 1974, S. 258 f.) genannt.

626 Dieser Raum kann kaum mit den Obergeschossen »normaler« Westbauten zwischen Türmen oder mit solchen turmloser Querbauten wie etwa beim Dom in Havelberg verglichen werden, da deren Räume erheblich kleiner sind.

627 Im Schlossmuseum war es bis 1956 im so genannten Jägerhof an der Nordwand des ehemaligen Äbtissinnenpalastes aufgestellt.

628 Die etwa 93 cm breite Vorlage endet oben bei +0,40 m, ihre Westflucht aber schon bei -0,06 m, da der Werkstein darüber etwa 1 cm dick ausgebrochen ist. Die Vorlage lief einst zweifellos lotrecht weiter, da kein Ansatz eines Arkadenbogens zu erkennen ist. An ihrer Südseite setzt in der ehemaligen Nordostecke des Seitenschiffs bei -0,15 m der nachträglich in die Wand eingefügte Anfänger eines Gewölbes auf einer romanischen Konsole an.

629 Soweit sich das aus der Zeichnung von Korf 1998, S. 46, entnehmen lässt, ist der Bogen im Lichten etwa 2,0 m breit, Scheitel etwa bei +1,90 m. Unter dem östlichen Bogenansatz ist, 2,60 m über dem Fußboden des Innenraums, offenbar ein Rest des etwa 18 cm dicken Sturzbalkens erhalten, Unterkante bei +0,82 m. Die Schwelle des im Lichten vermutlich etwa 2,0–2,20 m hohen Portals war gegenüber dem Fußboden des Innenraums etwa 40–60 cm erhöht, so dass das Außengelände auf der Nordseite der Kirche zwar tiefer als heute, aber höher als der Schiffsfußboden anschloss. Anstelle der Portalöffnung befindet sich heute die Zugangstür einer Wohnung.

630 Die östliche Vorlage ist 92 cm breit, 20 cm tief und bricht oben bei +0,78 m ab, die westliche ist 90 cm breit, 55 cm tief und bricht bei +1,15 m ab. Beide Vorlagen lassen keinen Ansatz eines Arkadenbogens erkennen.

631 Die Vorlage des Pfeilers ist etwa 1,10 m dick und 55 cm tief, die der Nordwand 1,0 m dick und 60 cm tief. Der Scheitel des Bogens liegt bei +0,72 m.

632 Er setzt etwa bei -0,20 m ohne Vorlagen an den Pfeilern an, ist im Lichten 2,60 m weit, Scheitel bei +1,10 m.

633 Vgl. Brinkmann 1922, S. 174.

634 Zeller 1916, S. 45.

635 Ebd., Tafel 19, Abb. 2. In diesem Längsschnitt ist der Block mit 85 cm Länge erfasst, Oberkante 20 cm über dem Fußboden. 30 cm westlich von ihm erhebt sich die 60 cm lange Stufe 15 cm über den Fußboden.

636 Ansatz bei dem Westjoch bei +0,29 m, bei dem zweiten Joch von Westen bei +0,28 m, Scheitel etwa bei +1,48 m bzw. bei +1,43 m. Die offenbar spätromanischen Konsolen sind als Wulst mit oberer Platte ausgebildet.

637 Scheitel etwa bei +1,30 m.

638 Eine Untersuchung darauf hin, ob die Arkade mit den beiden Vorlagen nachträglich eingebaut wurde, erfolgte bisher nicht.

639 Dann müssten vom Westbau aus innerhalb der Wand Stufen zur Seitenschiff-Empore hinabgeführt haben.

640 Die Vermutung von Korf 1998, S. 47, dass der südliche Westturm abgebildet sei, trifft sicher nicht zu. – Für Türme über den beiden Ostecken des Westbaus, wie sie Brinkmann 1922, Abb. 102, rekonstruiert, fehlen jegliche Spuren.

641 Vgl. Korf 1998, S. 46.

642 Dafür spricht die zwischen den beiden mittleren Jochen an der Nordwand erhaltene romanische Konsole, auf der im Osten auch das jüngere Gewölbe ansetzt.

643 Vgl. demgegenüber Korf 1998.

LITERATUR

ABEL 1732
Abel, Caspar: Sammlung etlicher noch nicht gedruckten Alten Chroniken, als der Nieder-Sächsischen, Halberstädtschen, Quedlinburgischen, Ascherslebischen, und Ermslebischen, Braunschweig 1732

ACHTER 1968
Achter, Irmingard: Die Stiftskirche St. Peter in Vilich (= Die Kunstdenkmäler des Rheinlandes, Beiheft 12), Düsseldorf 1968

ACHTER 1985
Achter, Irmingard: Querschiff-Emporen in mitterlalterlichen Damenstiftskirchen, in: Jahrbuch der rheinischen Denkmalpflege 30/31, 1985, S. 39–54

ADAM 1973
Adam, Ernst: Zur mittelalterlichen Architektur an Rhein und Maas, in: Rhein und Maas, Kunst und Kultur 800–1400. Bd. 2, Berichte, Beiträge und Forschungen zum Themenkreis der Ausstellung und des Katalogs, Köln 1973, S. 143–149

AHRENS 1981
Ahrens, Claus: Frühe Holzkirchen im nördlichen Europa (= Veröffentlichungen des Helms-Museums 39), Hamburg 1981

ALTHOFF 1989
Althoff, Gerd: Der Corveyer Konvent im Kontakt mit weltlichen und geistlichen Herrschaftsträgern des 9. und 10. Jahrhunderts, in: Der liber vitae der Abtei Corvey. Studien zur Corveyer Gedenküberlieferung und zur Erschließung des liber vitae, hrsg. von Karl Schmid und Joachim Wollasch, T. 2, Wiesbaden 1989, S. 29–38

ALTHOFF 1994
Althoff, Gerd: Otto III., Darmstadt 1996

ALTHOFF/KELLER 1994
Althoff, Gerd/Keller, Hagen: Heinrich I. und Otto der Große, Neubeginn auf karolingischem Erbe (2 Bde.), Göttingen Zürich ²1994

ANNALES QUEDLINBURGENSES
Annales Quedlinburgenses, in: MGH SS 3, hrsg. von Georg Heinrich Pertz, Hannover 1839

APPUHN 1991
Appuhn, Horst: Einführung in die Ikonographie der mittelalterlichen Kunst in Deutschland, Darmstadt ⁴1991

BADSTÜBNER 1980
Badstübner, Ernst: Kirchen der Mönche, Die Baukunst der Reformorden im Mittelalter, Berlin 1980

BANDMANN 1958
Bandmann, Günther: Doppelkapelle, -kirche, in: Reallexikon zur deutschen Kunstgeschichte IV, 1958, Sp. 196–215

BAUERMANN 1931
Bauermann, Johannes: Die Anfänge der Prämonstratenserklöster Scheda und St. Wiperti – Quedlinburg, in: Sachsen und Anhalt 7, 1931, S. 185–252

BEDNARZ 1996
Bednarz, Ute: Romanische Bauornamentik an der Liebfrauenkirche zu Magdeburg, in: Prémontré des Ostens. Das Kloster Unser Lieben Frauen Magdeburg vom 11. bis 17. Jahrhundert, Oschersleben 1996, S. 19–27

BEENKEN 1924
Beenken, Hermann: Romanische Skulptur in Deutschland (11. und 12. Jahrhundert), Leipzig 1924

BEHRENS 1987
Behrens, Heinz A.: Ein zweiter Kirchenbau auf dem Quedlinburger Schloßberg, in: Nordharzer Jahrbuch 12, 1987, S. 5–12

BELLMANN 1941
Bellmann, Friedrich B.: Zur Bau- und Kunstgeschichte der Stiftskirche von Nivelles (= Münchener Beiträge zur Kunstgeschichte 8), München 1941

BELLMANN/LEOPOLD 1964
Bellmann, Friedrich/Leopold, Gerhard: Die ottonische Abteikirche Memleben, in: Varia Archaeologica. Wilhelm Unverzagt zum 70. Geburtstag dargebracht, hrsg. von Paul Grimm, Berlin 1964, S. 354–363

BELLMANN 1967
Bellmann, Fritz: Die Krypta der Königin Mathilde in der Stiftskirche zu Quedlinburg, in: Kunst des Mittelalters in Sachsen. Festschrift Wolf Schubert, dargebracht zum sechzigsten Geburtstag am 28. Januar 1963, Weimar 1967, S. 44–59

BESELER 1954
Beseler, Hartwig/Roggenkamp, Hans: Die Michaelskirche in Hildesheim, Berlin 1954

BEUMANN 1985
Beumann, Helmut (Hrsg.): Kaisergestalten des Mittelalters, München ²1985

BEUMANN 1991
Beumann, Helmut (Hrsg.): Die Ottonen, Stuttgart ²1991

BINDING 1970 (I)
Binding, Günther: Niederrheinische Holzkirchen auf Schwellbalken, in: Bonner Jahrbuch 170, 1970 (I), S. 279–288

BINDING 1970 (II)
Binding, Günther: Quellen in Kirchen als fontes vitae, in: Festschrift für Heinz Ladendorf, Köln/Wien 1970 (II), S. 9–21

BINDING 1975
Binding, Günther: Quellen, Brunnen und Reliquiengräber in Kirchen, in: Zeitschrift für Archäologie des Mittelalters 3, 1975, S. 37–46

BINDING 1981
Binding, Günther: Holzkirchen im Rhein-Maas-Gebiet, in: Claus Ahrens: Frühe Holzkirchen im nördlichen Europa (= Veröffentlichungen des Helms-

Museums 39), Hamburg 1981

BINDING 1993
Binding, Günther: Baubetrieb im Mittelalter, in Zusammenarbeit mit Gabriele Annas, Bettina Jost und Anne Schunicht, Darmstadt 1993

BINDING 1996
Binding, Günther: Deutsche Königspfalzen von Karl dem Großen bis Friedrich II. (765–1240), Darmstadt 1996

BINDING/ROGGATZ 1990
Binding, Günther/Roggatz, Annette: Fachterminologie für den historischen Holzbau, Fachwerk – Dachwerk (= 38. Veröffentlichung der Abteilung Architekturgeschichte des Kunsthistorischen Instituts der Universität zu Köln), Köln 1990

BINDING/UNTERMANN 1985
Binding, Günther/Untermann, Matthias: Kleine Kunstgeschichte der mittelalterlichen Ordensbaukunst in Deutschland, Darmstadt 1985

BOHLAND 1954
Bohland, Joseph: Der Altfried-Dom zu Hildesheim. Die Entwicklung des Hildesheimer Domes vom 8. Jh. bis zum Ausgang des 13. Jh., Diss. Göttingen 1954 (Maschinenmanuskript)

BORCHERS 1966
Borchers, Günther: Die Grabungen und Untersuchungen in der Stiftskirche St. Georg zu Goslar 1963/64, in: Niederdeutsche Beiträge zur Kunstgeschichte 5, 1966, S. 9–60

BORGOLTE 1984
Borgolte, Michael: Salomo III. und St. Mangen, in: Churrätisches und St. Gallisches Mittelalter, Festschrift Otto P. Clavadetscher, hrsg. von Helmut Maurer, Sigmaringen 1984, S. 195–223

BORGOLTE 1985
Borgolte, Michael: Stiftergrab und Eigenkirche, ein Begriffspaar der Mittelalterarchäologie in historischer Kritik, in: Zeitschrift für Archäologie des Mittelalters 13, 1985, S. 27–38

BRAUN 1924
Braun, Joseph: Der christliche Altar in seiner geschichtlichen Entwicklung, Bd. 1, München 1924

BRINKMANN 1891
Brinkmann, Adolf: Die Quedlinburger Gruftkirchen, I. Die Wipertikrypta, II. Die Krypta der Schloßkirche oder das alte Münster, in: Zeitschrift des Harzvereins für Geschichte und Altertumskunde 24, 1891, S. 257–271

BRINKMANN 1912
Brinkmann, Adolf: Die Kirche St. Wiperti in Quedlinburg, in: Zentralblatt der Bauverwaltung 32, 1912, S. 22–24

BRINKMANN 1913
Brinkmann, Adolf: St. Marien auf dem Münzenberg in Quedlinburg, in: Zeitschrift des Harzvereins für Geschichte und Altertumskunde 1913, S. 161

BRINKMANN 1921
Brinkmann, Adolf: Quedlinburgs architektonische Schönheiten. a) Quedlinburgs Kirchen, in: Deutschlands Städtebau. Quedlinburg am Harz, Berlin-Halensee 1921, S. 15–24

BRINKMANN 1922/23
Brinkmann, Adolf: Beschreibende Darstellung der älteren Bau- und Kunstdenkmäler des Kreises Stadt Quedlinburg (= Beschreibende Darstellung der älteren Bau- und Kunstdenkmäler der Provinz Sachsen 33), Berlin 1922/23

BRÜNING 1984
Brüning, Hans-Joachim: Zur Kunst- und Baugeschichte der Abtei Corvey in der Barockzeit, in: Westfalen 62, 1984, S. 129–152

BUDAEUS 1624
Budaeus, Guillielmus: Des Hochwürdigen Durchleuchtigen und Hochgebornen Fürsten und Herrn, Herrn Alberti, weiland des andern dieses Namens, in der Zahl aber des 29. Bischoffs des Stiffts Halberstadt, Herzogen zu Braunschweig und Lüneburg, Leben, Wandel und Thaten, Halberstadt 1624

BUDDE 1819
Budde, Rainer: Deutsche romanische Skulptur 1050–1250, München 1979

BÜSCHING 1819
Büsching, Johann Gustav: Reise durch einige Münster und Kirchen des nördlichen Deutschlands im Spätjahr 1817, Leipzig 1819

BUSEN 1941
Busen, Hermann: Die Klosterkirche Kappenberg und die Baukunst der Prämonstratenser, Diss. TH Stuttgart 1941

BUSEN 1960
Busen, Hermann: Cappenberg und die Baukunst der Prämonstratenser im 12. Jahrhundert (Vortragsresumé), in: Westfälische Zeitschrift 110, 1960, S. 184–187 = ebd. 114, 1964, S. 371–373

BUSEN 1963
Busen, Hermann: Die Bartholomäuskapelle in Paderborn, in: Westfalen 41, 1963, S. 273–312

CLAUDE 1972
Claude, Dietrich: Geschichte des Erzbistums Magdeburg bis in das 12. Jahrhundert, T. 1: Die Geschichte der Erzbischöfe bis auf Ruotger (1124), Köln/Wien 1972

CLAUSSEN 1961
Claussen, Hilde: Krypta, in: Lexikon für Theologie und Kirche, Freiburg 1961, Sp. 651–653

CLAUSSEN 1987
Claussen, Hilde: Eine Reliquiennische in der Krypta auf dem Petersberg bei Fulda. Mit einem Anhang von Friedrich Oswald, Protokoll der Untersuchungen an der mittleren Westwand der Krypta von Petersberg am 27. Oktober 1970, in: Frühmittelalterliche Studien 21, 1987, S. 245–273

CLAUSSEN 1977
Claussen, Hilde: Karolingische Wandmalereifragmente in Corvey, mit einem Beitrag von Gerald Großheim, in: Westfalen 55, 1977, S. 298–308

CLAUSSEN 1994
Claussen, Hilde: Bemalte Putzfragmente einer Flachdecke und eines Gewölbes mit Flechtwerk. Grabungsfunde aus der karolingischen Klosterkirche Corvey, in: Boreas 17, 1994, S. 295–303

CLAUSSEN/EXNER 1990
Claussen, Hilde/Exner, Matthias: Abschlußbericht der Arbeitsgemeinschaft für frühmittelalterliche Wandmalerei, in: Zeitschrift für Kunsttechnologie und Konservierung 4, 1990, S. 261–290

CLAUSSEN/LOBBEDEY 1967
Claussen, Hilde/Lobbedey, Uwe: Eine vorromanische Stiftskirche in Meschede an der Ruhr, Vorbericht, in: Kunstchronik 20, 1967, S. 337–342

CLAUSSEN/LOBBEDEY 1984
Claussen, Hilde/Lobbedey, Uwe: Untersuchungen in der Krypta der Stiftskirche zu Neuenheerse, in: Westfalen 62, 1984, S. 26–53

CLAUSSEN/LOBBEDEY 1985
Claussen, Hilde/Lobbedey, Uwe: Die karolingische Stiftskirche in Meschede. Kurzer Bericht über die Bauforschung 1965–1981, in: Jahrbuch Hochsauerlandkreis 1985, S. 76–82

CLAUSSEN/LOBBEDEY 1989
Claussen, Hilde/Lobbedey, Uwe: Die karolingische Stiftskirche in Meschede. Kurzer Bericht über die Bauforschung 1965–1981, in: Westfalen 67, 1989, S. 116–126

CONANT 1979
Conant, Kenneth John: Carolingian and romanesque architecture 800–1200, Harmondsworth 1979

CRAMER/JACOBSEN 1993
Cramer, Johannes/Jacobsen, Werner: Die Michaeliskirche, in: Bernward von Hildesheim und das Zeitalter der Ottonen, Katalog der Ausstellung Hildesheim 1993, hrsg. von Michael Brandt und Arne Eggebrecht, Bd. 1, Hildesheim 1993, S. 369–382

DEHIO 1974
Dehio, Georg: Handbuch der deutschen Kunstdenkmäler. Der Bezirk Magdeburg, bearb. v. d. Abt. Forschung des Instituts für Denkmalpflege, Berlin 1974

DEHIO 1976
Dehio, Georg: Handbuch der deutschen Kunstdenkmäler. Der Bezirk Halle, bearb. v. d. Abt. Forschung des Instituts für Denkmalpflege, Berlin 1976

DEHIO 1985
Dehio, Georg: Handbuch der deutschen Kunstdenkmäler. Rheinland-Pfalz Saarland, bearb. von Hans Caspary, Wolfgang Götz und Ekkart Klinge, überarbeitet und erweitert von Hans Caspary, Peter Karn und Martin Klewitz, Darmstadt 1985

DENKMALE 1986
Denkmale in Sachsen-Anhalt. Ihre Erhaltung und Pflege in den Bezirken Halle und Magdeburg, Weimar ²1986

DOERING 1899 (I)
Doering, Oskar: Die Ausgrabungen in der Liebfrauenkirche in Halberstadt, in: Die Denkmalpflege 1, 1899, S. 121–123

DOERING 1899 (II)
Doering, Oskar: Ausgrabungen in der Liebfrauenkirche zu Halberstadt, in: Halberstädter Zeitung, 2. Beilage zu Nr. 288 vom 9. 6. 1899

DOERING 1900
Doering, Oskar: Ausgrabungen in der Liebfrauenkirche zu Halberstadt, in: 7. Jahresbericht des Vereins zur Erhaltung der Denkmäler der Provinz Sachsen für 1899–1900, Magdeburg 1900, S. 87–90

DOPPELFELD 1980
Doppelfeld, Otto/Weyres, Willy: Die Ausgrabungen im Dom zu Köln, mit Beiträgen von Irmingard Achter, Gerd Biegel, Kurt Böhner, Ernst Hollstein, Hiltrud Kier, Werner Meyer-Barkhausen, Wilhelm Schneider, Albert Verbeek und Arnold Wolff, hrsg. von Hansgerd Hellenkemper, Mainz 1980

EHLERS 1994
Ehlers, Joachim: Otto II. und Kloster Memleben, in: Sachsen und Anhalt 18, 1994, S. 51–82

EHLERS 1998
Ehlers, Joachim: Heinrich I. in Quedlinburg, in: Herrschaftsrepräsentation im ottonischen Sachsen (= Vorträge und Forschungen 46), hrsg. von Gerd Althoff und Ernst Schubert, Sigmaringen 1998, S. 235–266

EIDEN 1975
Eiden, Hans: Militärbad und frühchristliche Kirche in Boppard am Rhein, in: Ausgrabungen in Deutschland, T. 2: Römische Kaiserzeit im freien Germanien, Frühmittelalter I, Mainz 1975, S. 80–98

ENGEL/HOLTZ 1989
Engel, Evamaria/Holtz, Eberhard (Hrsg.): Deutsche Könige und Kaiser des Mittelalters, Köln/Wien 1989

ERATH 1764
von Erath, Antonius Udalricus: Codex Diplomaticus Quedlinburgensis, Frankfurt am Main 1764

ERDMANN 1940
Erdmann, Carl: Beiträge zur Geschichte Heinrichs I. (I–III), in: Sachsen und Anhalt 16, 1940, S. 77–106

ERDMANN 1941
Erdmann, Carl: Das Grab Heinrichs I., in: Deutsches Archiv für Geschichte des Mittelalters 4, namens des Reichsinstituts für Ältere Deutsche Geschichtskunde (Monumenta Germaniae historica) hrsg. von Edmund E. Stengel, Weimar 1941, S. 76–97

ERDMANN 1941/43
Erdmann, Carl: Beiträge zur Geschichte Heinrichs I. (IV–VI), in: Sachsen und Anhalt 17, 1941/43, S. 14–61

ERDMANN 1974
Erdmann, Wolfgang: Neue Befunde zur Baugeschichte und Wandmalerei in St. Georg zu Reichenau-Oberzell, in: Die Abtei Reichenau. Neue Beiträge zur

Geschichte und Kultur des Inselklosters, hrsg. von Helmut Maurer, Sigmaringen 1974, S. 577–590

ERDMANN/JAKOBSEN/KOSCH/WINTERFELD 1988
Erdmann, Wolfgang/Jakobsen, Werner/Kosch, Clemens/von Winterfeld, Dethard: Neue Untersuchungen an der Stiftskirche zu Gernrode, in: Bernwardinische Kunst, Bericht über ein wissenschaftliches Symposium in Hildesheim vom 10. bis 13. Oktober 1984, Göttingen 1988, S. 245–285

ERDMANN/ZETTLER 1977
Erdmann, Wolfgang/Zettler, Alfons: Zur Archäologie des Konstanzer Münsterhügels, in: Schriften des Vereins für Geschichte des Bodensees und seiner Umgebung 95, 1977, S. 19–134

FEHRING 1965
Fehring, Günter P.: Die Ausgrabungen in der Stadtkirche St. Dionysius zu Eßlingen a. Neckar, vorläufiger Abschlußbericht, in: Zeitschrift des Deutschen Vereins für Kunstwissenschaft 19, 1965, S. 1–34

FELDTKELLER 1938
Feldtkeller, Hans: Der Westbau der Stiftskirche in Oberkaufungen, seine Stellung zur romanischen Baukunst Westfalens und seine Bedeutung für die Westwerkfrage, in: Westfalen 23, 1938, S. 348

FELDTKELLER 1939
Feldtkeller, Hans: Der Andachtsraum der Kaiserin Kunigunde im Westbau der Oberkaufunger Stiftskirche, in: Hessische Heimat 5, 1939, S. 1–9

FELDTKELLER 1940/41
Feldtkeller, Hans: Die Stiftskirche zu Oberkaufungen bei Kassel, in: Deutsche Kunst und Denkmalpflege 1940/41, S. 14

FELDTKELLER 1950
Feldtkeller, Hans: Neue Forschungen zur Drübecker Stiftskirche, in: Zeitschrift für Kunstwissenschaft 4, 1950, S. 105–124

FINDEISEN 1990
Findeisen, Peter: Geschichte der Denkmalpflege: Sachsen-Anhalt. Von den Anfängen bis in das erste Drittel des 20. Jahrhunderts, Berlin 1990

FINK 1932
Fink, August: Die Beinkiste der Äbtissin Beatrix I. von Quedlinburg und Gandersheim, in: Die Denkmalpflege 1932, S. 177

FLECKENSTEIN 1992
Fleckenstein, Josef: Pfalz und Stift Quedlinburg. Zum Problem ihrer Zuordnung unter den Ottonen (= Nachrichten der Akademie der Wissenschaften in Göttingen, I. Phil.-hist. Klasse, 2. Jg. 1992), Göttingen 1992

FLECKENSTEIN 1993
Fleckenstein, Josef: Das Kaiserhaus der Ottonen, in: Bernward von Hildesheim und das Zeitalter der Ottonen, Katalog der Ausstellung Hildesheim 1993, hrsg. von Michael Brandt und Arne Eggebrecht, Bd. 1, Hildesheim 1993, S. 47–62

FRIED 1991
Fried, Johannes: Theophanu und die Slawen. Bemerkungen zur Ostpolitik der Kaiserin, in: Kaiserin Theophanu. Begegnung des Ostens und des Westens um die Wende des ersten Jahrtausends. Gedenkschrift des Kölner Schnütgen-Museums zum 1000. Todesjahr der Kaiserin, hrsg. von Anton von Euw und Peter Schreiner, Bd. 2, Köln 1991, S. 361–370

FRITSCH 1828/29
Fritsch, Johann Heinrich: Geschichte des vormaligen Reichsstiftes und der Stadt Quedlinburg, 2 Bde., Quedlinburg 1828/29

FUCHSS 1992
Fuchß, Verena: Das Grab des heiligen Gebhard in der Klosterkirche von Petershausen bei Konstanz im 10. Jahrhundert, in: Hagiographie und Kunst. Der Heiligenkult in Schrift, Bild und Architektur, hrsg. von Gottfried Kerscher, Berlin 1992, S. 273–300

FUHRMANN 1991
Fuhrmann, Horst: Vom einstigen Glanze Quedlinburgs, in: Das Quedlinburger Evangeliar, das Samuhel-Evangeliar aus dem Quedlinburger Dom, München 1991, S. 13–22

FUSSBROICH 1984
Fußbroich, Helmut: St. Pantaleon, in: Köln: Die romanischen Kirchen. Von den Anfängen bis zum zweiten Weltkrieg, hrsg. von Hiltrud Kier und Ulrich Krings, Bd. 1, Köln 1984, S. 447–473

FUSSBROICH 1985
Fußbroich, Helmut: Die ehemalige Benediktinerabteikirche Groß St. Martin zu Köln, Neuss ²1985

GALL 1930
Gall, Ernst: Karolingische und ottonische Kirchen (= Deutsche Bauten 17), Burg 1930

GAUERT 1965 (I)
Gauert, Adolf: Zur Struktur und Topographie der Königspfalzen, in: Deutsche Königspfalzen, Beiträge zu ihrer historischen und archäologischen Erforschung, 2. Bd. (= Veröffentlichungen des Max-Planck-Instituts für Geschichte 11/2), Göttingen 1965, S. 1–60

GAUERT 1965 (II)
Gauert, Adolf: Die Ausgrabungen auf dem Gelände der Pfalz Grone, in: Deutsche Königspfalzen, Beiträge zu ihrer historischen und archäologischen Erforschung, 2. Bd. (= Veröffentlichungen des Max-Planck-Instituts für Geschichte 11/2), Göttingen 1965, S. 114–125

GAUERT 1974
Gauert, Adolf: Über den Stand der archäologischen Untersuchungen von Hauptburg und Palastbauten der Pfalz Grone, in: Nachrichten aus Niedersachsens Urgeschichte 43, 1974, S. 53–60

GENTHON 1974
Genthon, István: Kunstdenkmäler in Ungarn, Leipzig 1974

GIESAU 1937/38
Giesau, Hermann: Denkmalpflege an den Stätten Heinrichs I. und Ottos I., in: Jahrbuch der Denkmalpflege in der Provinz Sachsen und Anhalt 1937/38, S. 9–16

GIESAU/SCHIRWITZ 1939/40
Giesau, Hermann/Schirwitz, Karl: Die Grabungen auf dem Schloßberg in Quedlinburg, in: Deutsche Kunst und Denkmalpflege 1939/40, S. 104–118

GOCKEL 1990
Gockel, Michael: Rohr (A), Kreis Suhl, in: Die deutschen Königspfalzen, Königshöfe und übrigen Aufenthaltsorte der Könige im deutschen Reich des Mittelalters, Bd. 2: Thüringen, 1. Lieferung Nordhausen (Schluß)–Saalfeld (Anfang), 1990, S. 420–464

GOETTING 1954
Goetting, Hans: Das Fuldaer Missionskloster Brunshausen und seine Lage, in: Harzzeitschrift 5/6, 1954, S. 9

GRIMM 1958
Grimm, Paul: Die vor- und frühgeschichtlichen Burgwälle der Bezirke Halle und Magdeburg, Berlin 1958

GRIMM 1968
Grimm, Paul: Tilleda. Eine Königspfalz am Kyffhäuser, T. 1: Die Hauptburg (= Deutsche Akademie der Wissenschaften zu Berlin. Schriften der Sektion für Vor- und Frühgeschichte 24), mit Beiträgen von Oskar August, Hans Eberhardt und Gerhard Leopold, Berlin 1968

GRIMM 1990
Grimm, Paul: Tilleda. Eine Königspfalz am Kyffhäuser, T. 2: Die Vorburg und Zusammenfassung (= Akademie der Wissenschaften der DDR, Zentralinstitut für Alte Geschichte und Archäologie, Schriften zur Ur- und Frühgeschichte 40), mit Beiträgen von Gerhard Leopold, Ch. Müller, W. Timpel und E. Blaschke, Berlin 1990

GRINGMUTH-DALLMER 1988
Gringmuth-Dallmer, Eike: Die Wüstung Stedten bei Tilleda, Krs. Sangerhausen. Ein Beitrag zur Siedlungsgeschichte der Goldenen Aue, in: Jahresschrift für mitteldeutsche Vorgeschichte 71, 1988, S. 153–209

GRODECKI 1958
Grodecki, Louis: L'architecture ottonienne: au seuil de l'art roman (= Collection Henri Focillon 4), Paris 1958

GROSSE 1915
Grosse, Walther: Die Gründung und Glanzzeit des Stiftes Quedlinburg unter den Ludolfingern, in: Zeitschrift des Harz-Vereins für Geschichte und Altertumskunde 48, 1915, S. 1–27

GROSSE 1932
Grosse, Walther: Die Stellung des Harzes in Mitteldeutschland, in: Mitteilungsblatt für die Mitglieder des Landtages der Provinz Sachsen 1932, Nr. 3

HAAS 1995
Haas, Walter: Zur mittelalterlichen Anlage des Klosters St. Mang in Füssen, Krypta – Kreuzgang – Kapitelsaal: Beobachtungen und Überlegungen, in: Denkmalkunde und Denkmalpflege – Wissen und Wirken, Festschrift für Heinrich Magirius, Dresden 1995, S. 73–92

HANDBUCH DER HISTORISCHEN STÄTTEN DEUTSCHLANDS 1975
Handbuch der Historischen Stätten Deutschlands 11, Provinz Sachsen und Anhalt, hrsg. von Berent Schwineköper, Stuttgart 1975

HASE 1867
Hase, Carl Wilhelm: Die Krypta der Klosterkirche St. Wiperti in Quedlinburg, in: Die mittelalterlichen Baudenkmäler Niedersachsens, 2 Bde., Hannover 1867, Sp. 233–236 und Tafel 62

HASE 1877
Hase, Carl Wilhelm: Über das Kaiser-Heinrichs-Grab, in: Ergänzungsheft der Zeitschrift des Harz-Vereins 9, 1877, S. 1–5

HECHT 1997
Hecht, Konrad: Der St. Galler Klosterplan, Wiesbaden 1997

HEINE 1993
Heine, Hans-Wilhelm: Burgen und Wehrbau zur Zeit Bernwards unter besonderer Berücksichtigung des Bistums Hildesheim, in: Bernward von Hildesheim und das Zeitalter der Ottonen, Katalog der Ausstellung Hildesheim 1993, hrsg. von Michael Brandt und Arne Eggebrecht, Bd. 1, Hildesheim 1993, S. 313–322

HEITZ 1980
Heitz, Carol: L'architecture religieuse carolingienne. Les formes et les fonctions, Paris 1980

HOELSCHER 1927
Hoelscher, Uvo: Die Kaiserpfalz Goslar (= Denkmale deutscher Kunst 6, Die deutschen Kaiserpfalzen 1), Berlin 1927

HÖFER 1907
Höfer, Paul: Die Frankenherrschaft in den Harzlandschaften, in: Zeitschrift des Harz-Vereins für Geschichte und Altertumskunde 40, 1907, S. 115–179

HOLZE/LOBBEDEY 1992
Holze, Claudia/Lobbedey, Uwe: Grabungen vor dem Westwerk der Stiftskirche zu Freckenhorst (= Schriftenreihe des Freckenhorster Heimatvereins 9), Freckenhorst 1992

HORSTKÖTTER 1995
Horstkötter, Ludger: Norbert von Xanten († 1134), erst Ordensmann, dann Erzbischof von Magdeburg, in: Kloster Unser Lieben Frauen Magdeburg, Stift – Pädagogium – Museum, Magdeburg 1995, S. 43–49

HOTZ 1981
Hotz, Walter: Pfalzen und Burgen der Stauferzeit, Darmstadt 1981

HUBERT 1938
Hubert, Jean : L'art préroman, Paris 1938

HUGOT 1965
Hugot, Leo: Die Pfalz Karls des Großen in Aachen. Ergebnisse einer topographisch-archäologishen Untersuchung des Ortes und der Pfalz, in: Karl der Große, T. 3: Karolingische Kunst, hrsg. von Wolfgang Braunfels und Hermann Schnitzler, Düsseldorf 1965, S. 534–572

JACOBS 1883
Jacobs, Eduard: Geschichte der in der Provinz Sachsen vereinigten Gebiete, Gotha 1883

JACOBSEN 1988 (I)
Jacobsen, Werner: Frühe Kapitellkunst im Umkreis der Abtei Fulda, in: Baukunst des Mittelalters in Europa, Hans Erich Kubach zum 75. Geburtstag, hrsg. von Franz J. Much, Stuttgart 1988, S. 257–322

JACOBSEN 1988 (II)
Jacobsen, Werner: Gab es die karolingische »Renaissance« in der Baukunst?, in: Zeitschrift für Kunstgeschichte 1988, S. 313–347

JACOBSEN 1992
Jacobsen, Werner: Der Klosterplan von St. Gallen und die karolingische Architektur. Entwicklung und Wandel von Form und Bedeutung im fränkischen Kirchenbau zwischen 751 und 840, Berlin 1992

JACOBSEN 1993
Jacobsen, Werner: VI-44 Ionisierendes Kapitell aus der Stiftskirche; VI-45 Ionisierendes Kapitell aus der Stiftskirche; VI-46 Blattkapitell aus der Stiftskirche [Quedlinburg], in: Bernward von Hildesheim und das Zeitalter der Ottonen, Katalog der Ausstellung Hildesheim 1993, hrsg. von Michael Brandt und Arne Eggebrecht, Bd. 2, Hildesheim 1993, S. 375–377

JACOBSEN 1995
Jacobsen, Werner: Zur Frühgeschichte der Quedlinburger Stiftskirche, in: Denkmalkunde und Denkmalpflege, Wissen und Wirken. Festschrift für Heinrich Magirius, Dresden 1995, S. 63–72

JACOBSEN/LOBBEDEY 1993
Jacobsen, Werner/Lobbedey, Uwe unter Mitarbeit von Andreas Kleine-Tebbe: Der Hildesheimer Dom zur Zeit Bernwards, in: Bernward von Hildesheim und das Zeitalter der Ottonen, Katalog der Ausstellung Hildesheim 1993, Bd 1, hrsg. von Michael Brandt und Arne Eggebrecht, Hildesheim 1993, S. 299–311

JAKOBS 1996
Jakobs, Dörthe: Zum Weihedatum von St. Georg, Reichenau-Oberzell, in: Kunstchronik 49, 1996, S. 141–144

JAKOBS/REICHWALD 1990
Jakobs, Dörthe/Reichwald, Helmut F.: Untersuchungsergebnisse und Maßnahmen der jüngsten Restaurierung von St. Georg, Reichenau-Oberzell, in: Zeitschrift für Kunsttechnologie und Konservierung 4, 1990, S. 291–332

JANICKE 1873/82
Janicke, Karl: Urkundenbuch der Stadt Quedlinburg, Halle 1873/82

JANTZEN 1959
Jantzen, Hans: Ottonische Kunst, Hamburg 1959

KELLER 1989 (I)
Keller, Hagen: Zum Charakter der »Staatlichkeit« zwischen karolingischer Reichsreform und hochmittelalterlichem Herrschaftsausbau, in: Frühmittelalterliche Studien 23, 1989, S. 248–264

KELLER 1989 (II)
Keller, Hagen: Zur Einführung: Das Problem der Reichsintegration in ottonischer Zeit, in: Frühmittelalterliche Studien 23, 1989, S. 244–247

KEMPF 1947
Kempf, Theodor Konrad: Die Deutung des römischen Kerns im Trierer Dom nach den Ausgrabungen von 1943–1946, in: Das Münster 1, 1947, S. 129–140

KEMPF 1975
Kempf, Theodor Konrad: Die ottonische Bauperiode der Trierer Bischofskirche, in: Das Münster 28, 1975, S. 8–20

KETTNER 1710
Kettner, Friedrich Ernst: Kirchen- und Reformations-Historie des Kayserl. Freyen Weltlichen Stiffts Quedlinburg oder von dessen Fundation, Abbatissen, Pröbstinnen, Decanissen, Canonissen, Clöstern, Kirchen, Schulen, Hospitälern, Epitaphiis und einigen Müntzen, item dessen Zustand vor und nach der Reformation, Lehrern und Predigern, Colloquiis, Synodis, Religions-motibus und vielen anderen Antiquitäten, aus unterschiedlichen Archiven, bewährten Diplomatibus und glaubwürdigen Historicis mit Fleiß zusammengetragen, Quedlinburg 1710

KETTNER 1712
Kettner, Friedrich Ernst: Antiquitates Quedlinburgenses oder Keyserliche Diplomata, päpstliche Bullen, abteyliche und andere Urkunden von dem Keyserlichen Freyen Weltlichen Stiffte Quedlinburg, sampt einigen alten Siegeln und Nachrichten so hiezu dienlich, aus dem Abteylichen und Pröbsteylichen Archiv zusammengetragen, Leipzig 1712

KHATCHATRIAN 1962
Khatchatrian, Armen: Les baptistères paléochrétiens: plans, notices et bibliographie (École pratique des hautes études, Section des sciences religieuses. Collection chrétienne et byzantine), Paris 1962

KLEEMANN 1922
Kleemann, Selmar: Kulturgeschichtliche Bilder aus Quedlinburgs Vergangenheit, Quedlinburg 1922

KLEEMANN 1929
Kleemann, Selmar: Chronik der Stadt Quedlinburg-Harz, Magdeburg 1929

KLEEMANN/HOCH 1897
Kleemann, S(elmar)/Huch, H. C.: Führer durch Quedlinburg und Umgebung, Quedlinburg 1897

KLEEMANN/LORENZ 1922
Kleemann, Selmar/Lorenz, Hermann: Chronik der Stadt Quedlinburg/Harz, Quedlinburg 1922

KLESSMANN 1952
Klessmann, Rüdiger: Die Baugeschichte der Stiftskirche zu Möllenbeck an der Weser und die Entwicklung der westlichen Dreiturmgruppe (= Göttinger Studien zur Kunstgeschichte 1), Göttingen 1952

KLUCKHOHN 1955
Kluckhohn, Erwin: Die Bedeutung Italiens für die romanische Baukunst und Bauornamentik in Deutschland. Mit einem Nachwort von Walter Paatz (= Marburger Jahrbuch für Kunstwissenschaft 16), 1955

KLUMPP 1969
Klumpp, Katharina: Der Quedlinburger Teppich, Diss. Halle 1969

KORF 1998
Korf, Winfried: Der Münzenberg zu Quedlinburg (= edition metropolis 1), Quedlinburg/Jena 1998

KRAUSE 1977
Krause, Hans-Joachim: Das Kloster als Bauwerk, seine Gestalt, Geschichte und denkmalpflegerische Instandsetzung, in: Basilika, Baudenkmal und Konzerthalle. Kloster Unser Lieben Frauen Magdeburg, Magdeburg 1977, S. 6–24

KRAUSE 1992
Krause, Hans-Joachim: Zur Geschichte von Schatz und Schatzkammer der Stiftskirche St. Servatius in Quedlinburg, in: Der Quedlinburger Schatz wieder vereint, hrsg. von Dieter Kötzsche, Berlin 1992, S. 21–36

KRAUSE 1995
Krause, Hans-Joachim: Das Kloster als Bauwerk – Seine Gestalt, Geschichte und denkmalpflegerische Instandsetzung, in: Kloster Unser Lieben Frauen Magdeburg. Stift – Pädagogium – Museum, Magdeburg 1995, S. 25–36

KRAUTHEIMER 1975
Krautheimer, Richard: Early christian and byzantine architecture, Harmondsworth 1975

KRONENBERG 1964
Kronenberg, Kurt: Die Stiftskirche zu Gandersheim (= Große Baudenkmäler 184), München/Berlin 1964

KRÜGER 1977
Krüger, Karl Heinrich: Die Corveyer Patrone und ihre Altäre nach den Schriftzeugnissen, in: Westfalen 55, 1977, S. 309–345

KUBACH 1974 (I)
Kubach, Hans Erich: Der Dom zu Speyer, Darmstadt 1974

KUBACH 1974 (II)
Kubach, Hans Erich: Architektur der Romanik (= Weltgeschichte der Architektur, hrsg. von Pier Luigi Nervi), Stuttgart 1974

KUBACH/ELBERN 1968
Kubach, Hans Erich/Elbern, Victor H.: Das frühmittelalterliche Imperium, Baden-Baden 1968

KUBACH/HAAS 1972
Kubach, Hans Erich/Haas, Walter: Der Dom zu Speyer (= Die Kunstdenkmäler von Rheinland-Pfalz), Textband, München/Berlin 1972

KUBACH/VERBEEK 1976
Kubach, Hans Erich/Verbeek, Albert: Romanische Baukunst an Rhein und Maas. Katalog der vorromanischen und romanischen Denkmäler, 3 Bde., Berlin 1976

KUBACH/VERBEEK 1978
Kubach, Hans Erich/Verbeek, Albert: Romanische Kirchen an Rhein und Maas, Neuss ³1978

KURTH 1926
Kurth, Betty: Die deutschen Bildteppiche des Mittelalters, 2 Bde., Wien 1926

LACROIX 1934
Lacroix, Emil: Die mittelalterlichen Baugerüste, in: Deutsche Kunst und Denkmalpflege 1934, S. 218–221

LAUER 1984
Lauer, Rolf: Groß St. Martin, in: Köln: Die romanischen Kirchen. Von den Anfängen bis zum zweiten Weltkrieg, hrsg. von Hiltrud Kier und Ulrich Krings, Bd. 1, Köln 1984, S. 410–446

LEHMANN 1949
Lehmann, Edgar: Der frühe deutsche Kirchenbau. Die Entwicklung seiner Raumordnung bis 1080 (= Forschungen zur deutschen Kunstgeschichte 27), Berlin 1938, ²1949

LEHMANN 1965
Lehmann, Edgar: Die Anordnung der Altäre in der karolingischen Klosterkirche zu Centula, in: Karl der Große, T. 3: Karolingische Kunst, hrsg. von Wolfgang Braunfels und Hermann Schnitzler, Düsseldorf 1965, S. 374–383

LEHMANN 1984
Lehmann, Edgar: Der Palast Ottos des Großen in Magdeburg, in: Architektur des Mittelalters. Funktion und Gestalt, hrsg. von Friedrich Möbius und Ernst Schubert, Berlin 1983, ²1984, S. 42–62

LEHMANN 1987
Lehmann, Edgar: Die »Confessio« in der Servatiuskirche zu Quedlinburg, in: Skulptur des Mittelalters. Funktion und Gestalt, hrsg. von Friedrich Möbius und Ernst Schubert, Weimar 1987, S. 9–26

LEHMANN 1989
Lehmann, Edgar: Die Pfalz Ottos des Großen in Magdeburg, in: Der Magdeburger Dom, ottonische Gründung und staufischer Neubau, hrsg. von Ernst Ullmann, Leipzig 1989, S. 57–61

LEHMANN 1993 (I)
Lehmann, Edgar: Der Palast Ottos des Großen in Magdeburg, in: Bernward von Hildesheim und das Zeitalter der Ottonen, Katalog der Ausstellung Hil-

desheim 1993, hrsg. von Michael Brandt und Arne Eggebrecht, Bd. 2, Hildesheim 1993, S. 31 f.

LEHMANN 1993 (II)
Lehmann, Edgar: Die Cyriacuskirche zu Gernrode, in: Bernward von Hildesheim und das Zeitalter der Ottonen, Katalog der Ausstellung Hildesheim 1993, hrsg. von Michael Brandt und Arne Eggebrecht, Bd. 2, Hildesheim 1993, S. 437–441

LEOPOLD 1969
Leopold, Gerhard: Grabungen im Bereich der ottonischen Kirche in Memleben: Westchor, in: Siedlung, Burg und Stadt. Studien zu ihren Anfängen (= Deutsche Akademie der Wissenschaften zu Berlin, Schriften der Sektion für Vor- und Frühgeschichte 25), hrsg. von Karl-Heinz Otto und Joachim Hermann, Berlin 1969, S. 525–532

LEOPOLD 1983 (I)
Leopold, Gerhard: Die Stiftskirche zu Quedlinburg (= Das Christliche Denkmal 37), Berlin 1970, ²1983

LEOPOLD 1983 (II)
Leopold, Gerhard: Die Vorgängerbauten des Doms. Ein Beitrag zur frühen Geschichte Halberstadts, in: Nordharzer Jahrbuch 9, 1983, S. 69–83

LEOPOLD 1984
Leopold, Gerhard: Der Dom Ottos I. zu Magdeburg. Überlegungen zu seiner Baugeschichte, in: Architektur des Mittelalters. Funktion und Gestalt, hrsg. von Friedrich Möbius und Ernst Schubert, Weimar 1984, S. 63–83

LEOPOLD 1987
Leopold, Gerhard: Skulptierte Werkstücke in der Krypta der Wipertikirche zu Quedlinburg, in: Skulptur des Mittelalters. Funktion und Gestalt, hrsg. von Friedrich Möbius und Ernst Schubert, Weimar 1987, S. 27–43

LEOPOLD 1989 (I)
Leopold, Gerhard: Zur Baugeschichte des ottonischen Doms in Magdeburg, in: Der Magdeburger Dom, ottonische Gründung und staufischer Neubau, hrsg. von Ernst Ullmann, Leipzig 1989, S. 62–69

LEOPOLD 1989 (II)
Leopold, Gerhard: Zur frühen Baugeschichte der Michaelskirche in Rohr. Ein Vorbericht, in: Bau- und Bildkunst im Spiegel internationaler Forschung, Festschrift Edgar Lehmann, Berlin 1989, S. 27–34

LEOPOLD 1989 (III)
Leopold, Gerhard: Zu den Vorgängerbauten der Stiftskirche in Quedlinburg, in: Beiträge zur Burgenforschung, Hermann Wäscher zum 100. Geburtstag, hrsg. von Irene Roch, Halle 1989, S. 152–160

LEOPOLD 1991 (I)
Leopold, Gerhard: Das Kloster Memleben (= Das Christliche Denkmal 96), Berlin 1976, ²1986, München/Zürich ³1991

LEOPOLD 1991 (II)
Leopold, Gerhard: Die Stiftskirche der Königin Mathilde in Quedlinburg. Ein Vorbericht zum Gründungsbau des Damenstifts, in: Frühmittelalterliche Studien 25, 1991, S. 145–170

LEOPOLD 1991 (III)
Leopold, Gerhard: Rezension zu: Klaus Voigtländer: Die Stiftskirche St. Servatii zu Quedlinburg. Geschichte ihrer Restaurierung und Ausstattung, mit einem Beitrag von Hans Berger, Berlin 1989, in: Kunstchronik 44, 1991, S. 405–408

LEOPOLD 1992 (I)
Leopold, Gerhard: Die Liebfrauenkirche in Halberstadt (= Große Baudenkmäler 432), München/Berlin 1992, ²1993

LEOPOLD 1992 (II)
Leopold, Gerhard: Rezension zu: Ernst Schubert: Stätten sächsischer Kaiser: Quedlinburg, Memleben, Magdeburg, Hildesheim, Merseburg, Goslar, Königslutter, Meißen, Leipzig/Jena/Berlin 1990, in: Wissenschaftliche Zeitschrift der Martin-Luther-Universität Halle-Wittenberg 41, 1992, S. 143 f.

LEOPOLD 1993 (I)
Leopold, Gerhard: Die erste Damenstiftskirche auf dem Quedlinburger Burgberg. Vorbericht über neue Forschungen, in: Gebaute Vergangenheit heute. Berichte aus der Denkmalpflege, Berlin/München 1993, S. 7–20

LEOPOLD 1993 (II)
Leopold, Gerhard: Damenstiftskirche und Wipertikirche in Quedlinburg zur Zeit der ottonischen Herrscher, in: Bernward von Hildesheim und das Zeitalter der Ottonen, Katalog der Ausstellung Hildesheim 1993, Bd. 2, Hildesheim/Mainz 1993, S. 371–375

LEOPOLD 1994 (I)
Leopold, Gerhard: Die Pfalzkapelle auf dem Pfingstberg in Tilleda nach den Grabungsergebnissen, in: Koldewey-Gesellschaft, Bericht über die 37. Tagung für Ausgrabungswissenschaft und Bauforschung vom 27. bis 31. Mai 1992 in Duderstadt, Bonn 1994, S. 66–71

LEOPOLD 1994 (II)
Leopold, Gerhard: Beiträge »Memleben« und »Quedlinburg« in: Strasse der Romanik, Kunst- und Kulturführer Sachsen-Anhalt, Leipzig 1994, S. 151–156, 190–199, 202–205

LEOPOLD 1995 (I)
Leopold, Gerhard: Die Kirche St. Wiperti in Quedlinburg, Pfarrkirche–Pfalzkapelle–Stiftskirche, Köln 1995

LEOPOLD 1995 (II)
Leopold, Gerhard: War die Krypta von St. Wiperti in Quedlinburg Nachfolger der »Confessio« von St. Servatii?, in: Denkmalpflege in Sachsen-Anhalt 3, 1995, S. 155–161

LEOPOLD 1995 (III)
Leopold, Gerhard: Zur frühen Baugeschichte der Michaelskirche in Rohr, besonders zum Problem der Westempore, in: Denkmalkunde und Denkmalpflege – Wissen und Wirken, Fest-

schrift für Heinrich Magirius, Dresden 1995, S. 53–62

LEOPOLD 1996 (I)
Leopold, Gerhard: Die karolingische Michaelskirche in Rohr bei Meiningen. Forschungsstand zu ihrer frühen Geschichte, in: Koldewey-Gesellschaft, Bericht über die 38. Tagung für Ausgrabungswissenschaft und Bauforschung vom 11. bis 15. Mai 1994 in Brandenburg, Bonn 1996, S. 29–35

LEOPOLD 1996 (II)
Leopold, Gerhard: St. Wiperti in Quedlinburg als Prämonstratenserstift, in: Prémontré des Ostens. Das Kloster Unser Lieben Frauen Magdeburg vom 11. bis 17. Jahrhundert, Oschersleben 1996, S. 63 f.

LEOPOLD 1997 (I)
Leopold, Gerhard: Dom und Liebfrauen in Halberstadt nach der Brandkatastrophe von 1179, in: Halberstadt – Studien zu Dom und Liebfrauenkirche. Königtum und Kirche als Kulturträger im östlichen Harzvorland – Halberstadt-Symposion des Leipziger Lehrstuhls für Kunstgeschichte und der Kommission für Bau- und Kunstgeschichte Niedersachsens der Braunschweigischen Wissenschaftlichen Gesellschaft, Halberstadt 7. bis 10. Oktober 1991, hrsg. von Ernst Ullmann, Berlin 1997, S. 30–42

LEOPOLD 1997 (II)
Leopold, Gerhard: Zwei Lettner des 13. Jahrhunderts in Halberstadt. Archäologische und kunsthistorische Forschungsergebnisse im Dom und in der Liebfrauenkirche, in: Europäische Kunst des 13. Jahrhunderts. Funktion und Gestalt, hrsg. von Wolfgang Götz, Hans-Joachim Krause und Edgar Lehmann (= Sachsen u. Anhalt 19), Weimar 1997, S. 165–236

LEOPOLD 1997 (III)
Leopold, Gerhard: Zum Forschungsstand an den ottonischen Bauten in Quedlinburg, Memleben, Magdeburg und Halberstadt, in: Romanik in Nieder-Sachsen: Forschungsstand und Forschungsaufgaben. Symposion an der Technischen Universität Carolo-Wilhelmina, Braunschweig, 17.–20. März 1993, hrsg. von Harmen Thies, Braunschweig 1997, S. 131–135

LEOPOLD 1998
Leopold, Gerhard: Archäologische Ausgrabungen an Stätten der ottonischen Herrscher (Quedlinburg, Memleben, Magdeburg), in: Herrschaftsrepräsentation im ottonischen Sachsen (= Konstanzer Arbeitskreis für Mittelalterliche Geschichte 46) hrsg. von Gerd Althoff, Sigmaringen 1998, S. 33–46

LEOPOLD 2001
Leopold, Gerhard: Frauenemporen in Stifts- und Klosterkirchen des frühen Mittelalters im östlichen Sachsen, in: »ES THVN IHER VIEL FRAGEN ...« Kunstgeschichte in Mitteldeutschland. Hans-Joachim Krause gewidmet (= Beiträge zur Denkmalkunde in Sachsen-Anhalt, Bd. 2), Petersberg 2001, S. 15–30.

LEOPOLD/FLEMMING 1988
Leopold, Gerhard/Flemming, Johanna: Die Stiftskirche und die Wipertikirche in Quedlinburg (= Das Christliche Denkmal 37/37a), Berlin 1988

LEOPOLD/SCHUBERT 1972
Leopold, Gerhard/Schubert, Ernst: Die frühromanischen Vorgängerbauten des Naumburger Doms (= Corpus der romanischen Kunst im sächsisch-thüringischen Gebiet, Reihe A, Band 4), Berlin 1972

LEOPOLD/SCHUBERT 1984
Leopold, Gerhard/Schubert, Ernst: Der Dom zu Halberstadt bis zum gotischen Neubau, mit Beiträgen von Friedrich Bellmann, Paul Grimm, Friederike Happach, Edgar Lehmann und Ulrich Sieblist sowie einem Geleitwort von Hans Berger, Berlin 1984

LEOPOLD/SCHUBERT 1991
Leopold, Gerhard/Schubert, Ernst: Otto III. und Sachsen. Die ottonische Kirche in Memleben. Geschichte und Gestalt, in: Kaiserin Theophanu. Begegnung des Ostens und Westens um die Wende des ersten Jahrtausends. Gedenkschrift des Kölner Schnütgen-Museums zum 1000. Todesjahr der Kaiserin, hrsg. von Anton von Euw und Peter Schreiner, Bd. II, Köln 1991, S. 371–382

LEOPOLD/SCHUBERT 1994
Leopold, Gerhard/Schubert, Ernst: Zur Baugeschichte der ehemaligen Zisterzienser-Klosterkirche in Schulpforta, in: Sachsen und Anhalt 18, 1994, S. 339–416

LIPPHARD 1972
Lipphard, Walther: Die Visitatio sepulchri (III. Stufe) von Gernrode, in: Daphnis, Zeitschrift für mittlere deutsche Literatur, Bd. 1, H. 1, 1972, S. 1–14

LOBBEDEY 1970
Lobbedey, Uwe: Zur archäologischen Erforschung westfälischer Frauenklöster des 9. Jahrhunderts (Freckenhorst, Vreden, Meschede, Herford), in: Frühmittelalterliche Studien 4, 1970, S. 320–340

LOBBEDEY 1972 (I)
Lobbedey, Uwe: Die Ausgrabungen in der Propsteikirche zu Werl, in: Westfalen 50, 1972, S. 298–318

LOBBEDEY 1972 (II)
Lobbedey, Uwe: Ausgrabung in der ehemaligen Stiftskirche Enger/Westfalen, in: Deutsche Kunst und Denkmalpflege 30, 1972, S. 143

LOBBEDEY 1973 (I)
Lobbedey, Uwe: Widukind und Enger, in: Widukind-Gymnasium Enger, Festschrift zur Schuleinweihung und Namensgebung am 12. Mai 1973, Enger 1973, S. 4–18

LOBBEDEY 1973 (II)
Lobbedey, Uwe: Mittelalterliche Archäologie als Quelle zur westfälischen Landesgeschichte. Nach Grabungen des Landesamtes für Denkmalpflege 1965–1972, in: Westfalen 51, 1973, S. 37–39

LOBBEDEY 1973 (III)
Lobbedey, Uwe: Wiedenbrück, in: Westfalen 51, 1973

LOBBEDEY 1976
Lobbedey, Uwe: Grabungen im Westbau brachten neue Ergebnisse, in: Festschrift St. Patrokli Soest, 1976

LOBBEDEY 1977 (I)
Lobbedey, Uwe: Kurze Berichte über Ausgrabungen – Soest Patrokli, ehem. Stiftskirche, in: Westfalen 55, 1977, S. 281

LOBBEDEY 1977 (II)
Lobbedey, Uwe: Neue Ausgrabungsergebnisse zur Baugeschichte der Corveyer Abteikirche, Vorbericht, in: Westfalen 55, 19778, S. 285–297

LOBBEDEY 1979
Lobbedey, Uwe: Vorbericht über die Grabung in der Stiftskirche zu Enger, in: Die Ausgrabungen in der Stiftskirche zu Enger I (= Denkmalpflege und Forschung 1), Bonn 1979, S. 9–18

LOBBEDEY 1980
Lobbedey, Uwe: Der frühe Kirchenbau im Oberstift Münster, in: Führer zu vor- und frühgeschichtlichen Denkmälern 45, Mainz 1980, S. 217–237

LOBBEDEY 1986 (I)
Lobbedey, Uwe: Zu eingetieften Räumen in früh- und hochmittelalterlichen Kirchen, in: Frühmittelalterliche Studien 20, 1986, S. 390–413

LOBBEDEY 1986 (II)
Lobbedey, Uwe: Die Ausgrabungen im Dom zu Paderborn 1978/80 und 1983, mit Beiträgen von Manfred Balzer, Hilde Claussen, Günter Groege, Gerald Großheim, Winfried Henke, Hubert Heymans, Peter Ilisch, Hermann Kühn, Horst Pietzner und Ingrid Frohnert (= Denkmalpflege und Forschung in Westfalen 11), Bonn 1986

LOBBEDEY 1992/93
Lobbedey, Uwe: Grabungsbefunde zur Baugeschichte der Westwerke von Corvey und Freckenhorst, in: Kunst in Hessen und am Mittelrhein 32/33, 1992/93, S. 71–73

LOBBEDEY 1993
Lobbedey, Uwe: Die Kirchenbauten des Mittelalters im Bistum Münster, in: Imagination des Unsichtbaren. 1200 Jahre Bildende Kunst im Bistum Münster. Katalog der Ausstellung des Westfälischen Museums für Kunst und Kulturgeschichte, hrsg. von Héza Jászai, Bd. 1, Münster 1993, S. 172–213

LOBBEDEY 1994 (I)
Lobbedey, Uwe: Baugeschichte der Kirchen (10.–18. Jahrhundert), in: Werl. Geschichte einer westfälischen Stadt, Paderborn 1994, S. 213–238

LOBBEDEY 1994 (II)
Lobbedey, Uwe: Rezension zu: Werner Jacobsen: Der Klosterplan von St. Gallen und die karolingische Architektur. Entwicklung und Wandel von Form und Bedeutung im fränkischen Kirchenbau zwischen 751 und 840, Berlin 1992, in: Zeitschrift für Kunstgeschichte 75, 1994, S. 275–278

LOBBEDEY/SCHOLZ/VESTRING-BUCHHOLZ 1993
Lobbedey, Uwe/Scholz, Herbert/Vestring-Buchholz, Sigrid: Der Dom zu Münster 793 – 1945 – 1993, Bd. 1: Der Bau, mit Beiträgen von Christiane Kettelhack, Franz Mühlen, Helmut Seeberg, Eckard Zurheide, Paul Hanning, (= Denkmalpflege und Forschung in Westfalen 26, 2 Bde. [Text und Pläne]), Bonn 1993

LORENZ 1922 (I)
Lorenz, Hermann: Werdegang von Stift und Stadt Quedlinburg (= Quedlinburgische Geschichte 1), Quedlinburg 1922

LORENZ 1922 (II)
Lorenz, Hermann: Schloß und Dom zu Quedlinburg, Quedlinburg 1922

LORENZ 1925
Lorenz, Hermann: Werdegang der tausendjährigen Kaiserstadt Quedlinburg, Quedlinburg 1925

LORENZ
Lorenz, Hermann: Die Wiederherstellung der Quedlinburger Schloßkirche und die Gräfin Aurora von Königsmarck, in: Am Heimatborn 253

LORENZ 1930
Lorenz, Hermann: Die Schicksale des Quedlinburger Domschatzes, in: Sachsen und Anhalt 6, 1930, S. 227–250

LORENZ 1932
Lorenz, Hermann: Der Münzenberg bei Quedlinburg, in: Harz 35, 1932, S. 136–138

LORENZ 1936
Lorenz, Hermann: Die Schicksale der St.-Wiperti-Klosterkirche zu Quedlinburg und ihrer Krypta, in: Am Heimatborn 1936, S. 1490–1492

LUDOWICI 2000
Ludowici, Babette: Die ottonische Pfalz Magdeburg im Spiegel archäologischer Quellen. Ein Forschungsvorhaben des Geisteswissenschaftlichen Zentrums Geschichte und Kultur Ostmitteleuropas e. V. (Leipzig), in: Archäologisches Nachrichtenblatt 5 (2000), S. 133–136

MAGNI 1978/79
Magni, Mariaclotilde: Cryptes du haut moyen âge en Italie, in: Cahiers Archéologiques: fin de l'antiquité et moyen âge 27, 1978/79, S. 41–85

MECKSEPER 1986
Meckseper, Cord: Das Palatium Ottos des Großen in Magdeburg, in: Burgen und Schlösser 27, 1986, S. 101–130

MEIER 1908/09
Meier, Paul Jonas: Die ottonischen Bauten in Quedlinburg, in: Zeitschrift für Geschichte der Architektur 2, 1908/09, S. 240–258

MEIER 1932
Meier, Paul Jonas: Die Kirchen in Quedlinburg (= Deutsche Bauten 20), Burg bei Magdeburg 1932

METTERNICH 1994
Metternich, Wolfgang: Der Dom zu Limburg an der Lahn, Darmstadt 1994

MEYER 1937
Meyer, Erich: Die Stiftskirche in Quedlinburg, in: Deutsche Kunst 3, Bremen 1937, S. 15 f.

MEYER-BARKHAUSEN 1954
Meyer-Barkhausen, Werner: Rezension zu: Rüdiger Kleßmann: Die Baugeschichte der Stiftskirche zu Möllenbeck an der Weser und die Entwicklung der westlichen Dreiturmgruppe, Göttingen 1952, in: Wallraf-Richartz-Jahrbuch 16, 1954, S. 230 f.

MICHEL 1979
Michel, Paul: Tiere als Symbol und Ornament. Möglichkeiten und Grenzen der ikonographischen Deutung, gezeigt am Beispiel des Zürcher Großmünsterkreuzgangs, Wiesbaden 1979

MÖLLER 2001
Möller, Roland: Die Confessio in der Stiftskirche St. Servatius zu Quedlinburg. Untersuchungen zur Technologie der Stuckdekoration und deren Farbigkeit, in: ES THUN IHER VIEL FRAGEN... Kunstgeschichte in Mitteldeutschland (= Beiträge zur Denkmalkunde in Sachsen-Anhalt 2), Petersberg 2001, S. 45–51

MÜEMLÉK VÉDELEM 1965
Müemlék Védelem 9, Budapest 1965

MUELLER VON DER HAEGEN 1993
von der Haegen, Anne Mueller: Das Kloster Memleben (= Große Baudenkmäler 480), Berlin 1993

VON MÜLVERSTEDT 1869
von Mülverstedt, Georg Adalbert: Hierographia Quedlinburgensis. Verzeichnis der in der Stadt Quedlinburg früher und noch jetzt bestehenden Stifter, Klöster, Hospitäler, Kirchen, Kalande und frommen Brüder- und Schwesternschaften, in: Zeitschrift des Harzvereins für Geschichte und Alterthumskunde, 2, 1869, S. 58–71, 78–91; 3, 1869, S. 58–71

VON MÜLVERSTEDT 1874
von Mülverstedt, Georg Adalbert: Ueber den Kirchenschatz des Stifts Quedlinburg. Nebst einigen Nachrichten von den ehemals in den Stifts- und anderen Kirchen der Stadt befindlich gewesenen Altären und einem dort her stammenden Italafragment, in: Zeitschrift des Harz-Vereins für Geschichte und Alterthumskunde 7, 1874, S. 210–263.

NICKEL 1973
Nickel, Ernst: Magdeburg in karolingisch-ottonischer Zeit, in: Zeitschrift für Archäologie 7, 1973, S. 102–142

VON NIEBELSCHÜTZ 1937
von Niebelschütz, Ernst: Die Kunst im und am Harz 70. Quedlinburg, Die Wiperti-Krypta, 9. und 10.Jh., in: Montagsblatt 79, 1937, S. 221.

VON NIEBELSCHÜTZ 1939
von Niebelschütz, Ernst: Der Harz, ein Kernland Deutscher Kunst (= Deutsche Lande/Deutsche Kunst), Berlin 1939

OETERS 1955
Oeters, Ernst: Die Stiftskirche zu Wunstorf. Ihre Baugeschichte und Stellung innerhalb der sächsischen Architektur, in: Marburger Jahrbuch für Kunstwissenschaft 16, 1955, S. 121–180

OSWALD 1965
Oswald, Friedrich: Beobachtungen zu den Gründungsbauten Markgraf Geros in Gernrode und Frose, in: Kunstchronik 18, 1965, S. 29–37

PEVSNER 1963
Pevsner, Nikolaus: Europäische Architektur von den Anfängen bis zur Gegenwart, München 1963

PFALZENEXKURSION 1960
Pfalzenexkursion des Institutes für Vor- und Frühgeschichte der Deutschen Akademie der Wissenschaften zu Berlin vom 10.–14. Oktober 1960, Berlin 1960

PFEIFER 1918
Pfeifer, Hans: Die Wiederherstellung des Münsters in Gandersheim und die baugeschichtlichen Ergebnisse derselben, in: Zeitschrift für Bauwesen 68, 1918, S. 117 ff.

PHLEPS 1925
Phleps, Hermann: Die Stuckverkleidung in der St. Wiperti Krypta in Quedlinburg, in: Denkmalpflege und Heimatschutz 27, 1925, S. 178 f.

PHLEPS 1930
Phleps, Hermann: Mittelalterliche Gerüstbauten, in: Die Denkmalpflege 1930, S. 111–116

PIETSCH 1914
Pietsch, Ernst: Antiqua urbs und die Altenburg bei Quedlinburg, ein Beitrag zur historischen Topographie Quedlinburgs, in: Zeitschrift des Harzvereins für Geschichte und Altertumskunde 47, 1914, S. 42–50

PUDELKO 1932
Pudelko, Georg: Romanische Taufsteine, Berlin 1932

PUHLE/HAGEDORN 1995
Puhle, Matthias/Hagedorn, Renate (Hrsg.): Kloster Unser Lieben Frauen Magdeburg, Stift – Pädagogium – Museum, Magdeburg 1995

PUHLE/HAGEDORN 1996
Puhle, Matthias/Hagedorn, Renate (Hrsg.): Prémontré des Ostens. Das Kloster Unser Lieben Frauen Magdeburg vom 11. bis 17. Jahrhundert, Oschersleben 1996

RANKE 1833
Ranke, Carl Ferdinand: Ueber den Ursprung Quedlinburgs. Ein historischer Versuch, Quedlinburg 1833

RANKE/KUGLER 1838
Ranke, Carl Ferdinand/Kugler, Franz: Beschreibung und Geschichte der Schloßkirche zu Quedlinburg, Berlin 1838

RANKE/KUGLER 1853
Ranke, Carl Ferdinand/Kugler, Franz: Beschreibung und Geschichte der Schloßkirche zu Quedlinburg und der in ihr vorhandenen Altertümer nebst Nachrichten über die St. Wipertikirche bei Quedlinburg, die Kirche zu Kloster Gröningen, die Schloßkirche zu Gernrode, die Kirchen zu Frose, Drübeck, Huyseburg, Conradsburg etc., Berlin 1838, in: Kugler, Franz: Kleine Schriften und Studien zur Kunstgeschichte, 1. T., Stuttgart 1853, S. 540–639

REICH DER SALIER 1992
Das Reich der Salier 1024–1125, Katalog der Ausstellung des Landes Rheinland-Pfalz, veranstaltet vom Römisch-Germanischen Zentralmuseum Mainz, Forschungsinstitut für Vor- und Frühgeschichte, in Verbindung mit dem Bischöflichen Dom- und Diözesanmuseum Mainz, Sigmaringen 1992

REINHARDT 1952
Reinhardt, Hans: Der St. Galler Klosterplan, St. Gallen 1952

REULING 1996
Reuling, Ulrich: Quedlinburg. Königspfalz – Reichsstift – Markt, in: Deutsche Königspfalzen 4, Pfalzen – Reichsgut – Königshöfe, Göttingen 1996, S. 184–247

REUTERSVÄRD 1967
Reutersvärd, Oscar: Paradisets källa och de gotländska »paradisetfuntarna«, Lund 1967

RIENÄCKER 1993
Rienäcker, Christa: St. Servatius in Quedlinburg (= Große Baudenkmäler 403), München/Berlin ⁴1993

RIENÄCKER 1994
Rienäcker, Christa: St. Wiperti in Quedlinburg (= Große Baudenkmäler 491), München/Berlin 1994

RISTOW
Ristow, Günter: Das römische Praetorium unter dem Kölner Rathaus, hrsg. von den Museen der Stadt Köln, Köln o. J.

ROSNER 1991
Rosner, Ulrich: Die ottonische Krypta (= 40. Veröffentlichung der Abteilung Architekturgeschichte des Kunsthistorischen Instituts der Universität Köln), hrsg. von Günther Binding, Köln 1991

ROTH 1986
Roth, Emanuel: Die Stiftskirche St. Arnual in Saarbrücken, die vorgotischen Anlagen nach dem Stand der Grabungen Ende 1985, in: Deutsche Kunst und Denkmalpflege 44, 1986, S. 109–118

RÖTTING 1985
Rötting, Hartmut: Die Grablegung Kaiser Lothars III. am 31. Dezember 1137, in: Ausgrabungen in Niedersachsen, Archäologische Denkmalpflege 1979–1984 (= Berichte zur Denkmalpflege in Niedersachsen, Beiheft 1), Stuttgart 1985, S. 287–293

RUTISHAUSER 1982
Rutishauser, Samuel: Amsoldingen, ehemalige Stiftskirche, ein Bautypus im frühen Mittelalter, Bd. 2, Bern 1982

SAGE 1965
Sage, Walter: Frühmittelalterlicher Holzbau, in: Karl der Große, T. 3: Karolingische Kunst, hrsg. von Wolfgang Braunfels und Hermann Schnitzler, Düsseldorf 1965, S. 573–590

SAGE 1969
Sage, Walter: Notuntersuchungen im Bereich der ehemaligen Martins-Kirche am Maximiliansplatz zu Bamberg im Jahr 1969

SALEWSKY 1996
Salewsky, Dietmar: Norbert von Xanten/Magdeburg – eine vielschichtige Persönlichkeit des Mittelalters, in: Prémontré des Ostens. Das Kloster Unser Lieben Frauen Magdeburg vom 11. bis 17. Jahrhundert, Oschersleben 1996, S. 29–42

SCHAEFER 1957
Schaefer, Leo: Die Ausgrabung in der Karlskapelle zu Palenberg, in: Bonner Jahrbücher 157, 1957, S. 353–379

SCHAEFER 1963
Schaefer, Leo: Der Gründungsbau der Stiftskirche St. Martin in Zyfflich (= Kunstdenkmäler des Rheinlandes, Beihefte 9), Essen 1963

SCHAEFER/CLAUSSEN 1974
Schaefer, Leo/Claussen, Hilde: Neue Funde zur frühen Baugeschichte der Abteikirche Werden, in: Beiträge zur rheinischen Kunstgeschichte und Denkmalpflege II (= Die Kunstdenkmäler des Rheinlandes, Beiheft 20), Düsseldorf 1974, S. 293–339

SCHIRWITZ 1960
Schirwitz, Karl: Die Grabungen auf dem Schloßberg zu Quedlinburg, in: Jahresschrift für mitteldeutsche Vorgeschichte 44, 1960, S. 9–50

SCHIRWITZ 1962
Schirwitz, Karl: Die Bodenfunde vom Gelände des Wiperti-Klostergutes zu Quedlinburg, in: Harz-Zeitschrift 14, 1962, S. 1–14

SCHIRWITZ
Schirwitz, Karl: Die Grabungen auf dem Schloßberg zu Quedlinburg, Manuskript im Besitz des Schloßmuseums Quedlinburg, o. J.

SCHLITTE 1881
Schlitte, Restaurierungsbauten: St.Servatii-Schloßkirche in Quedlinburg, in: Centralblatt der Bauverwaltung 31, 1881, S. 270–272

SCHLOSS UND SCHLOSSKIRCHE 1820
Das Schloß und die Schloßkirche zu Quedlinburg und ihre Denkwürdigkeiten, Quedlinburg 1820

SCHNEIDER 1988
Schneider, Manfred: Die Stiftskirche zu Cappel. Kunsthistorische Auswertung der Ausgrabung 1980 und der archivalischen Überlieferung (= Denkmalpflege und Forschung in Westfalen 16), Bonn 1988

SCHUBERT 1969
Schubert, Ernst: Zur Datierung der

ottonischen Kirche zu Memleben, in: Siedlung, Burg und Stadt. Studien zu ihren Anfängen (= Deutsche Akademie der Wissenschaften zu Berlin, Schriften der Sektion für Vor- und Frühgeschichte 25), hrsg. von Karl-Heinz Otto und Joachim Herrmann, Berlin 1969, S. 516–524

SCHUBERT 1974
Schubert, Ernst: Der Magdeburger Dom, Berlin 1974

SCHUBERT 1982 (I)
Schubert, Ernst: Der ottonische Dom in Magdeburg. Die Umbauten der 1. Hälfte des 11. Jh. nach den literarischen Quellen, in: Zeitschrift für Archäologie 16, 1982, S. 211–220

SCHUBERT 1982 (II)
Schubert, Ernst: Der ottonische Magdeburger Dom. Die Baugeschichte und die Angaben der literarischen Quellen über die Bestattungen Kaiser Ottos I. und seiner Gemahlin Edith, in: Acta historiae artium 28, 1982, S. 229–235

SCHUBERT 1982 (III)
Schubert, Ernst: Zur Naumburg-Forschung der letzten Jahrzehnte, in: Wiener Jahrbuch für Kunstgeschichte 23, 1982, S. 131–134

SCHUBERT 1984
Schubert, Ernst: Der Magdeburger Dom, Leipzig 1984

SCHUBERT 1989 (I)
Schubert, Ernst: Der Magdeburger Dom, ottonische Gründung und staufischer Neubau, in: Der Magdeburger Dom, ottonische Gründung und staufischer Neubau, hrsg. von Ernst Ullmann, Leipzig 1989, S. 25–44

SCHUBERT 1989 (II)
Schubert, Ernst: Magdeburg statt Memleben?, in: Bau- und Bildkunst im Spiegel internationaler Forschung. Festschrift Edgar Lehmann, Berlin 1989, S. 35–40

SCHUBERT 1990
Schubert, Ernst: Stätten Sächsischer Kaiser. Quedlinburg, Memleben, Magdeburg, Hildesheim, Merseburg, Goslar, Königslutter, Meissen, Leipzig 1990

SCHUBERT 1992
Schubert, Ernst: Quedlinburg, Stadt und Stätte deutscher Geschichte, in: Der Quedlinburger Schatz wieder vereint, hrsg. von Dietrich Kötzsche, Berlin 1992, S. 3–19

SCHUBERT 1993
Schubert, Ernst: Der Dom Ottos des Großen in Magdeburg, in: Bernward von Hildesheim und das Zeitalter der Ottonen, Katalog der Ausstellung Hildesheim 1993, hrsg. von Michael Brandt und Arne Eggebrecht, Bd. 2, Hildesheim/Mainz 1993, S. 34–39

SCHUBERT (GÖTTINGEN) 1993
Schubert (Göttingen), Ernst: Sachsen um das Jahr 1000, in: Bernward von Hildesheim und das Zeitalter der Ottonen, Katalog der Ausstellung Hildesheim 1993, hrsg. von Michael Brandt und Arne Eggebrecht, Bd. 1, Hildesheim 1993, S. 209–216

SCHULZE 1966
Schulze, Willi: Der Quedlinburger Dom als Kultstätte der SS, mit einer Vorbemerkung von Lotte Zumpe, in: Jahrbuch für Wirtschaftsgeschichte H. 3/1966, S. 215–234

SCHÜRER 1929
Schürer, Oskar: Romanische Doppelkapellen, in: Marburger Jahrbuch für Kunstwissenschaft 5, 1929, S. 99–192

SCHWEDHELM 1976
Schwedhelm, Sabine: Ein Jahrtausend St. Patrokli. Zur Baugeschichte und zur romanischen Farbfassung, in: Festschrift St. Patrokli Soest, 1976

SCHWEDHELM 1986
Schwedhelm, Sabine: Taufort in der ehemaligen Stiftskirche zu Cappel (Lippstadt), in: Deutsche Kunst und Denkmalpflege 44, 1986, S. 41 f.

SEEBACH 1967
Seebach, Carl-Heinrich: Kloster Drübeck, in: Niederdeutsche Beiträge zur Kunstgeschichte 7, 1967, S. 43–64

SEEBACH 1968
Seebach, Carl-Heinrich: Kloster Drübeck, in: Studien zur europäischen Vor- und Frühgeschichte, Neumünster 1968, S. 343–348

SENF 1964
Senf, Werner: Das Nachleben antiker Bauformen von der karolingischen Zeit bis zur Schwelle der hohen Gotik in Deutschland, in: Wissenschaftliche Zeitschrift der Hochschule für Architektur und Bauwesen Weimar 11, 1964, S. 579–590

SPEER 1958
Speer, Elisabeth: Quedlinburg, Dresden 1958

STOLLBERG 1968
Stollberg, Friedrich: Befestigungsanlagen im und am Harz von der Frühgeschichte bis zur Neuzeit (= Forschungen und Quellen zur Geschichte des Harzgebietes 9), Hildesheim 1968

STREICH 1984
Streich, Gerhard: Burg und Kirche während des deutschen Mittelalters. Untersuchungen zur Sakraltopographie von Pfalzen, Burgen und Herrensitzen (= Vorträge und Forschungen 29), Sigmaringen 1984

THEUNE 1872
Theune, R.: Die Aufgrabungen in der Krypta der Schloßkirche zu Quedlinburg, in: Deutsche Bauzeitung 6, 1872, S. 301

THIETMAR 1985
Thietmar von Merseburg: Chronik, neu übertragen und erläutert von Werner Trillmich (= Ausgewählte Quellen zur deutschen Geschichte des Mittelalters, Freiherr-vom-Stein-Gedächtnisausgabe, IX), Darmstadt 1985

TROESCHER 1929
Troescher, Georg: Die Gewölbemale-

reien der Krypta der Schloßkirche in Quedlinburg, in: Sachsen und Anhalt 5, 1929, S. 347–365

TUREK 1950
Turek, Rudolf: Nový výzkum Libického hradiste, in: Archeologické Rozledy 2, 1950, S. 93–98

UEFFING 1968
Ueffing, Werner: Westwerk der Stiftskirche Freckenhorst, in: Auf roter Erde. Heimatbeilage der Westfälischen Nachrichten 24, 1968, Nr. 104

UEFFING 1969
Ueffing, Werner: Das Westwerk Neuenheerse, in: Auf roter Erde. Heimatbeilage der Westfälischen Nachrichten 25, 1969, Nr. 117

UNTERMANN 1984
Untermann, Matthias: Kirchenbauten der Prämonstratenser. Untersuchungen zum Problem einer Ordensbaukunst im 12. Jahrhundert (= 29. Veröffentlichung der Abteilung Architektur des Kunsthistorischen Instituts der Universität Köln), Köln 1984

UNTERMANN 1989
Untermann, Matthias: Der Zentralbau im Mittelalter. Form – Funktion – Verbreitung, Darmstadt 1989

USLAR 1969
von Uslar, Rafael: Abschied von der curtis, in: Siedlung, Burg und Stadt. Studien zu ihren Anfängen, hrsg. von Karl-Heinz Otto und Joachim Herrmann, Berlin 1969, S. 153–156

VERBEEK 1950
Verbeek, Albert: Ottonische und staufische Wandgliederung am Niederrhein, in: Beiträge zur Kunst des Mittelalters, Berlin 1950, S. 70–83

VOIGT 1786
Voigt, Gottfried Christian: Geschichte des Stifts Quedlinburg, 2 Bde., Leipzig 1786

VOIGTLÄNDER 1980
Voigtländer, Klaus: Die Stiftskirche zu Gernrode und ihre Restaurierung 1858–1872, mit Beiträgen von Hans Berger und Edgar Lehmann, Berlin 1980, ²1982

VOIGTLÄNDER 1989
Voigtländer, Klaus: Die Stiftskirche St. Servatii zu Quedlinburg. Geschichte ihrer Restaurierung und Ausstattung, mit einem Beitrag von Hans Berger, Berlin 1989

VORBRODT 1956
Vorbrodt, Günter W.: Die Stiftskirche zu Quedlinburg (= Das Christliche Denkmal 37), Berlin 1956

VORBRODT 1959
Vorbrodt, Günter W.: Wilhelm Steuerwaldts Ölstudie »Crypta der Quedlinburger Schloßkirche« und die Wiederentdeckung der Quedlinburger Confessio, in: Harzzeitschrift 11, 1959, S. 141–145

VORROMANISCHE KIRCHENBAUTEN 1966/70
Vorromanische Kirchenbauten, Katalog der Denkmäler bis zum Ausgang der Ottonen, hrsg. vom Zentralinstitut für Kunstgeschichte, bearb. von Friedrich Oswald, Leo Schaefer, Hans Rudolf Sennhauser, München 1966/70

VORROMANISCHE KIRCHENBAUTEN 1991
Vorromanische Kirchenbauten, Katalog der Denkmäler bis zum Ausgang der Ottonen, Nachtragsband, hrsg. vom Zentralinstitut für Kunstgeschichte, bearb. von Werner Jacobsen, Leo Schaefer, Hans Rudolf Sennhauser unter Mitwirkung von Matthias Exner, Jozef Mertens, Henk Stoepker, München 1991

WALLRATH 1950
Wallrath, Rolf: Zur Bedeutung der mittelalterlichen Krypta (Chorumgang und Marienkapelle), in: Beiträge zur Kunst des Mittelalters, Berlin 1950, S. 54–69

WARNECKE 1989
Warnecke, Hans Jürgen: Der Jungfernchor im freiweltlich-adligen Damenstift St. Nikomedes Borghorst, in: Westfalen 67, 1989, S. 285 f.

WÄSCHER 1955
Wäscher, Hermann: Rätsel um die Wiperti-Krypta in Quedlinburg, in: Von Domen, Mühlen und Goldenen Reitern, zusammengestellt von Reimar Gilsenbach und Ursula Zielinski, Dresden 1955, S. 82–88

WÄSCHER 1959
Wäscher, Hermann: Der Burgberg in Quedlinburg. Geschichte seiner Bauten bis zum ausgehenden 12. Jahrhundert nach den Ergebnissen der Grabungen von 1938 bis 1942, Berlin 1959

WEYRES 1986
Weyres, Willy: Die Domgrabung 28. Die Westapsis von Bau VII, in: Kölner Domblatt 51, 1986, S. 177–194

WEYRES 1987
Weyres, Willy: Die vorgotischen Bischofskirchen in Köln (= Studien zum Kölner Dom 1), Köln 1987

WINKELMANN 1953
Winkelmann, Wilhelm: Archäologische Untersuchungen unter der Pfarrkirche zu Vreden (mit einem baugeschichtlichen Beitrag von Hilde Claussen), in: Westfalen 31, 1953, S. 316–319

WINTERFELD 1993
von Winterfeld, Dethard: Die Kaiserdome Speyer, Mainz, Worms und ihr romanisches Umland, Würzburg 1993

WOLFF 1971
Wolff, Arnold: S. Johannis in Curia. Die erzbischöfliche Pfalzkapelle auf der Südseite des Kölner Domes und ihre Nachfolgebauten, in: Kölner Domblatt 33/34, 1971, S. 20–24

WOLFF 1983
Wolff, Arnold: Vorbericht über die Ergebnisse der Kölner Domgrabung 1946–1983, dargestellt nach den Veröffentlichungen von Otto Doppelfeld und Willy Weyres, Opladen 1983

WOLFF 1984
Wolff, Arnold: Der Alte Dom, in: Köln: Die romanischen Kirchen von den Anfängen bis zum Zweiten Weltkrieg, hrsg. von Hiltrud Kier und Ulrich Krings, Köln 1984, Bd. 1, S. 138–153

ZELLER 1916
Zeller, Adolf: Die Kirchenbauten Heinrichs I. und der Ottonen in Quedlinburg, Gernrode, Frose und Gandersheim, Berlin 1916

ZETTLER 1987
Zettler, Alfons: Neue Aussagen zur frühen Baugeschichte der Kirche St. Georg in Reichenau-Oberzell, Landkreis Konstanz, in: Archäologische Ausgrabungen in Baden-Württemberg 1987, S. 224–228

ZETTLER 1989
Zettler, Alfons: Die spätkarolingische Krypta von St. Georg in Reichenau-Oberzell, in: Denkmalpflege in Baden-Württemberg 18, 1989, S. 97–105

ZIMMERMANN 1956
Zimmermann, Walter: Das Münster zu Essen (= Die Kunstdenkmäler des Rheinlands, Beiheft 3), Essen 1956

Aktuellere Literatur ist von Gerhard Leopold bis 2001 nachgetragen worden. Einige neueste Veröffentlichungen sollen aber kurz mitgeteilt werden. Zur Stiftskirche publizierte Clarissa von der Forst eine Studie über die Vorgängerbauten – eine wertvolle Zusammenfassung der bisherigen Literatur: Forst, Clarissa von der: Die Stiftskirche St. Servatius in Quedlinburg. Zum Stand der Forschungsdiskussion der ottonischen Vorgängerbauten, Weimar 2008.

Zur Wipertikirche ist auf Aufsätze von Ulrich von Damaros und Thomas Wozniak sowie aktuelle Bauforschungen von Olaf Karlson im Winter 2008/2009 zu verweisen, als der Innenraum teilweise vom Putz befreit war. Dabei konnten Leopolds Interpretationen im Prinzip bestätigt werden: Damaros, Ulrich von/Wozniak, Thomas: St. Wiperti in Quedlinburg, in: Die Ottonen, S. 285–292; Wozniak, Thomas: Zweihundert Jahre Wipertiforschung, in: Quedlinburger Annalen 8, 2005, S. 10 bis 34.

Im Bereich der Münzenberger Kirche vermisst, dokumentiert und untersucht Michael Scheftel seit mehreren Jahren diese Kirche. Insbesondere für sie, in die Leopold ja nur sehr begrenzt Einblick nehmen und demzufolge in und an ihr kaum untersuchen konnte, sind eine Vielzahl neuer Erkenntnisse zu erwarten: Scheftel, Michael: Die ehemalige Klosterkirche St. Marien auf dem Münzenberg in Quedlinburg. Zwischenbericht zur Bauuntersuchung und vorläufige Chronologie der Bauphasen, in: Bauforschung – eine kritische Revision. Historische Bauforschung zwischen Marketing und öffentlichem Abseits, hrsg. von Johannes Cramer, Peter Goralczyk, Dirk Schumann, Berlin 2005, S. 116–136; ders.: Die ehemalige Klosterkirche St. Marien auf dem Münzenberg in Quedlinburg. Zur Baugeschichte, Gestalt und Nutzung einer ottonischen Klosterkirche, in: Bericht über die 43. Tagung für Ausgrabungswissenschaft und Bauforschung (Koldewey-Gesellschaft), Stuttgart 2006, S. 171 bis 180.

FIGUREN

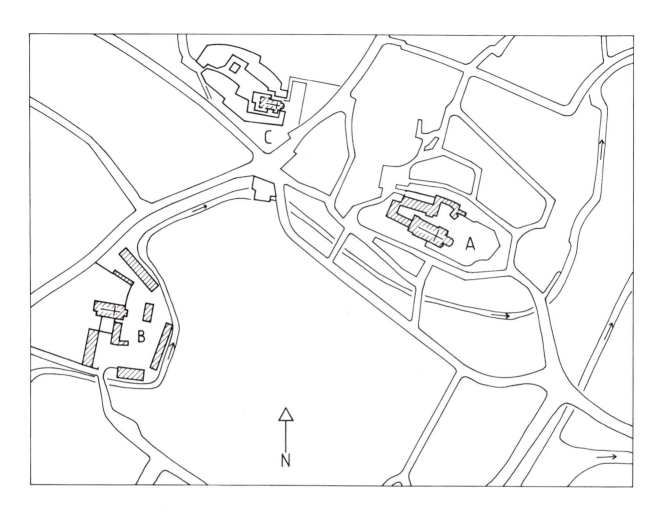

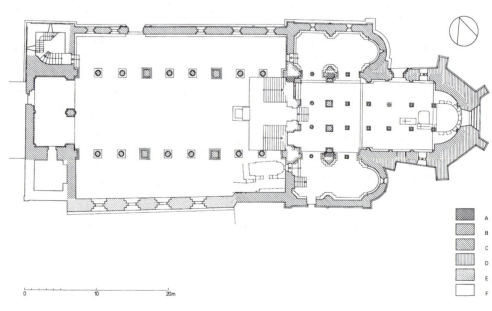

[1] Quedlinburg, Lageplan mit den ottonischen Gründungen:
A Schlossberg mit Stiftskirche und Stiftsgebäuden
B Wipertikirche und Bereich des ehemaligen Wipertigutes
C Münzenberg mit Resten der Marienklosterkirche

[2] Quedlinburg St. Servatii, unterer Grundriss mit Kennzeichnung der Bauzeiten:
A 1. Stiftskirche (Bau II),
B 2. Stiftskirche (1021, Bau III),
C hochromanisch (Bau IV),
D gotisch (Bau V),
E Nachmittelalter,
F 19./20. Jahrhundert

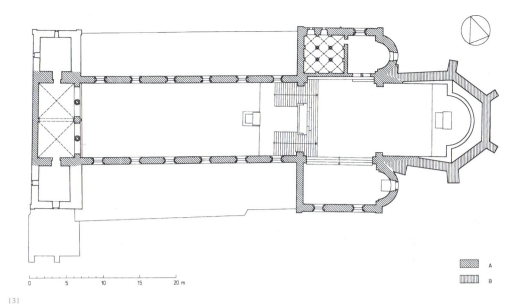

[3] Quedlinburg St. Servatii, oberer Grundriss: A hochromanisch (Bau IV), B gotisch (Bau V)

[4] Quedlinburg St. Servatii, »Grundriß des vierten Kirchenbaues (1070–1129) mit Einzeichnung aller Grabungsergebnisse...« (Wäscher 1959, Abb. 110)

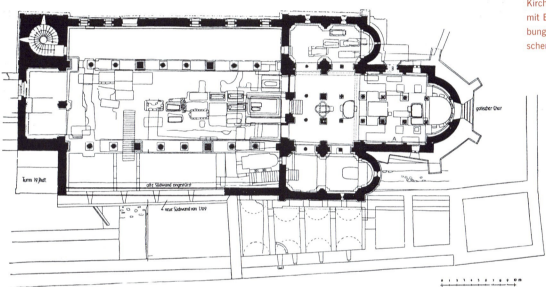

[5] Quedlinburg St. Servatii, Grundriss mit Grabungen von 1938/42 und von 1985 sowie mit allen Gräbern,
A Burgkirche König Heinrichs I. (Bau I)/Fundamente neben ihr,
B Stiftskirche der Königin Mathilde (Bau II), Ostteil: aufgehend/Fundament,
C Stiftskirche der Königin Mathilde (Bau II), West- und Südteil: aufgehend/Fundament/unsichere Zuweisung,
D Stiftskirche von 997/1021 (Bau III): südliche Doppelarkade/aufgehend/Fundament,
E Stiftskirche von 1070/1129 (Bau IV),
F Sanktuarium des 14. Jahrhunderts (Bau V),
G Erneuerte Bauteile von 1708,
H 19. Jahrhundert,
2-67 Bestattungen

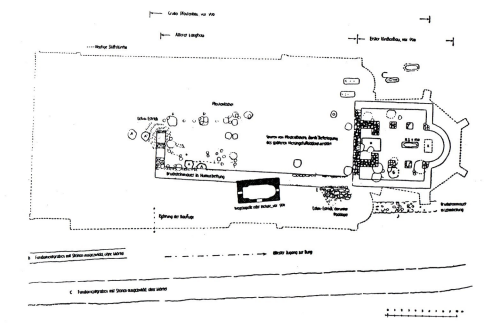

[6] Quedlinburg St. Servatii, »...frühmittelalterliche Bauten, erster Kirchenbau und Wegekapelle« (Wäscher 1959, Abb. 21)

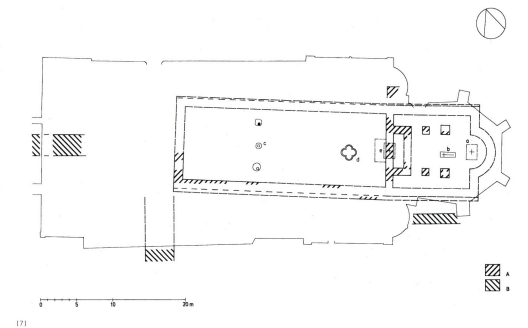

[7] Quedlinburg St. Servatii, Grundriss der Burgkirche König Heinrichs I. (Bau I), Rekonstruktionsversuch, Variante 1.
A Ergrabene Fundamente der Burgkirche,
B Neben der Burgkirche ergrabene Fundamente,
a Platz des Petersaltars,
b Grab König Heinrichs I.,
c Pfostenlöcher der vermutlichen Westempore,
d Taufbecken,
e Möglicher Platz des Servatiusaltars

[8] Gernrode Stiftskirche, Grundriss der Krypta (nach Erdmann u. a. 1988)

[9] Memleben, Westkrypta, Grundriss der unfertig gebliebenen Westkrypta (nach Leopold 1969)

[10] Naumburg Dom, Nikolaikapelle, Grabungsgrundriss (nach Leopold/Schubert 1972)

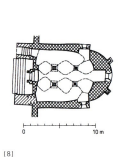
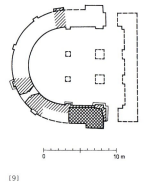
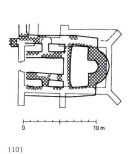

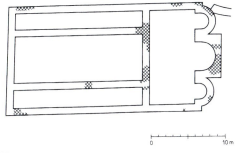

[11]

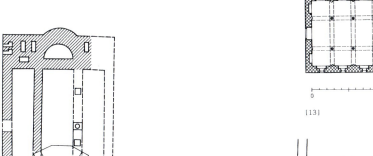

[12]

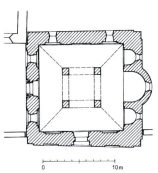

[13]

[14]

[11] Wiedenbrück St. Ägidiuskirche, Grundriss (nach Lobbedey 1973)

[12] Aachen Münster, Grundriss der Nordkapelle (nach Oswald 1966/70)

[13] Paderborn Bartholomäuskapelle, Grundriss (nach Busen 1963)

[14] Köln Dom, Kapelle St. Johannis in curia, Grundriss (nach Wolff 1971)

[15]

[15] Goslar Pfalz, ehemalige Liebfrauenkapelle, Grundriss (nach Hoelscher 1927)

[16] Quedlinburg St. Servatii, Burgkirche König Heinrichs I., isometrischer Rekonstruktionsversuch, Variante 1

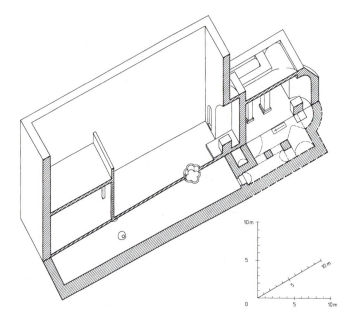

[17] Quedlinburg St. Servatii, Burgkirche König Heinrichs I., isometrischer Rekonstruktionsversuch, Variante 2

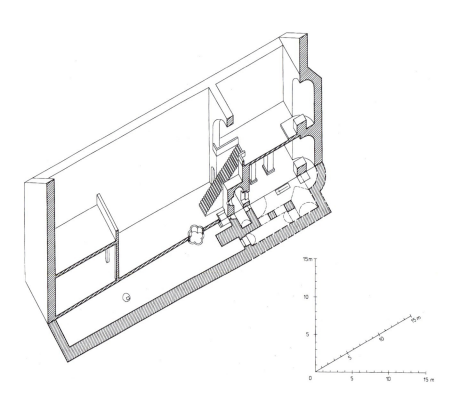

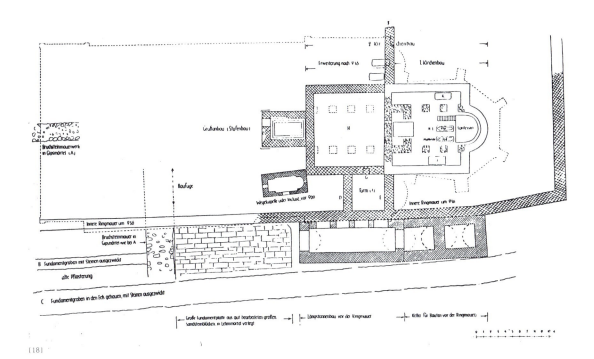

[18] Quedlinburg St. Servatii, Stiftskirche der Königin Mathilde (Bau II), Grundriss (Wäscher 1959, Abb. 46)

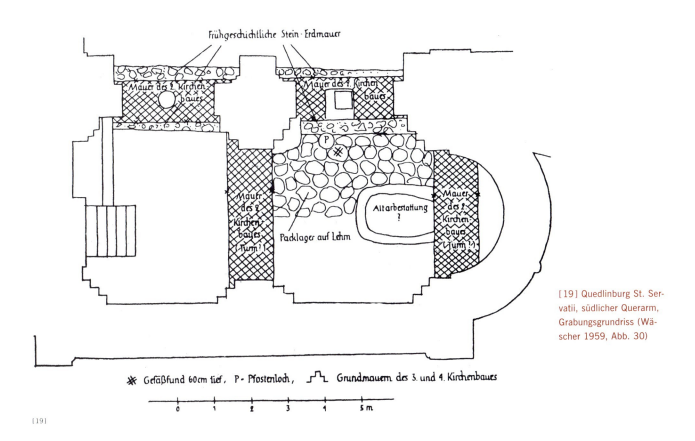

[19] Quedlinburg St. Servatii, südlicher Querarm, Grabungsgrundriss (Wäscher 1959, Abb. 30)

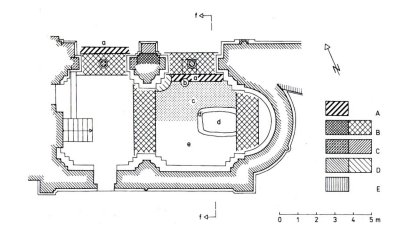

[20] Quedlinburg St. Servatii, südlicher Querarm, Grabungsgrundriss (nach den Aufmaßskizzen von 1939 von Wäscher und Schirwitz):
A Bau I; B Bau II: aufgehend/Fundament; C Bau III: Südliche Doppelarkade/2 westliche Joche; D Bau IV: aufgehend/Fundament; E 14. Jahrhundert; a »schwarze Erde« (Wä.); »schwarze Erde mit Scherben, Knochen, Getreide« (Schi.); a' »Trockenmauer« (Wä.); b »Pfostenloch«; c »Packlager aus Eisensteinplatten in Lehmpackung« (Wä.), »Packlager auf Lehm« (Schi.); d »Felsen« (Schi.); d' »feste graue Erde« (Schi.); e »Bauschutt« (Schi.); f Lage des Querschnitts Fig. 21

[21] Quedlinburg St. Servatii, südlicher Querarm, Grabungsquerschnitt nach Westen (nach Handskizzen von Wäscher und Schirwitz von 1939),
A Bau I; B Bau II; C Bau II, südlicher Anbau; D Nischen-Ausmauerung; E Bau IV; a »Fels« (Wä.), »Felsen« (Schi.); b Zwischenschichten (von unten nach oben): »Humus fest, Humus mit lehmigen Resten, Humus bereits bewegt« (Wä.); »feste graue Erde«, darüber »Bauschutt« (Schi.); b' »Humus mit Mörtelresten«, darüber »grober Bauschutt« (Wä.); »feste graue Erde«, darüber »Bauschutt« (Schi.); c »diese Trockenmauer nur hier erhalten« (=Rest des Südwandfundaments des Saals der Pfalzkapelle, Bau I), darüber (c') »Humus« (Wä.), »Kulturschicht« (Schi.); d »Mauerwerk zw. den Pfeilern«

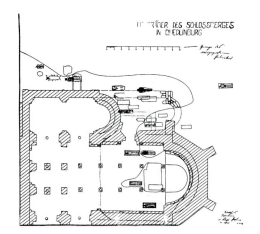

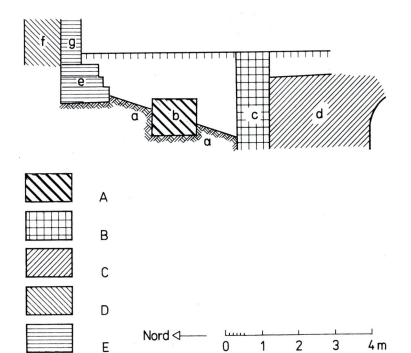

[23]

(Schi.) = Spannfundament unter der südlichen Doppelarkade (Bau II); e »Lehmestrich«, darüber »Eisensteinpacklager, darüber Gipsestrich« (Wä.); »Packlager auf Lehm« (Schi.), vielleicht Estrich des Baus II; f »grober Bauschutt« (Wä.); »Bauschutt« (Schi.); g »Eingefüllte lockere Erde – grau ohne Kulturreste« (Schi.) = Störung vor der Apsis (für ehemalige Bestattung?); h Querhaus-Südwand (Bau IV) auf Fundament von Bau II; i Nordwand des Längstonnenbaus mit später vermauerter Nische i'

[22] Quedlinburg St. Servatii, Grabungsgrundriss im Nordostabschnitt der Krypta und nördlich davon (1939 R. Höhne)

[23] Quedlinburg St. Servatii, Befund südlich des Chors, Grabungsquerschnitt nach Osten (nach Handskizze Wäscher von 1939): A Bau I oder älter; B Bau II; C vielleicht erst Bau III; D Bau IV; E 14. Jahrhundert; a Felsen; b Ostwestfundament: »weiße Sandsteinbrocken mit Lehm«; c Südwandfundament des südlichen Nebenraums: »gelbe Quader Mörtel«; d Nordwand der östlichen Verlängerung des Längstonnenbaus; e Fundament des gotischen Chors: »160 gelber Quader, Mörtel No.«; f Südwand des hochromanischen Sanktuariums: »Dom«; g Südwand des gotischen Chors: »got.«

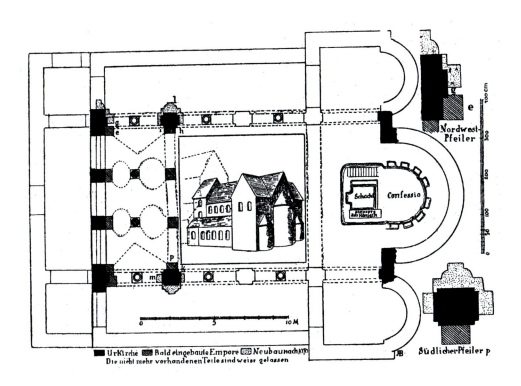

[24]

[24] Quedlinburg St. Servatii, »Urkirche, Grundriß mit Ansicht« (Brinkmann 1922, Abb. 29)

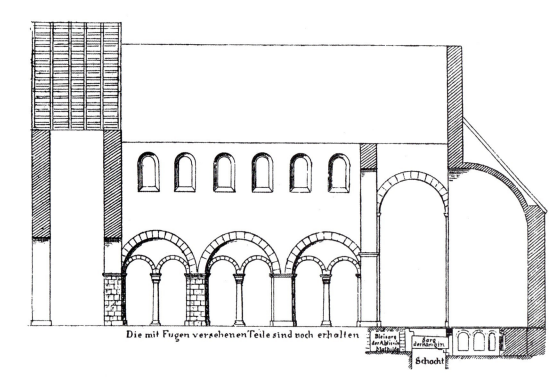

[25] Quedlinburg St. Servatii, »Aufriß. Wiederherstellung« (Brinkmann 1922, Abb. 30)

[26] Quedlinburg St. Servatii, Westjoche der Krypta, südliche Doppelarkade, Grundriss und Aufriss nach Süden:
A Bau II: freigelegte Fläche/geschnittenes Mauerwerk; B Bau III, um 1000 eingebaute Doppelarkade: freigelegte Fläche/geschnittenes Mauerwerk; C Bau III, zwei westliche Joche: freigelegte Fläche/geschnittenes Mauerwerk; D Bau IV, hochromanische Krypta: freigelegte Fläche/geschnittenes Mauerwerk; E Nachmittelalter: freigelegte Fläche/geschnittenes Mauerwerk; F original erhaltener Putz; a westliches Ende der Unterkante des Arkadenbogens von Bau II, auf der Südseite als »Negativ« erkennbar; b originaler Sockel des alten Mittelpfeilers (Bau II) mit moderner Ergänzung b'; c originaler Sockel von 1070/1129; d moderne Sockelergänzungen; e Schnittebene des Aufrisses Fig. 26; f Schnittebene des Aufrisses Fig. 27 rechts; g Schnittebene des Aufrisses Fig. 27 links

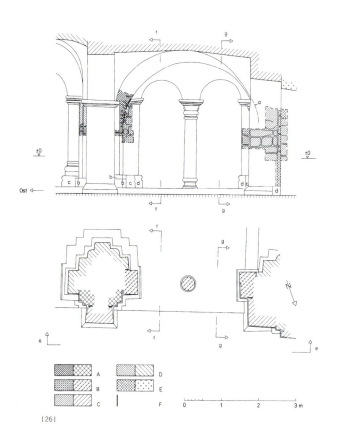

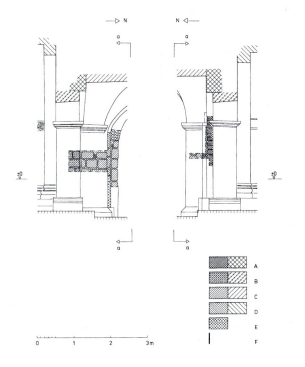

[27] Quedlinburg St. Servatii, Westjoche der Krypta, südliche Doppelarkade, Aufrisse des westlichen Pfeilers nach Westen (links) und des Mittelpfeilers nach Osten (rechts):
A Bau II: freigelegte Fläche/geschnittenes Mauerwerk; B Bau III, um 1000 eingebaute Doppelarkade: freigelegte Fläche/geschnittenes Mauerwerk; C Bau III, zwei westliche Joche: freigelegte Fläche/geschnittenes Mauerwerk; D Bau IV, hochromanische Krypta: freigelegte Fläche/geschnittenes Mauerwerk; E Nachmittelalter: freigelegte Fläche; F original erhaltener Putz; a Schnittebene des Aufrisses Fig. 26

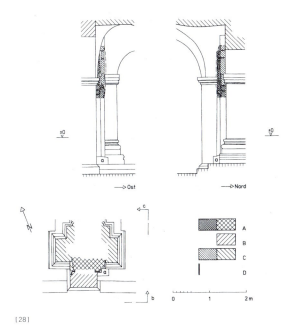

[28] Quedlinburg St. Servatii, Westjoche der Krypta, nördlicher Mittelpfeiler, Grundriss und Aufrisse nach Norden (oben links) und nach Westen (oben rechts):
A Bau II: freigelegte Fläche/geschnittenes Mauerwerk; B Bau III, zwei westliche Joche: geschnittenes Mauerwerk; C Bau IV, hochromanische Krypta: freigelegte Fläche/geschnittenes Mauerwerk; D original erhaltener Putz; a erhaltener Pfeilersockel von Bau II; b Schnittebene des Aufrisses nach Norden (oben links); c Schnittebene des Aufrisses nach Westen (oben rechts)

[29] Quedlinburg St. Servatii, Vierpassbecken in der Krypta, Grabungsgrundriss und -schnitt nach Norden (nach Unterlagen von Wäscher):
A Beckenwandung; B Stützen der westlichen Joche der Krypta (Bau III); C Stützen der hochromanischen Krypta (Bau IV); D noch Bauzeit IV (?); E 1939 erhaltener Estrichboden des Beckens; a heutiger Fußboden in der Vierung; b ehemaliger Fußboden von Bau II in der Vierung (-0,70m); c gemauerter Kasten, nach Aufgabe des Beckens eingebaut; d noch jüngere Bestattung 17

[30] Speyer Dom, Taufbecken in der Krypta, Schnitt und Grundriss (Kubach/Haas 1972)

[31] Quedlinburg St. Servatii, Unterbau des Nordwest-Vierungspfeilers, Grundriss und Aufriss nach Norden (nach Aufmaßskizzen von Wäscher),
A Bau II: aufgehend/Fundament; B Bau III; C Bau IV; a Fußboden-Oberkante Ostende Mittelschiff heute; b Fußboden-Oberkante übriges Langhaus heute; c Oberkante Felsen (nach Längsschnitt Wäscher); d Estrich-Oberkante in der Kammer unter der nördlichen Chortreppe (Bau III); e Estrich-Oberkante in der Mitte des Stufenraums; f Fußboden-Oberkante in der Vierung heute; g Fußboden-

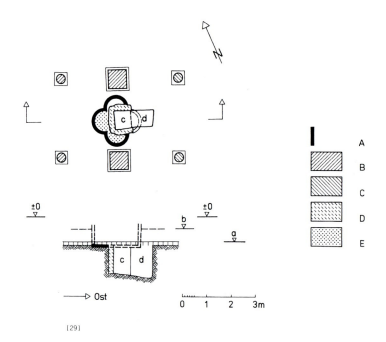

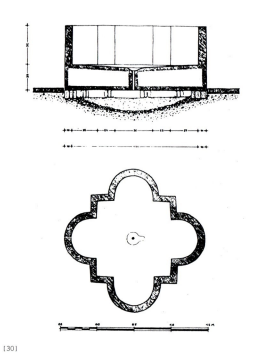

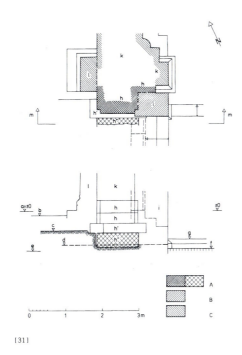

[31]

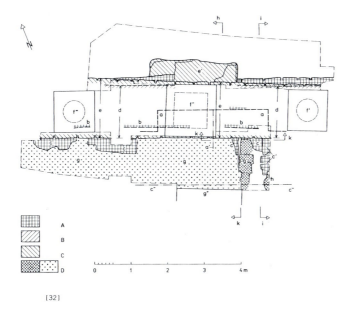

[32]

Oberkante im Nordquerarm heute; h älterer Pfeiler mit Sockel h' auf Fundament h''; i Wandpfeiler in der Nordwestecke der Westjoche der Krypta (Bau III); k hochromanischer Nordwest-Vierungspfeiler; l östliche Vorlage der hochromanischen Nordarkaden.

[32] Quedlinburg St. Servatii, Grabung 1986 im Langhaus, Grundriss: A Bau II; B Bau III; C Bau IV; D Nachmittelalter: Mauerwerk/Oberfläche der großen Tonne von 1708; a Südflucht des untersten Abschnitts des Südarkadenfundaments mit tonnengewölbter Nische, Scheitel der Wölbung bei a'; b Südflucht des unteren Abschnitts des Südarkadenfundaments über der Nische a; c Erhaltene Teile der zum unteren Fundamentabschnitt gehörenden Längstonne unter dem Südseitenschiff mit durch Fuge abgesetztem Ostabschnitt c', ehemalige Scheitellinie der Tonne etwa bei c''; d Nord- und Südflucht der zweiten, vor 997 entstandenen Schicht des Südarkadenfundaments (Südflucht unter der von e); e Nord- und Südflucht der oberen, hochromanischen Schicht des Südarkadenfundaments mit Nordvorlage e'. f', f'', f''' 2., 3. und 4. Stütze der Südarkaden; g große Tonne von 1708 unter dem Südseitenschiff mit östlicher Stirnwand g' und aufgesetztem modernen Lüftungsschacht g''; h Rest des backsteinernen Grabgewölbes 67; i Lage des Querschnitts Fig. 31; k Lage des Querschnitts Fig. 29

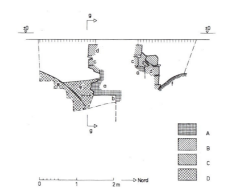

[33]

[33] Quedlinburg St. Servatii, Grabung 1986 im Langhaus, Querschnitt nach Westen:
A Bau II; B Bau III; C Bau IV; D Nachmittelalter; a unterer Abschnitt des Südarkadenfundaments; b tonnengewölbte Nische von a; c zweite Schicht des Südarkadenfundaments; d obere Schicht des Südarkadenfundaments mit Vorlage d'; e großes Tonnengewölbe von 1708 mit Zwickelausmauerung e'; f Felsen; g Schnittebene des Aufrisses Fig. 34

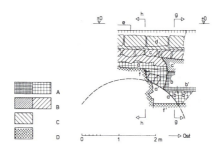

[34]

[34] Quedlinburg St. Servatii, Grabung 1986 im Langhaus, Aufriss Südarkadenfundament nach Norden:
A Bau II: geschnitten/in der Ansicht; B Bau III: geschnitten/in der Ansicht; C Bau IV; D Nachmittelalter; a unterer Abschnitt des Südarkadenfundaments mit tonnengewölbter Nische a'; b Rest der großen Längstonne (Bau II) unter dem Südseitenschiff mit Ostabschnitt b'; c zweite Schicht des Südarkadenfundaments mit Zwickelausmauerung c' über Tonne b; d obere Schicht des Südarkadenfundaments; e Fußplatte der 3. Südarkadenstütze; f Ostwand des großen Tonnengewölbes von 1708 unter dem Südseitenschiff mit östlich anschließendem Estrich(?) f'; g Lage des Querschnitts Fig. 35; h Lage des Querschnitts Fig. 33

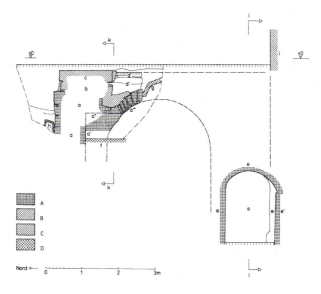

[35]

[35] Quedlinburg St. Servatii, Grabung 1986 im Langhaus, Querschnitt durch den Untergrund des südlichen Seitenschiffs nach Osten:
A Bau II; B Bau III; C Bau IV; D Nachmittelalter; a unterer Abschnitt des Südar-

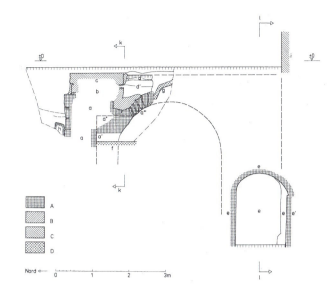

[36]

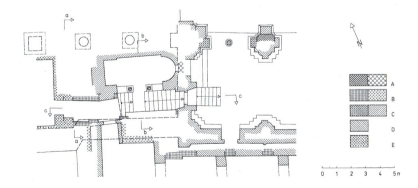

[37]

kadenfundaments mit tonnengewölbter Nische a', deren Scheitel etwa bei a" gelegen hat, und Ansatz der großen Längstonne a'''; b zweite Schicht des Südarkadenfundaments; c obere Schicht des Südarkadenfundaments; d Estrichfußboden über Füllschichten d', angelegt zum Langhaus von 997 (Bau III); e Tonnengang westlich der Nikolaitreppe; f Estrich(?) östlich der Tonne von 1708; g Rest des backsteinernen Grabgewölbes 67; h Felsen; i Südwand des Langhauses; k Schnittebene des Aufrisses Fig. 34; l Lage des Längsschnitts Fig. 38/39

[36] Quedlinburg St. Servatii, Räume unter dem Ostende des Südseitenschiffs mit Anschluss an den Südquerarm, Grundriss: A Bau II, Ostteil: aufgehend/Fundament; B Bau II, Westteil: aufgehend/Fundament; C Bau III: aufgehend/Fundament; D Bau IV; E Nachmittelalter; a Lage des Querschnitts Fig. 35; b Lage des Querschnitts Fig. 37; c Lage des Längsschnitts Fig. 38/39

[37] Quedlinburg St. Servatii, Kapelle St. Nikolai in vinculis und Treppe daneben, Querschnitt nach Osten:
A Bau III; B Bau IV; a Nikolaikapelle; b Treppenraum; c Fels-Oberkante östlich der Kapelle = Sohle des Fundaments unter der Westwand des Südquerarms; d Südwand des Schiffs; e Oberkante des zu a und b gehörenden Schiffsfußbodens; f Oberkante des heutigen Fußbodens im Südquerarm; g Lage des Längsschnitts Fig. 38/39

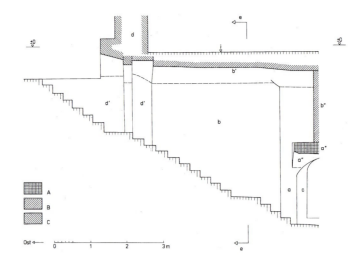

[38] Quedlinburg St. Servatii, Treppenraum neben der Nikolaikapelle, Längsschnitt nach Süden:
A Bau II; B Bau III; C Bau IV; a Südwand des im Westen anschließenden Tonnengangs mit Gewölbe a''; b Südwand des Treppenraums mit Gewölbe b' und westlicher Abschlusswand b''; c hochromanische Türgewände; d Westwand des Südquerarms mit gewölbtem Durchgang d'; e Lage des Querschnitts Fig. 37

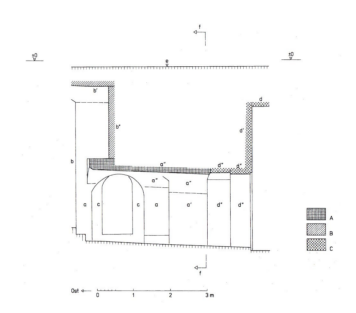

[39] Quedlinburg St. Servatii, Tonnengang, Längsschnitt nach Süden:
A Bau II; B Bau III; C Nachmittelalter; a Südwand des Tonnengangs mit zurückgesetztem Abschnitt a' und Gewölbe a''; b Südwand des Treppenraums mit Gewölbe b' und westlicher Abschlusswand b''; c hochromanisches Gewände der Tür zum Quertonnenbau; d Tonnenraum von 1708 mit Ostwand d' und Durchgangsleibung d''; e Oberkante des heutigen Fußbodens im Südseitenschiff; f Lage des Querschnitts Fig. 35

[40] Quedlinburg St. Servatii, »Längsschnitt durch die Substruktionen der Südterrasse vor dem südlichen Querschiffflügel mit dem Längstonnen- und Quertonnenbau« (Wäscher 1959, Abb. 104)

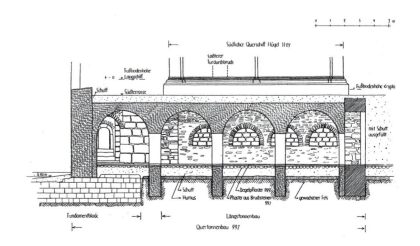

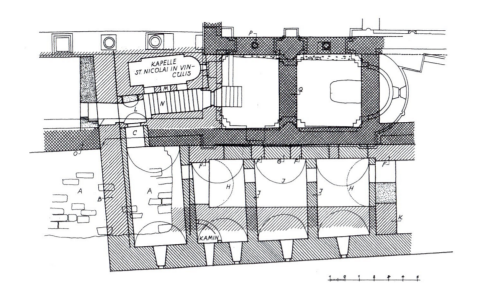

[41] Quedlinburg St. Servatii, Grundriss des südlichen Querarms, der Nikolaikapelle und der südlichen Tonnenbauten (Zeichnung von Wäscher)

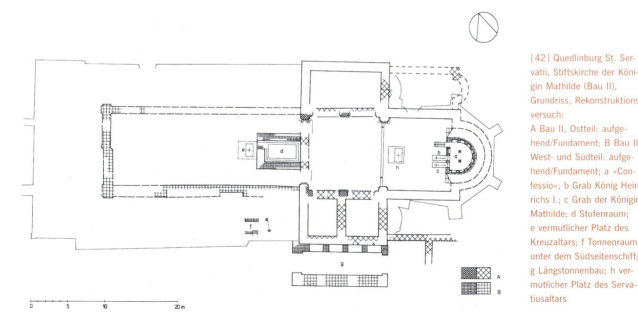

[42] Quedlinburg St. Servatii, Stiftskirche der Königin Mathilde (Bau II), Grundriss, Rekonstruktionsversuch:
A Bau II, Ostteil: aufgehend/Fundament; B Bau II, West- und Südteil: aufgehend/Fundament; a »Confessio«; b Grab König Heinrichs I.; c Grab der Königin Mathilde; d Stufenraum; e vermutlicher Platz des Kreuzaltars; f Tonnenraum unter dem Südseitenschiff; g Längstonnenbau; h vermutlicher Platz des Servatiusaltars

180

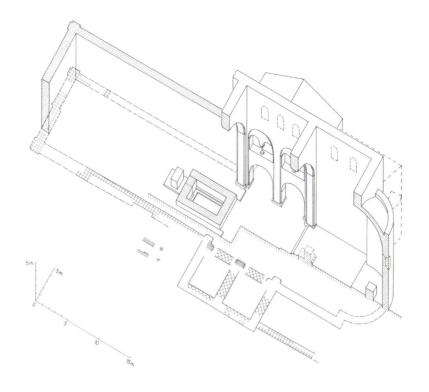

[43] Quedlinburg St. Servatii, Stiftskirche der Königin Mathilde (Bau II), isometrischer Rekonstruktionsversuch

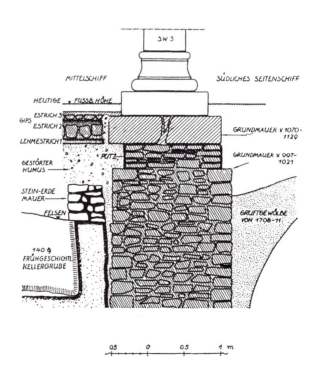

[44] Quedlinburg St. Servatii, »Querschnitt durch die Säule SW 5 mit Erläuterungen« (5. Südarkadenstütze, Wäscher 1959, Abb. 71)

[45] Quedlinburg St. Servatii, »Querschnitt durch die Säule NW 1 und den Pfeiler SW 6 mit Erläuterung« (1. Norarkaden- und 6. Südarkadenstütze, Wäscher 1959, Abb. 72)

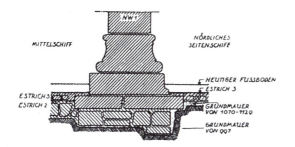

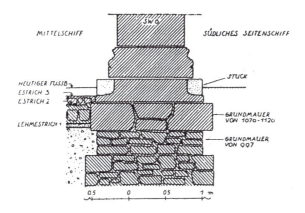

[45]

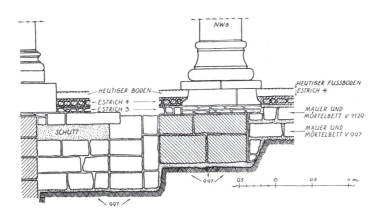

[46]

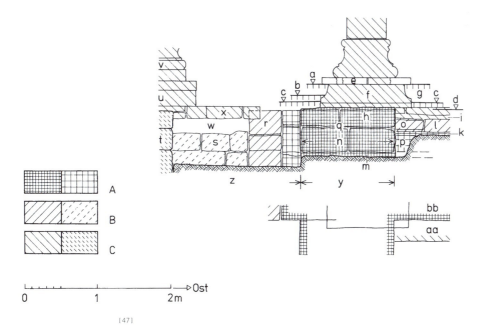

[47]

[46] Quedlinburg St. Servatii, »Teil der nördlichen Arkadenwand bei Säule NW 8 mit Erläuterung. Die Säule steht auf den Mauern der vorgezogenen Westempore des dritten Kirchenbaues.« (8. Nordarkadenstütze, Wäscher 1959, Abb. 78)

[47] Quedlinburg St. Servatii, Fundament unter der 8. Nordarkadenstütze, Aufriss nach Norden und Grundrissskizze (Umzeichnung nach Maßskizze von Wäscher mit dessen handschriftlichen Bemerkungen): A Bau II: geschnitten/in der Ansicht; B Bau III: in der Ansicht/unsichere Zuweisung; C Bau IV: in der Ansicht/unsichere Zuweisung; a moderner Plattenboden, lag bis etwa 1940; b »Estrich 3«, nachmittelalterlich; c »Estrich 2« von 1070/1129; d »Estrich 1« von 997; e Fußplatte von »Quast«; f »alte Base«; g »Schutt«; h »grauer Mörtel«; i »Mörtelbett II«, »43«; k »Mörtelbett 1«, »40«; l »gelbe Mauer«; m »Mörtelbett«; n »grauer Mörtel (Mathilde)«, »große Quader«, »grünlicher Stein«, »Schnitt«; o »Putz«; p »Mauer wie 41 unter dem untersten Fundament. (Mathilde).«; q »41«; r »gelber Mörtel«, »50«, »weißer Stein«; s »42«, »gelbe Steine«; t »Ältere Mauer? (12. Jahrh.)«; u »Pfeilerfundament«; v »Wandpfeiler«; W »Schutt (schwarz)«; x »oberes Fundament«; y »geschnitten«; z »Ansicht«; aa »2. Fundament«, wohl von 1070/1129; bb »gelbe Mauer«, wohl von 997 und darunter von Bau II

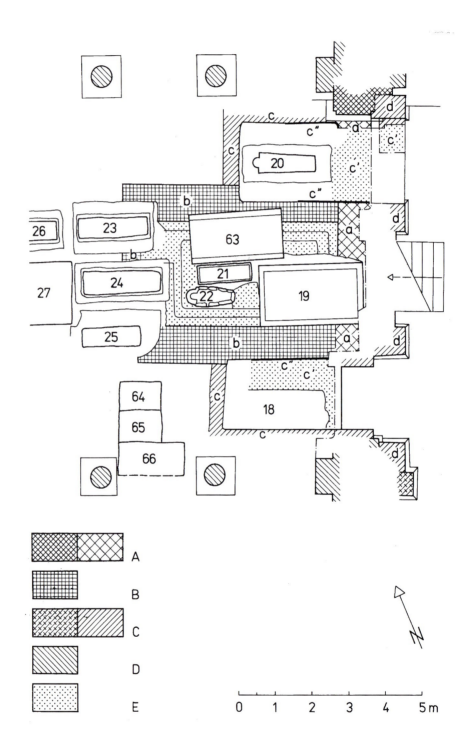

[48] Quedlinburg St. Servatii, Ostende Mittelschiff, Grundriss der Grabung vn 1938, rekonstruiert nach den handschriftlichen und fotografischen Unterlagen von Wäscher:
A Bau II, Ostteil: aufgehend/Fundament
B Bau II, Westteil: aufgehend
C Bau III: südliche Doppelarkade der Krypta/spätere Teile
D Bau IV
E erhaltene Estrichfläche
a Fundament an der Westgrenze der Vierung
b Umfassungswände des Stufenraums
c Umfassungswände der beiden Kammern unter den Läufen der Chortreppe von Bau III mit Estrich c' und Wandputzresten c''
d Wandpfeiler der beiden Westjoche der Krypta
18 Störung im Estrich c', vermutlich durch Bestattung
19 gewölbte Backsteingruft
20 Bestattung mit Kopfnische, in den Felsen eingetieft
21 Holzsargbestattung
22 Bestattung mit Kopfnische, Wandung aus Steinen zusammengesetzt
23 Bestattung im Bleisarg, in den Felsen eingetieft
24 Bestattung der Äbtissin Adelheid I. († 1044) in Bleisarg mit Inschrift, in den Felsen eingetieft
25 Bestattung, in den Felsen eingetieft
26 Holzsargbestattung, in den Felsen eingetieft
27, 63, 65, 66 gewölbte und Backsteingrüfte unterschiedlicher Größe

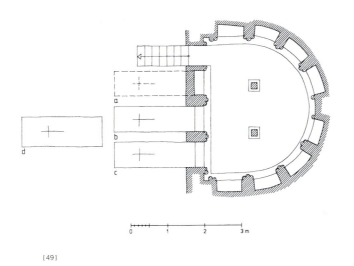

[49]

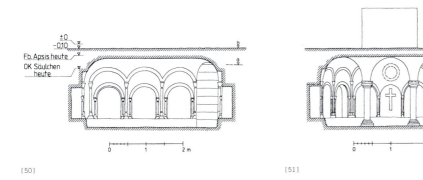

[50]   [51]

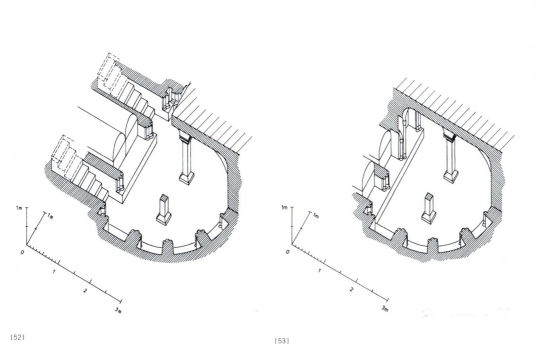

[52]   [53]

[49] Quedlinburg St. Servatii, Grundrissskizze der »Confessio« und der Königsgräber, Rekonstruktionsversuch:
a vorgesehenes Grab der Äbtissin Mathilde
b Grab König Heinrich I.
c Grab der Königin Mathilde
d Grab der Äbtissin Mathilde

[50] Quedlinburg St. Servatii, Querschnittskizze durch die »Confessio« nach Westen, Rekonstruktionsversuch

[51] Quedlinburg St. Servatii, Querschnittskizze durch die »Confessio« nach Osten, Rekonstruktionsversuch

[52] Quedlinburg St. Servatii, isometrischer Rekonstruktionsversuch der ursprünglichen »Confessio«

[53] Quedlinburg St. Servatii, isometrischer Rekonstruktionsversuch der asymmetrischen »Confessio«

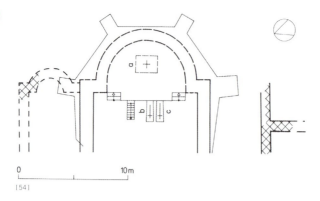

[54] Quedlinburg St. Servatii, Stiftskirche der Königin Mathilde (Bau II), Grundriss des Altarraums über der »Confessio«, Rekonstruktionsversuch:
a Petrusaltar (Fb.-OK: -0,10 m),
b Grab König Heinrichs I.,
c Grab der Königin Mathilde

[55] Quedlinburg St. Servatii, »Confessio«, Querschnitt nach Osten und Grundriss von 1869 (Kilburger)

[56] Quedlinburg St. Servatii, »Confessio«, Querschnitt nach Osten und Grundriss von 1869 (Pelizaeus)

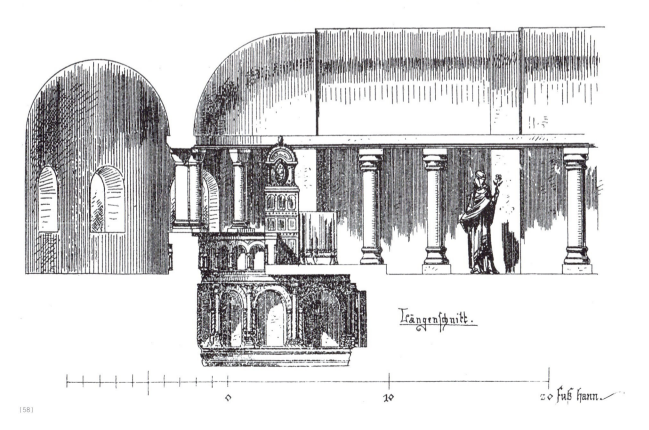

[57] Quedlinburg St. Servatii, »Confessio«, Längsschnitt nach Süden von 1872/75 (Hase)

[58] Quedlinburg St. Servatii, »Confessio«, Rekonstruktionsversuch von 1872/75 (Hase)

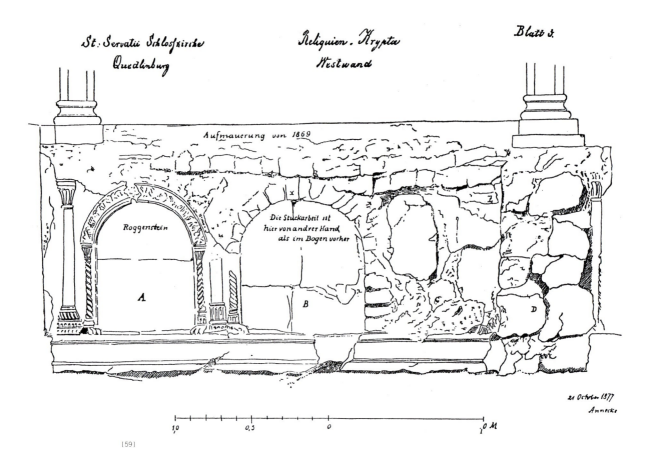

[59]

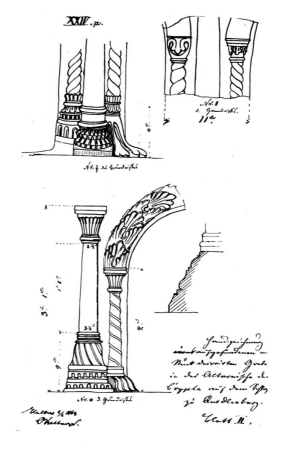

[59] Quedlinburg St. Servatii, »Confessio«, Aufriss der Westwand von 1877 (Annecke)

[60] Quedlinburg St. Servatii, »Confessio«, Aufrissskizzen des Stuckdekors (Kilburger 1869)

[60]

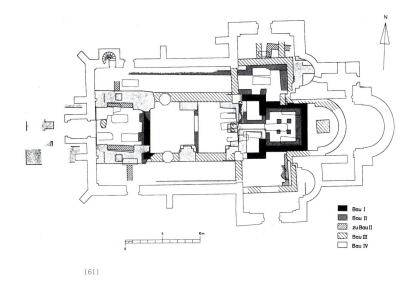

[61] Enger, ehemalige Damenstiftskirche, Grabungsgrundriss (Lobbedey 1973)

[62] Reichenau-Oberzell, Stiftskirche St. Georg, Grundriss des Gründungbaus (Zettler 1989)

[63] Quedlinburg St. Servatii, »Bebauung in und an der Stiftskirche bis 997 mit dem ersten Bauabschnitt des dritten Kirchenbaues...« (Wäscher 1959, Abb. 69)

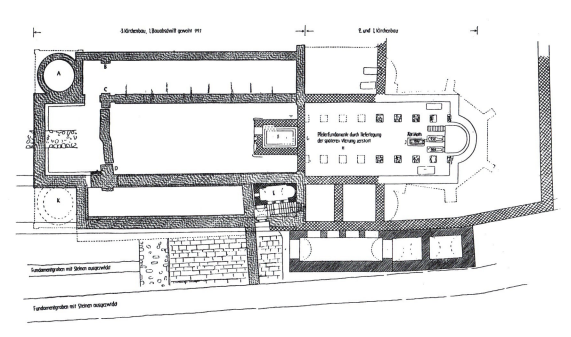

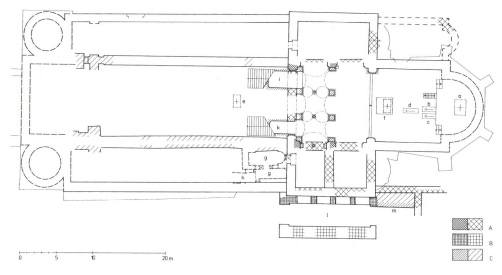

[64] Quedlinburg St. Servatii, »Der zweite Bauabschnitt des dritten Kirchenbaues (997–1021) mit Einbauten und Grablegungen bis 1070. Südlich des südlichen Querschiffes der Quertonnenbau« (Wäscher 1959, Abb. 91)

[65] Quedlinburg St. Servatii, »Der zweite Bauabschnitt des dritten Kirchenbaues (997–1021) mit Einbauten und Grablegungen bis 1070. Südlich des südlichen Querschiffes der Quertonnenbau« (Wäscher 1959, Abb. 91)

[66] Quedlinburg St. Servatii, Stiftskirche der Äbtissinnen Mathilde und Adelheid I. (Bau III), Grundriss, Zustand bei der Weihe von 1021, Rekonstruktionsversuch:
A Bau II: aufgehend/Fundament
B Bau III: aufgehend/Fundament
a Grab der Königin Mathilde
b Grab der Äbtissin Mathilde
c östlicher Schacht
d Hauptaltar der Krypta
e Hochaltar darüber
f Sarg König Heinrichs I.
g Platz des Kreuzaltars
h Grab 21
i Grab 22
k Grab der Äbtissin Adelheid I.
l Kammer unter dem südlichen Chortreppenlauf,
m Kapelle St. Nikolai in vinculis
n Treppenraum neben der Kapelle
o Tonnengang

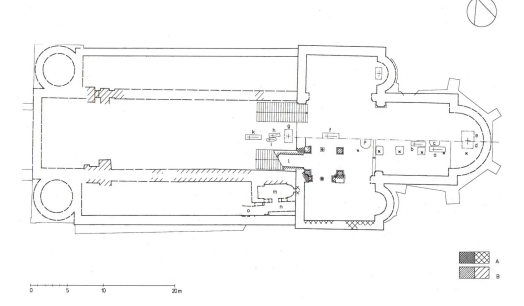

Die ottonischen Kirchen St. Servatii, St. Wiperti und St. Marien in Quedlinburg

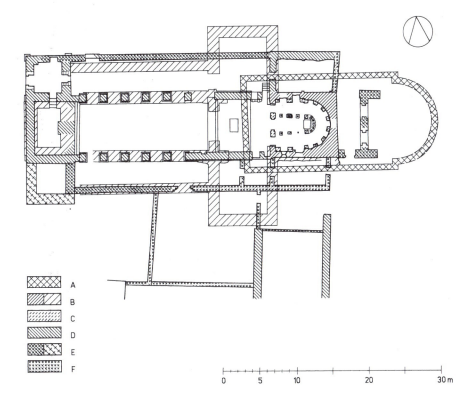

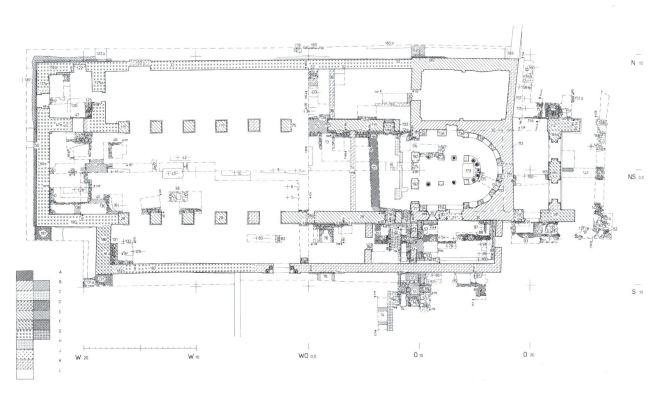

[67] Quedlinburg St. Wiperti, Grundriss der heutigen Kirche mit Einzeichnung ihrer Vorgänger:
A Kirche des königlichen Hofes (Bau I), Fundamentverlauf
B kreuzförmige Basilika (Bau II)
C Einbau der Krypta (Bau IIa)
D Stiftskirche der Prämonstratenser (Bau III)
E spätromanischer Südturm (Bau IIIa) und gotische Veränderungen (Bau IIIb)
F Veränderungen des 19./20. Jahrhunderts

[68] Quedlinburg St. Wiperti, Grundriss mit den Gräben von 1955/57 und mit Kennzeichnung der Bauzeiten. Eingetragen ist die Lage der diesem Bericht beigegebenen Grabungsschnitte (unmaßstäblich).
A Kirche des königlichen Hofes (Bau I)
B kreuzförmige Basilika (Bau II): aufgehend/Fundamente
C Einbau der Krypta (Bau IIa): aufgehend/Fundamente
D Rechtecksanktuarium, südlicher Raum und östlicher Gang (Bau IIb)
E Prämonstratenserkirche (Bau III): aufgehend/Fundamente
F spätromanischer Südwestturm und gotischer Ostschluss (Bau IIIa): aufgehend/Fundamente
G Reparaturen und Ergänzungen nach 1336 (Bau IIIb): aufgehend/Fundamente
H 16. Jahrhundert (Bau IVa)
I 17./18. Jahrhundert (Bau IVb)
K 19./20. Jahrhundert
L unbekannte Zeitstellung

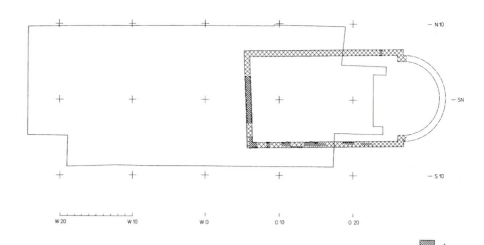

[69] Quedlinburg St. Wiperti, Grundriss der Kapelle des Königshofes (Bau I), Rekonstruktionsversuch:
A nachgewiesene Fundamente
B ergänzte Fundamente
C unsichere Ergänzung

[70] Quedlinburg St. Wiperti, Grabungsprofil im Ostteil des Mittelschiffs:
12a romanisches Ergänzungsfundament unter der nördlichen Hochwand (Bau III)
15 Fundament der Westwand des Baus I [Aufsicht]
115 romanische nördliche Hochwand (Bau III)
a anstehender Löß [Aufsicht]
b Kulturschicht [Aufsicht]
c gemörtelter oberer Abschnitt von 15 [Aufsicht]

[71] Quedlinburg St. Wiperti, Grabungsprofil im Ostteil des Mittelschiffs:
12 östliche Vorlage des ottonischen Fundaments der nördlichen Hochwand (Bau II) [Aufsicht]
12a romanisches Ergänzungsfundament unter der nördlichen Hochwand (Bau III) [Aufsicht]
13 südliche Vorlage des ottonischen Fundaments der nördlichen Hochwand (Bau II)
14 Fundament der Westwand des Krypta-Vorraums von 1936
15 Fundament der Westwand des Baus I
a anstehender Löß Aufsicht]
b Kulturschicht [Aufsicht]

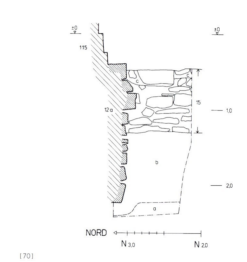

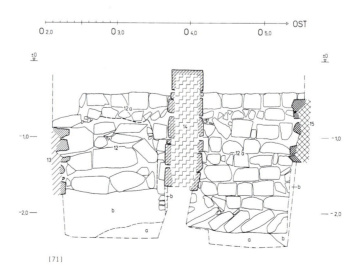

Die ottonischen Kirchen St. Servatii, St. Wiperti und St. Marien in Quedlinburg

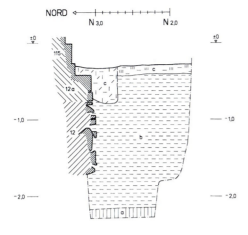

[72]

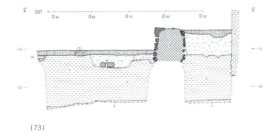

[73]

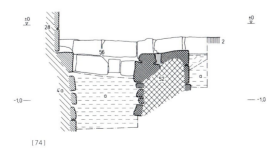

[74]

[72] Quedlinburg St. Wiperti, Grabungsprofil im Ostteil des Mittelschiffs: 12 östliche Vorlage des ottonischen Fundaments der nördlichen Hochwand (Bau II); 12a romanisches Ergänzungsfundament unter der nördlichen Hochwand (Bau III); 115 nördliche Hochwand des romanischen Mittelschiffs (Bau III); a anstehender Löß; b Kulturschicht; c Füllschichten

[73] Quedlinburg St. Wiperti, Grabungsprofil im Ostteil des Mittelschiffs: 14 Fundament der Westwand des Krypta-Vorraums von 1936; 15 Fundament der Westwand des Baus I; 16 Fundamentreste der Chortreppe von Bau III?; 17 Markierung von 1936 von der Lage des damals beseitigten Fundaments der ottonischen Westwand des Krypta-Vorraums; 174 Fundament der heutigen Krypta-Westwand (Bau IIa); a anstehender Löß; b Kulturschicht; c Füllschichten; d Sandsteinplattenboden von 1936

[74] Quedlinburg St. Wiperti, Grabungsprofil im Ostteil des südlichen Seitenschiffs: 2 romanischer Schiffs-Fußboden; 4a romanisches Ergänzungsfundament unter der südlichen Hochwand (Bau III); 28 romanische südliche Hochwand (Bau III); 52 Fundament der Südwand des Baus I; 56 Fundament der Ostwand des zweigeschossigen Einbaus im Südseitenschiff (Bau IIIb) [Aufsicht]; a Kulturschicht

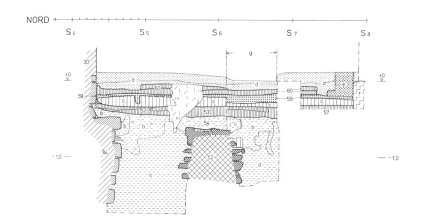

[75] Quedlinburg St. Wiperti, Grabungsprofil südlich der Krypta:
30 Umfassungswand des Sanktuariums (Bau II)
52 Fundament der Südwand des Baus I
54 Grabgrube
57 unterer Fußboden im südlichen Raum (Bau IIb)
59 Brandschicht
60 oberer Fußboden im südlichen Raum (Bau III)
84 Fundament der Umfassungswand des Sanktuariums (Bau II)
a Kulturschicht
b Humus mit Stein- und Mörtelbrocken
c fast reiner Löß
d Sand
e neueres Backsteinfundament
f Fundament der Südwand von 1955
g dieser Abschnitt des Profils wurde von Osten her gezeichnet

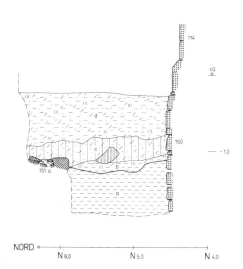

[76] Quedlinburg St. Wiperti, Grabungsprofil nördlich des gotischen Ostschlusses:
150 Fundament und Sockel des nördlichen gotischen Strebepfeilers (Bau IIIa)
151a Fundamentrest, vielleicht von der Nordwand des Baus I
a Kulturschicht
b Humus mit Beimengungen
c Löß mit Beimengungen
d grobe Auffüllung

[77] Quedlinburg St. Wiperti, Grundriss der Stiftskirche der Kanoniker (Bau II), Rekonstruktionsversuch mit Andeutung einer möglichen Nordarkadenfolge:
A nachgewiesener Bestand
B Ergänzungen

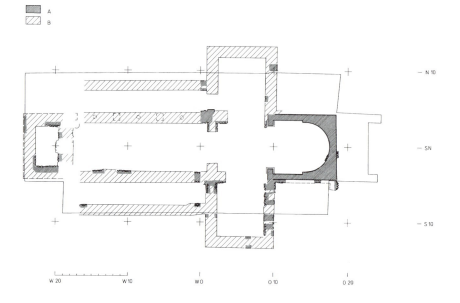

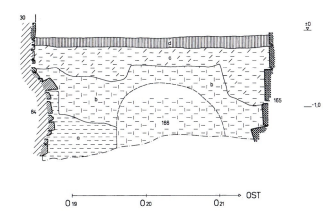

[78]

[79]

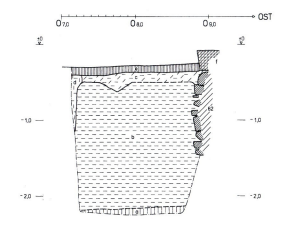

[80]

[78] Quedlinburg St. Wiperti, Grabungsprofil im Untergeschoss des gotischen Ostschlusses: 30 Umfassungswand des Sanktuariums (Bau II) mit gotischer Verblendung (Bau IIIa) und modernen Flickstellen; 84 Fundament der Umfassungswand des Sanktuariums (Bau II); 165 Fundament der Ostwand des gotischen Ostschlusses (Bau IIIa); 166 Verfüllung einer Grabgrube mit Hohlraum im oberen Abschnitt; a Kulturschicht; b, c Auffüllungsschichten; d Sandstein-Plattenboden in Mörtelbett

[79] Quedlinburg St. Wiperti, Grabungsprofil im Umgang der Krypta: 84 Fundament der Umfassungswand des Sanktuariums (Bau II); 134 Umfassungswand der in das Sanktuarium eingebauten Krypta (Bau IIa); 135 gemauerter Sockel unter den Stützen des Umgangs der Krypta (Bau IIa); a Kulturschicht; a' verhärtete rötlichbraune Schicht innerhalb der Kulturschicht; b Brandreste; d Sandstein-Plattenboden von 1936 mit Unterfüllung c

[80] Quedlinburg St. Wiperti, Grabungsprofil am Ostende des Nordseitenschiffs: 62 Fundament der Ostwand des nördlichen Querhausarms (Bau II); a anstehender Löß; b Kulturschicht; d Störung von 1936; e Sandstein-Plattenboden von 1936 auf Unterfüllung c; f Türschwelle von 1936

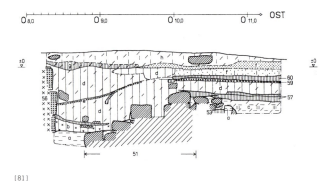

[81]

[81] Quedlinburg St. Wiperti, Grabungsprofil südlich der Westwand der Krypta:
51 Fundament der Ostwand des südlichen Querhausarms (Bau II); 53 Fundamentrest östlich von 51 (wohl Bau II); 56 Fundament der Ostwand des zweigeschossigen Einbaus im Südseitenschiff (Bau IIIa); 57 unterer Fußboden im südlichen Raum (Bau IIb); 59 Brandschicht; 60 oberer Fußboden im südlichen Raum (Bau III); a Kulturschicht; b Löß mit Brandresten, oben durch lockere Mörtelschicht abgeschlossen; c Humus mit Beimengungen; d Löß mit Beimengungen; e Brandschicht; f lockere Auffüllung von Sand mit Beimengungen; g Auffüllung von Mörtel und Steinbrocken; h lockere graue Auffüllung

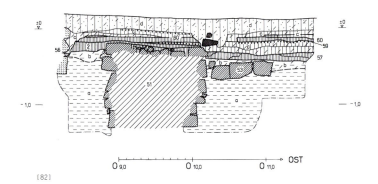

[82]

[82] Quedlinburg St. Wiperti, Grabungsprofil südlich der Westwand der Krypta:
2 romanischer Schiffsfußboden (Bau III); 51 Fundament der Ostwand des südlichen Querhausarms (Bau II); 53 Fundamentrest östlich von 51 (wohl Bau II); 56 Fundament der Ostwand des zweigeschossigen Einbaus im Südseitenschiff (Bau IIIa); 57 unterer Fußboden im südlichen Raum (Bau IIb); 59 Brandschicht; 60 oberer Fußboden im südlichen Raum (Bau III); a Kulturschicht; b Humus mit Steinbrocken; c fast reiner Löß, oben teilweise mit einer Brandschicht; d lockere, graue, sandige Auffüllung

[83] Quedlinburg St. Wiperti, Grabungsprofil südlich der Kirche:
51 Fundament der Ostwand des südlichen Querhausarms (Bau II); 53 Fundamentrest östlich von 51 (wohl Bau III); 56 Fundament der Ostwand des zweigeschossigen Einbaus im Südseitenschiff (Bau IIIa); 68 westliche Verlängerung des Fundaments 69 der Südwand des südlichen Raums (Bau III); 75 verfüllter Graben des Fundaments der Westwand des romanischen südlichen Gebäudes (Bau III); a Kulturschicht; b modernes Backsteinfundament

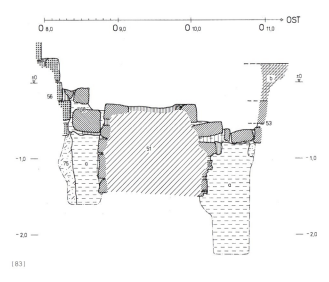

[83]

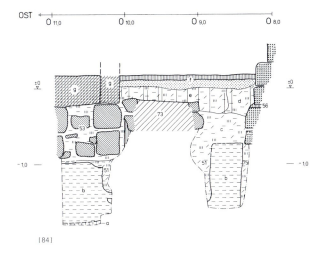

[84]

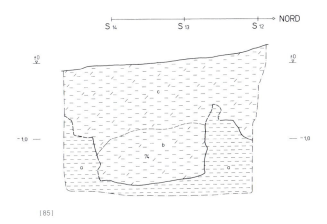

[85]

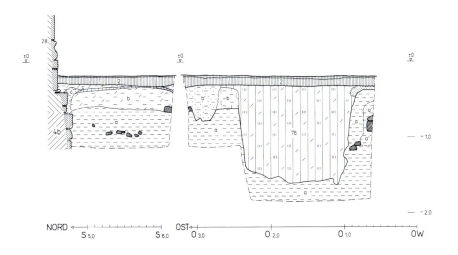

[86]

[84] Quedlinburg St. Wiperti, Grabungsprofil südlich der Kirche:
51 verfüllter Graben des Fundaments der Ostwand des südlichen Querhausarms (Bau II); 53 Fundamentrest östlich von 51 (wohl Bau III); 56 Fundament der Ostwand des zweigeschossigen Einbaus im Südseitenschiff (Bau IIIa); 73 Fundament im romanischen südlichen Gebäude (Bau III); 75 verfüllter Graben des Fundaments der Westwand des romanischen südlichen Gebäudes (Bau III); a anstehender Löß; b Kulturschicht; c, d, e unterschiedliche Füllschichten; f Ziegelflachschicht auf Sandbettung; g moderne Backsteinfundamente

[85] Quedlinburg St. Wiperti, Grabungsprofil südlich der Kirche:
74 verfüllter Graben des Fundaments der Südwand des ottonischen Querhauses (Bau II); a Kulturschicht; b, c unterschiedliche Füllschichten

[86] Quedlinburg St. Wiperti, Ost- und Südprofil eines Grabens im südlichen Seitenschiff:
2 romanischer Schiffsfußboden (Bau III); 4 ottonisches Fundament der südlichen Hochwand (Bau II); 28 romanische südliche Hochwand (Bau III); 76 Fundamentgraben der ottonischen Westwand des südlichen Querhausarms (Bau II), mit Bauschutt verfüllt; a Kulturschicht; a' Störung mit gemörtelter Steinsetzung; b fast reiner Humus; b' Humus und Sand; c Fundamentgraben von 4

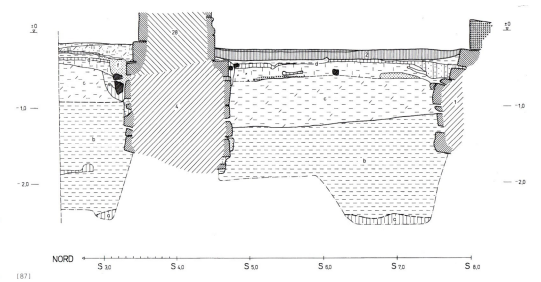

[87] Quedlinburg St. Wiperti, Grabungsprofil durch Mittel- und Südseitenschiff: 1 Fundament der ottonischen Südwand des Langhauses (Bau II) mit romanischer und gotischer Überbauung; 2 romanischer Schiffsfußboden (Bau III); 4 ottonisches Fundament der südlichen Hochwand (Bau II); 28 romanische südliche Hochwand (Bau III); a anstehender Löß; b Kulturschicht; c fast reiner Humus; d unterschiedliche Füllschichten; e ottonischer Fundamentgraben von 4; f romanischer Fundamentgraben für 28

[88] Quedlinburg St. Wiperti, Grabungsprofil beiderseits der nördlichen Hochwand: 12 ottonisches Fundament der nördlichen Hochwand (Bau II) mit romanischer Überbauung (Bau III); 34 Grabgrube im Nordseitenschiff; a anstehender Löß; b Kulturschicht; c mehrschichtige Auffüllung; d unterschiedliche Füllschichten; d' ausgedehnte Störung von 1936

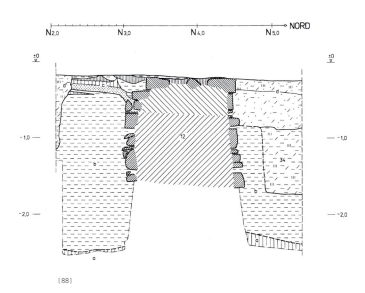

[89] Quedlinburg St. Wiperti, Grabungsprofil im Nordseitenschiff: 31 Fundamentgraben und Fundamentreste der ottonischen Nordwand des Langhauses (Bau II); 32 Fundament der gotischen Nordwand des Langhauses (Bau IIIb); 33 Grabgrube; a anstehender Löß; b Kulturschicht; c, d, d' unterschiedliche Füllschichten

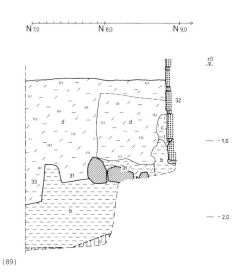

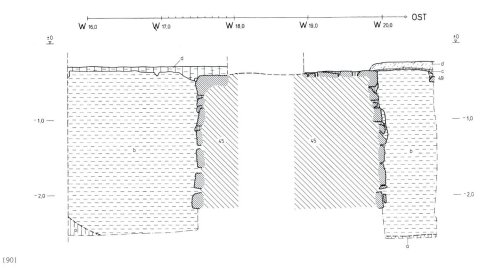

[90] Quedlinburg St. Wiperti, Grabungsprofil am Westende des Mittelschiffs:
45 Fundament der Ostwand des Westbaus, hier der romanische Mittelabschnitt (Bau III)
49 Steinsetzung in der Mitte des Westbaus: Altarfundament?
a anstehender Löß
b Kulturschicht
c Mörtelschicht
d Füllschichten von Humus, Löß, Sand und Steinbrocken

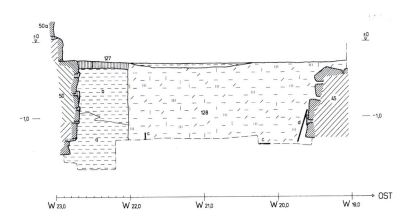

[91] Quedlinburg St. Wiperti, Grabungsprofil am Westende des Mittelschiffs:
45 Fundament der Ostwand des Westbaus, hier ottonischer Südabschnitt (Bau II)
50 ottonisches Fundament der Westwand des Westbaus (Bau II) mit romanischer Überbauung 50a (Bau III)
127 romanischer Fußboden im Westbau (Bau III)
128 Grabgrube
a, b Kulturschicht
c Holzreste des Sarges der zu 128 gehörenden Bestattung
d Ziegel-Hohlpfanne

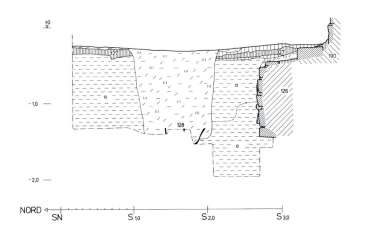

[92] Quedlinburg St. Wiperti, Grabungsprofil am Westende des Mittelschiffs:
126 ottonisches Fundament der Südwand des Turmzwischenbaus (Bau II)
127 romanischer Fußboden im Turmzwischenbau (Bau III)
128 Grabgrube mit Resten des Sarges und der Bestattung
190 romanische Südwand des Turmzwischenbaus (Bau III)
a Kulturschicht

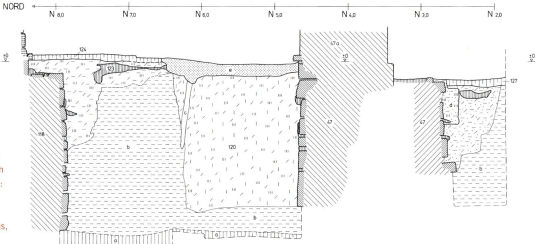

[93]

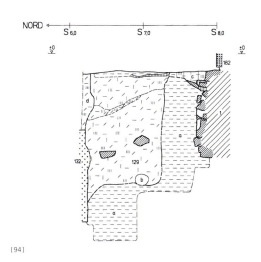

[94]

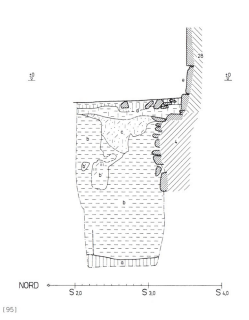

[95]

[93] Quedlinburg St. Wiperti, Grabungsprofil durch den ehemaligen Nordturm: 47 Fundament unter der Nordwand 47a des romanischen Turmzwischenbaus, rechts vom ottonischen Westbau (Bau II), links romanisch (Bau III); 48 Fundamentgraben von 47; 118 romanisches Fundament der Nordwand des Nordturms (Bau III); 119 Fundamentgraben von 118; 120 Störung im südöstlichen Bereich des Nordturms, wohl von Bau III, mit lockerer Verfüllung; 123 Mörtelschicht, Rest eines Fußbodens?; 124 Fußboden aus Backsteinplatten in Mörtel; a anstehender Löß; b Kulturschicht; c Spur eines Pfahls; d lockere Verfüllung; e Sand

[94] Quedlinburg St. Wiperti, Grabungsprofil am Westende des südlichen Seitenschiffs:
1 ottonisches Fundament der Südwand des Langhauses (Bau II); 129 Grabgrube mit Schädel b der Bestattung, locker verfüllt; 132 Südwand einer links anschließenden Backsteingruft; 182 gotische Südwand des Schiffs (Bau IIIb); a Kulturschicht; c Fundamentgraben von 1; d lockere Verfüllung

[95] Quedlinburg St. Wiperti, Grabungsprofil im Mittelschiff:
4 ottonisches Fundament der südlichen Hochwand (Bau II); 28 romanischer Pfeiler unter der südlichen Hochwand (Bau III) mit abgeschlagenem Sockelprofil bei e; a anstehender Löß; b Kulturschicht mit Störungen bei b'; c fast reiner Sand; d mehrschichtige Humus-Löß-Füllung

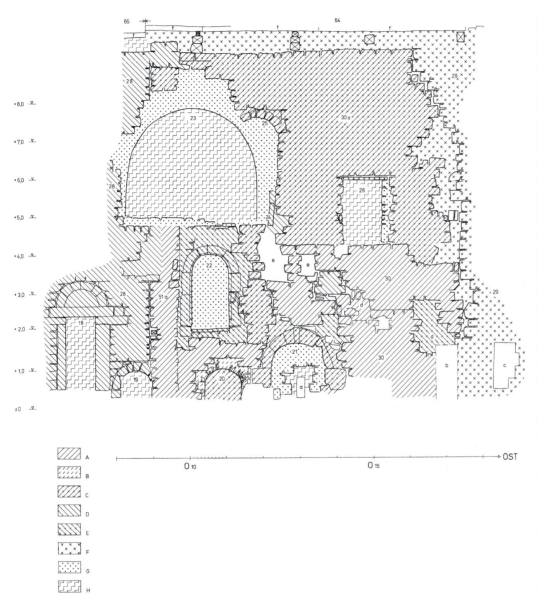

[96] Quedlinburg St. Wiperti, Aufriss der Außenseite der Südwand des Sanktuariums: 18 Durchgang vom Chor zum südlichen Seitenschiff in der südlichen Hochwand 28 (Bau III); 19 südlicher Zugang zum ehemaligen Vorraum der Krypta in Hochwand 28 (Bau III); 20 Fenster der Krypta (Bau IIa); 21 Tür zur Krypta (Bau IIb); 22 Tür zum Sanktuarium (Bau IIIb); 23 große barocke Rundbogenöffnung; 24 Gewänderest eines Fensters (Bau III?); 25 Gewänderest eines Fensters (Bau IIb); 26 rechteckige Nische; 29 Südwand des gotischen Ostschlusses; 30 Umfassungswand des ottonischen Sanktuariums (Bau II); 30a Südwand des Rechtecksanktuariums (Bau IIb); 51a Ansatz der Ostwand des ottonischen südlichen Querhausarms (Bau II); 64 Dachstuhl über dem Sanktuarium (Bau IIIa oder IV); 65 Dachstuhl der Scheune; A Stiftskirche der Kanoniker, Bau II; B Stiftskirche mit eingebauter Krypta, Bau IIa; C Stiftskirche mit Rechtecksanktuarium, Bau IIb; D Stiftskirche der Prämonstratenser, Bau III; E romanische Änderungen von Bau III; F gotische An- und Umbauten; G An- und Umbauten der Barockzeit; H An- und Umbauten des 19./20. Jahrhunderts; a moderne Lüftungsöffnung, nachträglich in die Vermauerung von 21 eingefügt; b hier schließt heute die Ostwand des Seitenschiffs von 1955 an; c aus Wand 29 ausgesparte Nische; d Flickstelle in Wand 30; e Ausbruchstellen in Wand 30; f Mauerlatten der Dachstühle

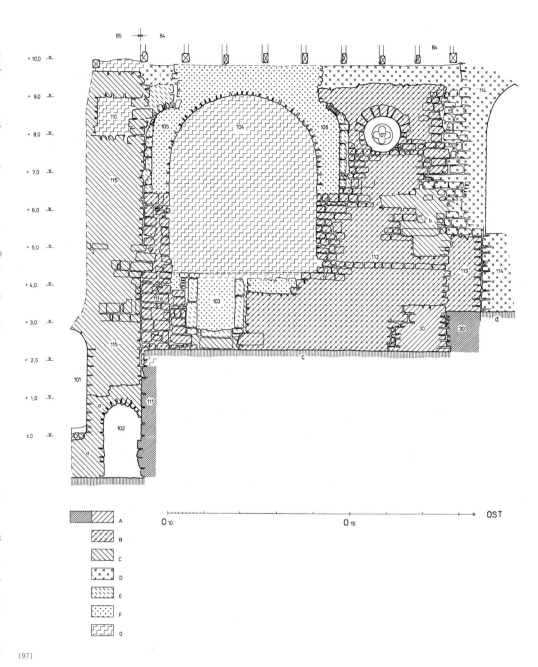

[97] Quedlinburg St. Wiperti, Aufriss der Innenseite der Nordwand des Sanktuariums über der Krypta:
30 erhaltene Teile der Außenschale der Umfassungswand des ottonischen Sanktuariums (Bau II);
101 Durchgang vom Chor zum nördlichen Seitenschiff (Bau III); 102 nördlicher Zugang zum ehemaligen Vorraum der Krypta (Bau III); 103 Zugang vom Obergeschoss des nördlichen Gebäudes zum Sanktuarium (Bau III oder IIIa); 104 große barocke Rundbogenöffnung; 105, 106 rundbogige Obergadenfenster (Bau IIIb oder IVa); 107 Rundfenster mit Vierpassöffnung (Bau IIb); 110 rechteckiger Durchbruch durch Wand 115, modern?; 111 nördliche Vorlage des Triumphbogens (Bau II); 111a Ausbruch des Oberteils der nördlichen Vorlage des Triumphbogens (Bau IIb); 112 Nordwand des Rechtecksanktuariums (Bau IIb); 113 Ausbruch der Ostwand des Rechtecksanktuariums (Bau IIb); 114 Nordwand des gotischen Ostschlusses; 115 nördliche Hochwand (Bau III); A Stiftskirche der Kanoniker, Bau II: geschnitten/in der Ansicht; B Stiftskirche mit Rechtecksanktuarium, Bau IIb; C Stiftskirche der Prämonstratenser, Bau III; D gotische An- und Umbauten; E An- und Umbauten ab 1520; F An- und Umbauten der Barockzeit; G An- und Umbauten des 19./20. Jahrhunderts;
a dieser Abschnitt der Wand 115 tritt gegenüber der Flucht um 20 bis 35 cm unregelmäßig vor; b nachträgliche Flickstelle in Wand 112; c heutiger Fußboden im Sanktuarium; d heutiger Fußboden im Ostteil des Sanktuariums

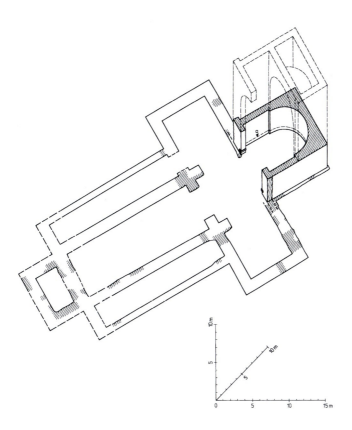

[98] Quedlinburg St. Wiperti, isometrische Darstellung der ottonischen Stiftskirche (Bau II), Rekonstruktionsversuch

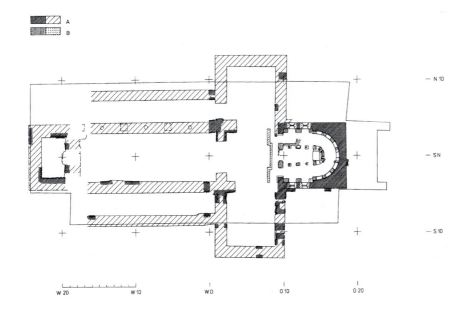

[99] Quedlinburg St. Wiperti, Stiftskirche nach Einbau der Krypta (Bau IIa), Rekonstruktionsversuch des unteren Grundrisses:
A Wandung des Baus II: erhalten/ergänzt
B Wandung und nachgewiesene Fundamente der Krypta/Ergänzungen

[100] Quedlinburg St. Wiperti, südwestliches Fenster der Krypta, Grundriss und Schnitte

[101] Quedlinburg St. Wiperti, heutige Westwand der Krypta, Aufriss:
19 südlicher Zugang zum ehemaligen Vorraum der Krypta in Hochwand 28 (Bau III)
27 südliche Vorlage des Triumphbogens der Kanonikerkirche (Bau II)
102 nördlicher Zugang zum ehemaligen Vorraum der Krypta in Hochwand 115 (Bau III)
111 nördliche Vorlage des Triumphbogens der Kanonikerkiche (Bau II)
174 Fundament unter dem Triumphbogen der Kanonikerkirche (Bau II)
192 Pfeiler der heutigen Westwand der Krypta (Bau IIa)
a Abtreppung der Kryptapfeiler
b Ansatz der Quertonne des ehemaligen Vorraums
c Ansätze zum ehemaligen Weiterlauf der Bogenwölbung bis zur Quertonne des Vorraums
d Flickstellen
e obere Abschlussmauerung der Wand aus neuerer Zeit

[100]

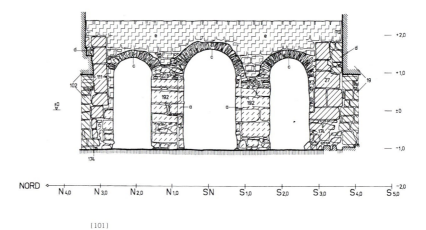

[101]

Die ottonischen Kirchen St. Servatii, St. Wiperti und St. Marien in Quedlinburg

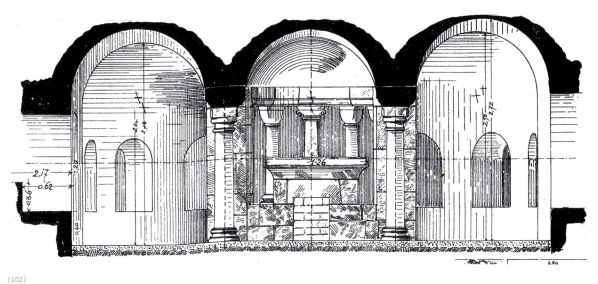

[102]

[102] Quedlinburg St. Wiperti, Querschnitt durch die Krypta (nach Zeller 1916, Tafel 2, mit Korrekturen)

[103] Quedlinburg St. Wiperti, Längsschnitt durch die Krypta (nach Zeller 1916, Tafel 2, mit Korrekturen)

[103]

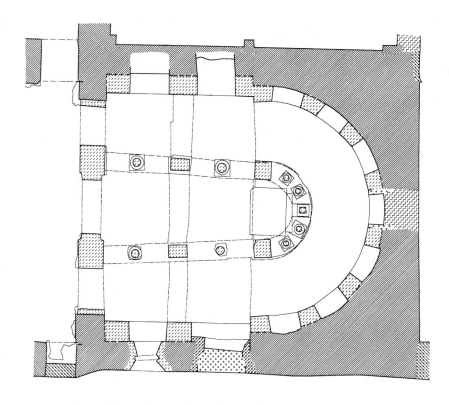

[104] Quedlinburg St. Wiperti, Grundriss der Krypta: A Sanktuarium der Stiftskirche der Kanoniker (Bau II); B Einbau der Krypta (Bau IIa); C Türeinbau zur Krypta; D Prämonstratenserkirche (Bau III); E gotischer Ostschluss (Bau IIIa); F Verschluss der Tür zur Krypta (Bau IVb); G 19./20. Jahrhundert

[105] Quedlinburg St. Wiperti, Sanktuarium der Stiftskirche nach Einbau der Krypta (Bau IIa), Rekonstruktionsversuch des oberen Grundrisses

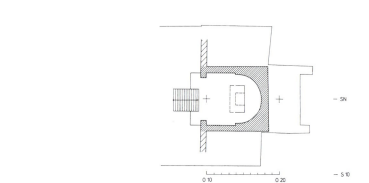

[106] Quedlinburg St. Wiperti, Ostabschnitt des romanischen Sanktuariums, Grundriss mit den aufgedeckten Flächen: 30 Umfassungswand des Sanktuariums von Bau II mit durchgehend erhaltenem Innenputz. Der Apsiszwickel – Innenschale und Füllmauerwerk – oben bei +1,97 m bis +1,77 m abbrechend, während die Außenschale der Wand zum Teil noch höher erhalten ist; 30a Umfassungswand des Rechtecksanktuariums (Bau IIb), auf der Außenschale und teils auch auf dem Füllmauerwerk von 30 stehend; 168 Altarbereich im Sanktuarium über der Krypta, oben bei +2,20 m abbrechend. Über die Südostecke a zieht Estrich 171 hinweg. Bei b Mauerwerk aus Sandstein und Kalkmörtel sichtbar, bei c oben mit dunkelgelber glatter Mörtelschicht abgeschlossen: Lagerfuge für Quader des Altarblocks?; 169 Estrichfußboden des Sanktuariums innerhalb der Apsis nach Einbau der Krypta

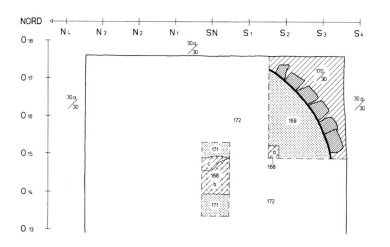

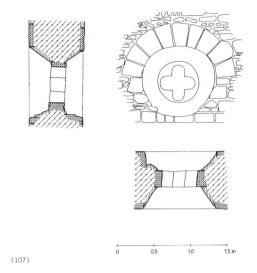

[107]

(Bau IIa), Oberkante bei +2.03 m, an die Südostecke von 168 (a) anschließend; 170 Ergänzungsestrich für das Rechtecksanktuarium (Bau IIb) über den Apsiszwickeln, Oberkante bei +2,03 m; 171 Jüngster nachweisbarer Estrichfußboden des Rechtecksanktuariums, Oberkante bei +2,20 m, läuft über 168a sowie über die Estriche 169 und 170 hinweg. Sein Verhältnis zu 168 unklar, da er zwar an dessen Westseite (b) sauber anschließt, an dessen Ostseite (c) jedoch keine eindeutige Begrenzung erkennbar war; 172 Heutiger Fußboden aus hochkant gestellten Backsteinen, Oberkante bei +2,40 m, über alle älteren Teile hinweggezogen

[107] Quedlinburg St. Wiperti, Okulus mit Vierpassöffnung in der Nordwand des Rechtecksanktuariums (Bau IIb), Grundriss (unten), Schnitt nach Westen (oben links) und Aufriss innen (oben rechts)

[108] Quedlinburg St. Wiperti, isometrische Darstellung der ottonischen Stiftskirche nach Einbau der Krypta (Bau IIa), Rekonstruktionsversuch

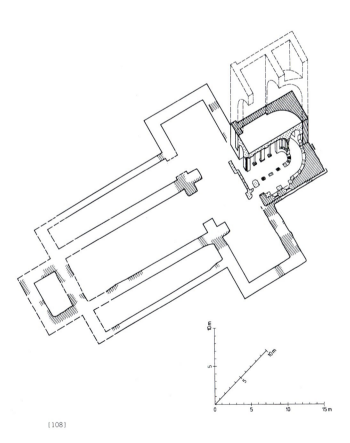

[108]

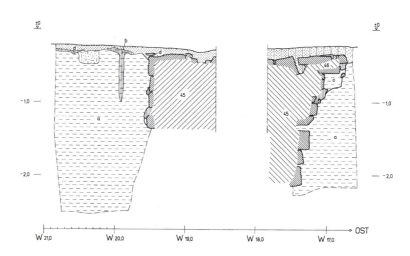

[109] Quedlinburg St. Wiperti, Grabungsprofil am Westende des Mittelschiffs: 45 Ostwandfundament des Westbaus, rechts geschnitten am romanischen Nordende (Bau III), links geschnitten im ottonischen Abschnitt nördlich der Mitte (Bau II); 46 feste waagerechte »Platte« aus zwei Schichten großer Kalksteine in dunkelgelbem festem Mörtel als oberer Abschluss des hier nach Osten vorkragenden romanischen Fundaments 45; a Kulturschicht; b Spur eines Pfahls; c Fundamentgraben von 45; d Mörtel, Rest eines ehemaligen Fußbodens?

[110] Quedlinburg St. Wiperti, Grabungsprofil durch den ehemaligen Nordturm: 117 Fundament der Westwand des Turms (Bau III); 120 Störung im südöstlichen Bereich des Nordturms mit lockerer Verfüllung, wohl von Bau III; 123 Mörtelschicht, Rest eines Fußbodens?; 125 Fundament der Ostwand des Turms (Bau III); a anstehender Löß; b Kulturschicht; c Brandschicht

[111] Quedlinburg St. Wiperti, Aufriss der südlichen Hochwand neben der Westwand der Krypta: 4a romanisches Ergänzungsfundament der südlichen Hochwand (Bau III); 18 Durchgang vom Chor zum südlichen Seitenschiff in der Hochwand 28 (Bau III); 19 Südlicher Zugang zum ehemaligen Vorraum der Krypta in Hochwand 28 (Bau III); 22 Tür zum Sanktuarium (Bau IIIb); 23 große barocke Rundbogenöff-

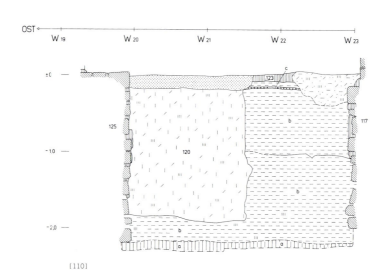

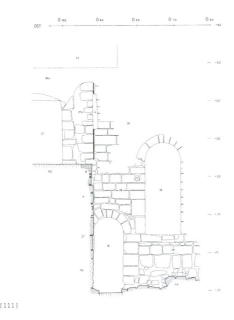

[111]

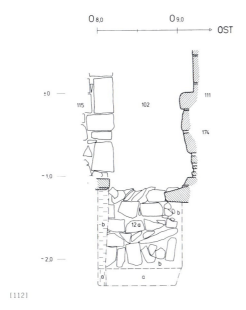

[112]

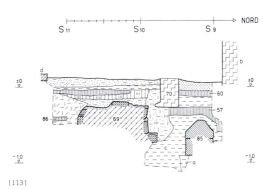

[113]

nung; 27 südliche Vorlage des Triumphbogens der Kanonikerkirche (Bau II) mit Fundament; 27a Ausbruch der südlichen Vorlage des Triumphbogens des Rechtecksanktuariums (Bau IIb) mit Putz an der Westseite; 28 südliche Hochwansd der Kanonikerkirche (Bau II); 30a Südwand des Rechtecksanktuariums (Bau IIb); 172 Backsteinboden des Sanktuariums; a Flickstellen; b oberer Abschluss der Kryptenwand aus neuerer Zeit

[112] Quedlinburg St. Wiperti, Grabungsprofil am Ostende des Mittelschiffs: 12a romanisches Ergänzungsfundament der nördlichen Hochwand (Bau III) ‹Aufsicht›; 102 nördlicher Zugang zum ehemaligen Vorraum der Krypta in Hochwand 115 (Bau III); 111 nördliche Vorlage des ottonischen Triumphbogens (Bau II); 115 nördliche Hochwand (Bau III) ‹Aufsicht›; 174 Fundament unter dem Triumphbogen der Kanonikerkirche (Bau II); a anstehender Löß ‹rechts Aufsicht›; b Kulturschicht ‹rechts Aufsicht›

[113] Quedlinburg St. Wiperti, Grabungsprofil südlich der Kirche: 57 unterer Fußboden im südlichen Raum (Bau IIb); 60 oberer Fußboden im südlichen Raum (Bau III); 69 Fundament der Südwand des südlichen Raums (Bau IIb); 70 Backsteinfundament aus neuerer Zeit; 85 Kindersarg; 86 Fußbodenrest; a Kulturschicht; b Südwand von 1955; c fast reiner Humus; d Backsteinfußboden

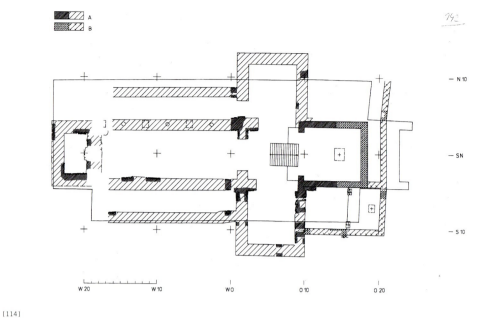

[114] Quedlinburg St. Wiperti, ottonische Stiftskirche nach Einbau des Rechtecksanktuariums über der Krypta sowie Anbau des südlichen Raums und des östlichen Ganges (Bau IIb), Rekonstruktionsversuch des Grundrisses:
A Mauerwerk des ottonischen Sanktuariums (Bau II): vorhanden/Ergänzungen
B Mauerwerk von Rechtecksanktuarium, Südraum und Gang (Bau IIb): vorhanden/Ergänzungen

[115] Quedlinburg St. Wiperti, Grabungsprofil am Westende des südlichen Seitenschiffs:
131 Ostwandfundament des spätromanischen Südturms (Bau IIIa)
a anstehender Mergel
b anstehender Löß
c Kulturschicht
d Fundamentgraben von 131
e Störung von der benachbarten Grabgrube 139
f lockere Mörtelschicht mit Sand

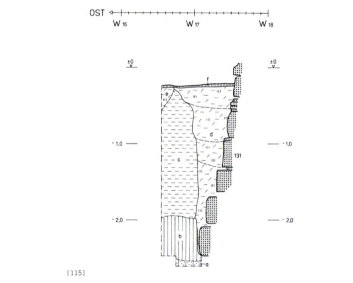

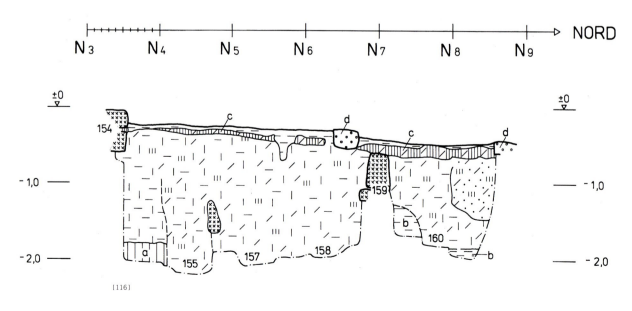

Die ottonischen Kirchen St. Servatii, St. Wiperti und St. Marien in Quedlinburg

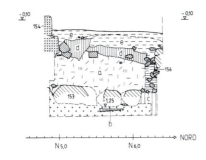

[117]

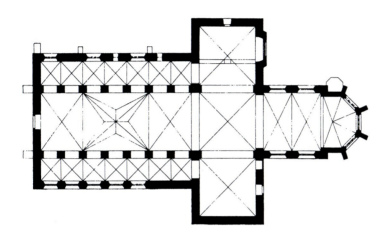

[118]

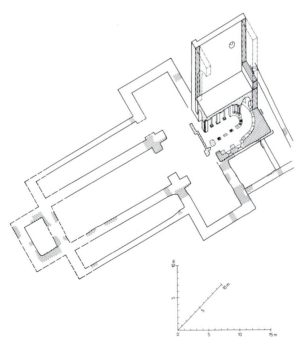

[119]

[116] Quedlinburg St. Wiperti, Grabungsprofil nördlich des gotischen Ostschlusses:
154 Schwelle am Nordausgang des gotischen Ostschlusses (Bau IIIb)
155, 157, 158, 160 Grabgruben
159 Ostwestfundament, hier beiderseits reduziert
a Löß mit Kies: anstehend?
b Kulturschicht
c Mörtel- und Sandschicht: ehemaliger Estrich?
d Stufen des Gangs

[117] Quedlinburg St. Wiperti, Grabungsprofil nördlich des gotischen Ostschlusses:
153 Nordsüdfundament nördlich des gotischen Ostschlusses
154 Stufe am Nordausgang des gotischen Ostschlusses
156 Schutteinfüllung nördlich von 155
a Humus mit wenig Sandsteinbrocken, Mörtel und Knochen
b Schicht mit Lehm, darunter Brandschicht
c Scherben des 16. Jahrhundert
d Estrich, Sand, Sandsteine und Mörtel
e Humus mit Sandsteinen, Feuersteinen und Mörtel, Oberfläche durch Bewuchs stark humifiziert

[118] Grundriss der Dorfkirche Cappenberg.

[119] Quedlinburg St. Wiperti, ottonische Stiftskirche mit rechteckigem Sanktuarium, Südraum und östlichem Gang (Bau IIb), isometrischer Rekonstruktionsversuch

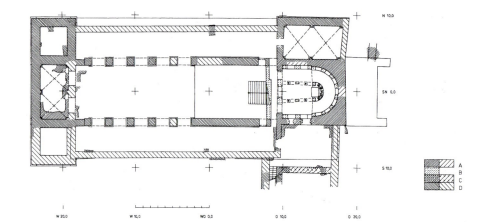

[120] Quedlinburg St. Wiperti, Grundriss der Prämonstratenserkirche (Bau III), Rekonstruktionsversuch:
A Bau II: vorhanden/ergänzt
B Bau IIa: Einbau der Krypta
C Bau IIb: nachgewiesen/ergänzt
D Bau III: vorhanden/ergänzt

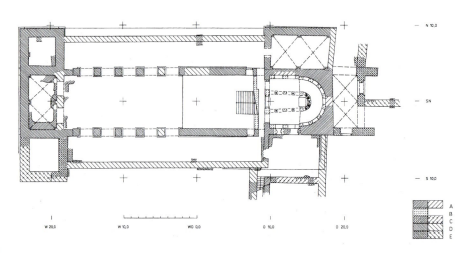

[121] Quedlinburg St. Wiperti, Prämonstratenserkirche (Bau III), isometrischer Rekonstruktionsversuch

[122] Quedlinburg St. Wiperti, Grundriss der Prämonstratenserkirche mit spätromanischem Südwestturm und gotischem Ostschluss (Bau IIIa), Rekonstruktionsversuch:
A Bau II: vorhanden/ergänzt
B Bau IIa: Einbau der Krypta
C Bau IIb: nachgewiesen/ergänzt
D Bau III: vorhanden/ergänzt
E Bau IIIa: vorhanden/ergänzt

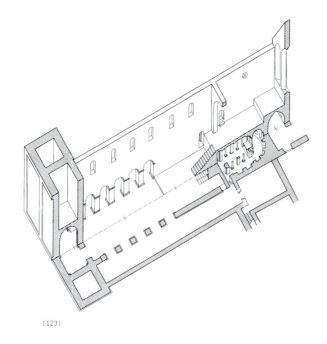

[123] Quedlinburg St. Wiperti, Prämonstratenserkirche mit spätromanischem Südwestturm und gotischem Ostschluss (Bau IIIa), isometrischer Rekonstruktionsversuch

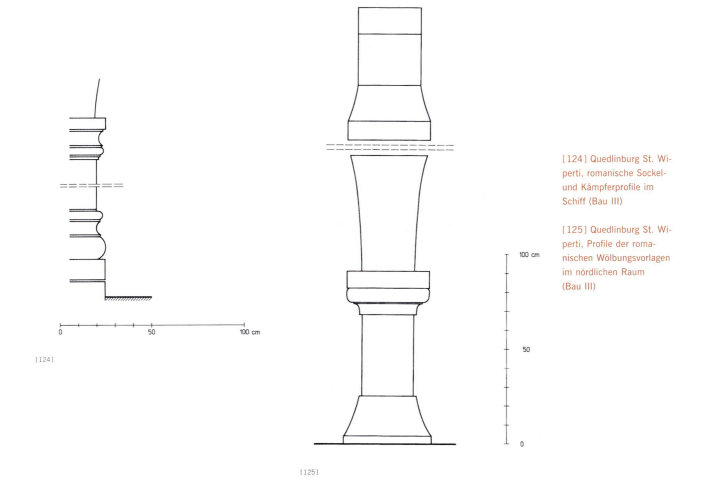

[124] Quedlinburg St. Wiperti, romanische Sockel- und Kämpferprofile im Schiff (Bau III)

[125] Quedlinburg St. Wiperti, Profile der romanischen Wölbungsvorlagen im nördlichen Raum (Bau III)

[126] Quedlinburg St. Wiperti, Grundriss der Prämonstratenserkirche nach 1336 (Bau IIIb), Rekonstruktionsversuch,
A Bau II,
B Bau IIa,
C Bau III,
D Bau IIIa,
E Bau IIIb: Westbau/ Seitenschiffe

[127] Quedlinburg St. Wiperti, Prämonstratenserkirche nach 1336 (Bau III), isometrischer Rekonstruktionsversuch

[128] Quedlinburg St. Wiperti, »Situations Plan der Gebaeude des Wiperti Vorwerks, auch das Kloster genannt, und der Ziegelhütte zur Ordens Domaine Quedlinburg gehoerig«, gezeichnet 1812 von Krüger (Umzeichnung):
A Das Vorwerk
a. Sandsteinmauern; b. Bienenhauhs gehört dem Pächter; c. Federviehställe gehört dem Pächter; d. das Scheuerhauhs zur Hoffküche oben Mädchens-Kammern; e. Treppenhauhs dazu; f. Federvieh-Stall; g. Eingang zum Altar-Keller, unter der Kirche. In diesem Keller steht ein schwarzer Altar; h. der alte Kreutzgang; i. Eingang zum Chor in der Kirche; k. Holzstall, ein offener Schuppen; l. Feder-Viehstall und Eingang zum Keller unter dem Kornhause; m. Abtritt; n. Lattenthorwege; o. runder Pfeiler, oben mit einem achtekkigen Taubenhause; p. Bedekte Haustreppe zur Hausthüre; q. Taubenhauhs; r. Wand vor den Gardinen, mit der Pforte 1 und dem Thorwege 2; s. das Brühlthor; t. Brühlthor-

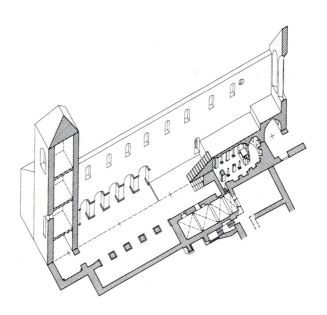

[127]

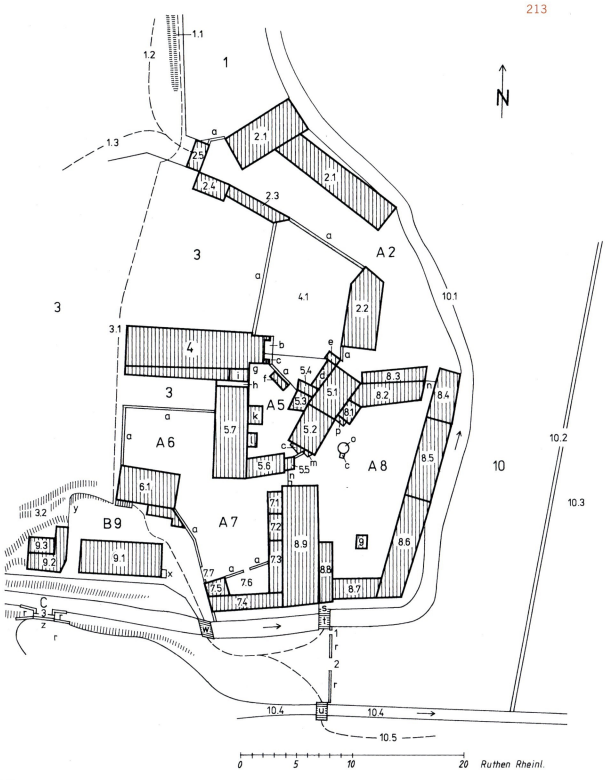

[128]

brükke; u. Brühlbrükke; w. Ziegelhüttenbrükke; B Die Ziegelhütte: x. das Sumpfloch zum Einweichen des Thons; y. Eingang zum kleinen Bergkeller; C Das Wehr bei der Ziegelhütte, auch die Kloster-Fluth genannt: r-r Hoelzerne Bollwerke; z. das Wehr mit 4 Schützen; 3 die Schützbrükke.

----

1 Bürgergarten, 1.1 Der Kirchdamm; 1.2 Weg nach Quedlinburg; 1.3 Weg nach Weddersleben; 2 Schäferei-Hoff; 2.1 Schaf-Stall; 2.2 Hammel-Stall; 2.3 Kleine Ställe; 2.4 Schäferhaus; 2.5 Thorhaus und Durchfahrt; 3 Wiperti Kirchhoff; 3.1 Fuhssteig nach der Ziegelei und 3.2 Der Kapellen-Berg; 4 Die Wiperti oder Brühl-Kirche; 4.1 Der Altar-Garten; 5 Der Platz-Hoff; 5.1 Altes und 5.2 Neues Wohnhaus; 5.3 Brauhaus; 5.4 Backhaus; 5.5 Kälberstall; 5.6 Rinder Stall; 5.7 Das Korn-Hauhs, unten Scheune und Ställe, oben Kornboden; 6 Platz zu den Korn-Feimen; 6.1 Die neue Scheune; 7 Der Schweinehoff; 7.1 Kutsch Schuppen; 7.2 Pferde Stall; 7.3 Schweineställe; 7.4 Schweinestall; 7.5 Hirten-Hauhs; 7.6 Futterplatz; 7.7 Thorweg; 8 Der Vieh-Hoff; 8.1 Reitstall; 8.2 Pferdeställe; 8.3 Füllenstall; 8.4 Erbsen-Scheune; 8.5 Schäffer-Scheune; 8.6 Pferde- und Kuhställe oben Kornboden; 8.7 Kuhstall; 8.8 Offener Schuppen und Durchfahrt; 8.9 Die Brühlscheune; 9 Ziegelei-Hoff; 9.1 Ziegelscheune und Wohnhauhs; 9.2 Schuppen; 9.3 Brennofen; 10 Die Gardinen-Wiese und Garten zum Wiperti Vorwerk gehoerig; 10.1 Augustiner Mühlen-Ober Graben; 10.2 Wiesen-Graben; 10.3 Der Garten beim Brühl, oder der Abtei-Garten, auch der Kanal genannt; 10.4 Augustiner Mühlen-Freigraben; 10.5 Weg nach dem Brühl

FIGUREN

[129] Quedlinburg St. Wiperti, äußere Sockelprofile des hochromanischen Westbaus (links) und des spätromanischen Südwestturms (rechts)

[130] Quedlinburg St. Wiperti, äußere Sockelprofile des romanischen nördlichen Raums (links) und der gotischen Nordwand (rechts)

[131] Quedlinburg St. Wiperti, Grabungsprofil östlich des gotischen Ostschlusses:
141 Schrägfundament der abgebrochenen Gutsgebäude
142 Ostwest-Fundament, vielleicht von der Südwand eines älteren nach Osten führenden Ganges
143 Nordwandfundament des jüngeren nach Osten führenden Ganges
145/145a zwei übereinander liegende Bestattungen
146 Schrägfundament der abgebrochenen Gutsgebäude
148 Ostwest-Fundament, von den ehemaligen Gutsgebäuden?
a Kulturschicht
b unterschiedliche Auffüllungsschichten

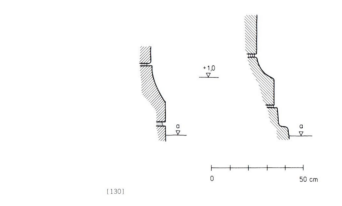

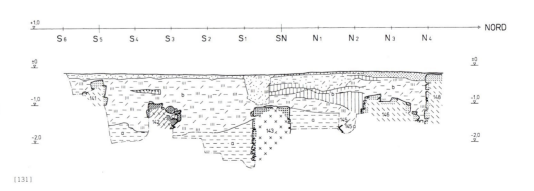

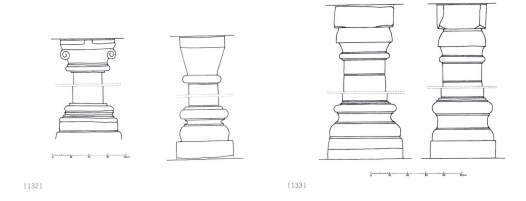

[132]

[133]

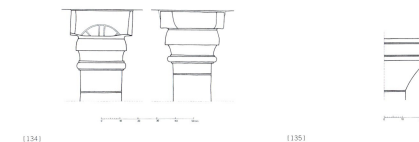

[134]

[135]

[132] Quedlinburg St. Wiperti, Krypta, Aufrisse von Basis und Kapitell des östlichen Pfeilerchens (links) sowie der Basis der nördlichen Säule und des Kapitells der südöstlichen Säule (rechts) am Umgang

[133] Quedlinburg St. Wiperti, Krypta, Aufrisse von Kapitell und Basis der Nordostsäule (links) und der Südwestsäule (rechts) des Schiffs

[134] Quedlinburg St. Wiperti, Krypta, Aufrisse der Kapitelle der Nordwestsäule (links) und der Südostsäule (rechts) des Schiffs

[135] Quedlinburg St. Wiperti, Krypta, Profil der Altarplatte

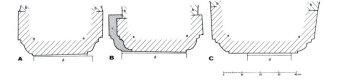

[136]

[136] Quedlinburg St. Wiperti, Krypta, Profile des Architravs:
A über dem Ostende der nördlichen Stützenfolge in Richtung Westen
B über dem Ostende der südlichen Stützenfolge in Richtung Westen
C am Südende des Apsisrunds in Richtung Nordosten
a Architrav
b Gewölbeansatz
c Stucküberzug
d Deckplatte der hinter der Profilebene liegenden Säule bzw. des Pfeilers am Apsisansatz

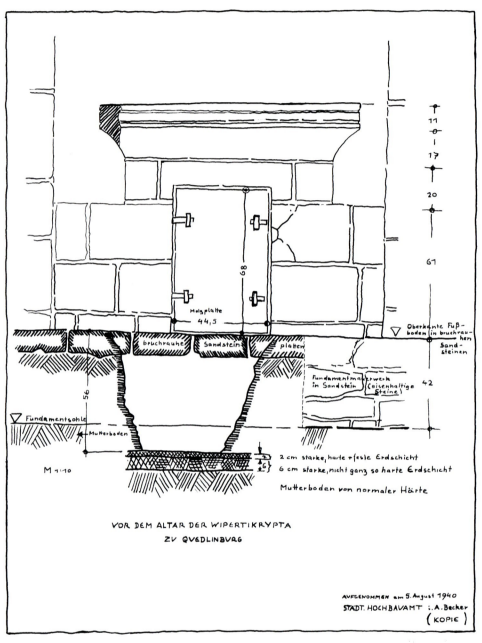

[137] Quedlinburg St. Wiperti, Grabung 1940 in der Krypta, Bodenprofil vor dem Altar (Kopie einer Zeichnung von O. Becker)

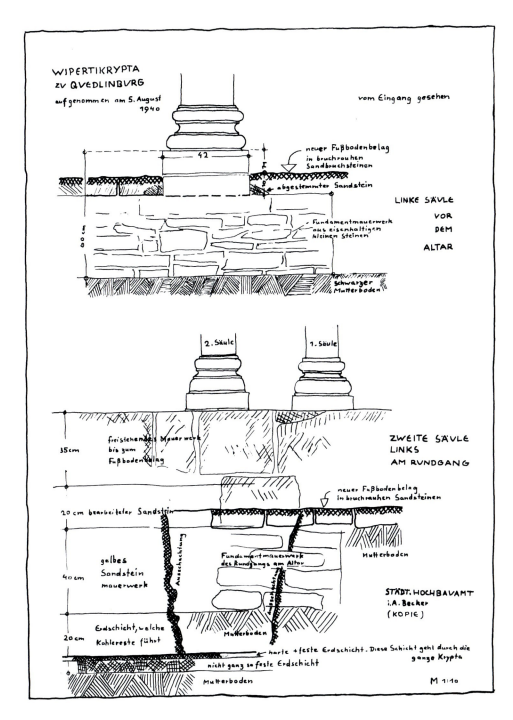

[138] Quedlinburg St. Wiperti, Grabung 1940 in der Krypta, Bodenprofile, oben neben der nordöstlichen Säule des Schiffs und unten neben den beiden nördlichen Säulchen im Umgang (Kopie nach einer Zeichnung von O. Becker)

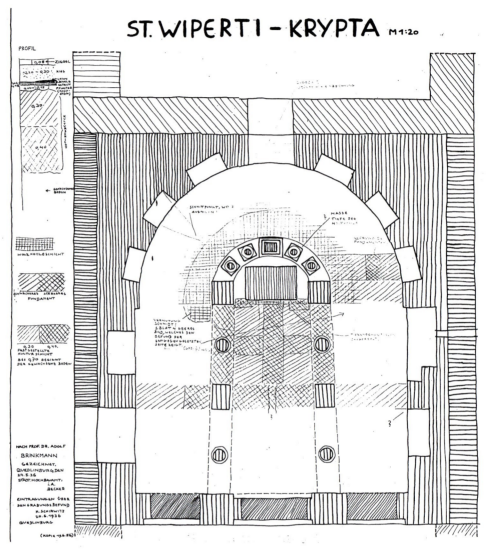

[139] Quedlinburg St. Wiperti, Grundriss der Krypta mit Grabungsbefund von 1936 (Kopie einer Zeichnung von O. Becker mit Eintragungen von K. Schirwitz)

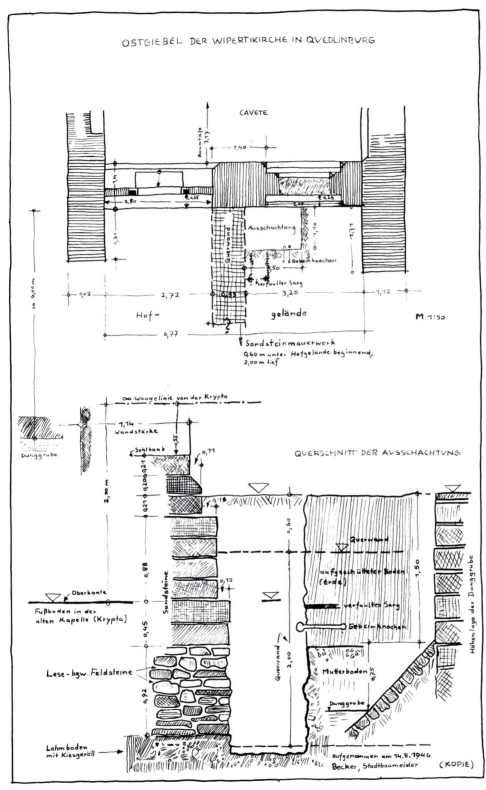

[140] Quedlinburg St. Wiperti, Grabung 1946 vor dem Ostgiebel der Kirche, oben Grundriss und unten Bodenprofil mit Höhenangabe der östlich benachbarten Dunggrube (Kopie nach einer Zeichnung von O. Becker)

[141] Quedlinburg St. Wiperti, Längsschnitt nach Norden (Zeller 1916)

[142] Quedlinburg St. Wiperti, Ostabschnitt, Längsschnitt nach Süden (Zeller 1916)

[143] Quedlinburg St. Wiperti, Aufriss Südseite (Zeller 1916)

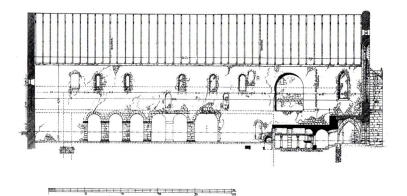

[141]

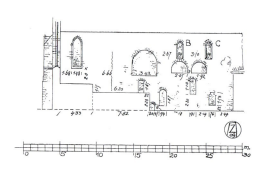

[142]

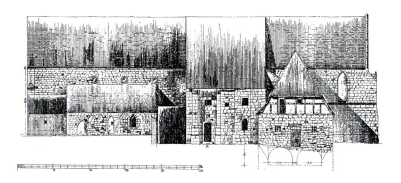

[143]

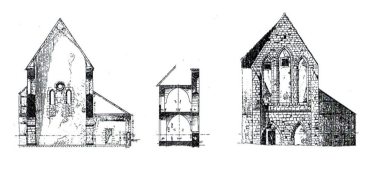

[144] Quedlinburg St. Wiperti, Querschnitt nach Westen (links), Querschnitt durch den zweistöckigen südlichen Anbau nach Westen (Mitte), Aufriss Ostseite (rechts) (nach Zeller 1916)

[145] Quedlinburg St. Wiperti, Lageplan von Kirche und Klostergebäude (nach Zeller 1916)

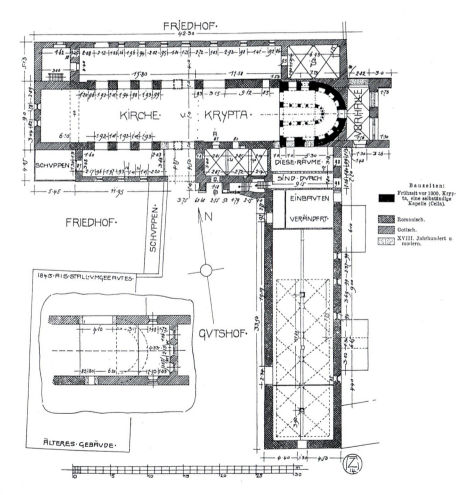

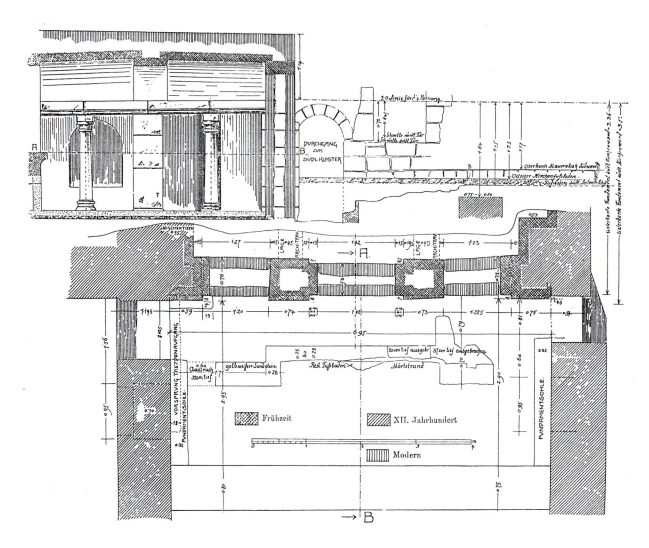

[146] Quedlinburg St. Wiperti, Westende der Krypta und Bereich davor, Längsschnitt nach Süden und Grundriss mit Erfassung der Reste der ehemaligen Westwand 17 des Kryptavorraums und des Westwandfundaments 15 des Baus I (nach Zeller 1916)

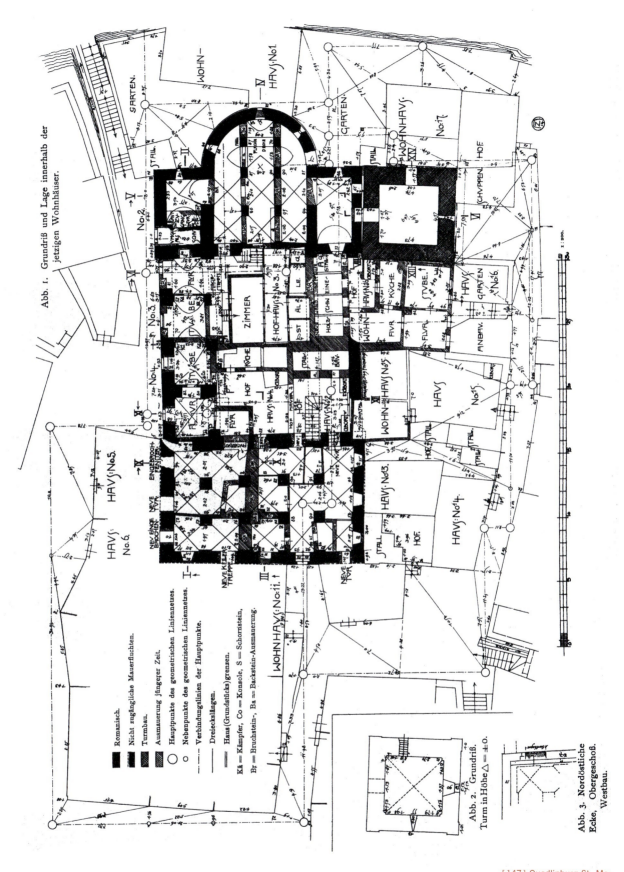

[147] Quedlinburg St. Marien auf dem Münzenberg, Grundriss des Bestands von 1914 (nach Zeller 1916, Tafel 18)

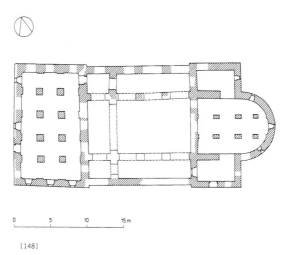

[148] Quedlinburg St. Marien auf dem Münzenberg, Grundriss. Rekonstruktionsversuch der Kirche des 10. Jahrhunderts

ABBILDUNGEN

[1] Quedlinburg, Stadtbild mit Schlossberg und Münzenberg von Nordwesten

227

[2] Quedlinburg, Stadtbild mit Schlossberg von Süden

[3] Quedlinburg, Wipertikirche und Wipertihof von Nordwesten

[4] Quedlinburg, Wipertikirche und Burgberg von Südwesten

[5] Quedlinburg, Schloss und Stiftskirche von Süden

[6] Quedlinburg, Schlossberg von Osten

[7] Quedlinburg, Altstadt und Schlossberg von Nordosten (1966)

[8] Quedlinburg, Schlossberg von Westen

Die ottonischen Kirchen St. Servatii, St. Wiperti und St. Marien in Quedlinburg

[7]

[8]

ABBILDUNGEN

[9] Quedlinburg, Aufgang zum Schlossberg von Westen

[10] Quedlinburg, St. Servatii, Langhaus und Westtürme von Nordosten

[11] Quedlinburg, St. Servatii, Nordgiebel am Querhaus

[9]

[10]

[11]

[12]

[13]

[12] Quedlinburg, St. Servatii, Portal am Langhaus

[13] Quedlinburg, St. Servatii, Portal am Chor

[14] Quedlinburg, St. Servatii, Zierfries am Nordseiten- und Mittelschiff von Norden

[14]

[15] Quedlinburg, St. Servatii, Zierfries an der Westseite des Querhauses

[16] Quedlinburg, St. Servatii, Chor von Nordosten

[17] Quedlinburg, St. Servatii, Chor von Südosten

[18] Quedlinburg, St. Servatii, Mittelschiff nach Osten

Die ottonischen Kirchen St. Servatii, St. Wiperti und St. Marien in Quedlinburg

[20]

[21]

[22]

[19] Quedlinburg, St. Servatii, Mittelschiff nach Westen

[20] Quedlinburg, St. Servatii, Inneres der barocken Kirche nach Osten

[21] Quedlinburg, St. Servatii, Kapitell des Langhauses

[22] Quedlinburg, St. Servatii, Kapitell des Langhauses

[23] Quedlinburg, St. Servatii, Kapitell des Langhauses

[24] Quedlinburg, St. Servatii, Kapitell des Langhauses

[25] Quedlinburg, St. Servatii, Nordarkaden von Südwesten

[23]

[24]

[25]

[26]

[27]

[26] Quedlinburg, St. Servatii, Südarkaden von Nordosten

[27] Quedlinburg, St. Servatii, Westwand des Mittelschiffs

ABBILDUNGEN

[28]

[29]

[30]

[28] Quedlinburg, St. Servatii, Westwand Mittelschiff, Detail, Kapitelle der Empore

[29] Quedlinburg, St. Servatii, Detail des nördlichen Fensterfrieses des Mittelschiffs

[30] Quedlinburg, St. Servatii, Detail des südlichen Fensterfrieses des Mittelschiffs

[31] Quedlinburg, St. Servatii, nördliches Seitenschiff nach Osten mit Zugangstür zum nördlichen Seitenraum der Krypta, rechts Stuckreste am Pfeiler

[32] Quedlinburg, St. Servatii, südliches Seitenschiff nach Osten mit Zugangstür zum südlichen Seitenraum der Krypta

[33] Quedlinburg, St. Servatii, Detail des nördwestlichen Vierungspfeiler-Gesimses von Südosten

[34] Quedlinburg, St. Servatii, Detail des nordöstlichen Vierungspfeiler-Gesimses von Südwesten

[35] Quedlinburg, St. Servatii, Detail des südwestlichen Vierungspfeiler-Gesimses von Nordosten

[36] Quedlinburg, St. Servatii, Detail des südöstlichen Vierungspfeiler-Gesimses von Nordwesten

[37] Quedlinburg, St. Servatii, Nordquerarm von Süden mit Zither-Wand

[35]

[36]

[37]

ABBILDUNGEN

[38] Quedlinburg, St. Servatii, Nordquerarm, südlicher Rahmenfries der Apsiskalotte

[39] Quedlinburg, St. Servatii, Nordquerarm, Rahmenfries des Apsisfensters

Die ottonischen Kirchen St. Servatii, St. Wiperti und St. Marien in Quedlinburg

[40]

[41]

[40] Quedlinburg, St. Servatii, Südquerarm von Norden

[41] Quedlinburg, St. Servatii, Südquerarm, nördlicher Rahmenfries des Apsiskalotte

[42] Quedlinburg, St. Servatii, Südquerarm, Fensterfries Ostwand

[43] Quedlinburg, St. Servatii, Krypta nach Nordosten

[44] Quedlinburg, St. Servatii, nördlicher Seitenraum der Krypta von Westen

[43]

[44]

[46]

[47]

[48]

[49]

[45] Quedlinburg, St. Servatii, Westjoche der Krypta von Süden

[46] Quedlinburg, St. Servatii, Krypta, Säulenkapitell

[47] Quedlinburg, St. Servatii, Krypta, Säulenkapitell

[48] Quedlinburg, St. Servatii, Krypta, Säulenkapitell

[49] Quedlinburg, St. Servatii, Krypta, Säulenkapitell

[50]

[50] Quedlinburg, St. Servatii, Confessio von Westen

[51] Quedlinburg, St. Servatii, Confessio von Osten

[51]

[52]

[53]

[52] Quedlinburg, St. Servatii, Confessio von Norden

[53] Quedlinburg, St. Servatii, Nische nördlich des Scheitels der Confessio

[54] Quedlinburg, St. Servatii, Spolien von der Confessio

[55] Quedlinburg, St. Servatii, Spolien von der Confessio

[56] Quedlinburg, St. Servatii, Südwestecke der »Confessio« von Nordosten (1878): deutlich erkennbar ist die Gewölbeabstützung zur Auswechselung der Südostsäule der Krypta von Südosten

[57] Quedlinburg, St. Servatii, Nordseitenschiff der Krypta nach Osten (1938) mit westlichem Fundamentrechteck des Baus I

[58] Quedlinburg, St. Servatii, Südseitenschiff der Krypta nach Westen (1938) mit 2 Stützenfundamenten des Bau I

[54]

[55]

[56]

[57]

[58]

ABBILDUNGEN

[59] Quedlinburg, St. Servatii, Südseitenschiff der Krypta nach Osten (1938) mit 2 Stützenfundamenten des Bau I

[60] Quedlinburg, St. Servatii, Westjoche der Krypta, südlicher Mittelpfeiler von Nordosten (1989)

[61] Quedlinburg, St. Servatii, Westjoche der Krypta, südlicher Mittelpfeiler von Norden (1989)

[62] Quedlinburg, St. Servatii, Westjoche der Krypta, südlicher Mittelpfeiler, Detail von Norden (1989)

[63] Quedlinburg, St. Servatii, Westjoche der Krypta, Doppelarkade westlich des südlichen Mittelpfeilers von Norden (1989)

[61]

[62]

[63]

ABBILDUNGEN

[64] Quedlinburg, St. Servatii, Westjoche der Krypta, südlicher Mittelpfeiler, Detail von Westen (1989)

[65] Quedlinburg, St. Servatii, Westjoche der Krypta, südlicher Mittelpfeiler, Detail von Westen (1989)

[66] Quedlinburg, St. Servatii, Westjoche der Krypta, nördlicher Mittelpfeiler von Südosten (1989)

[67] Quedlinburg, St. Servatii, Westjoche der Krypta, nördlicher Mittelpfeiler von Südwesten (1989)

[68]

[69]

[68] Quedlinburg, St. Servatii, Westjoche der Krypta, nördlicher Mittelpfeiler, Detail von Süden (1989)

[69] Quedlinburg, St. Servatii, Westjoche der Krypta, nördlicher Mittelpfeiler, Detail von Südosten (1989)

[70] Quedlinburg, St. Servatii, Westjoche der Krypta, Südwestpfeiler von Nordosten (1989)

[71] Quedlinburg, St. Servatii, Westjoche der Krypta, Südwestpfeiler, Detail von Osten (1989)

[70]

[71]

ABBILDUNGEN

[72]

[73]

[74]

[75]

[72] Quedlinburg, St. Servatii, Westjoche der Krypta, Grabung in der Vierung mit Resten des Vierpaßbeckens, nach Osten (1938)

[73] Quedlinburg, St. Servatii, Grabung im Nordabschnitt des Mittelschiffs (1938, Norden oben): rechts oben der Unterteil des Nordwest-Vierungspfeilers, darunter die Nordostecke des Stufenraums und links von ihr die Gruft 63

[74] Quedlinburg, St. Servatii, Grabung in der Nordostecke des Mittelschiffs von Süden, vor der völligen Freilegung des alten Pfeilersockels (1938): An den Unterbau der Nordwest-Vierungspfeilers schließt rechts der vermauerte Zugang zur ehemaligen Kammer unter der Chortreppe des Baus II der Estrich und die geputzte Nordwand, die den Sockel des Pfeilers verdeckt

[75] Quedlinburg, St. Servatii, Grabung in der Nordostecke des Mittelschiffs von Süden, nach Freilegung des alten Pfeilersockels (1938): Über dem Fundament an der Westgrenze der Vierung (unten) die Südvorlage des älteren Pfeilers mit ausgeklinkter Westecke und rechteckigem Sockel. Links der Sockel der Ostvorlage der hochromanischen Nordarkaden, rechts der Zugang zur ehemaligen barocken Kammer, rechts unten der Estrich der Kammer des Baus III

[76] Quedlinburg, St. Servatii, Westjoche der Krypta, Nordwestecke mit freigelegtem Sockel des Nordwest-Vierungspfeilers von Südosten (1938): rechts die Stufen zum nördlichen Querarm, links daneben die Wandvorlage der zwei Westjoche (Bau III), links oben die Schwelle des Zugangs zur ehemaligen barocken Kammer unter der Chortreppe, in dem Ausbruch darunter der Estrich der älteren Kammer (Bau III) erkennbar

[76]

Die ottonischen Kirchen St. Servatii, St. Wiperti und St. Marien in Quedlinburg

[77]

[78]

[79]

[77] Quedlinburg, St. Servatii, Westjoche der Krypta, Nordwestecke von Südosten (1989): links unten die Stufen zur ehemaligen barocken Kammer unter der Chortreppe

[78] Quedlinburg, St. Servatii, Westjoche der Krypta, Nordwestecke, Zwischenraum zwischen den Wandpfeilern des 10. (links) und des 11./12. Jahrhunderts (rechts) von Osten (1989): in der Tiefe Reste der Westvorlage des alten Pfeilers (Bau II) unter dem Nordwest-Vierungspfeilers mit Putz auf der Südseite (links)

[79] Quedlinburg, St. Servatii, Westjoche der Krypta, Wandpfeiler in der Südwestecke von Süden (1989): mit Negativ des westlichen Ansatzes des vom südlichen Mittelpfeiler ausgehenden Bogens (Bau II)

ABBILDUNGEN

[80]

[81]

[82]

[83]

Die ottonischen Kirchen St. Servatii, St. Wiperti und St. Marien in Quedlinburg

[84]

[85]

[86]

[84] Quedlinburg, St. Servatii, Tonnengang unter dem südlichen Seitenschiff, Innenraum nach Westen (1989)

[85] Quedlinburg, St. Servatii, Tonnengang unter dem südlichen Seitenschiff, Innenraum nach Osten (1989)

[86] Quedlinburg, St. Servatii, Langhaus, Fundament unter der 8. Nordarkadenstütze von Südwesten (1939): die Südvorlage bricht vor der Gruft 41 ab; an die kurze Westvorlage schließt mit lotrechter Fuge ein Quaderfundament an.

[80] Quedlinburg, St. Servatii, Grabung (1986) im Langhaus: Mittelschiff-Graben, Fundament der Südarkade mit nördlicher Vorlage von Nordosten

[81] Quedlinburg, St. Servatii, Grabung (1986) im Langhaus: Graben im südlichen Seitenschiff, Fundament der Südarkaden, barockes Tonnengewölbe und Rest des Tonnengewölbes des 10. Jahrhunderts (Bau II) von Westen

[82] Quedlinburg, St. Servatii, Nikolaikapelle von Südwesten

[83] Quedlinburg, St. Servatii, Nikolaikapelle, Innenraum nach Osten (1989): in der kleinen Rundbogennische der Apsidiole unten anstehender Felsen, darüber das Fundament unter der Westwand des südlichen Querarms

ABBILDUNGEN

[87] Quedlinburg, St. Servatii, Langhaus, Fundament unter der 8. Südarkadenstütze von Nordwesten (1938): die Nordvorlage bricht vor der Gruft 42 ab; an das Fundament schließt im Westen mit Fuge ein offenbar jüngeres Fundament an; rechts unten das Fundament der Westvorlage der Südvorlage der Südarkaden

[88] Quedlinburg, St. Servatii, Langhaus, Ostabschnitt des Mittelschiffes von Osten (1938): in der Mitte die Reste des Stufenraumes, die links unten durch Gruft 19, darüber durch die Gräber 22, 21 und Gruft 63 (v.l.n.r.) gestört wurden. Dahinter die Gräber 25, 24, 23; links von dem Stufenraum der Estrich der Kammer unter der ehemaligen südlichen Chortreppe des Baus III, gestört durch das vermutliche Grab 18, Darüber hinter einer wohljüngeren Quermauer die Westwand der Kammer von Bau III und dahinter die Grüfte 66, 65, 64

[89] Quedlinburg, St. Servatii, Langhaus, Ostabschnitt des Mittelschiffs von Westen (1938): vor dem Mitteleingang zur Krypta der von den Gräber 19, 21, 22 und 63 gestörte Stufenraum, davor die Gräber 23, 24, 25

[88]

[89]

ABBILDUNGEN

[90] Quedlinburg, St. Servatii, Langhaus, Nordabschnitt des Stufenraums von Süden (1938): links Gruft 63, unten Gruft 19

[91] Quedlinburg, St. Servatii, Langhaus, die Reste des Stufenraums von oben (1938, Norden ist rechts): links unten gestört durch Gruft 19, links oben durch die Gräber 22 und 21 sowie rechts oben durch Gruft 63

[92]

[92] Quedlinburg, St. Servatii, altes Kapitell des Langhauses, heute im Schlossgarten

[93] Quedlinburg, St. Servatii, Zither innen von Südosten

[93]

[94] Quedlinburg, St. Wiperti, Ansicht von Südwesten

[95] Quedlinburg, St. Wiperti, Ansicht von Norden

[96]

[97]

[96] Quedlinburg, St. Wiperti, Ansicht von Nordosten

[97] Quedlinburg, St. Wiperti, Ansicht von Südosten

[98]

[98] Quedlinburg, St. Wiperti, Westgiebel von Westen

[99] Quedlinburg, St. Wiperti, Inschrift am Westende der Südwand

[99]

Die ottonischen Kirchen St. Servatii, St. Wiperti und St. Marien in Quedlinburg

[100]

[100] Quedlinburg, St. Wiperti, Westende des Südseitenschiffs mit zugesetztem Portal von Süden

[101] Quedlinburg, St. Wiperti, Münzenberg-Portal von Süden

[101]

ABBILDUNGEN

[102]

[103]

Die ottonischen Kirchen St. Servatii, St. Wiperti und St. Marien in Quedlinburg

[104]

[105]

[102] Quedlinburg, St. Wiperti, Tympanon des Münzenberg-Portals

[103] Quedlinburg, St. Wiperti, Untergeschoss des Ostschlusses von Nordosten

[104] Quedlinburg, St. Wiperti, Untergeschoss des Ostschlusses innen nach Süden

[105] Quedlinburg, St. Wiperti, Untergeschoss des Ostschlusses, nördliches Fenster von Südwesten

[106]

[106] Quedlinburg, St. Wiperti, Nordwand des Sanktuariums von Norden

[107] Quedlinburg, St. Wiperti, Westende von Norden

[107]

[108] Quedlinburg, St. Wiperti, Westende Nordseitenschiff von Norden

[109] Quedlinburg, St. Wiperti, Mittelschiff nach Osten

[110] Quedlinburg, St. Wiperti, Mittelschiff nach Westen

[111] Quedlinburg, St. Wiperti, Westende Mittelschiff, Südwand von Norden

[112] Quedlinburg, St. Wiperti, Westende Mittelschiff, Nordwand von Süden

[113] Quedlinburg, St. Wiperti, Arkadenpfeiler der nördlichen Arkatur von Nordosten

[114]

[115]

[116]

[114] Quedlinburg, St. Wiperti, Nordwand Chorbereich von Süden

[115] Quedlinburg, St. Wiperti, Südwand Chorbereich von Norden

[116] Quedlinburg, St. Wiperti, Nordseitenschiff nach Westen (1959)

[117]

[117] Quedlinburg, St. Wiperti, Nordseitenschiff nach Osten (1959)

[118] Quedlinburg, St. Wiperti, Südseitenschiff nach Westen (1959)

[118]

Die ottonischen Kirchen St. Servatii, St. Wiperti und St. Marien in Quedlinburg

[119] Quedlinburg, St. Wiperti, Südseitenschiff nach Osten (1959)

[120] Quedlinburg, St. Wiperti, Westwand der Krypta von Westen (1944)

[121]

[121] Quedlinburg, St. Wiperti, nördlicher Zugang zur Krypta von Süden

[122] Quedlinburg, St. Wiperti, nördlicher Zugang zur Krypta von Norden

283

[123] Quedlinburg, St. Wiperti, südlicher Zugang zur Krypta von Norden

[124] Quedlinburg, St. Wiperti, Nordwand der Sakristei mit Gewölbevorlagen

[125] Quedlinburg, St. Wiperti, Südwand der Sakristei mit Gewölbevorlagen

[126] Quedlinburg, St. Wiperti, Krypta, Mittelschiff nach Osten

285

[127]

[128]

[127] Quedlinburg, St. Wiperti, Krypta, Nordseitenschiff nach Osten

[128] Quedlinburg, St. Wiperti, Krypta, Südseitenschiff nach Osten

[129]

[130]

[129] Quedlinburg, St. Wiperti, Krypta, Nordwestsäule

[130] Quedlinburg, St. Wiperti, Krypta, Nordostsäule

[131] Quedlinburg, St. Wiperti, Krypta, Südwestsäule

[132] Quedlinburg, St. Wiperti, Krypta, Südostsäule

[131]

[132]

Die ottonischen Kirchen St. Servatii, St. Wiperti und St. Marien in Quedlinburg

[133]

[134]

[135]

[133] Quedlinburg, St. Wiperti, Krypta, nördliche Umgangstütze

[134] Quedlinburg, St. Wiperti, Krypta, Pfeilerchen

[135] Quedlinburg, St. Wiperti, Krypta, Kapitell Pfeilerchen

[136] Quedlinburg, St. Wiperti, Krypta, Grabsteinpfeiler

[137] Quedlinburg, St. Wiperti, Krypta, Grabsteinrest RICMOVT

[138]

[139]

[138] Quedlinburg, St. Wiperti, Krypta, Stuckfries

[139] Quedlinburg, St. Wiperti, Krypta-Fenster von Süden

[140]

[141]

[142]

[143]

Die ottonischen Kirchen St. Servatii, St. Wiperti und St. Marien in Quedlinburg

[144]

[145]

[140] Quedlinburg, St. Wiperti, Sanktuarium, Nordwand von Süden

[141] Quedlinburg, St. Wiperti, Sanktuarium, Südwand von Süden

[142] Quedlinburg, St. Wiperti, Südwestecke des Nordseitenschiffs von Norden

[143] Quedlinburg, St. Wiperti, Nordwestecke des Südseitenschiffs von Süden

[144] Quedlinburg, St. Wiperti, Kirche von Süden vor Abbruch des zweigeschossigen Südanbaus

[145] Quedlinburg, St. Wiperti, Südanbau vor dem Abbruch, Innenraum Obergeschoss von Westen

[146] Quedlinburg, St. Wiperti, Ostgiebel vor seiner statischen Sicherung von Osten

[147]

[148]

[147] Quedlinburg, St. Wiperti, Nordabschnitt des Westwandfundaments 17 des ehemaligen Kryptenvorraums von Osten (1940). Rechts nördliche Hochwand 115 mit dem Kryptenzugang 102 und dahinter mit der Türöffnung 101

[148] Quedlinburg, St. Wiperti, Westwandfundament 115 des Baus I (links) und Westwandfundament 17 des ehemaligen Kryptenvorraums (rechts) im Raum westlich vor der Krypta von Südosten (1940). Hinten die nördliche Hochwand 115 mit Türöffnung 101

[149]

[149] Quedlinburg, St. Wiperti, Westwandfundament 115 des Baus I westlich vor der Krypta von Nordosten (1940). Vorn links das Westwandfundament 17 des Kryptenvorraums, hinten links die südliche Hochwand 28, rechts die 1940 eingebrachte Westwand für einen neuen Vorraum der Krypta

[150] Quedlinburg, St. Wiperti, Krypta, Putz-Inschrift an der Ostseite des westlichen Abschlusspfeilers der südlichen Stützenfolge (1940)

[151] Quedlinburg, St. Wiperti, von Nordosten (1954)

[152] Quedlinburg, St. Wiperti, Ostwand der Sakristei von Osten (1955)

[150]

[151]

[152]

ABBILDUNGEN

[153]

[154]

[153] Quedlinburg, St. Wiperti, Graben im Ostteil des Südseitenschiffs von Süden. Hinten das äußere Sockelprofil der südlichen Hochwand 28, darunter das ottonische Fundament 4, am linken und rechten Grabenrand der romanische Estrich 2

[154] Quedlinburg, St. Wiperti, Graben im Osteil des Südseitenschiffs von Norden. Hinten ottonisches Fundament 1 der Südwand, am linken und rechten Grabenrand der romanische Estrich 2

[155] Quedlinburg, St. Wiperti, Ostende der südlichen Hochwand 28 von Norden, links oben Ausbruch der Südvorlage 27 des Triumphbogens und daneben Türöffnung 22. Rechts unten südlicher Zugang 19 zur Krypta, daneben südlicher Zugang 18 zum Chor

[155]

[156]

[157]

[158]

[156] Quedlinburg, St. Wiperti, gotische Sakramentsnische in der Südwand des Sanktuariums

[157] Quedlinburg, St. Wiperti, Gräben am Ostende des Mittelschiffs von Westen. Links die nördliche Hochwand 115, hinten die Westwand der Krypta

[158] Quedlinburg, St. Wiperti, Gräben an der Nordostseite der südlichen Hochwand 28 von Norden, unten das ottonische Fundament 4

[159]

[160]

[159] Quedlinburg, St. Wiperti, Gräben an der Südseite der nördlichen Hochwand 115 mit dem ottonischen Hochwandfundament 12 und seiner Südvorlage 13 (rechts), von Süden

[160] Quedlinburg, St. Wiperti, Gräben an der Südseite der nördlichen Hochwand 115, unter dieser romanisches Fundament 12a, rechts Fundament 15 der Westwand des Baus I

[161] Quedlinburg, St. Wiperti, Südwand des Sanktuariums von Südosten (Juni 1955)

[161]

[162] Quedlinburg, St. Wiperti, Südwand an der Grenze von Sanktuarium und Mittelschiff von Süden, (Juni 1955). Oben rechts der Dachstuhl 64 des Sanktuariums, links der Scheunendachstuhl 65, unten links die Türöffnung 18 in der romanischen südlichen Hochwand 28, in der Mitte der Sturz des südlichen Kryptenzugangs 19, rechts daneben etwas höher der Ausbruch der ottonischen Ostwand 27 des Querhauses und daneben die romanische Türöffnung 22 zum Sanktuarium

[163] Quedlinburg, St. Wiperti, Südwand 30 des Sanktuariums, unterer Bereich von Süden. Links die südliche Hochwand 28, rechts daneben der Ausbruch der ottonischen Ostwand 27 des Querhauses und die romanische Tür 22, darunter das halbgeöffnete Kryptenfenster 21

[164] Quedlinburg, St. Wiperti, Südwand 30 des Sanktuariums, Westteil von Süden. Unten das Kryptenfenster 20, darüber romanische Tür 22, links von ihr der Ausbruch der ottonischen Ostwand 27 des Querhauses und die romanische Hochwand 28. Weiter oben rechts das Rundbogenfenster 25, links unten neben seiner Leibung der Fensterrest 24 und die große barocke Rundbogenöffnung 23

[165] Quedlinburg, St. Wiperti, Ostabschnitt der Südwand des Sanktuariums von Süden

[166]

[167]

[166] Quedlinburg, St. Wiperti, Zugang 21 zur Krypta von Süden

[167] Quedlinburg, St. Wiperti, Oberteil der Südwand des Sanktuariums von Süden mit barocker Rundbogenöffnung 23, rechts daneben Fenster 25 und darunter Leibungsrest 24

[168]

[169]

[170]

[171]

[172]

[168] Quedlinburg, St. Wiperti, Fensterrest 25 in der Südwand des Sanktuariums, von Südwesten

[169] Quedlinburg, St. Wiperti, Fensterrest 25 in der Südwand des Sanktuariums, Sturz von unten

[170] Quedlinburg, St. Wiperti, Anstoß des ottonischen nördlichen Hochwandfundaments 12 an das romanische Fundament 12a, von Süden

[171] Quedlinburg, St. Wiperti, Romanisches nördliches Hochwandfundament 12a von Süden

[172] Quedlinburg, St. Wiperti, Ostende des romanischen Hochwandfundaments 12a von Süden, rechts das Fundament der Triumphbogenvorlage 111

ABBILDUNGEN

[173]

[173] Quedlinburg, St. Wiperti, 2 Gräben vor dem Westteil der Südarkaden mit der Steinsetzung 38 von Osten

[174] Quedlinburg, St. Wiperti, ottonisches Fundament 4 unter dem 3. Südarkadenpfeiler von Norden

[175] Quedlinburg, St. Wiperti, ottonisches Fundament 4 unter dem 4. Südarkadenpfeiler von Nordwesten

[176] Quedlinburg, St. Wiperti, Ostwandfundament 45 des Westbaus von Osten

[177] Quedlinburg, St. Wiperti, Ostwandfundament 45 des Westbaus mit westlicher Vorlage von Westen

[174]

Die ottonischen Kirchen St. Servatii, St. Wiperti und St. Marien in Quedlinburg

[175]

[176]

[177]

ABBILDUNGEN

[178]

[179]

[180]

[178] Quedlinburg, St. Wiperti, Ostwandfundament 45 des ottonischen Westbaus, Nordende mit Nordwandfundament 47 von Westen

[179] Quedlinburg, St. Wiperti, Nordende des Ostwandfundaments 45 des ottonischen Westbaus von Osten

[180] Quedlinburg, St. Wiperti, Nordwandfundament 47 des ottonischen Westbaus von Osten

[181]

[181] Quedlinburg, St. Wiperti, Fundament der gotischen Nordwand 32, davon Reste des ottonischen Nordwandfundaments 31, von Süden

[182] Quedlinburg, St. Wiperti, Graben südlich der Krüpta mit Estrich 57 (rechts) und 60 (links) des Südraums von Westen

[183] Quedlinburg, St. Wiperti, Graben über dem Fundament 51 der Ostwand des Südquerarms mit Langhausestrich 2 (links), Estrich 60 (rechts) und 57 (vorn) des Südraums, von Osten

[182]

[183]

[184]

[185]

[184] Quedlinburg, St. Wiperti, Graben über dem Fundament 51 der Ostwand des Südquerarms mit Langhausestrich 2 und Estrich 57 (vorn) des Südraums, von Osten

[185] Quedlinburg, St. Wiperti, Graben über dem Fundament 51 der Ostwand des Südquerarms mit den Estrichen 60 (links) und 57 (in der Mitte) des Südraums, von Westen

[186] Quedlinburg, St. Wiperti, Südwandfundament 52 des Baus I und Ostwandfundament 51 des Südquerarms von Norden

[186]

[187]

[188]

[187] Quedlinburg, St. Wiperti, Graben über dem Fundament 51 der Ostwand des Südquerarms mit Estrich 60 (oben) und 57 (unten) sowie der Brandschicht 59 (in der Mitte) im Erdprofil, von Norden

[188] Quedlinburg, St. Wiperti, Graben mit Fundament 51 der Ostwand des Südquerarms von Osten

[189]

[190]

[189] Quedlinburg, St. Wiperti, Graben mit Fundament 51 der Ostwand des Südquerarms und Umgebung von Süden

[190] Quedlinburg, St. Wiperti, Graben mit Fundament 62 der Ostwand des Nordquerarms von Westen

[191] Quedlinburg, St. Wiperti, Dachstuhl des Mittelschiffs von Osten (September 1955)

[192] Quedlinburg, St. Wiperti, Graben südlich der neuen Südwand von Süden

[191]

[192]

ABBILDUNGEN

[193]

[194]

[193] Quedlinburg, St. Wiperti, Graben mit Fundament 51 der Ostwand des Südquerarms (oben) und der Steinsetzung 53 (rechts) von Osten

[194] Quedlinburg, St. Wiperti, Graben südlich der neuen Südwand mit Querhausfundament 51 (Mitte) Südwandfundament 69 des Südraums (rechts) und ihrer Verlängerung 68 (links) von Süden

[195] Quedlinburg, St. Wiperti, Graben südlich der neuen Südwand mit südlichem Abbruch des Querhausfundaments 51 (rechts), der westlichen Verlängerung 68 des Südwandfundaments des Südraums (oben) und dem spätgotischen Fundament 56 (links) von Süden

[195]

[196]

[196] Quedlinburg, St. Wiperti, Fundamentgraben der Südwand des Querhauses von Osten

[197] Quedlinburg, St. Wiperti, Fundamentgraben der Westwand des Südquerarms von Norden

[198] Quedlinburg, St. Wiperti, Ostende des ottonischen südlichen Hochwandfundaments 4 und romanischer Verlängerung 4a von Süden

[197]

[198]

[199]

[200]

Die ottonischen Kirchen St. Servatii, St. Wiperti und St. Marien in Quedlinburg

315

[199] Quedlinburg, St. Wiperti, Sockel und ottonisches Fundament 4 sowie romanische Verlängerung 4a der südlichen Hochwand 28 von Süden, in der Mitte Ansatz des Querhaus-Westwandfundaments 76

[200] Quedlinburg, St. Wiperti, Graben südlich der neuen Südwand mit dem Querhausfundament 51 (Mitte), dem Südwandfundament 69 des Südraums (links daneben), seiner westlichen Verlängerung 68 (rechts von 51) und dem spätgotischen Fundament 56 (rechts oben) von Norden

[201] Quedlinburg, St. Wiperti, Südwestecke des Baus I mit Fundament 15 seiner West- und 52 seiner Südwand sowie Fundament 4a südlichen Hochwand 28 (unten) und dem spätgotischen Fundament 56 (links) von Norden

[202] Quedlinburg, St. Wiperti, Südwestecke des Baus I mit Fundament 52 seiner Südwand (Mitte) und 15 seiner Westwand (links ansetzend) und sowie dem südlichen Hochwandfundament 4a (links oben) und dem spätgotischen Fundament 56 (oben)

[201]

[202]

ABBILDUNGEN

[203]

[204]

[205]

Die ottonischen Kirchen St. Servatii, St. Wiperti und St. Marien in Quedlinburg

[203] Quedlinburg, St. Wiperti, Graben mit Fundament 51 der Ostwand des Südquerarms von Süden; hinten links südlicher Zugang 19 zur Krypta, rechts daneben Ansatz 51a der Ostwand des Querhauses und Südwand 30 des Sanktuariums; links von 51 Südwandfundament 52 des Baus I

[204] Quedlinburg, St. Wiperti, Südlicher Zugang 19 zur Krypta von Südosten, rechts mit Ausbruch der ehemaligen Ostwand 51a des südlichen Querarms und links mit dem von Süden an die südliche Hochwand herangeführten spätgotischen Fundament 56

[205] Quedlinburg, St. Wiperti, Ostwandfundament 51 des Südflügels (vorn) von Osten, dahinter rechts das Fundament 52 der Südwand des Baus I und, quer durchlaufend, das spätgotische Fundament 56

[206] Quedlinburg, St. Wiperti, Kryptenfenster 20 in der Südwand 30 des Sanktuariums auf Fundamentdamm 84 von Süden; davor der teilweise freigelegte Estrich 57 des Südraums, in der Tiefe der beiden Gräben das Südwandfundament 52 des Baus I und links das Ostwandfundament 51 des Südquerarms

[207] Quedlinburg, St. Wiperti, Graben vor dem Kryptenfenster 20 nach dem Abräumen der Estriche des Südraums von Süden; unten Südwandfundament des Baus I, links das Ostwandfundament 51 des Südquerarms und oben das Fundament 84 der Südwand des Sanktuariums

[208] Quedlinburg, St. Wiperti, Ostwandfundament 51 des südlichen Querarms (oben), Fundament 84 der Südwand des Sanktuariums (rechts) und Südwandfundament 52 des Baus I (vorn links) von Südosten

[209] Quedlinburg, St. Wiperti, Ostwandfundament 51 des südlichen Querarms (oben) durchstößt das Südwandfundament 52 des Baus I (vorn links), von Osten

[210] Quedlinburg, St. Wiperti, Kryptenfenster 20 von Süden, eingebaut in Südwand 30 des Sanktuariums; unten deren Fundament 84

[211] Quedlinburg, St. Wiperti, Gräben südlich der Krypta mit Südwandfundament 52 des Baus I von Süden

[208]

[209]

[210]

[211]

[212]

[213]

[214]

[215]

[212] Quedlinburg, St. Wiperti, Graben südlich des Ostabschnitts der Krypta mit Südwandfundament 52 des Baus I von Süden; rechts Fundament 89 der romanischen Ostwand des Südraums

[213] Quedlinburg, St. Wiperti, Abbruch des Südwandfundaments 52 des Baus I (unten) vor dem romanischen Ostwandfundament 89 des Südraums (oben) von Westen

[214] Quedlinburg, St. Wiperti, Südwandfundament 52 (unten rechts) überbaut von frühem Ostwandfundament 92 des Südraums (oben), von Westen

[215] Quedlinburg, St. Wiperti, Südwandfundament 52 (unten rechts) überbaut von frühem Ostwandfundament 92 des Südraums (oben), von Südwesten

[216]

[217]

[218]

[216] Quedlinburg, St. Wiperti, Fundamentspore 90 des Fundaments 84 des Sanktuariums (oben) stößt im Süden gegen Südwandfundament 52 des Baus I (links).

[217] Quedlinburg, St. Wiperti, Graben südlich des gotischen Ostschlusses von Südosten; dessen Südwandfundament 91 stößt von Osten gegen die Fundamentspore 90 des Fundaments 84 des Sanktuariums (oben links), die im Süden vor dem Südwandfundament 52 des Baus I (unten links) endet.

[218] Quedlinburg, St. Wiperti, Südwestecke des Baus I mit Fundament 15 seiner West- und 52 seiner Südwand sowie der südlichen Hochwand 28 mit Sockelprofil auf Fundament 4a (rechts) und den spätgotischen Fundamenten 56 (unten) und 94 (oben) von Osten

[219]

[220]

[221]

[219] Quedlinburg, St. Wiperti, Westende des Südwandfundaments 52 des Baus I (rechts), dahinter spätgotisches Fundament 94

[220] Quedlinburg, St. Wiperti, Graben südlich des gotischen Ostschlusses mit dessen Südwand 29 auf Fundament 91, das im Westen gegen die ottonische Fundamentspore 90 (links) und im Osten gegen das Ostwandfundament 92 des frühen Südraums (rechts) stößt; im Vordergrund Fundament 93, das auf dem Südwandfundament 52 des Baus I ruht.

[221] Quedlinburg, St. Wiperti, Südwestecke des Baus I mit Südwandfundament 52 (Mitte links) und Westwandfundament 15 (am linken Rand) von Westen; oben spätgotisches Fundament 56, rechts Estrich 2 des romanischen Langhauses

[222]

[223]

[224]

[222] Quedlinburg, St. Wiperti, östlicher Graben südlich der Kirche von Süden, Estrich 57 des Südraums (obere Hälfte) mit Anschluss an das Fundament 69 von dessen Südwand (unten)

[223] Quedlinburg, St. Wiperti, östlicher Graben südlich der Kirche von Süden, Estrich 57 des Südraums (oben rechts) mit Anschluss an das Fundament 69 von dessen Südwand (links); rechts unten Kinder-Steinsarg 85

[224] Quedlinburg, St. Wiperti, Kinder-Steinsarg 85 geöffnet von Osten

Die ottonischen Kirchen St. Servatii, St. Wiperti und St. Marien in Quedlinburg

[225]

[226]

[225] Quedlinburg, St. Wiperti, Graben südlich des Ostteils des Sanktuariums von Süden; rechts romanisches Ostwandfundament 89 des Südraums, in der Mitte Fundament 84 des Sanktuariums, links Estrich 57 des Südraums mit seiner Ostbegrenzung vor der Steinsetzung 97

[226] Quedlinburg, St. Wiperti, Westteil der Nordwand des heutigen Mittelschiffs von Süden; rechts westliche Vorlage der Nordarkaden

[227] Quedlinburg, St. Wiperti, Westteil der Südwand des heutigen Mittelschiffs von Norden; links westliche Vorlage der Südarkaden

[228] Quedlinburg, St. Wiperti, Westende der Nordwand des Sanktuariums von Süden; links romanische Hochwand 115, rechts unten daneben Ausbruch der Vorlage 111 des ehemaligen Triumphbogens, an deren Stelle zunächst das Fenster 105 trat (Rest oben links erhalten), das später beim Einbau der barocken Rundbogenöffnung 104 (westlicher Ansatz oben rechts) aufgegeben wurde.

[227]

[228]

[229] Quedlinburg, St. Wiperti, Westende der Nordwand 112 des Sanktuariums, Unterteil von Süden; rechts Ausbruch der Vorlage 111 des ehemaligen Triumphbogens, links nördliche Hochwand 115 mit Zugangsöffnung 101 zum Chor (links unten)

[230] Quedlinburg, St. Wiperti, Nordwand 112 des Sanktuariums, Unterteil von Süden; links Leibung der Tür 103 zum Obergeschoss des Nordraums, deren Sturz beim Einbau der barocken Rundbogenöffnung 104 beseitigt wurde.

[231] Quedlinburg, St. Wiperti, Nordwand 112 des Sanktuariums, Westteil von Süden; oben der Ansatz des Dachstuhls 64, darunter große Rundbogenöffnung 104

Die ottonischen Kirchen St. Servatii, St. Wiperti und St. Marien in Quedlinburg

[232]

[233]

[234]

[235]

[232] Quedlinburg, St. Wiperti, Ostteil der Nordwand 112 des Sanktuariums von Süden; oben der Ansatz des Dachstuhls 64, darunter in der Wand der Vierpass-Okulus 107, links neben ihm die Ostleibung des Fensters 106, weiter unten rechts die Rechtecknische 109, ganz unten rechts ein Rest der Außenschale des Apsidensanktuariums

[233] Quedlinburg, St. Wiperti, Vierpass-Okulus 107 von Norden; rechts daneben Ostleibung des Fensters 106

[234] Quedlinburg, St. Wiperti, Nordwand des Sanktuariums, Tür 103 zum Obergeschoss des Nordraums, Detail des westlichen Gewändes

[235] Quedlinburg, St. Wiperti, Nordwand des Sanktuariums, Tür 103 zum Obergeschoss des Nordraums, Detail des östlichen Gewändes

[236] Quedlinburg, St. Wiperti, Nordwestraum, Fundament 118 der Nordwand von Süden

[237] Quedlinburg, St. Wiperti, Nordwestraum, Fundament 117 der Westwand von Osten

[238] Quedlinburg, St. Wiperti, Westende Mittelschiff, Südwandfundament 126 von Norden

[239]

[240]

[241]

[242]

[243]

[239] Quedlinburg, St. Wiperti, Südwestecke Mittelschiff von Osten; links Südwandfundament 126, rechts Westwandfundament 50

[240] Quedlinburg, St. Wiperti, Westende Mittelschiff, Südostecke des ehemaligen Westbaus von Westen; neben dem Ostwandfundament 45 mit mittlerer Vorlage (links) ganz rechts das Südwandfundament 126

[241] Quedlinburg, St. Wiperti, Westende Mittelschiff, Westflucht des Ostwandfundaments 45 des ehemaligen Westbaus mit mittlerer Vorlage von Süden

[242] Quedlinburg, St. Wiperti, Westende Südseitenschiff, Ostwandfundament 131 von Osten

[243] Quedlinburg, St. Wiperti, Westende Südseitenschiff, Südwandfundament 1 von Norden

[244]

[244] Quedlinburg, St. Wiperti, Nordwestraum, Westwand 117a von Osten

[245] Quedlinburg, St. Wiperti, Nordwestraum, Ostwand 125a, Nordhälfte von Westen

[246] Quedlinburg, St. Wiperti, Nordwestraum, Ostwand 125a, Südhälfte von Westen

[247] Quedlinburg, St. Wiperti, Nordwestraum, Fundamente 125 (links) und 47 (rechts) in der Südostecke von Nordwesten

[245]

[246]

[247]

Die ottonischen Kirchen St. Servatii, St. Wiperti und St. Marien in Quedlinburg

[248]

[250]

[249]

[251]

[248] Quedlinburg, St. Wiperti, Nordostecke des Sanktuariums, Detail von Südwesten mit Ostwand 113 (rechts) und Nordwand 112 (links) des Baus IIb

[249] Quedlinburg, St. Wiperti, Ostwand 114 des Sanktuariums (Bau IIb) von Südwesten

[250] Quedlinburg, St. Wiperti, Südostecke des Sanktuariums, Detail von Nordwesten mit Ostwand 113 (links) und Südwand 30a (rechts) des Baus IIb

[251] Quedlinburg, St. Wiperti, Westwand 192 der Krypta, Südhälfte von Norden mit Ansatz des Gewölbes des ehemaligen Vorraums; hinten der südliche Zugang 19 zur Krypta in der südlichen Hochwand 28

Die ottonischen Kirchen St. Servatii, St. Wiperti und St. Marien in Quedlinburg

[256]

[257]

[258]

[256] Quedlinburg, St. Wiperti, Graben südöstlich des gotischen Ostschlusses von Westen mit Südwandfundament 52 des Baus I (Mitte) und dem Ansatz von dessen eingezogenem Ostschluss (oben)

[257] Quedlinburg, St. Wiperti, oberer Abbruch des Apsidensanktuariums (Bau II) von Osten mit dem nach Einbau der Krypta (Bau IIa) eingebrachten Estrich 169 und darüber im Profil (oben) Estrich 171 und heutiger Backsteinboden 172

[258] Quedlinburg, St. Wiperti, Graben südlich des gotischen Ostschlusses von Osten; rechts Sockel von dessen Südwand 29 auf Fundament 91, in der Mitte unten Steinsetzung 137 und links daneben Südwandfundament 52 des Baus I, über das oben das Ostwandfundament 92 des frühen Südraums hinwegzieht, links oben Steinsetzung 93

[252] Quedlinburg, St. Wiperti, Graben südlich des gotischen Ostschlusses, Südwandfundament 52 des Baus I von Norden, über das links Fundament 92 hinwegzieht; über beiden Steinsetzung 93 (oben), rechts unten stößt Fundamentzunge 90 gegen 52

[253] Quedlinburg, St. Wiperti, Graben nördlich des gotischen Ostschlusses von Norden; links oben Nordwand 114 auf Fundament 150, davor Ostwandfundament 152 des nach Norden führenden jüngeren Ganges mit links angelehntem Mauerwinkel 151; rechts oben der Zugang zum Untergeschoss mit Schwelle 154, davor Ostwandfundament 153 des älteren Ganges

[254] Quedlinburg, St. Wiperti, Graben nördlich des gotischen Ostschlusses von Westen mit dem Ostwandfundament 152 des jüngeren (Mitte) und 153 des älteren (unten) nach Norden führenden Ganges

[255] Quedlinburg, St. Wiperti, Graben südöstlich des gotischen Ostschlusses von Westen mit Südwandfundament 52 des Baus I (unten) vor dem Abräumen von Winkelfundament 140 (oben)

ABBILDUNGEN

[259] [260]
[261] [262]

Die ottonischen Kirchen St. Servatii, St. Wiperti und St. Marien in Quedlinburg

[263]

[264]

[259] Quedlinburg, St. Wiperti, Graben im Untergeschoss des gotischen Ostschluses von Osten

[260] Quedlinburg, St. Wiperti, Umgang nördliche Nische von Süden

[261] Quedlinburg, St. Wiperti, Umgang südliche Nische von Norden

[262] Quedlinburg, St. Wiperti, Südwand östliche Nische von Norden

[263] Quedlinburg, Münzenberg von Südwesten

[264] Quedlinburg, Münzenberg von Osten

[265]

[266]

[267]

[268]

[265] Quedlinburg, Münzenberg, St. Marien, Apsis von Osten

[266] Quedlinburg, Münzenberg, St. Marien, Südostecke der Apsis, mit rundem Fenster

[267] Quedlinburg, Münzenberg, St. Marien, Eingang im nördlichen Seitenschiff von Norden

[268] Quedlinburg, Münzenberg, St. Marien, nördliches Seitenschiff des Langhauses nach Westen, mit Tür zum Westbau

[269] Quedlinburg, Münzenberg, St. Marien, ursprüngliche Position des heute in der Wiperti-Kirche eingebauten Stufenportals in der Südwand des Seitenschiffs

[270] Quedlinburg, Münzenberg, St. Marien, Südwand des südlichen Seitenschiffes von Süden mit Fenster

[271] Quedlinburg Münzenberg St. Marien, Säule

Die ottonischen Kirchen St. Servatii, St. Wiperti und St. Marien in Quedlinburg

[269]

[270]

[271]

ABBILDUNGEN

ABBILDUNGEN

Alle Figuren, soweit nicht anders vermerkt, von Ingrid Kube und Hanno Niemeyer, bearbeitet von Alexander Schellenberg und Bettina Weber

[1–3] [6] [8] [263] LDA Sachsen-Anhalt, Reinhard Ulbrich

[4] [7] [20] [43–50] [52–59] [72–76] [80–82] [86–91] [94–96] [98] [103] [114–121] [129–139] [144–189] [209–262] LDA Sachsen-Anhalt, Archiv

[5] [10–19] [21–42] [51] [60–71] [77–79] [83–85] [92] [93] [99–102] [104–113] [122–128] [140–143] [264–266] [269] [270] [Seite 17, 19, 76, 80, 113, 115] LDA Sachsen-Anhalt, Gunar Preuß

[9] LDA Sachsen-Anhalt, Hans-Hartmut Schauer

[97] Sigrid Schütze-Rodemann, Halle

[267] [268] [271] LDA Sachsen-Anhalt, Reinhard Schmitt

[190–208] LDA Sachsen-Anhalt, Gerhard Leopold